KB202847

엽서가 된 임진왜란

엽서가 된 임진왜란

초판 1쇄 발행 2022년 4월 30일

지은이   김동철
펴낸이   윤관백
펴낸곳   선인
등 록   제5-77호(1998.11.4)
주 소   서울특별시 양천구 남부순환로48길 1 1층
전 화   02)718-6252/6257
팩 스   02)718-6253
E-mail   sunin72@chol.com

정가   50,000원
ISBN 979-11-6068-712-5 93900

이 책은 부산광역시, 부산문화재단의 〈2020년도 문화예술분야 연구 창작활동〉으로 지원을 받았습니다.

엽서가 된 임진왜란

된

김동철

선인

일러두기 ──

1. 이 책에 실린 엽서의 대부분은 필자가 가지고 있는 것이므로, 따로 소장처를 밝히지 않았다.
2. 필자가 가지고 있지 않은 엽서는 소장처를 밝혔다. 소장처를 모르는 경우는 미상이라고
   했다.
3. 엽서는 대부분 1945년 이전 엽서다. 부득이 그 이후 발행된 것은 현대 엽서라고 표기하
   였다. 근대/현대를 구분하기 어려운 것도 있어서, 표기하지 않은 것 가운데 현대 엽서인
   것도 있을 수 있다.
4. 책 내용의 날짜는 대부분 음력이다. 일본과 관련된 내용은 일본력이다. 특히 중요한 날
   짜는 일본력을 명시하였다. 일본력은 보통 조선력과 1일 차이가 있다. 연구성과를 인용
   하다 보니, 일본력과 조선력이 섞인 경우도 있다. 근대 이후는 양력 날짜도 있다.
5. 인명·지명 등 일본어 읽기는 일본음과 한자음을 함께 썼다. 일본음은 일반적으로 통용되
   는 수준에서 사용하였다. 단 표 등 인명이 너무 많은 곳에서는 한자만 표기한 곳도 있다.
   인명·지명 등에서 ㅆ/ㅊ, ㄷ/ㅌ, ㄱ/ㅋ 등 약간의 발음 차가 있을 수 있다.
6. 중국인 이름은 한자음으로 썼다.
7. 인용한 책·논문은 1번째만 전체 서지 사항을 썼다. 2번째부터는 책·논문 이름을 적고,
   앞의 논문, 앞의 책 등을 쓰지 않았다.
8. 각주 번호와 그림 번호는 각 장마다 새로 시작하였다.

/ 책을 내면서 /

1910년 8월 29일 조선(대한제국)은 일본의 식민지가 되었다. 이날 밤 초대 총독이 된 한국통감 데라우치 마사다케寺內正毅는 "고바야카와小早川(다카카게 隆景)·가토加藤(기요마사淸正)·고니시小西(유키나가行長)가 살아 있다면, 오늘 밤의 달을 어떻게 바라볼까"라고 읊었다고 한다.[1] 대한제국이 '식민지 조선'이 된 날 조선총독부 초대 총독은 임진왜란을 불러낸 것이다. 일본측 임진왜란을 대표하는 세 무장인 고바야카와·가토·고니시가 이루지 못한 꿈을 자신이 이루 어 냈다는 성취감, 만족감, 과시욕, 자부심의 표현이었다.[2]

그림 1 이토 히로부미, 이완용, 순종, 데라우치 마사다케(왼쪽부터)

---

1) 北島万次, 『豐臣秀吉の朝鮮侵略』, 吉川弘文館, 2001(3쇄), 275쪽; 김유성·이민웅 옮김, 『도요토미 히데요시의 조선 침략』, 해군사관학교(경인문화사), 2008, 273쪽; 미야지마 히로시, 『일본의 역사관을 비판한다』, 창비, 2013, 161~162쪽; 김정기, 『미의 나라 조선』, 한울, 2011, 69쪽.
2) 太田秀春, 『近代の古蹟空間と日朝關係』, 淸文堂, 2008, 59쪽.

그림 2 데라우치 마사다케, 고종, 이완용(왼쪽부터)

　〈그림 1〉, 〈그림 2〉 엽서 모두 일본의 '한국강점'('한일합방'·합병) 기념엽서다. 엽서에는 '일한합방' 기념이라고 하였다. 〈그림 3〉, 〈그림 4〉 엽서는 데라우치가 불러낸 세 사람 가운데 두 사람인 고바야카와 다카카게와 가토 기요마사 초상이다. 메이지유신 이후 일본에서 도요토미 히데요시는 대륙웅비의 선구자로 소생하였다. 이것은 임진왜란에 대한 비판의 결여가 초래한 결과였다.[3]

그림 3 고바야카와 다카카게 초상

　이 책은 데라우치가 불러낸 것과는 다른 의도에서 근대 엽서를 통해 임진왜란을 불러내려는 작은 시도다. 엽서는 14×9㎝의 작은 종이다. 1592년에 일어난 임진왜란은 7년이나 지속된 길고 큰 전쟁이다. 이 큰 전쟁을

3) 미야지마 히로시, 『일본의 역사관을 비판한다』, 162쪽.

저 작은 종이에 담는 것은 처음부터 무리였다. 임진왜란을 엽서에 담고, 또 엽서가 되는 것은 양자의 무게감에서 너무나 큰 격차가 있는 것이다. 그럼에도 불구하고 책 제목을 '엽서가 된 임진왜란'으로 하였다. 필자의 목표가 임진왜란보다는 엽서에 더 방점이 있기 때문이다.

그림 4 가토 기요마사 초상

이 책은 근대 이후 특히 20세기 전반에 일본과 조선에서 발행된 사진엽서나 그림엽서에 담긴 16세기 말에 일어난 임진왜란의 모습을 살펴보려고 한 시도다. 책 제목처럼 이 책에서 사용한 기본 사료는 근대 엽서다. 일본인이 발행한 이 엽서를 '에하가키(繪葉書·繪端書·繪はがき·えはがき·エハガキ)'라고 부른다. 최근 '에하가키'를 자료로 하는 연구가 늘어나면서, 연구자에 따라 그림엽서[4], 사진엽서[5], 사진그림엽서[6] 등으로 번역되거나, 사진에하가키寫眞繪葉書[7]로 쓰기도 하였다. 하지만 그림으로 된 것도 있고, 사진으로 된 것도 있기

---

4) 도미타 쇼지 지음, 유재연 옮김, 『그림엽서로 본 일본 근대』, 논형, 2008; 우라카와 가즈야 엮음, 박호원 외 옮김, 『그림엽서로 보는 근대조선』(전7권), 민속원, 2017; 기시 도시히코 지음, 전경선 옮김, 『비주얼 미디어로 보는 만주국 포스터·그림엽서·우표』, 소명출판, 2019.

5) 부산근대역사관, 『사진엽서로 떠나는 근대기행』, 부산근대역사관, 2003; 권혁희 지음, 『조선에서 온 사진엽서』, 민음사, 2005; 부산박물관 학예연구실, 『사진엽서, 부산의 근대를 이야기하다』, 부산박물관, 2007; 부산박물관, 『사진엽서로 보는 근대풍경』(전8권), 민속원, 2009.

6) 신동규, 「근대 사진그림엽서의 개념 정의와 종류에 대한 특성 고찰」『일본문화연구』 79, 동아시아일본학회, 2021; 「일제침략기 한국 사진그림엽서의 탄생과 엽서의 분류 및 시대구분법에 대한 소고」『일본문화연구』 71, 2019; 동아대학교 역사인문이미지연구소 편, 『일제침략기 사진그림엽서繪葉書로 본 제국주의의 프로파간다와 식민지 표상』, 민속원, 2019.

7) 浦川和也, 「佐賀縣立名護屋城博物館所藏の「朝鮮半島寫眞繪葉書」について」『研究紀要』 7, 佐賀縣立名護屋博物館, 2001; 武谷和彦, 「寫眞繪葉書に見る名護屋城跡-「文

때문에, 그림엽서/사진엽서 어느 쪽도 가능하다고 생각한다. 따라서 양쪽을 포괄하는 '사진그림엽서'가 좀더 정확할 수 있다. 이 책에서는 편의에 따라 사용하였으며, 줄여서 그냥 엽서라고 하였다. 따라서 이 책에서 쓰는 '엽서'라는 용어는 근대에 발행된 사진·그림이 담긴 엽서를 뜻한다.

임진왜란과 관련한 사료는 방대하게 남아 있고, 또 지금까지 많은 연구의 축적이 있었다. 따라서 엽서를 기본 사료로 하여 임진왜란을 연구하는 것은 거의 불가능한 일이다. 그러므로 필자가 현재 소장하고 있는 임진왜란 관련 엽서를 정리해 보는 수준에서 책을 간행하려고 한다. 하지만 이 정도조차도 쉬운 작업은 아니었다. 임진왜란과 직접 관련 있는 엽서가 많지 않았고, 그것을 필자가 다 소장할 수도 없기 때문이다. 임진왜란과 관련해서 이런 엽서도 있구나 하는 정도의 수준이다. 엽서로 보는 '비주얼 임진왜란사'에 대한 작은 시도다.

비주얼 임진왜란사에 대해서는 근세의 그림으로 이미 시도한 연구가 있다. 『그림이 된 임진왜란』이란 책이 그것이다. 이 책은 '근세 일본 고문헌의 삽화로 보는 7년 전쟁'이란 부제副題처럼 근세, 즉 17세기 후기부터 19세기 중후기까지 간행된 『조선정벌기』 등 고문헌에 수록된 방대한 양의 삽화를 통해 임진왜란을 조명한 연구다.[8] 임진왜란을 연구하는 사료로서 그림(삽화)이 엽서보다는 훨씬 낫다고 생각한다. 그림은 근세 자료이기 때문에 엽서보다는 시기적으로 더 앞서기 때문이다. '비주얼 임진왜란사' 그림과 엽서는 시각 자료라는 점에서는 동일하지만, 시기적으로는 격차가 있는 자료다. 엽서는 근대적 산물이기 때문이다. '사진엽서'는 사진이라는 근대 기술과, 엽서라는 근대 통신이 결합된 통신매체 발명품이다. 엽서는 고문헌에 수록된 삽화보다 근대 통신매체를 통해 훨씬 다량으로 광범위하게 유통되는 장점이 있다.

祿·慶長の役」における國內據點「名護屋」の歴史資料」『研究紀要』15, 佐賀縣立名護屋博物館, 2009; 朴美貞, 『帝國支配と朝鮮表象 朝鮮寫眞繪葉書と帝展入選作にみる植民地イメージの傳播』(日文研叢書 52), 國際日本文化研究センター, 2014.
8) 김시덕, 『그림이 된 임진왜란』, 학고재, 2014.

앞에서 언급한 것처럼, 대한제국이 '식민지 조선'이 된 날 밤에, 초대 총독이 임진왜란을 불러낸 것은 매우 상징적이다. 근대 일본이 조선을 식민지화 하는 과정에서 중요하게 여긴 과제의 하나는 해외팽창정책을 정당화하는 이데올로 기를 창출하는 것이었다. 일본은 이 이데올로기를 역사적인 배경에서 구하였 다. 특히 진구神功황후의 삼한정벌, 임나일본부의 조선지배, 도요토미 히데요 시豐臣秀吉의 조선정벌 등을 중요하게 여겼다.[9]

그림 5 일본의 한국강점(한일합 방) 기념엽서(봉투)

그림 6 일본의 한국강점(한일합방) 기념엽서

〈그림 5〉는 일본 도쿄에 있는 만변사萬辨舍에서 발행한 3매 1세트 엽서의 봉 투다. 봉투에는 '일한합방 기념엽서'라고 적혀 있다. 〈그림 6〉 엽서는 3매 가운 데 하나다. 사진 중앙에는 메이지明治천황과 천황이 사는 황거皇居 이중다리二 重橋가 있다. 천황 좌우에 있는 사람이 진구황후와 도요토미 히데요시다. 3매 엽서 가운데 다른 엽서가 앞의 〈그림 1〉 엽서, 즉 일본의 조선 강점과 직접 관

9) 太田秀春, 『近代の古蹟空間と日朝關係』, 57쪽.

련 있는 4명의 사진이 있는 엽서다. 〈그림 1〉 엽서와는 달리 〈그림 6〉 엽서는 고대 삼한정벌의 진구황후–근세(또는 중세) 조선침략의 도요토미 히데요시–근대 한국강점의 메이지천황을 시계열적으로 배치한 것이다. 도요토미 히데요시의 조선침략은 양자를 연결하는 가교 역할을 하였다. 1910년 한국강점 당시 제국 일본의 시선이 엽서에 잘 반영되어 있다.

의도적이든 아니든 근대 엽서에는 근대 조선·식민지 조선에 대한 식민지 본국·제국 일본의 시선이 투사되어 있다.[10] 임진왜란 엽서도 마찬가지라고 생각한다. 이 책에서 이용한 엽서는 이런 시선이 반영된 근대 통신 매체, 대중 매체다. 필자는 임진왜란을 공부하는 연구자는 아니다. 오히려 임진왜란이 끝난 이후 평화의 시대인 17~19세기 한일교류사를 공부하는 연구자다. 비전공자가 이런 책을 내려고 하는 것은 임진왜란이 아니라 엽서 때문이라고 변명하고 싶다.

필자가 엽서에 관심을 가진 것은 엽서에 담긴 개항 이후 근대 부산의 모습을 살펴보기 위해서였다. 본격적으로 엽서에 관심을 가진 것은 정확하지는 않지만, 대체로 1994년부터라고 생각한다. 필자는 1994년 3월부터 1995년 2월까지 1년 동안, 도쿄대학 문학부 조선문화연구실(현 한국조선문화연구실)에서 객원연구원으로 공부할 기회가 있었다. 도쿄대학에서 멀지 않은 간다神田 진보초神保町 고서점 거리에서 시간을 보내는 기회가 많았다. 이때 엽서에 대해 관심을 가지기 시작했다. 그 후 국내외 고서점, 인터넷 사이트 등을 통해 시간적·경제적 여유가 있을 때마다 관심있는 주제의 엽서를 수집하였다. 임진왜란 관련 엽서도 중요한 관심 주제의 하나였다.

일본에 있는 책과 엽서를 구입하는 과정에서 부산대 사학과 제자인 배석만 교수(현 서울대학교 KEKA)와 손승언 선생(전 사가현립 나고야성박물관 국제교육추진원)께 정말 많은 폐를 끼쳤다. 두 분은 책과 엽서의 구입·결제·우송

---

10) 김수현·정창현, 『제국의 억압과 저항의 사회사 사진과 엽서로 본 근대 풍경』, 민속원, 2011 참조.

등 성가신 수고를 마다하지 않았다. 두 분의 도움이 없었다면, 오늘의 이런 기회도 없었을 것이다. 이 지면을 빌려 진심으로 감사의 말씀을 드리고 싶다.

필자는 그 동안 가지고 있던 엽서를 부산지역 연구자나 시민들과 공유하여 왔다. 몇 가지 사례를 들면 다음과 같다.

1. 2004년 9월 21일(화)~25일(토) 부산시립시민도서관 고문헌실 주최, '고서 및 일제 강점기 사진엽서 전시회' 개최(〈그림 7〉 참조)
2. 부산박물관, 『사진엽서, 부산의 근대를 이야기하다』(2007.2)
3. 한국사회과학연구(SSK) 지원사업 「로컬리티의 기록화(Documenting Localities)」(연구책임자 부산대 문헌정보학과 송정숙 교수, 2010. 9~2013. 8)
4. 부산시립미술관 개최 기획 전시, 2011년 12월 24일~2012년 2월 19일. 전시 도록 『자료와 그림으로 보는 부산의 근·현대 풍경』, 부산시립미술관(2011.12)
5. 부산광역시 동래구, 『동래 변천 150년사』(2016.12)

〈그림 7〉 사진은 사례 1과 관련된 '고서와 사진엽서 전시회'의 안내 전단지다. 이 전시회에서 필자가 소장하고 있는 엽서 50점을 전시했다. 위의 사례와 관련된 엽서의 대부분은 근대 부산과 관련된 엽서다. 이런 작업에 소장하고 있는 엽서를 제공했을 뿐이었다. 그러다가 최근 처음으로 소장하고 있는 '동래' 관련 특정 주제를 중심으로 한 엽서를 소개한 바가 있다.[11] 이 자료 소개 엽서에 이어 두 번째로 정리한 작업이 이 책이다.

임진왜란 전공자도 아니고, 임진왜란 관련 엽서의 소장도 한계가 있고, 또 개인 사정으로 시간에 쫓기면서 책을 간행해야 하는 어려움 속에서도, 이 정도나마 책을 낼 수 있게 된 것은 제자인 부산대 교양교육원 양흥숙 교수의 도움이 있었기 때문이었다. 엽서의 스캔·정리 등 성가시고 힘든 작업에 큰 도움을

---

11) 김동철, 「동래읍성과 관아 건물 관련 엽서 자료」 『항도부산』 42, 부산시사편찬위원회, 2021.

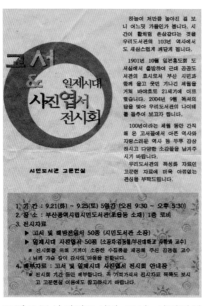

그림 7 부산시민도서관 고서·사진엽서
전시회 전단지

감사드린다.

주었다. 사학과 이종봉 교수의 도움이 없었으면, 임진왜란 엽서를 정리하는 작업은 훨씬 늦어졌을 것이다. 이 책을 쓰게 된 동기를 부여해 주신 두 분 교수님께 진심으로 감사드린다. 그리고 이 번거로운 작업에 큰 도움을 준 사학과 사무실에 근무하는 이동윤·심교우 선생과 대학원생·학부생들에게도 진심으로 감사드린다.

필자는 33년 동안 부산대학교에서 근무하다가 2020년 8월 정년퇴임을 하였다. 오랜기간 근무하면서 부산대 사학과를 중심으로 연을 맺으면서 많은 도움을 주신 여러 선생님들께도 다시 한번

2022년 4월
김동철

/ 차례 /

1장
임진왜란과
근대 엽서

1. 임진왜란의 명칭·원인

임진왜란은 1592년 4월부터 1598년 11월까지 약 7년 동안 조선에서 일어났던 일본과 조선, 또는 일본과 조선·명 연합군이 싸운 동아시아 삼국의 큰 전쟁이다. 일본의 관백關白 도요토미 히데요시의 명령으로 일본이 조선을 침략하면서 전쟁은 시작되었다. 그러다가 1598년 히데요시가 죽으면서 전쟁은 끝나고 말았다. 임진왜란을 흔히 '7년전쟁'이라고도 하지만, 7년 내내 전쟁이 지속된 것은 아니다. 강화 협상 등으로 전쟁이 중단된 적이 많았다. 7년 동안의 전쟁 기간 중 대부분의 기간은 휴전 상태에서 협정을 맺는 데 많은 시간을 보냈다. 그래서 최근에는 『임진왜란 2년 전쟁 12년 논쟁』[1]이나 『허세와 타협』[2]과 같은

---

1) 김영진, 『임진왜란 2년 전쟁 12년 논쟁』, 성균관대학교 출판부, 2021.
2) 김경태, 『허세와 타협−임진왜란을 둘러싼 삼국의 협상』, 동북아역사재단, 2019.

제목이 나오기도 했다. 강화 협상이 제대로 이루어지지 않자, 1597년 2월에 일본은 다시 조선을 침략하였다. 이 2차 침략 전쟁이 정유재란이다. 임진왜란과 정유재란은 공격의 목표 등 전쟁의 성격이 달랐다. 이 전쟁은 16세기에 일어난 당시 세계에서 가장 규모가 큰 전쟁이었다.

1차 전쟁이 일어난 1592년은 임진년이다. 1592년은 조선 선조 25년, 일본 분로쿠文祿 1년, 명 신종神宗 만력萬曆 20년이다. 2차 전쟁이 일어난 1597년은 정유년이다. 1597년은 조선 선조 30년, 일본 게이초慶長 2년, 명 신종 만력 25년이다. 1592년(임진)은 간지의 띠로 용龍, 1593년(계사)는 뱀蛇의 해다. 1592·3년의 두 해를 따서 사료에서 '용사의 난龍蛇亂·龍蛇之亂'이라고도 부른다. 임진왜란 관련 일기를 『용사일기』라고 부르는 것도 이 때문이다.

현재 흔히 통용되고, 이 책의 제목이기도 한 '임진왜란'은 전쟁이 지닌 복합적인 성격 때문에 국가별, 연구자별로 다양한 명칭을 사용하고 있다. 명칭만 간략하게 정리하면 다음과 같다.[3]

한국: 임진난, 임진전란, 임진왜란, 정유재란, 임진·정유재란, 임진·정유왜란, 임진전쟁, 조일전쟁, 동아시아 삼국전쟁, (일본과의) 7년전쟁, 동아시아 7년전쟁, 동아시아(판) 세계대전 등

북한: 임진조국전쟁 등

중국: 임진왜화倭禍, 만력지역萬曆之役, 동원일역東援一役, 조선지역朝鮮之役, 만력동정지역萬曆東征之役, 만력조선역, 만력일본역, 만력조선전쟁, 정왜원조征倭援朝, 항왜원조抗倭援朝, 항왜대동아전쟁 등

일본: 가라이리唐入り, 조선진朝鮮陣, 고려진高麗陣, 조선역, 조선전역, 조선정벌, 조선출병, 조선침략, 정한역征韓役, 분로쿠에키文祿役, 분로쿠노에키

3) 하우봉, 「16세기말 동아시아 국제전쟁」 『동아시아의 역사』 Ⅱ, 동북아역사재단, 2011, 203~211쪽; 강응천 외, 『16세기 성리학 유토피아』(민음 한국사 조선02), 민음사, 2014, 203~205쪽.

文祿の役, 분로쿠게이초노에키文祿慶長の役, 히데요시의 조선침략秀吉の
朝鮮侵略, 임진왜란 등

서양: 히데요시의 조선침략(Hideyosi's Invasion of Korea), 사무라이의 조선침
략(The Samurai Invasion of Korea), 일본의 조선침략(Japan's Invasion
of Korea), 임진전쟁(The Imjin War), 동아시아 전쟁(The East Asian War),
동아시아대전(The Great East Asian War), 1차 동아시아대전(The First
Great East Asian War) 등

명칭은 이 외에도 더 있을 것이다. 임진왜란은 이처럼 다양한 명칭으로 불리
고 있다. 명칭은 동아시아 삼국이 모두 1592·97년의 간지·연호 등을 붙인 이
름을 대체로 쓰고 있다.

한국학계는 일국사적 관점에서 애국심 프레임(frame)으로 점점 더 잘게 자
르면서 파고들 때, 서구학계에서는 국제전쟁으로 개괄하는 연구 경향이었다.[4]
1592년에 일어난 이 전쟁은 전쟁의 주 무대가 된 조선, 세키가하라関ヶ原대전
투라는 내전으로 들어간 일본, 지원군 파병으로 재정이 나빠진 명 등에게 큰
영향을 준 국제전으로, 전쟁이 끝난 뒤 한·중·일 동아시아 삼국의 역사를 바
꾼 일대 전쟁인 '동아시아 삼국전쟁'이었다.[5] 최근에는 임진왜란이 동아시아
삼국에서 벌어진 국제전쟁이란 측면을 강조하는 연구 경향이 지속되고 있는
상황이다.[6]

임진왜란은 전쟁의 명칭·성격만큼이나 전쟁의 원인에 대해서도 다양하다.
이를 간략하게 정리하면 다음과 같다.[7]

---

4) 김자현 지음, 주채영 옮김, 『임진전쟁과 민족의 탄생』, 너머북스, 2019, 18쪽.
5) 정두희·이경순 엮음, 『임진왜란, 동아시아 삼국전쟁』, 휴머니스트, 2007.
6) 김문자, 「임진왜란 연구의 제 문제−임진·정유재란 발발 원인에 대한 재검토」『한일
   관계사연구』67, 한일관계사학회, 2020, 144~145쪽.
7) 하우봉, 「16세기말 동아시아 국제전쟁」, 218~220쪽; 김문자, 「임진왜란 연구의 제
   문제」;『임진전쟁과 도요토미 정권』, 경인문화사, 2021; 津野倫明, 「壬辰倭亂の原

첫째, 명을 정복하겠다는 도요토미 히데요시 개인의 명예욕·공명심·영웅심 등 복합적 요소가 결합되어 있어났다는 설이다.

둘째, 정치적으로 전국다이묘戰國大名들 사이의 갈등을 해소하기 위한 설이 다. 일본 국내의 내적 모순을 완화하기 위해, 그들의 이익을 보장해 주기 위한 돌파구로 조선을 침략했다는 영토확장설이다.

셋째, 일본을 통일한 히데요시는 1547년 이후 단절된 대명對明 감합勘合무 역을 부활하기 위한 새로운 전기를 마련하기 위해 명을 목표로 하는 전쟁을 일으켰다는 설이다. 즉, 경제적으로 교역상의 불리함을 타파하 려는 체제변혁 전쟁이다.

넷째, 동아시아 대외관계의 변동 속에서 파악하려는 국제질서 변화설이다. 전국시대를 통일한 히데요시가 중국 중심의 국제질서인 책봉체제와 조공무역체제를 변동시킬 목적으로 일으켰다는 설이다.

다섯째, 전국다이묘의 갈등과 불만을 해외에서 해소시키는 동시에 그들의 군 사력과 경제력을 소모시켜, 히데요시 정권의 안정을 도모하기 위한 것이 원인이라는 설이다.

여섯째, 포루투갈과 에스파냐 등 이베리아(유럽) 세력에 대한 일본의 저항이 아시아 침략을 초래했다. 즉 동아시아 세계 주변왕조로서의 일본의 중화황제화 욕구가 발발의 원인이라는 설이다.

이러한 전쟁의 원인은 각각 별개의 원인으로 일어난 것이 아니라, 서로 중첩 되는 복합적인 원인으로 일어난 것으로 보고 있다. 정치적으로는 전국다이묘 의 갈등을 해소하고 집권적인 권력을 편성하려는 의도와, 경제적으로는 교역 상의 열세를 타파하려고 하였으며, 개인적으로는 히데요시의 명예욕·공명심· 영웅심이 가미되어 일어난 명분없는 전쟁이었다. 그런데 임진왜란은 명의 정

因·目的に關する日本の諸學說」『일본학』28, 동국대 일본학연구소, 2009 등을 참 고하여 정리하였다.

복을 목표로 한 전쟁이지만, 정유재란은 우선 조선 삼남의 점령을 목표로 한 전쟁이었다. 이처럼 임진왜란의 성격은 전쟁이 지속되면서 점점 변하였다. 따라서 전쟁의 원인도 일률적이지 않고, 전쟁의 상황에 따라 바뀌었다.[8]

최근 한국학계에서는 전쟁의 원인을 16세기 후반 동아시아의 변화와 관련하여 폭넓게 고찰하려는 경향을 보이고 있다. 일본학계에서도 명 중심의 동아시아 국제질서에서 벗어나려는 도요토미 정권이 '일본형 화이華夷질서'를 실현하기 위해 대명 전쟁과 조선 침략을 하였다는, 일본의 국내 상황과 대외 정세의 관련성을 밝히려는 연구 경향을 보이고 있다.[9]

2. 근대 엽서의 생산·유통

'그림엽서(에하가키)'는 근대 통신체제에서 소식을 간단하게 전달하는 우편물인 엽서의 한 형태다. 그림엽서는 19세기 후반에 탄생하였다. 초기 엽서에 사용된 것은 사진이 아니라 삽화(illustration)였다. 당시 사진 인쇄는 손으로 하는 것이 일반적이라서, 엽서 크기의 사진을 어느 정도 질을 유지하면서 대량으로 제조하는 것이 어려웠기 때문에, 사진엽서 제작 기술이 개발되지 않았다. 세계 최초로 사진을 이용한 '에하가키'가 등장한 것은 1891년이다.[10]

그림엽서는 일반적으로는 관광지의 기념품이나 통신수단의 하나로 알려져 있지만, '보도 미디어'의 성격을 가지고 있었다. 일본에서 매주 발행되는 '주간 시사그림엽서時事繪葉書'는 주간 화보지 역할을 하였다.[11](〈그림 1〉 참조).

시사화보사는 1922년 7월 1일 「주간 시사그림엽서」 제1호(6매 세트)를 발행

---

8) 김문자, 「임진왜란 연구의 제 문제」, 149쪽.
9) 김문자, 「임진왜란 연구의 제 문제」, 146~149쪽.
10) 細馬宏通, 『絵はがきの時代』, 青土社, 2020(증보신판), 268쪽.
11) 富田昭次, 『絵はがきで見る日本近代』, 青弓社, 2005, 13~15쪽; 도미타 쇼지 지음, 유재연 옮김, 『그림엽서로 본 일본 근대』, 17~20쪽.

그림 1 주간 시사그림엽서 1호
(1922.7.1)

하였다. 6매 엽서의 내용은 6월 25일~7월 2
일 관련 시사이다. 내용 날짜와 발행 날짜를
비교해 보면, 엽서의 주간 시사적 성격을 잘
보여준다.

그림엽서는 미디어로서 근대의 전달자(메
신저) 역할을 하였다. 그림엽서는 보도 미디
어인 동시에 하나의 예술이었다. 일본 정부
기관은 물론 민간의 그림엽서도 발행되어,
1900년부터 인기가 있었다. 특히 1904년 러
일전쟁을 계기로 엽서 발행이 폭증하고 판매
점도 급증하였다. 그림엽서를 교환하며 전람
회까지도 열었다. 『일본회엽서월보』(日本繪葉

그림 2 일본교 개교 기념엽서 봉투

書卸業組合 발행)와 같은 월간 엽서 잡지도 발행되었다. 이처럼 일본에서는 그림엽서가 붐이었다.[12]

〈그림 2〉 엽서는 '일본교 개교(개장) 축하회'가 발행한 6매 세트 엽서다. 일본엽서구락부(club)에서 인쇄하였다. 칠기미술마키에蒔繪상이 발매소다. 일본엽서클럽의 존재와 판매소가 칠기마키에상인 점이 주목된다.

20세기 초반의 일본은 이른바 '그림엽서 붐'이 일어난 '그림엽서繪葉書의 시대'였다. 특히 러일전쟁 시기에 엽서의 발행량이 급증한 중요한 이유는 군사우편과 기념엽서 발행 때문으로, 전쟁터에서 보내는 엽서는 요금이 면제되었기 때문이다.[13]

| 그림 3 엽서 광고지 사진 (앞면) | 그림 4 엽서 광고지 사진 (뒷면) | 그림 5 '기엽(기념엽서)연구회' 광고 엽서 |

위의 〈그림 3〉, 〈그림 4〉처럼, 새로 나온 엽서를 판매하기 위한 선전 광고지도 발행되었다. 〈그림 5〉엽서는 상단 왼쪽에 '기엽記葉연구회' 스탬프(stamp)가 찍혀 있다. '기엽'은 기념엽서를 줄인 말이다. 스탬프 내용을 보면

---

12) 도미타 쇼지 지음, 유재연 옮김, 『그림엽서로 본 일본 근대』, 17~23쪽.
13) 細馬宏通, 『絵はがきの時代』, 21쪽.

기념엽서의 취미와 연구라고 적혀 있다. 1902년 이후에 간행된 기념엽서 목록을 정리한 책도 간행되었다.[14] 일본 전국에서 엽서 붐이 일어나면서, 저명한 엽서 수집가(collector)들도 많아져서 기발한 디자인(도안)이나 신기한 것을 구하려고, 엽서 제작자(생산자)와 수집가(소비자)가 서로 경합하기도 하였다.[15]

그림엽서는 우리나라에서는 대한제국시기부터 일제시기까지 '에하가키繪葉書'라 불렸다. 제작 초부터 일제시기까지 대개 일본인 손으로 만들어졌다.[16] 엽서는 일본에서도 만들어졌지만 조선에서도 만들어졌다. 최대 발행처는 서울의 히노데상행日之出商行이다. 부산에서는 박문당博文堂, 오죽당吳竹堂 등이 대표적이다. 경성 혼마치本町 2정목에 위치한 히노데상행(본점, 지점)은 하루 판매량이 1만 매를 웃돌 정도였다.[17]

〈그림 6〉 엽서는 히노데상행 건물 모습이다. 건물에는 '에하가키' 광고 간판이 걸려 있다. 엽서에는 "조선명소. 경성 혼마치 2정목本町二丁目"이라고 적혀 있다. 건물에 사진이 전시되어 있고, 지나가는 행인이 이를 보고 있는 풍경이다. 〈그림 7〉은 히노데상행 지점 건물이다. 엽서에는 "조선명소. 경성 혼마치 2정목 입구"라고 적혀 있다.

아래 〈그림 8〉 엽서는 부산의 혼마치 거리 모습이다. 왼쪽 모퉁이에 나니와야浪花屋 간판이, 그 위에는 문구·엽서 판매 간판이 걸려 있다. 일본 전국 각지는 물론이고 조선 도시 곳곳에도 엽서를 판매하는 곳이 있었다.

〈그림 9〉 엽서는 오사카성과 그 주변에 있는 상점 모습이다. 상점 간판에는 「엽서, 빵, 과자」 등 상품이 상점의 주요 판매물로 적혀 있다. 오사카성은 히데요시 권력을 상징하는 대표적인 건물이다. 히데요시의 대표적 상징물과 엽서

---

14) 大內市郎, 『記念繪葉書類鑑』, 淡路繪葉書俱樂部, 1925.
15) 朴美貞, 『帝國支配と朝鮮表象』, 7~8쪽.
16) 김수진, 「사각형 종이 속에 담긴 욕망의 이미지 100년 전 사진엽서로 읽는 조선이란 나라」 『세상 사람의 조선여행』(규장각한국학연구원 엮음), 글항아리, 2012, 395쪽.
17) 김수진, 「사각형 종이 속에 담긴 욕망의 이미지」, 401쪽.

(京141) THE HONMACHI STREET SEOUL 目丁二町本城京 (所名鮮朝)

그림 6 히노데상행 건물 모습

판매 간판이 함께 들어있는, 이 책의 제목과도
잘 어울리는 엽서라는 점에서 주목된다.

　앞에서 언급한 것처럼, 최근에 사진엽서·그
림엽서를 매개로 하여, 엽서 탄생의 사회 문화
적 배경과 재현의 정치학,[18] 근대 관광산업과
욕망의 이미지,[19] 제국주의의 프로파간다(선전)
과 식민지 표상[20] 등 다양한 연구가 이루어지
고 있다. 엽서뿐만 아니라 사진·지도·설계도·
그림 등 '비문자' 자료에 입각하여 일본제국의

그림 7 히노데상행 지점

18) 권혁희, 『조선에서 온 사진엽서』.
19) 김수진, 「사각형 종이 속에 담긴 욕망의 이미지」.
20) 동아대학교 역사인문이미지연구소 편, 『일제침략기 사진그림엽서로 본 제국주의
　　의 프로파간다와 식민지 표상』.

그림 8 부산 나니와야浪花屋 엽서 판매 간판

그림 9 오사카성 주변 매점의 엽서 판매 간판

표상을 고찰한 연구,[21] 포스터·그림엽서·우표 등 비주얼 미디어를 통해서 만주국에 대한 새로운 역사상을 조명한 연구[22]도 이루어지고 있다. 또한 엽서의 개념, 종류, 시기구분 등 근대 엽서 자체에 대한 중요한 연구성과도 나오고 있다.[23]

엽서 자체가 사료학 연구의 대상이 되면서 근대 엽서의 특성을 보다 정확하게 파악할 수 있게 되었다. 그리고 엽서 자체를 정리하는 작업도 활발하다. '기생' 등 특정 주제를 중심으로 하는 것도 있지만 대개는 부산·인천 등 근대 도시의 경관·풍경과 관련된 작업이 주종이다. 특히 최근에 지역학·로컬리티 등에 대한 연구가 활발해지면서 근대 엽서의 중요성이 더욱 강조되고 있다. 또한 다량의 엽서를 소장하고 있는 박물관을 중심으로 소장 엽서를 영인하는 방대한 엽서 자료집이 간행되기도 하였다. 부산박물관[24]과 일본 사가佐賀현립 나고야名護屋성박물관[25] 소장 자료가 대표적이다. 특히 나고야성박물관 소장 엽서에 대해서는 오래 전에 이를 소개하는 논문이 발표되었다.[26] 잘 알고 있는 것처럼, 나고야성박물관은 임진왜란 당시 침략의 전진기지였던 나고야성城跡에 위치한 한일교류사, 임진왜란사 관련 전문 박물관이다. 나고야성박물관 소장 엽서를 소개하는 글은 필자가 임진왜란 관련 엽서를 수집하는 촉매제가 된 것을 부정할 수 없다.

이런 방대한 엽서 자료집의 출판과 함께 최근에는 엽서를 정리하여 '데이터베이스(data base, DB)'화 하는 작업이 활발하다. 일본의 국제일본문화연구센

21) 朴美貞·長谷川怜 편, 『日本帝國の表象 生成·記憶·繼承』, えにし書房, 2017.
22) 기시 도시히코 지음, 전경선 옮김, 『비주얼 미디어로 보는 만주국』.
23) 신동규, 「근대 사진그림엽서의 개념 정의와 종류에 대한 특성 고찰」.
24) 부산박물관, 『사진엽서로 보는 근대풍경』(전8권). 이 책에는 부산박물관 소장 3,724장이 수록되어 있다. 부산박물관 소장 엽서의 현황에 대해서는 이 책 1권에 수록된 유승훈, 「부산박물관 소장 사진엽서의 현황과 특징」 참조.
25) 우라카와 가즈야 엮음, 박호원 외 옮김, 『그림엽서로 보는 근대조선』(전7권).
26) 浦川和也, 「佐賀縣立名護屋城博物館所藏の「朝鮮半島寫眞繪葉書」について」.

터(약칭, 日文研) 데이터 베이스의 「조선사진엽서」(朝鮮寫眞繪はがきデータベ
ース)를 보면, 야마모토 슌스케山本俊介(전 고려미술관 연구원)가 소장하고 있
던 조선 관련 사진 자료 8,382건 가운데 엽서 7,125매의 이미지 파일이 제공
되고 있다. 이 자료는 2017년 12월 25일자로 공개되었다. 이 DB에는 임진왜
란과 관련된 중요한 엽서가 포함되어 있다.

　최근에는 동아대 신동규 교수 팀이 한국학중앙연구원 「한국학분야 토대연구
지원」사업의 일환으로 2017년 9월부터 2020년 8월까지 3년간 실시한 〈일제침
략기 한국 관련 사진·그림엽서繪葉書의 수집·분석·해제 및 DB 구축〉에서는
신동규 소장의 약 7천 점이 DB화되는 성과를 거둔 바 있다. 이 자료는 한국학
중앙연구원 한국학성과포털에 공개되어 있다. 이 자료를 토대로 한 연구성과
의 하나가 앞서 언급한 『일제침략기 사진그림엽서繪葉書로 본 제국주의의 프로
파간다와 식민지 표상』이다. 이 외에도 국립중앙박물관 소장의 「조선총독부박
물관 문서」를 보면, 「벽제관 그림엽서」, 「울산성지 그림엽서」 등 임진왜란 관련
엽서의 이미지를 볼 수 있다(아래 〈그림 10〉). 현재 공간된 위의 엽서 자료집
이나 공개된 엽서DB를 보면, 임진왜란 관련 엽서가 그다지 많지는 않다. 그리
고 저작권 때문에 인용이 용이하지 않은 경우도 있다. 그래서 필자가 소장하고
있는 엽서를 주 자료로 이용할 수밖에 없었다.

　임진왜란 관련 엽서는 다양한 주체들에 의해 생산·유통되었다. 발행 의도가
명확한 몇 가지 사례를 보면 아래 〈그림 10~13〉과 같다. 이들 엽서는 모두 세
트 엽서로 간행된 것이다.

　〈그림 10〉 엽서는 봉투에 〈임진왜란文祿役 고전장古戰場 벽제관 엽서〉라고
적혀 있다. 고양군 벽제관보존회에서 발행한 것이다. 국립중앙박물관 소장품
이다. 〈그림 11〉 엽서는 봉투에 〈울산성지蔚山城趾 엽서 (6매 1조)〉라고 적혀
있다. 울산성지보존회에서 발행한 것이다. 봉투에는 '가토 기요마사加藤淸正,
아사노 요시나가淺野幸長 정유재란慶長役 농성지. 울산성지보존회'라고 찍힌
스탬프가 있다. 국립중앙박물관에도 동일한 엽서가 있다. 단, 국립중앙박물관

소장의 엽서 봉투에는 스탬프가 없다. 이 두 세트 엽서에 대해서는 뒤에서 다시 언급하기로 한다.

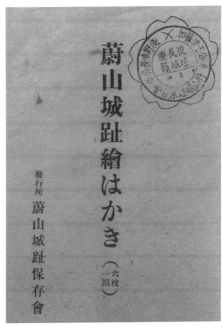

그림 10 벽제관 엽서 봉투(국립중앙박물관 소장)　　그림 11 울산성지 엽서 봉투

〈그림 12〉 엽서는 봉투에 적힌 내용처럼, 도쿠토미 소호德富蘇峰가『근세일본국민사』시리즈의 3번째인『조선역』을 집필하면서 수집한 〈임진왜란 사료 전시회〉 기념엽서로 1922년에 간행되었다.[27] 임진왜란 엽서의 간행 주체·목적·시기 등이 가장 명확한 엽서다. 〈그림 13〉 엽서는 부산 동래 온천장에 위치한 온천전병湯煎餅의 원조 모리토모森友상점에서 발행한 임진왜란 기념엽서이다. 엽서 봉투에는 '분로쿠정한의 역文錄征韓之役'이라고 적혀 있다.[28] 봉투에 적힌

27) 김동철, 「동래읍성과 관아 건물 관련 엽서 자료」, 484쪽.
28) 김동철, 「동래읍성과 관아 건물 관련 엽서 자료」, 483~484쪽.

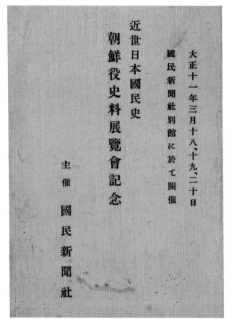 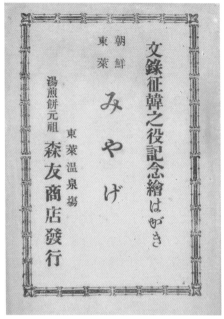

그림 12 조선역 사료전람회 기념엽서 봉투   그림 13 분로쿠文祿정한역 기념엽서 봉투

'문록文錄'은 '문록文祿'의 오기다. 이 〈그림 10〉~〈그림 13〉의 4종 엽서에 대해서는 뒤에서 다시 언급하기로 한다.

　이들 엽서처럼 간행 주체가 임진왜란 관련 엽서를 발행하는 것을 엽서 봉투에서 분명하게 밝힌 것도 있지만, 이런 엽서는 드문 편이다. 오히려 다양한 이유나 목적으로 간행된 세트 엽서 안에 한두 장이나 서너 장 포함되어 있는 것이 대부분이다.

　그런데 〈그림 10〉의 '벽제관보존회'에서 발행한 엽서와는 다른 종류의 벽제관전투 기념엽서도 있다. 그것은 '벽제관전적기념비건설회'가 1933년에 벽제관전적기념비를 세우면서 발행한 엽서다. 필자는 10여 년 전에 벽제관전투 관련 논문을 쓰면서 이 엽서를 소개한 적이 있다.[29] 하지만 당시에는 〈그림 10〉

---

29) 김동철, 「임진왜란시기 벽제관전투 관련 자료와 전적현창에 대한 검토」 『한국민족

엽서의 존재를 몰라서 인용하지 못했다. 벽제관전투 관련 기념엽서도 발행 주체에 따라 다른 종류의 엽서가 발행되었다. 〈그림 11〉은 울산성지보존회가 발행한 기념엽서다. 앞서 언급한 신동규 소장 엽서DB에도 울산성지보존회가 발행한 엽서가 포함되어 있다. 하지만 양자는 다른 기념엽서다(후술하는 6장 4절 참조). 같은 단체인 울산성지보존회가 같은 '울산성지' 엽서를 간행했지만, 서로 다른 종류의 엽서다.

〈그림 15〉 '초코엽서徵古繪葉書'(神宮徵古館農業館 발행)는 필자가 3집과 4집을 소장하고 있다. 5집 이후는 간행 여부를 확인할 수 없어서 정확하지 않다. 이런 시리즈로 된 세트 엽서도 간행되었다. 그나마 세트 엽서는 나은 편이다. 개별 엽서의 경우에는 엽서의 발행 계통을 추적하여 파악하기가 쉽지 않다.

이 책에서 인용하는 임진왜란 관련 엽서는 정말 다양한 곳에서 발행되었다.

그림 14 소슈 가마쿠라 츠루가오카鶴岡 하치만궁八幡宮 보물 엽서 봉투

그림 15 초코 엽서 4집 봉투(이세伊勢신궁 초코칸徵古館 농업관 발행)

문화』27, 부산대 한국민족문화연구소, 2006, 55~59쪽.

위에서 본 주체들 외에도, 유물을 보관하고 있는 신사·사찰·기관 등(〈그림 14〉~〈그림 17〉), 전쟁에 참여한 사람과 관련이 있는 기관(기념회 등)·사찰·신사·지역 등(〈그림 18〉), 구마모토熊本성지보존회와 같은 각종 보존회나 기념회 등(〈그림 19〉), 지역 명소나 관광 명소를 소개하는 상점 등(〈그림 20〉, 〈그림 21〉 단 〈그림 21〉은 간행처 미상), 전문 엽서 생산·판매점 등 너무나 다양한 주체가 다종의 엽서를 간행했다.

그 때문에 임진왜란 엽서를 포함한 근대 엽서의 DB화가 잘 되지 않은 현재 상황에서, 임진왜란 관련 엽서의 존재를 찾는 작업도 쉬운 일은 아니었다. 때문에 엽서를 구입·입수하는 과정에서 시행착오도 많았다. 또 입수했다고 해도 엽서에는 단편적인 소개 정보밖에 없기 때문에 엽서가 전하는 정보 내용을 파악하기도 쉽지 않았다. 최근에는 〈조선정벌 1~16〉의 시리즈로 된 엽서를 확인한 적도 있다. 하지만 이 시리즈 엽서를 구입할 수는 없었다. 또한 이 엽서가

그림 16 즈이간지瑞巖寺 발행 엽서 봉투

그림 17 아오이葵문고 창립 10주년 기념엽서 봉투

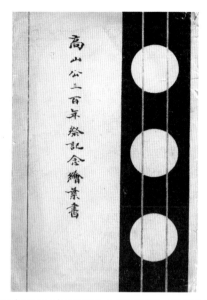

그림 18 고산공藤堂高虎 300년제 기념엽서 봉투

그림 19 구마모토熊本성지보존회 발행 엽서 봉투

그림 20 수안보온천 명승 엽서 봉투

그림 21 김해 명소고적 엽서 봉투

확인된 16까지인지 아니면 그 이상인지 여부는 현재로서는 알 수 없다.

　최근에 간행된 1585년부터 1598년까지의 임진왜란 관련 사료를 망라하여 시계열적으로 정리한 사료집[30]이나, 도요토미 히데요시 관련 고문서 영인 자료집[31] 등은 엽서의 내용을 파악하는 데 중요한 길잡이가 되었다. 그리고 여러 박물관에서 간행된 각종 도록에는 엽서 자체는 아니지만 엽서로 만들어진 사진이 이미 수록된 것도 있어서 엽서 내용을 파악하는 데 도움이 되었다. 이 책에서 인용한 엽서 속 비문의 경우에는 비문 내용이 관련 문집에 수록되거나, 탁본이 있는 것도 있다. 하지만 엽서의 비문과 문집 내용을 비교해 보면, 내용상 약간의 글자 차이가 있는 것도 있다. 그리고 비문(탁본)을 판독하는 과정에서 오자·탈자가 있는 경우도 확인할 수 있었다. 엽서가 가지는 단편적인 내용의 한계를 보완하기 위해 비문의 원문·번역문을 수록하기도 하였다.

　임진왜란과 관련해서는 연구서는 물론 사료집, 도록, 답사자료 등 다양한 형태의 연구성과물이 꾸준히 간행되고 있다. 하지만 사진·그림 등을 가장 많이 수록하고 있는 도록에서도 아직 엽서는 크게 주목받지 않고 있다. 이 책에서는 이런 기존 연구성과를 다 담을 수는 없었다. 이 책에서는 임진왜란과 관련된 사진·설명 등이 있는 엽서를 우선 인용하였다. 그런 내용이 없는 엽서라도 임진왜란과 그 전후 상황을 이해하는 데 도움이 된다고 판단될 경우 인용을 하였다. 또한 엽서라는 자료의 측면에서 구하기 힘들거나 희소한 것들도 인용한 것이 있다. 서울과 관련된 임진왜란 엽서는 직접적인 것을 찾지 못하여 거의 인용하지 못하였다. 하지만 이런 선택은 필자의 주관적 판단에 따른 아주 자의적인 취사선택이다.

　이 책은 근대 엽서를 주된 사료로 활용하여 임진왜란을 살펴본 첫 시도다. 하지만 첫 시도 자체는 출발부터 상당한 한계를 가지고 있음을 자인하지 않을 수 없다. 엽서라는 제한된 지면에 담을 수 있는 역사적 정보는 그리 많지 않다.

---

30) 北島万次 편, 『豊臣秀吉 朝鮮侵略關係史料集成』(1~3), 平凡社, 2017.
31) 山本博文 외 편, 『豊臣秀吉の古文書』, 柏書房, 2015.

따라서 좀더 많은 정보를 담은 엽서를 인용하려고 하다 보니, 비슷한 사진의 엽서가 중복되는 경우도 있다.

이 책에서 인용한 엽서는 발행지가 일본이든 한국이든 거의 모두가 일본인이 발행한 것이다. 한국인이 간행한 임진왜란 관련 근대 엽서는 아직 찾지 못하였다. 따라서 엽서나 엽서에 적힌 설명 내용은 당시 일본인의 시선과 인식이 많이 들어 있었다. 따라서 엽서 자체가 가지는 사료적 한계를 미리 지적해 두고 싶다. 이 책에서 인용한 엽서는 원칙적으로 1945년 이전에 간행한 근대 엽서다.

이 책은 기존 문헌사학의 임진왜란 연구와는 다른 접근을 시도한 것이다. 필자가 소장하고 있는 엽서를 주된 사료로 이용하다 보니 임진왜란의 전체상을 조망하지 못하였다. 하지만 이런 한계에도 불구하고, 엽서가 임진왜란 연구 자료로 활용될 수 없는 것은 아니다. 엽서를 통해 임진왜란을 보는 첫 작은 시도다.

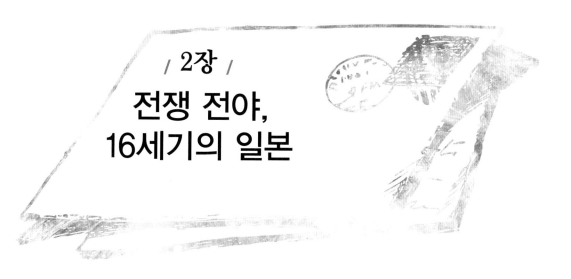

/2장/
전쟁 전야,
16세기의 일본

1. 명 중심의 책봉체제 붕괴

　　15세기의 한·중·일 동아시아 삼국은 명의 책봉체제 속에서 비교적 안정된 평화의 시대를 유지하고 있었다. 명의 책봉체제 속에서 사내와 교린을 기반으로 전개된 평화의 시대는 16세기에 들어오면 조금씩 틈이 벌어져 갔다. 그 조짐은 조선과 일본 관계에서 먼저 발생하였다. 1508년에 일어난 가덕도왜변은 그 도화선에 불을 붙였다. 이어 1510년에 일어난 삼포왜란은 16세기 한일관계의 중요한 계기가 된 사건이다. 이 난을 계기로 쓰시마와 조선의 통교는 단절되었다. 삼포왜란 이후 1544년에는 사량진왜변, 1555년 달량포·화북포왜변 (을묘왜변)이 잇달았다. 이처럼 16세기는 이른바 '왜변·왜란'의 시대였다.

　　1523년 명의 영파寧波에 입항한 일본의 오우치大內씨와 호소가와細川씨의 조공 선단이 명과의 접촉 순서를 놓고 갈등을 벌이다가 폭동을 일으켰다. 이른

바 '영파의 난'이다. 일본상인이 폭도로 변해 명의 관리와 민을 살해하자, 명은 시박사市舶司를 철폐하고 해금海禁조치를 강화하였다.[1]

16세기에 일어난 크고 작은 왜변·왜란은 조선과 일본의 교린관계를 변질시키는 중요한 전환점이 되었다. 영파의 난은 결국 오우치씨에게 이익을 가져다주어, 오우치씨가 무역을 독점하게 되었다. 하지만 1551년 오우치씨가 멸망하면서, 1547년 마지막 감합선(조공 무역선) 파견을 끝으로, 명과 일본 사이의 감합勘合무역도 단절되었다. 조공무역인 감합무역이 중단되면서 명과 일본의 책봉관계는 무너지고 말았다. 16세기 이후 '왜변·왜란'이 계속 일어나고, 또 영파의 난이 일어나면서, 명을 중심으로 하는 책봉체제는 점점 무너져 갔다. 1592년 임진왜란은 이 무너져 가는 책봉체제를 완전히 붕괴시킨 일대 사건이었다.

2. 철포(조총)의 전래와 영향

1543년 포르투갈 상인들이 탄 중국 배가 규슈의 다네가시마種子島에 표착하였다. 도주 다네가시마 도키타카種子島時堯는 포르투갈 상인이 가지고 있던 철포(조총·화승총) 2자루를 구입하였다. 도키타카는 주물사(장인) 야이타 긴베八板金兵衛에게 철포 제작을 명하였다. 야이타 긴베는 일본에서 최초로 조총을 만들었다. 포르투갈에서 전래된 총과 긴베가 만든 조총 2자루가 현재 전하고 있다.[2] 이 두 조총은 현재 가고시마鹿兒島현 니시노오모테西之表시 가고시마개발종합센터(철포관)에 소장되어 있다. 〈그림 1〉 엽서에 보이는 2자루의 조총이 그것이다. 긴베가 만든 조총은 일본 국산 1호 조총이다.

---

1) 강응천 외, 『16세기 성리학 유토피아』, 215쪽.
2) 宇田川武久, 『鐵砲傳來』(中公新書 962), 中央公論社, 1990, 2~8쪽; 三鬼淸一郎, 『鐵砲とその時代』(역사신서 108), 敎育社, 1981(2쇄), 28~30쪽.

그림 1 다네가시마 총(철포, 조총) (현대 엽서)

〈그림 1〉 엽서는 근대 엽서가 아니고, 최근 간행된 현대 엽서다. 엽서 뒷면에는 "다네가시마 총. 다네가시마가家에 전하는 포르투갈 전래의 철포(조총) (상)과 야이타 긴베 작의 철포"라고 적혀 있다.

두 조총은 모두 총알을 총구로 장전하는 화승총火繩銃이다. 비 오는 날에는 화승의 불이 꺼지거나, 빨라도 1분에 4발 정도 쏘는 단점이 있었다. 하지만 이 신병기는 '다네가시마'라는 이름으로 즉시 각 지역으로 전파되었다. 곧 일본 국내에서 생산하게 되었다. 그 배경에는 칼을 단련하는 기술이 토대가 되었다. 칼 단련 기술을 응용하여 총신銃身을 만들고, 일본 국내 광산에서 연鉛이 생산되므로 탄환도 쉽게 만들었다.[3]

다네가시마의 최남단에 위치한 가고시마현 구마게熊毛군 미나미다네가南種子정 가도쿠라門倉곶 니시노西之에는 '철포전래기공비鐵砲傳來紀功碑'가 서 있다. 철포 전래를 기념하는 이 기념비는 1921년 1월에 니시노청년회가 세운 것이다.

〈그림 2〉는 조총의 전래를 통한 일본과 포르투갈의 친교를 기념하기 위해서

---

3) 五味文彦 외 편, 『詳說日本史研究』, 山川出版社, 1998, 155~156쪽.

그림 2 다네가시마 일포日葡 친교기념비

세운 '일포친교기념비' 엽서다. 이 기념비는 가고시마현 니시노오모테시 와카사 若狹공원에 있다.

엽서에는 "다네가시마 풍경. 다네가시마 니시노오모테. 일포日葡(일본·포르투갈) 친교기념비"라고 적혀 있다. 이 비는 1927년에 세운 것이다. 비문은 마쓰라 아츠시松浦厚(1867~1934)가 지은 것이다. 히라도平戶 번주인 마쓰라 아키라松浦詮의 장남이다. 비문은 전부 한문으로 적혀 있다. 내용은 다음과 같다.

　日葡親交流記念之碑

　泰西諸國 先與我邦交通者 葡國也 其商舶来於平戶長崎諸港 營貿易爾来 訖寛永鎖國 約百年矣 其所裨我産業之開發文化之進歩 實不尠少 而天文間 葡國船 始来我邦時 先上種子島 其所傳銃器 亦以種子島稱焉 故日葡協會 今 選此地 建両國親交記念碑云

　　　　　　　　　　　　昭和 二年 十一月 吉辰

　　　　　　　從二位伯爵 松浦厚 撰幷書4)

----

4) Youtube「日葡親交流記念之碑 西之表市わかさ公園に建立－種子島の記念碑」나 인터넷 상에도 비문이 제공되고 있지만, 판독상 약간 다른 글자가 있다. 판독 오류의 책임은 전적으로 필자에게 있다.

비문을 번역하면 다음과 같다. "서양 여러 나라 중에서 먼저 우리나라(일본)와 더불어 교통한 것은 포르투갈(포국)이다. 그 상선이 히라도·나가사키 등 여러 항구에 와서 무역을 영위한 이래, 간에이寬永(1624~1644) 쇄국 때까지 약 100년이다. 포르투갈이 우리나라 산업의 개발과 문화의 진보에 도움을 준 것은 진실로 적지 않다. 덴분天文(1532~1555) 연간에 포르투갈 선박이 처음 우리나라에 왔을 때, 먼저 다네가시마에 상륙하였다. 그들이 전한 총기 또한 다네가시마로 칭하였다. 그러므로 일포협회가 지금 이곳을 선택하여 양국 친교 기념비를 세운다.

1927년 11월 길일. 종2위 백작 마쓰라 아츠시가 찬하고 쓰다."

다네가시마에 전해진 조총의 영향은 매우 컸다. 일본 전국戰國시대의 여러 전국다이묘들은 다투어 조총을 구하였다. 그때까지 기마대를 주력으로 하는 전법은 총을 가진 보병대를 중심으로 하는 전법으로 바뀌었다.[5]

가와나카지마전투合戰는 전국시대에 북 시나노信濃 지배권을 둘러싸고, 가이甲斐의 다케다 신겐武田信玄과 에치고越後의 우에스기 겐신上杉謙信이 가와나카지마를 중심으로 하는 지역에서 1553~1564년의 약 12년 동안 5차례 싸운 전투를 가리킨다.

〈그림 3〉엽서 하단에는 "대일본사적史蹟 가와나카지마. 가이코엔懷古園 덴큐지典廐寺 소장"이라고 적혀 있다. 상단에는 "대일본사적 가와나카지마. 가이코엔 덴

그림 3 가와나카지마川中島전투 유물(조총)

---

5) 五味文彦·鳥海靖 편, 『新 もういちど山川日本史』, 山川出版社, 2017(1판 2쇄), 156쪽.

2장 전쟁 전야, 16세기의 일본 / **41**

큐선림. 고전장 기념. 고에츠甲越조혼弔魂"이란 스탬프가 찍혀 있다. 덴큐지는 이 전투의 희생자인 양군 전사자 6천여 명을 조문·공양하는 절이다. 고에츠 조혼의 고甲는 다케다, 에츠越는 우에스기를 뜻한다. 오른쪽 문양은 다케다가, 왼쪽 문양은 우에스기가의 가문家紋이다. 조혼은 이 전사자를 기리는 것을 뜻한다.

3. 오다 노부나가의 '천하포무' 길

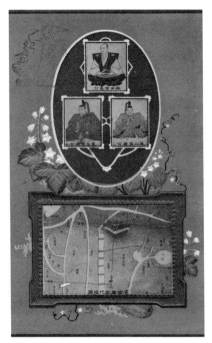

그림 4 오다 노부나가·도요토미 히데요시·도쿠가와 이에야스 초상

조총이 실전에서 위력을 점점 발휘하면서, 시마즈島津, 오우치大內, 모리毛利, 이마가와今川, 조소카베長宗我部 등 다이묘들은 '뎃포대鐵砲隊(조총부대)'를 편성하였다. 조총에 관심을 가지면서 그 유용성에 주목한 대표적인 인물은 오다 노부나가織田信長다. 오다는 다른 다이묘들보다 먼저 가장 많은 조총을 구입하여 뎃포대를 편성하였다. 1553년 20세의 오다는 이미 뎃포대를 가지고 있었다.[6]

〈그림 4〉 엽서는 나고야名古屋 개부開府 3백년 기념회에서 발행한 기념엽서 세트(갑종)의 1장이다. 상단 왼쪽에 '개부 삼백년 기념'이란 스탬프가 찍혀 있다. 엽서 상단에는 시계 반대 방향으로

---

6) 구태훈, 『일본근세사』, 재팬리서치21, 2016, 48~49쪽.

"오다 노부나가, 도요토미 히데요시, 도쿠가와 이에야스", 하단에는 "나고야 고대 지도"라고 적혀 있다.

일본 근세사에서 가장 중요한 3명이 한 엽서에 담겨 있다. 이 3명을 일본사에서는 흔히 '천하인天下人'이라고 부른다. 오다 노부나가는 17세에 가독家督을 계승하고, 오와리尾張와 미노美濃를 공략, 그 직후에 '천하포무天下布武'라는 도장을 사용하였다.7) '천하포무'는 다쿠겐 소온澤彦宗恩이 진언한 것을 도장에 새긴 것이다.8) 그는 노부나가의 참모로 활동한 선승이다.

그림 5 오다 노부나가 초상

〈그림 5〉와 〈그림 6〉 엽서는 「기후성과 노부나가」(3매 1세트) 엽서 가운데 2장이다.

〈그림 5〉 엽서 하단에는 "오다 노부나가 초상. 미가三河 쵸고지長興寺 소장"이라고 적혀 있다. 쵸고지는 현재 아이치愛知현 도요타豊田시에 위치한다. 초상화는 가노 모토히데狩野元秀(1551~1601)가 1583년

그림 6 오다시대의 기후岐阜성도

7) 藤井讓治, 『天下人の時代』(日本近世の歷史 1), 吉川弘文館, 2011, 4쪽.
8) 小和田哲男·宮上茂隆 편, 『圖說 織田信長』, 河出書房新社, 1991, 45쪽.

6월에 그린 것이다. 모토히데의 본명은 소슈宗秀다. 현재 중요문화재(國指定)이다.

엽서 하단에는 "오다 노부나가는 미노를 차지하자 곧 교룡비천蛟龍飛天(교룡이 하늘을 나는)의 기개를 가지고, 군웅을 사방에서 토벌하고, 이어서 중원을 정벌하여 천하에 호령하기에 이른다. 공은 기국器局(도량과 재능)이 극대하고, 군략軍略에 뛰어나서, 일찍이 존왕尊王의 뜻에 돈독하고, 시세의 변천을 보는 것에 기민하고, 기독교(크리스트교·천주교)의 포교를 허락하고, 남만南蠻(포르투갈) 도래의 철포를 전법戰法으로 받아들이는 등 그의 달식達識(뛰어난 식견), 그의 활안活眼(사리를 밝게 보는 눈)은 당시로서는 누구도 해낼 수 없는 바, 영웅이라고 일컫는 까닭이다."라고 노부나가를 평가하고 있다.

〈그림 6〉엽서는 오다시대의 기후성이다. 에도시대에 상상으로 그린 기후성 모습이다.[9] 이 그림은 기후시 간다神田정에 위치한 엔도쿠지圓德寺에 소장되어 있다.

엽서 우측의 문양은 1번째 것은 동문桐紋(오동나무 문양)이다. "오다 노부나가가 장군가에서 받은 문양(오삼의 오동나무)"이라고 적혀 있다. 아래쪽에 3개의 오동나무 잎, 위쪽에는 가운데 오동나무 꽃 5개, 좌우에 3개씩 있는 문양이다. 이 문양은 교토로 간 노부나가가 아시카가 요시아키足利義昭를 15대 장군으로 받든 은상으로 요시아키로부터 받은 문양이다. 2번째는 "오다 노부나가의 가문家紋(모과木瓜)"라고 적혀 있다. 모과나무 꽃을 도안한 문양이다. 3번째는 '영락통보永樂通寶' 밑에 "오다 노부나가 마인馬印"이라고 적혀 있다.

마인은 싸움터에서 무장이 자신의 소재를 명시하기 위해 말옆이나 본진本陣에서 긴 장대 끝에 붙이는 인印으로, 마표馬標라고도 한다. 「나가시노長篠합전도 병풍」(도쿄 도쿠가와여명회 소장)을 보면, 노부나가의 본진에 '영락전永樂錢' 기旗가 걸려 있다.[10]

---

9) 小和田哲男·宮上茂隆 편, 『圖說 織田信長』, 44쪽.
10) 小和田哲男·宮上茂隆 편, 『圖說 織田信長』, 72~73쪽.

엽서 우측에는 "오케하자마桶狹間의 일전一戰에서 이마가와 요시모토今川義
元를 겨우 3천명의 적은 병사로 격파한 오다 노부나가는, 1567년(永祿 10) 사
이토 다쓰오키齋藤龍興를 무너뜨려 미노를 차지하고, 이곳 긴가산金華山(稻葉
山)에 기후성을 쌓아 천하통일의 대업에 적극 나서게 되었다. 당시의 기후를
선교사 프로이스는 바빌론의 영화榮華에 다름없다라고 본국 포르투갈에 알리
고 있다"라고 적혀 있다.

그림 7 오케하자마桶狹間전투 그림

〈그림 7〉 엽서에는 "오케하자마桶狹間의 전투. 이마가와 요시모토今川義元의
전사"라고 적혀 있다. 엽서 뒷면을 보면, '범태평양평화박람회 기념'이라고 적
혀 있다. 그리고 '나고야名古屋 범태평양평화박람회 역사관'이란 스탬프가 찍혀
있다. 이 엽서는 1937년 나고야에서 개최된 '범태평양평화박람회' 기념엽서로
발행된 것임을 알 수 있다.

1560년 5월 19일(일본력) 2만 5천명의 대군을 이끌고 오와리를 침공한 요시

모토를 오다 노부나가가 3천명의 소수 병력을 이끌고 야간 기습을 하여 요시모토를 죽이고 이마가와 군대를 패퇴시켰다. 이것을 '오케하자마전투'라고 한다.

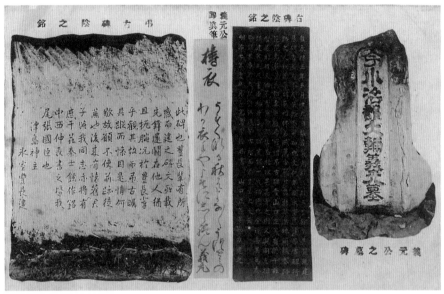

그림 8 이마가와 요시모토 묘비

　엽서에는 오른쪽부터 "요시모토의 묘비. 오른쪽 비 뒤의 명문. 요시모토 친필. 조고비弔古碑 뒤의 명문"이라고 적혀 있다.

　이 전투에서 승리하면서 노부나가는 동쪽으로부터의 위협을 제거할 수 있었을 뿐만 아니라, '오와리에 오다 노부나가가 있다'는 소리가 순식간에 전국의 다이묘들에게 전해졌다. '오와리의 오우츠케大うつけ(큰 바보)'라고 불리던 노부나가가 실은 '큰 바보(속빈 강정)'가 아닌 것이 사람들 사이에서 인식되었다. 노부나가 입장에서 본다면 이 전투에서 운이 열리게 된 것은 틀림없는 사실이다.[11]

---

11) 小和田哲男·宮上茂隆 편, 『圖說 織田信長』, 39쪽.

1567년 8월 노부나가는 미노 이노구치井之口(현 기후현 기후시)의 사이토 다쓰오키의 이나바稲葉성을 공격하여 무너뜨렸다. 노부나가는 이나바성을 기후성으로 이름을 바꾸고, '천하포무'의 도장을 사용하는 등 본격적으로 천하통일을 목표로 삼았다.

4. 나가시노長篠전투(나가시노·시다라가하라設樂ヶ原 전투)

1575년 5월 오다 노부나가·도쿠가와 이에야스 연합군과 다케다 가쓰요리武田勝頼가 싸운 전투는 신병기 뎃포(조총)를 효과적으로 사용한 구체적인 실례로서 잘 알려져서, 세상에 '나가시노전투'로서 유명하다. 하지만 엄밀히 말하면 '나가시노전투'는 나가시노성의 공방전과 시다라가하라設樂ヶ原에서 다케다 기마대와 오다 뎃포대의 격돌이라는 두 전투로 나뉜다.[12] 그래서 '나가시노·시다라가하라전투'라고도 불린다.

나가시노성은 다케다 신겐武田信玄 때는 다케다 쪽에 속했지만, 신겐이 죽은 후에는 이에야스가 빼앗아, 오쿠다이라 노부마사奧平信昌가 성주였다. 나가시노성은 우레천宇連川과 도요천豊川이 합류하는 지점에 있다. 강쪽은 절벽인 견고한 성이다. 500명도 안되는 노부마사군이 성을 지키면서 1만 5천명의 다케다군의 맹렬한 공격을 견뎌내면서 전투에서 승리하였다.

〈그림 9〉, 〈그림 10〉 엽서에는 각각 "미가三河 나가시노長篠 고전장古戰場. 나가시노성지 부근의 풍경", "미가 나가시노 고전장. 천인총千人塚. 고슈甲州병 전사자의 분묘"라고 적혀 있다.

노부나가와 이에야스의 연합군은 나가시노성에서 2km 정도 떨어진 시다라

---

12) 小和田哲男·宮上茂隆 편, 『圖說 織田信長』, 68~73쪽.

勝風ノ近附址城篠長　塲戰古篠長　(河三)

그림 9 나가시노 고전장

(墓墳ノ者死戰兵州甲)塚人千　塲戰古篠長　(河三)

그림 10 나가시노 고전장

가하라에 진을 쳤다. 연합군은 노부나가군 3만, 이에야스군 8천 합계 3만 8천 명이고, 다케다군은 1만 5천명이라고 한다. 하지만 실제는 연합군 1만 7천명, 다케다군 6천명 정도라고 한다. 이 전투 때 노부나가군은 뎃포(화승총, 조총) 3천정을 가지고 있었다. 뎃포대는 3개조로 편성되어 교대로 사격하는 방식으로 발포시간을 줄였다. 노부나가는 이 시다라가하라전투에서 조총을 효과적인 실전병기로 사용한 것이다.[13]

나가시노전투에서 화승총이 중요한 역할을 한 것은 사실이지만, 이것만으로 승리한 것은 아니다. 병력의 차이, 지형의 이점 등도 중요한 요인이 되었다. 그리고 나가시노전투의 의의는 뎃포대(조총부대)

그림 11 노부나가의 칙명 배령拜領

의 3단계 편성에 있는 것이 아니다. 뎃포대를 전면에 배치한 오다군의 보병이 다케다군의 기마군단을 물리친 데 있다. 기마대를 앞세운 중세적 전술이 패배한 것이다. 무거운 투구와 갑옷을 입은 기마무사 전법이 무력화되고, 가벼운 복장을 하고 징창長槍과 뎃포로 무장한 신분이 낮은 아시가루足輕부대를 앞세운 집단 전법이 중시되었다. 보병이 군사력의 핵심이 되었다.[14]

〈그림 11〉 엽서는 15대 장군 아시카가 요시아키足利義昭로부터 칙명을 받는 모습이다.

다이묘들은 권력·경제의 중심지인 교토와 그 주변을 지배해야 천하를 통일할 수 있다고 생각했다. 노부나가는 1568년 아시카가 요시아키를 받들어 교토

---

13) 小和田哲男·宮上茂隆 편, 『圖說 織田信長』, 70~71쪽.
14) 구태훈, 『일본근세사』, 49~50쪽.

에 들어가 15대 장군으로 옹립하였다. 이후 그는 늘 정치의 중심에 있었다. 오다 노부나가가 요시아키의 권한을 크게 제한하면서 양자의 관계는 악화되었다. 그래서 1573년 요시아키를 추방하였다. 이로써 240년 동안 계속된 무로마치室町막부는 15대로 무너지고 말았다.

5. 혼노지本能寺의 변

　　1576년 오다는 오미近江에 아즈치安土성을 짓고, 그곳을 근거지로 본격적인 '천하통일'(일본 국내 통일)을 진행하였다.[15] 1575년 나가시노전투에서 패배한 후 다케다씨의 전력은 급격히 쇠퇴하였다. 노부나가는 각 지역을 경계하면서 숙적 다케다씨를 치기 위한 대군을 편성하였다. 1582년 오다 군의 공격을 받고 패하자, 다케다 가쓰요리武田勝賴는 아들과 함께 자결하였다. 이로써 다케다씨는 멸망하고 말았다. 다케다씨의 멸망으로 천하 통일은 눈앞에 있었다. 1582년 5월 노부나가는 충실한 협력자인 도쿠가와 이에야스를 아즈치성으로 초대하여 잔치를 베풀었다. 두 사람은 사카이堺·오사카·나라 일대를 구경하기 위해 상경했다. 이에야스와 헤어진 후 혼노지에 여장을 풀었다. 5일간 교토에 머문 후 전선戰線으로 갈 계획이었다. 1582년 6월 2일(일본력) 아케치 미쓰히데明智光秀는 측근들과 함께 모반을 꾀하였다. 미쓰히데의 급습을 받은 노부나가는 숙소에 불을 질러 스스로 목숨을 끊었다. 측근 모리 란마루森蘭丸가 있었지만 역부족이었다. 1km 정도 떨어진 숙소에 있던 장남 노부타다信忠가 싸우려고 왔지만 중과부적이어서 자결하고 말았다. 이를 '혼노지의 변'이라고 부른다.[16]

---

15) 藤井讓治, 『天下人の時代』, 4쪽.
16) 구태훈, 『오다 노부나가 중세적 권위를 차갑게 베다』, 히스토리메이커, 2018, 164~181쪽.

이 사건은 '적은 혼노지에 있다'라는 말의 유래가 되었다. 이 사건으로 노부나가가 죽고 도요토미 히데요시의 세상이 열리게 되었다. 일본 전국시대의 일대 전환점이 된 사건이다.

〈그림 12〉 엽서에는 "아케치 미쓰히데가 혼노지에서 밤에 주군 노부나가를 습격하여 시해함. 모리 란마루는 야스다 사쿠베安田作兵衛와 힘써 싸우다가 죽었다"라고 적혀 있다.

모리 란마루는 당시 18세의 어린 나이였다. 란마루는 미노의 호족 출신으로 오다 노부나가의 가신이 된 모리 요시나리森可成의 3남으로 1565년 태어났다. 야스다 사쿠베의 본명은 야스다 구니츠구安田國繼(1556~1597)다. 야스다는 아케치 미쓰히데의 가신인 사이토 도시미츠齋藤利三를 섬겼다. 주군을 따라 혼노지의 변 당시, 선봉에서 일번창一番鎗의 공을 세웠다.

그림 12 혼노지의 변

〈그림 13〉 엽서에는 "대본산 혼노지 노부나가 묘廟의 배소拜所"라고 적혀 있다. 묘소廟所에는 노부나가 집안의 가문인 모과나무 꽃이 새겨진 걸개가 걸려 있다, '참배 기념 교토 혼노지'란 스탬프가 찍혀 있다. 엽서 뒷면을 보면 1930년(昭和 5) 3월 우편엽서 소인이 찍혀 있으며, "오늘 오다 노부나가공 묘廟 혼노지 배관拜觀"이란 내용이 적혀 있다. 〈그림 14〉 엽서에는 "교토 혼노지 경내

그림 13 혼노지 오다 노부나가 묘廟 배소拜所

Honno-ji, Kyoto.　京都本能寺境内信長公之墳墓

그림 14 혼노지 경내 오다 노부나가 무덤(묘)

노부나가의 분묘"라고 적혀 있다. 동일한 사진의 다른 엽서도 있다.

그림 15 오다 노부나가 부자의 묘廟

〈그림 15〉 엽서에는 "오다 노부나가 부자 묘廟. 기후岐阜시 나가라長良 소후쿠지崇福寺"라고 적혀 있다.

〈그림 16〉 엽서에는 "오다 노부나가 부자 묘墓. 기후시 나가라 소후쿠지"라고 적혀 있다. 소후쿠지는 현재 기후현 기후시 나가라후쿠미츠長良福光에 위치하는 절이다. 산호山號는 진고산神護山이다. 〈그림 15〉, 〈그림 16〉 엽서는 소후쿠지에서 발행한 진고산 소후쿠지 세트 엽서(8매 소장)의 일부다. 이 절은 오다 노부나가의 보리사菩提寺다.

〈그림 17〉 엽서에는 "아케치 미쓰히데의 비. 고야산 영적靈蹟. 나카노하시中の橋 2정丁 가까이에 있다"라고 적혀 있다. 와카야마현 고야산 오쿠노인奥の院에 있는 공양탑이다. 그의 가신 쯔다 시게히사津田重久가 세웠다고 한다.

그림 16 오다 노부나가공 부자 묘墓　　　그림 17 아케치 미쓰히데明智光秀의 비

6. 크리스트교 전래와 교세 확장

1) 프란시스코 사비에르

　포르투갈인들로부터 전래된 조총은 임진왜란 때 일본군의 강력한 무기가 되었다. 포르투갈인이 규슈를 왕래하면서 일본에 크리스트교가 전래되었다. 1549년 예수회 소속 선교사 프란시스코 사비에르Francisco Xavier(하비에르, 자비엘)가 규슈 가고시마鹿兒島에 도착하면서 일본 크리스트교가 시작되었다. 사비에르는 일본 왕을 만나 일본 전체의 포교 허가를 받으려고 하였다. 하지만

사비에르의 기대는 어긋났다. 천황도 쇼군도 일본 전체를 지배할 권력이 없었다. 1551년 3월 야마구치에 도착한 사비에르는 일본 왕에게 주려고 했던 넷뽀 (조총), 안경, 시계, 피륙, 포도주, 유리그릇 등 13종 선물을 가지고 주코쿠中國지역 실력자 오우치 요시타카大內義隆를 방문하였다. 사비에르는 그의 도움으로 야마구치에 일본 최초의 교회를 세우고 전도를 시작했다.[17]

그림 18 오우치 요시타카大內義隆 무덤

〈그림 18〉 엽서에는 "오우치 요시타카大內義隆의 묘. 온천정에서 24정丁"이라고 적혀 있다. 비문은 '대내의륭향지묘大內義隆鄕之墓'다. 현재 야마구치현 나가토長門시 다와라산俵山에 있다.

---

17) 구태훈, 『일본근세사』, 53~54쪽; 박형무, 『임진왜란과 조선 그리스도교 전사』, 경인문화사, 2021, 89~90쪽.

〈그림 19〉 엽서에는 "일본 기독교의 개조開祖 사비에르"라고 적혀 있다.

〈그림 20〉 엽서에는 "야마구치山口 명소. 자베리요(사비에르) 기념비"라고 적혀 있다. 이 기념비 건립에는 일본 재계의 거물인 시부사와 에이이치가 관련

그림 19 프란시스코 사비에르Francisco Xavier

되어 있다. 『시부사와 에이이치 전기자료』에 수록되어 있는 관련 내용을 보면 다음과 같다. "1923년 야마구치현에서는 프란시스코 사비에르(Francisco de Xavier, 1506-1552)를 기념하는 비를 건립하는 계획을 세웠다. 오랫동안 사비에르의 족적을 조사하고, 기념비 건립에도 힘쓴 프랑스 신부 에메 빌론Aimé Villion(1843-1932, Amatus Villion)은 1924년 7월에 아스카산飛鳥山으로 시부사와 에이이치를 찾아가서 자금원조를 요청하였다. 이에 기부사와는 본인의 기부와 함께 미쓰이가三井家나 이와사키가岩崎家에도 원조를 요청

그림 20 프란시스코 사비에르 기념비(야마구치, 1924 건립)

하는 등 비 건립에 협력하였다. 자베리요(사비에르) 기념비는 사비에르의 포교 거점인 다이도지大道寺 터로 지복된 곳에 무사히 완성되어, 1924년 10월 16일 제막식이 거행되었다."[18]

2) 교토의 난반지南蠻寺

일본 크리스트교의 역사는 1549년 프란시스코 사비에르가 규슈 가고시마에 도착하면서 시작되었다. 초기 일본 크리스트교회 성장에 기여한 선교사로는 사비에르와 함께 일본에 온 토레스, 일본 교회의 숨은 실력자 페르난데스, 교토 전교에 주력한 빌레라와 오르간티노, 『일본사』를 쓴 루이스 프로이스, '덴쇼견구사절天正遣歐使節'을 권유한 알렉산드로 발리냐노 등 여러 사람이 있다.[19]

루이스 프로이스는 1563년 7월 규슈의 요코세우라橫瀬浦(현 나가사키현 사이카이시)에 상륙하여 포교활동을 시작했다. 1564년 히라도平戸에 천주교회를 세우는 등 본격적인 활동을 하다가, 1564년 12월 교토에 들어갔다. 앞서 언급한 것처럼 1568년 가을 오다 노부나가가 교토에 들어가 아시카가 요시아키足利義昭를 15대 쇼군으로 내세웠다. 프로이스는 노부나가와 요시아키에게 접근하여 전교를 보장받았다. 교토의 크리스천이 활기를 되찾자, 서양 선교사들은 수도 교토에 교회를 세우기를 원했다. 빌레라, 오르간티노, 프로이스 등은 다카야마 우콘高山右近(다리오 다카야마) 등 신자들의 협력으로 1575년 8월 교회 공사를 시작했다. 착공 3년 만인 1578년에 3층 규모의 성당이 완공되었다. '천상의 산타마리아'로 이름붙인 이 성당이 난반지南蠻寺다. 수도 교토에 근거지를 마련한 선교사들은 교회조직을 정비하고, 코레지오(선교사 양성학교), 세미

---

18) 공익재단법인 澁澤榮一기념재단 홈페이지에서 제공하는 디지털판 『전기자료』를 이용하였다. 『澁澤榮一傳記資料』 38권, 489~502쪽 1924년 7월 11일 〈ザベリヨ記念碑建設〉 참조.

19) 박형무, 『임진왜란과 조선 그리스도교 전사』, 100쪽.

나리오(신학교) 등을 세우는 등 교세를 확장시켜 나갔다. 난반지는 1587년 히데요시의 '선교사 추방령(파테렌半天連 추방령)'에 의해 파괴되었다.[20]

帝國美術院第九回美術展覧會出品

筆氏川吳口川　　　公長信の寺蠻南

그림 21 교토 난반지南蠻寺

〈그림 21〉 엽서에는 "난반지南蠻寺의 노부나가信長公. 가와구치 쿠레가와川口吳川 필. 제국미술원 9회 미술전람회 출품"이라고 적혀 있다. 제국미술원 주체 미술전람회는 흔히 '제전帝展'이라고 불린다. 9회 제전은 1928년에 열렸다.

지붕에 십자가를 얹은 난반지는 단번에 교토의 명소가 되었다. 도시나 시골 사람들이 구경하러 오고, 크리스트교에 호기심을 품고 교회에 가까이 하는 자가 늘어났다. 가노 모토히데狩野元秀가 부채에 그린 〈선면낙중낙외도扇面洛中洛外圖〉에도 난반지가 묘사되어 있다.[21]

3) 1582년 덴쇼견구사절天正遣歐使節

일본 전국戰國시대의 크리스트교와 연관된 큰 사건으로 1582년 덴쇼 유럽

---

20) 국립진주박물관 엮음, 오만·장원철 옮김, 『프로이스의 『일본사』를 통해 다시 보는 임진왜란과 도요토미 히데요시』, 부키, 2003, 13~17쪽; 박형무, 『임진왜란과 조선 그리스도교 전사』, 100~115쪽; 구태훈, 『일본근세사』, 55~56쪽: 五味文彦 외 편, 『詳説日本史研究』, 216~219쪽.
21) 고노이 다카시 지음, 이원순 옮김, 『일본 그리스도교사』, 한국교회사연구소, 2008, 182~183쪽.

파견사절과 1587년 히데요시의 선교사 추방령(파테렌 추방령)을 들 수 있다.[22] 1563년 요코세우라에서 오무라 스미타다大村純忠가 세례를 받았다. 일본 최초의 크리스천다이묘가 탄생하였다. 이후 이케다 노리마사池田敎正, 다카야마 우콘高山右近, 아리마 요시사다有馬義貞, 오토모 요시시게大友義鎭(소린宗麟), 아리마 하루노부有馬晴信 등 다이묘가 잇달아 세례를 받았다. 이들을 '크리스천다이묘'라고 부른다(3장 4절 참조).

1581년 일본 전교 상황을 시찰하기 위하여 일본에 온 이탈리아 선교사 알렉산드로 발리냐노Alessandro Valignano(바리냐노)가 교토에 왔을 때, 노부나가는 그를 아즈치에서 거행된 성대한 열병식에 초대하고, 아즈치성을 구경시켰다. 노부나가와 크리스천다이묘의 우호적인 관계 속에서 선교사들은 로마교

그림 22 로마에 간 세 다이묘의 소년 사절단

---

22) 박형무, 『임진왜란과 조선 그리스도교 전사』, 122~145쪽; 구태훈, 『일본근세사』, 55~59쪽.

황청에 일본인 소년사절 파견을 계획하였다. 그 계획을 주도한 것은 발리냐노였다.[23]

〈그림 22〉 엽서에는 "오토모大友 아리마有馬 오무라大村의 규슈 세 다이묘 사절의 로마羅馬 입부식入府式 그림"이라고 적혀 있다.

발리냐노의 권유에 따라 규슈의 크리스천다이묘인 오토모 요시시게·아리마 하루노부·오무라 스미타다는 1582년 4명의 13·4세 소년 사절단을 로마 교황에게 파견하였다. 사절로는 아리마의 세미나리오(신학교)에서 수학한 제1기생인 4명의 소년이 선발되었다. 이들은 세 다이묘의 대리인으로 파견된 것이다. 이들은 스페인 국왕, 포르투갈 국왕, 로마 교황을 만났다. 1590년에 일본으로 돌아왔다. 이들을 덴쇼견구사절天正遣歐使節, 덴쇼견구소년사절, 소년사절 등으로 부른다. 그들이 가지고 온 구텐베르크 인쇄기에 의해 일본어 책의 활판 인쇄가 처음으로 시행되었다. 히데요시의 선교사 추방령에 의해 이들은 아무런 역할을 할 수 없었다. 하지만 일본인 최초로 유럽과 크리스트교 사회에 가서 일본을 알린 점에서 의미는 크다.[24]

23) 구태훈, 『일본근세사』, 58~59쪽; 박형무, 『임진왜란과 조선 그리스도교 전사』, 146~148쪽.
24) 구태훈, 『일본근세사』, 59~61쪽; 박형무, 『임진왜란과 조선 그리스도교 전사』, 146~155쪽; 김혜경, 「왜란 시기 예수회 선교사들의 일본과 조선 인식」『교회사연구』 49, 한국교회사연구소, 2016.

3장

도요토미 히데요시의 국내 통일과 대륙 침략 구상

1. 히데요시의 출생과 성장

1590년 3월 통신사행(정사 황윤길)이 서울을 출발하여 교토의 다이도쿠지大德寺에 숙박하였다. 11월 히데요시를 만나 조선 국왕(선조)의 국서를 전하고, 히데요시는 국서에 대한 답서를 전했다. 1590년 11월에 일본국 관백 히데요시가 조선 국왕에게 보낸 답서 내용 가운데 몇 가지를 들면 다음과 같다.

① 어머니가 나를 잉태했을 때 해가 품속으로 들어오는 태몽을 꾸었다. 이 꿈에 대해 복술사(점장이)는 "아이가 장차 크면 온 세상에 어진 교화를 드날리고, 천하에 용맹한 이름을 떨칠 것이라"고 했다.

② 대명국大明國으로 들어가 일본의 풍속을 중국 400여 주에 전파하고, 일본의 통치력을 영원히 심어두려고 한다.

③ 내가 명나라로 출병할 때 조선이 군사를 이끌고 도와주면, 우리의 맹약은 더욱 굳게 될 것이다.

④ 내가 원하는 것은 나의 위대한 이름을 삼국에 드높이는 것이다. 이 4번째 내용은 임진왜란의 원인 가운데, 동아시아 정복의 목적이 공명심에 있다는 설의 근거가 되는 부분이다.[1]

(製複許不)　　　　　生　誕　吉　秀

그림 1 히데요시의 출생

엽서에는 "히데요시 탄생"이라고 적혀 있다. 엽서 왼쪽 상단 모퉁이에 해가 그려져 있다. 엽서 뒷면을 보면, '범태평양평화박람회 기념'이라고 적혀 있다. 그리고 '나고야名古屋 범태평양평화박람회 역사관'이란 스탬프가 찍혀 있다. 엽서는 1937년 나고야에서 개최된 '범태평양평화박람회' 기념엽서로 발행된 것이다. 이 박람회는 1937년 3월 15일부터 5월 31일까지 열렸다. 나고야는 히데요

1) 기타지마 만지 지음, 김유성·이민웅 옮김, 『도요토미 히데요시의 조선 침략』, 5~10쪽.

시의 고향이다. 이 박람회가 열린 지 1달 남짓 뒤에 중일전쟁이 일어났다. 범태평양평화박람회란 이름이 무색하게 되었다.

그림 2 히데요시의 출생

　엽서는 태합기太閤記와 관련된 내용이다. "1537년(天文 6) 정월 1일 히요시마루日吉丸 출생"이라고 적혀 있다. 히요시마루는 히데요시의 본명이다. 1월 1일에 태어난 것이 강조되어 있다. 태합기는 태합太閤 도요토미 히데요시의 전기를 총칭하는 것이다. 히데요시가 죽은 후 여러 사람에 의해 다양한 형태의 태합기가 등장하였다. 유학자 오제 호안小瀬甫庵이 쓴 태합기가 유명하다.

　히데요시는 오와리국尾張國 아이치愛知현 나카무라中村향에서 하급 무사의 아들로 태어났다. 어머니가 해日輪가 품에 들어오는 꿈을 꾸고 회임했다고 한다. 그래서 이름을 히요시마루日吉丸라고 하였다. 13개월 동안 태내에 있다가 태어났는데, 이빨이 전부 나고 얼굴 모습은 원숭이 같았다고 한다. 위 엽서 내용처럼, 1536년(天文 5, 병신) 1월 1일 태어났다. 1536년은 띠가 원숭이 해다.

그 때문인지 별명이 원숭이로 유명하다.[2]

태어난 해에 대해서는 1536년설과 1537년설로 나뉜다. 최근에는 1537년설이 유력하다. 태어난 날도 1월 1일이 널리 알려져 있으나, 최근에는 2월 6일설이 유력하다. 히데요시 연보를 정리한 연구에는 1537년 2월 6일 오와리 아이치군 나카무라에서 태어났다고 하였다.[3]

임산부가 태양의 빛·정기 등을 받고 아이가 태어났다는 탄생설은 왕을 낳는 징조라고 하여 '감생제설感生帝說'이라고 한다. 이 설은 동아시아의 넓은 지역에 유포되어 있다. 히데요시는 '태양의 아들'을 주장하기 전에는 국내 통일에 대해 '천하통일은 천명'이라는 설을 주장했다. 국내 통일을 정당화하는 논리인

井生誕御公豊　（園公村中）

그림 3 도요토미 히데요시 탄생 우물

---

2) 矢代和夫, 「日吉丸の誕生」 『豊臣秀吉 天下人への道』(歷史と文學の會 편), 勉盛社, 1996, 262~267쪽.
3) 岡田正人, 「豊臣秀吉年譜」 『豊臣秀吉のすべて』(桑田忠親 편), 新人物往來社, 1991(3쇄), 282쪽.

'천명설'이 명·조선·대만·루손(필리핀) 등 다른 나라·지역의 통일에는 통하지 않는다고 판단한 때문인지는 알 수 없으나, 천명설을 발전시켜 '태양의 아들日輪之子'설을 만든 것이다. 이 설의 논리를 만든 사람은 선조에게 보낸 국서를 기초한 외교승인 세이쇼 조타이西笑承兌였다.[4] 태어난 곳은 나카무라구 내에서도 죠센지常泉寺와 나카무라공원 등이라고 전한다.

〈그림 3〉 엽서에는 "나카무라공원 도요토미豊公 탄생 우물"이라고 적혀 있다. 사진을 보면 우물 입구 돌기둥에 '풍공어탄생정豊公御誕生井'이라고 적혀 있다. 히데요시의 산탕産湯 우물이다. 히데요시가 태어났을 때 이 우물 물로 몸을 씻겼다고 전한다. 현재 아이치현 나고야시 나카무라구 나카무라정에 있는 죠센지에 있다. 8장에서 서술하는 히데요시의 동상 바로 옆에 있다.

그림 4 도요토미 히데요시 탄생지

---

4) 기타지마 만지 지음, 김유성·이민웅 옮김, 『도요토미 히데요시의 조선 침략』, 10~14쪽.

〈그림 4〉 엽서에는 "나카무라공원. 도요토미豊公가 탄생한 곳"이라고 적혀 있다. 사진을 보면 앞에 '풍공탄생지지豊公誕生之地'라는 표지가 서 있다. 나카무라는 히데요시의 고향이다. 위의 두 엽서는 '나카무라명소 엽서'라는 세트 엽서의 일부다.

히데요시의 연보에 따라, 그의 등장·성장을 임진왜란 전까지 간략하게 정리하면 다음과 같다. 히데요시는 어릴 때 각 지역을 돌아다니다가, 1554년(18세)에 고향 오와리로 돌아와서 오다 노부나가를 섬겼다. 이때는 기노시타 도기치로木下藤吉郎라고 불렀다.

THE FAMAUS YAHAGI-BRIDGE WITH HIYOSHIMARU
YOUNG TIME OF HIDEYOSHI TOYOTOMI, OKAZAKI.

그림 5 야하기교矢作橋 엽서

엽서에는 "오카자키岡崎 명승. 옛날 도요토미豊太閤의 어릴 때인 히요시마루日吉丸가 하치스카 고로쿠蜂須賀小六와 만난 사적으로 이름 높은 야하기교矢作橋"라고 적혀 있다.

히데요시가 어릴 때 이 다리 위에서 잤는데, 이때 하치스카 마사카츠蜂須賀 正勝를 만났다. 그는 나중에 히데요시의 복심이 되었다. 그의 아들 하치스카 이에마사蜂須賀家政는 임진왜란 때 5군 소속으로 조선에 와서 남원전투, 울산 전투 등에 참전했다. 사실 이 다리는 히데요시 생전에는 없었다. 히데요시의 어린 시절을 미화하기 위해 만들어진 이야기다.

히데요시는 1561년(25세)에 네네(ねね, 오네おね, 뒤에는 高台院, 北政所)와 결혼했다고 한다. 1573년 노부나가가 쇼군 아시카가 요시아키, 이어 아자이 나가마사淺井長政를 공격하여 무너뜨릴 때 히데요시는 큰 전공을 세웠다. 이에 1573년(37세)에 하시바 히데요시羽柴秀吉로 개명하고, 1574년(38세)에 치쿠젠 노카미筑前守를 쓰면서 다이묘의 반열에 올랐다.

앞에서 언급한 것처럼, 1582년 6월 2일 혼노지의 변으로 오다 노부나가가 갑자기 죽었다. 히데요시는 오다 노부타카信孝(노부나가의 3남) 등과 함께 아 케치 미쓰히데를 격파하였다. 도망가던 미쓰히데는 농민들에게 죽임을 당했 다. 6월 27일 히데요시는 노부나가 중신들과 오와리 기요스淸洲성에서 회의를 열어, 노부타다信忠(노부나가의 장남)의 2살 된 아들 히데노부秀信를 노부나가 의 후계자로 삼고, 자신은 그의 후견인이 되었다. 10월 15일 히데요시는 교토 의 다이도쿠지大德寺에서 오다 노부나가의 장례식을 주최하여, 자신이 실질적 후계자임을 선포하려는 야심을 가졌다.[5]

2. 시즈가타케賤ヶ岳전투와 칠본창

기요스성 회의에서 누구를 노부나가의 후계자로 삼을 것이냐는 문제를 둘러 싸고, 히데요시와 시바타 가쓰이에柴田勝家 사이에 대립이 생겼다. 가쓰이에는

5) 구태훈, 『일본근세사』, 66~69쪽.

노부나가의 3남 오다 노부타가를 추대하였다. 1583년 4월 오미近江 비와琵琶호 북단의 시즈가타케賤ヶ岳에서 히데요시군과 가쓰이에군이 격돌하였다. 전투에서 패한 가쓰이에는 자신의 본성本城인 기타노쇼北莊로 도망갔다. 히데요시는 다시 기타노쇼를 공격하여 함락시켰다. 가쓰이에는 자살하였다.

그림 6 시즈가타케

〈그림 6〉 엽서에는 "요고余吳호수에서 시즈가타케賤ヶ岳를 바라보다"라고 적혀 있다. 시즈가타케는 현재 시가滋賀현 나가하마長浜시에 있는 높이 420m 정도의 산이다. 이 산을 경계로 남쪽에는 비와호, 북쪽에는 요고호가 있다.

〈그림 7〉 엽서에는 "시즈가타케 고전장古戰場의 석비"라고 적혀 있다. 비문에는 전서체로 '시즈가타케 전지 비賤嶽戰趾碑'라고 적혀 있다.

〈그림 8〉 엽서 사진의 큰 비석은 시바타 가쓰이에의 묘비다. 엽서에는 "후쿠이福井 명소. 시바타 가쓰이에柴田勝家 고성古城 유적. 오다 노부나가 시대"라고 적혀 있다.

그림 7 시즈가타케 전적비

그림 8 시바타 가쓰이에 묘비

　히데요시군이 시즈가타케전투에서 승리할 때, 이 전투에서 공을 세운 하시바 히데요시羽柴秀吉의 가신인 7명의 무장을 흔히 '칠본창七本槍'이라고 부른다. 칠본창이란 이름은 히데요시가 직속 부하를 부각시키기 위해 만든 명칭이라고 한다. 무사 가문 출신이 아닌 히데요시는 다른 다이묘와는 달리 자신을 섬기는 가신이 없기 때문에, 이런 대외적 이미지가 필요했기 때문이라는 것이다. 칠본창을 정리하면 다음과 같다.

표 1 칠본창의 주역

이름	후쿠시마 마사노리 福島政則	가토 기요마사 加藤清正	와키사카 야스하루 脇坂安治	가토 요시아키 加藤嘉明	히라노 나가야스 平野長泰	가타기리 가츠모토 片桐且元	카스야 타케노리 糟屋武則
임진 왜란 참전	5군대장	2군대장	수군	수군		동생과 함께 참전	8군

　이 칠본창의 주역 7명에게 주목되는 것은 임진왜란 참전이다. 표에서 정리한 것처럼 7명 가운데 히라노 나가야스를 제외한 6명이 임진왜란에서 중요한

역할을 하였다.

〈그림 9〉 엽서는 혼묘지本妙寺 소장 〈기요마사淸正 보물〉 세트(10매) 엽서다. 엽서에는 "기요마사 무기. 시즈가타케의 칠본창의 하나"라고 적혀 있다.

그림 9 가토 기요마사의 창

이 전투의 결과, 오다 노부나가의 많은 옛 가신들이 히데요시에게 복종하게 되었다. 이 전투에서 승리한 히데요시는 1582년에 급사한 노부나가가 쌓아 올린 권력과 체제를 계승하여 '천하인'으로의 첫걸음을 내딛게 되었다.

히데요시는 무력으로 일본 국내 통일을 이루어가는 한편, 공가公家에도 진입하여 조정의 관위를 높여갔다. 1582년 10월에 종5위 하, 1584년 11월에 종3위, 1585년 3월에 종2위·내대신이 되었다. 1585년 7월에 종1위, 관백關白이 되고, 후지와라 히데요시藤原秀吉로 개명하였다. 9월에는 도요토미 성을 하사받아 도요토미 히데요시豊臣秀吉가 되었다. 1586년 12월에 정1위·태정대신에 임명되었다. 1591년 12월 관백을 사직하고, 조카 도요토미 히데쓰구豊臣秀次가 관백·좌대신에 임명되었다. 히데요시는 태합太閤이 되었다.[6]

태합은 관백 지위를 자식에게 물려준 사람에 대한 높임말이지만 흔히 히데요시를 가리킨다. 6장에서 서술한 것처럼, 일제시기에 통영에 해저터널을 만들면서 이름을 '태합굴太閤堀'이라고 불렀다. 태합은 히데요시를 상징하는 단어였다.

---

6) 구태훈, 『일본근세사』, 72쪽; 岡田正人, 「豊臣秀吉年譜」, 285~293쪽.

印之公吉秀

印之家傳北

그림 10 히데요시 관백關白 도장印

慶長年間豊公桃山大城小名屋敷及伏見全圖
京都畑田氏藏版所其一

그림 11 히데요시의 관직이 적혀 있는 엽서

〈그림 10〉, 〈그림 11〉은 히데요시의 관직을 볼 수 있는 엽서다. 〈그림 10〉의 위쪽에 있는 것이 관백 도장이다. 엽서에는 '히데요시秀吉의 인'이라고 적혀 있다. 도장을 보면 중앙에 관백關白, 오른쪽에 수비남산壽比南山, 왼쪽에 복여동해福如東海라고 새겨져 있다. 목숨은 남산과 같고, 복은 동해와 같다는 뜻이다. 〈그림 11〉 엽서에 보면 '태합 섭정관백 태정대신 정일위 풍신조신수길(太閣攝政關白太政大臣正一位豊臣朝臣秀吉)'이라는 히데요시의 긴 직책이 적혀 있다.

3. 히데요시의 본거지, 히메지성과 오사카성

히메지姬路성은 현재 효고兵庫현 히메지시에 있다. 일본 성곽 건축의 진수를 보여주는 성이다. 천수각의 우아한 모습 때문에 백로白鷺성이라고 불린다. 천수각은 일본 국보로 지정되어 있다. 1993년에 성 전체가 유네스코 세계문화유산으로 지정되었다.

도요토미 히데요시의 본거지가 된 성이다. 이 성은 1346년 아카마쓰 사다노리赤松貞範가 처음 쌓았다고 한다. 당시 쌓은 것은 소규모이고, 실제 성곽에 해당하는 규모의 축성은 전국시대 후기에 구로다 시게타가黑田重隆·모토타가職隆 부자라는 설도 있다. 모토타가의 아들 구로다 요시타카黑田孝高(구로다 나가마사의 부)는 1580년 히데요시에게 본거지로서 히메지성에 거성居城할 것을 진언하였다.

播　州　姬　路　城
方南サ高垣石餘間九拾参サヨ地平サ高築増政縄田池年六長慶造築吉秀柴羽年八正天ハ城
北南餘間七西東層上最餘間壹拾北南餘間五拾西東層下餘間七拾サ高物建間七方北間四拾
サナ層七ハ內テ二ニ層五面外餘間五

그림 12 히메지성

엽서에는 "반슈播州 히메지성. 성은 1580년(天正 8) 하시바 히데요시羽柴秀吉(도요토미 히데요시의 이전 이름)가 축조. 1601년(慶長 6) 이케다 데루마사池田輝政가 증축. 높이는 평지에서 39칸 남짓이다. 담장 높이는 남방은 14칸, 북방은 7칸이다. 건물 높이는 17칸 남짓이다. 하층은 동서 15칸 남짓, 남북 12칸 남짓이다. 최상층은 동서 7칸 남짓, 남북 5칸 남짓이다. 외면은 5층이고 내면은 7층이다"라고 적혀 있다.

히데요시는 1580년 4월에서 1581년 3월까지 대대적인 수축을 하였다. 1582년 노부나가가 급사한 후 히데요시는 일본 통일의 주역으로 부상하였다.

히데요시는 일본을 제패한 실력자의 거성으로 오사카를 택하였다. 1583년 5월 히데요시는 오사카로 와서, 9월부터 오사카성 축성을 시작하였다. 필요한 경비와 인력은 다이묘에게 부담시켰다. 1585년 무렵에는 천수각을 비롯한 주요 건물이 완공되었다. 천수각 지붕은 금박을 입혔다. 집무실 옆에는 황금 다실을 두었다. 성 주변은 2중의 해자를 둘렀다. 오사카성은 난공불락의 요새이면서

그림 13 히데요시의 오사카성

THE OSAKA CASTLE WHICH TELLS THE PROSPERITY
OF THE TOYOTOMI PERIOD, OSAKA.
城阪大る語物な業偉の公豊　（阪　大）

그림 14 히데요시의 오사카성

정치적 상징물이었다. 오사카성은 도요토미 정권의 성립을 내외에 선언하는 것이었다. 히데요시는 오사카성을 거성으로 지배체제를 확립해 나갔다.[7]

〈그림 13〉엽서에는 "도요토미 히데요시의 오사카 축성. 오사카부 헌상 역사화(기 7). 기타노 쯔네토미北野恒富(1880~1947) 화백 근필", 〈그림 14〉엽서에는 "도요토미豊公의 위업을 말해 주는 오사카성"이라고 적혀 있다. 오사카성의 해자와 성벽 등 외관 모습이다.

---

7) 구태훈, 『일본근세사』, 69~70쪽.

4. 크리스천다이묘의 성장, 히데요시의 크리스트교 탄압

1) 크리스천다이묘

　오다 노부나가와 규슈 지역 다이묘들이 크리스트교에 우호적이고, 선교사들의 적극적인 활동으로 신자들이 급증하였다. 1579년 무렵에는 신자가 15만 명을 넘었다. 교토를 중심으로 한 기내畿內 지역, 규슈 일부 지역에 세워진 교회당이 200개를 넘었다. 선교사를 도와 포교에 힘쓰는 일본인도 500명이 넘었다.[8] 이들 크리스천다이묘를 비롯한 주요 영주·무장들을 정리하면 다음 표와 같다. 이 표는 기존 일본학계의 연구성과에 임진왜란과 관련된 부분을 추가하여 만든 것이다.

표 2 크리스천다이묘·영주·무장 일람표

입교	다이묘	영주	무장	인수
1553		籠手田安經　一部勘解由		2
1554		內藤興盛		1
1560	小西行長(복)●		小西立佐	2
1563	大村純忠	長崎純景 高山友照 結城忠正 結城左衛門	結城弥平治	6
1564	池田敎正 高山右近	三箇賴照 三箇賴連 日比屋兵右衛門	伊智地文大夫 三木叛大夫	7
1566		志岐鎭經		1
1568		五島純堯		1
1569		內藤德庵(如安)●		1

---

8) 구태훈, 『일본근세사』, 59쪽.

입교	다이묘	영주	무장	인수
1570	大村喜前(기) ●			1
1571		天草鎭尙		1
1572	結城ジョアン			1
1575	畠山高政	一條兼定		2
1576	有馬義貞	天草久種	加賀山隼人	3
1578	大友義鎭(宗麟)			1
1580	有馬晴信 ●			1
1581	京極高吉			1
1582			伊東義賢	1
1583			安威了佐	1
1584	毛利高政 ● 牧村利貞(기) ●			2
1585	有馬直純(기) 黑田孝高 ● 瀨田左馬允 蒲生氏鄕(복) ● 大谷吉繼(기) ● 市橋兵吉	志賀親次 ● 岡越後?		8
1586	毛利秀包 ● 織田信秀 ●	黑田直之 ●	伊東祐兵 ●	4
1587	大友義統(복) ● 筑紫廣門(기) ● 黑田長政(기) ●	大矢野種基	熊谷元直 ●	5
1589		栖本親高		1
1590		上津浦重貞		1
1591	宗義智(기) ●			1
1592	筒井定次(기) ●			1
1594	松浦隆信(기) ●		前田茂勝	2
1595	寺澤廣高(기) ● 宇喜多左京亮(기)		前田秀以 織田秀信 ●	4
1596	蜂須賀家政(기) ● 京極高知(기) 津輕信枚(기)		明石掃部 織田秀則	5

입교	다이묘	영주	무장	인수
1601	京極高次 ●		宇喜多休閑	2
1607			津輕信建	1
1610년대		後藤壽庵		1
계	33			

출전: 五野井隆史, 「キリシタン大名とキリシタン武將」, 『キリシタン大名』, 宮帶出版社, 2017, 18~19쪽 〈キリシタン大名·領主일람표〉를 인용 재구성한 것이다. (기)는 기교棄敎, (복)은 신앙회복으로, 일람표에 따름. ●는 필자가 표시. 임진왜란 때 직접 온 자, 일본에서 특정 역할을 한 자를 포함. 일람표에서 작성한 72명을 그대로 두고 표시하였다.

후술하는 것처럼 1587년 6월 히데요시는 '선교사 추방령(파테렌 추방령)'을 내렸다. 이런 천주교 탄압정책에 따라, 다이묘나 무장 등 대부분은 비록 신자라도 외적으로는 배교하여 신자가 아님을 표명하였다.[9] 기존 연구에서 〈군단 명부에 편성된 기리시탄 영주들〉이라는 항목으로 일부 정리된 바가 있다. 이에 따르면 수군을 제외한 40명의 장군(무장) 가운데 25명이 크리스천이라고 한다.[10]

이 명부는 〈표 2〉와는 차이가 있다. 이 명부에 있는 무장을 표시하면 더 늘어난다. 양자의 차이를 판단하기 어려워, 일단 〈표 2〉에서 정리한 72명에 한정해서만 임진왜란과의 관련성을 파악하였다. 표에서 '기'(기교, 배교)나 '복'(신앙회복)으로 표시한 것처럼, 임진왜란 당시 크리스천 여부를 정확히 판단하는 것은 매우 어렵다는 것과 또한 임진왜란 관련성도 정확하지 않아서 늘어날 수 있는 여지가 있다는 것을 미리 말해두고 싶다.

표에서 보면, 세례를 받은 다이묘는 1560년 고시니 유키나가가 처음이다.

---

9) 박형무, 『임진왜란과 조선 그리스도교 전사』, 272~274쪽.
10) 임석윤, 『일본 그리스도교회사』, 대한예수교장로회 총회출판국, 2011, 152~153쪽; 박형무, 『임진왜란과 조선 그리스도교 전사』, 273~274쪽.

하지만 고니시 유키나가가 세례를 받은 시점은 1569년 이전으로 보지만, 시점 자체는 명확하지 않다. 그래서 앞서 언급한 것처럼 최초의 다이묘는 1563년 6월 오무라 스미타다로 보는 것이 일반적이다.[11]

　표에는 크리스트교를 기교(배교)하거나, 배교했다가 다시 복교한 사람까지 포함되어 있다. 이들은 다이묘는 물론 영주나 무장들까지 포함되어 있다. 1601년의 쿄고쿠 다카쓰구京極高次는 임진왜란이 끝난 이후 입교하였다. 나머지 사람은 임진왜란 전이나 전쟁 중에 입교한 사람이다. 다카쓰구까지 포함한다면 전체 72명 가운데 삼분의 일이 넘는 25명이 임진왜란과 직·간접적으로 관련이 있다. 임진왜란 때 침략한 장병 가운데 약 2천 명이 크리스천이라고 한다.[12] 심지어 부산에 상륙한 일본군 25만 명 가운데 10%가 크리스천이라고 보는 견해

松浦隆信道可公木像
Woodlene statu of Matsuura Takanobu, Prince of
Hirado. (1529—1599).

松浦鎮信法印公木像
Wooden statue of Matsuura Shigenobu Prince of
Hirado. (1549—1614).

그림 15 마쓰우라 다카노부 목상　　　그림 16 마쓰우라 시게노부 목상

11) 박형무, 『임진왜란과 조선 그리스도교 전사』, 132쪽, 201~202쪽. 구태훈, 『일본 근세사』, 57쪽에서는 1562년으로 보고 있다.
12) 최영희, 「왜란 전의 정세」『한국사』 29(조선 중기의 외침과 그 대응), 국사편찬위원회, 1995, 17~18쪽.

도 있어서[13] 그 편차가 매우 심하다.

〈그림 15〉는 마쓰우라 다카노부松浦隆信, 〈그림 16〉은 그 아들인 마쓰우라 시게노부松浦鎭信의 목상이다. 히라도平戸번 번주 부자의 목상이다.

임진왜란 때 시게노부는 아들 히사노부久信와 함께 고니시가 이끄는 1군으로 참전했다. 아버지 다카노부는 직접 전쟁에 참전하지는 않았지만, 히데요시의 명령에 따라 이키壹岐나 고도五島열도와 조선 사이의 군량미 수송을 수행하기도 하였다. 그 때문에 〈표 2〉에서 임진왜란 관련에 표시를 하였다. 표에서는 기교했다고 되어 있다. 앞에서 언급한 〈군단 명부에 편성된 기리시탄 영주들〉에는 시게노부와 아들 히사노부가 포함되어 있다.[14] 하지만 시게노부는 프로이스의 『일본사』에서는 이교도 영주라고 하였으며, 크리스천 박해에 주도적인 역할을 하였다.[15] 따라서 〈표 2〉나 군단 명부는 정확하다기 보다는 경향을 파악하는 정도로 보아야 할 것이다.

조선에 크리스트교가 전래되는 중심적인 역할을 한 사람이 크리스천다이묘인 고니시 유키나가와 스페인 예수회의 세스페데스 신부다. 웅천왜성에서 양자가 만나면서 비정상적이지마는 조선에 최초의 전래가 이루어졌다. 사제와 수사의 입국, 크리스천다이묘나 무장들이 조선인과 적이고 침략전쟁으로 만났기 때문에 크리스트교가 뿌리내릴 수는 없지만, 크리스트교가 탄생될 기미를 마련하였다.[16] 또한 임진왜란의 선봉에는 크리스천다이묘인 고니시 유키나가와 불교 신자인 가토 기요마사가 있었다. 고니시는 도요토미의 가신 중에서 이

---

13) 임석윤, 『일본 그리스도교회사』, 152쪽; 박형무, 『임진왜란과 조선 그리스도교 전사』, 273쪽.
14) 임석윤, 『일본 그리스도교회사』, 152쪽; 박형무, 『임진왜란과 조선 그리스도교 전사』, 274쪽.
15) 국립진주박물관 엮음, 오만·장원철 옮김, 『프로이스의 『일본사』를 통해 다시 보는 임진왜란과 도요토미 히데요시』, 190쪽; 박형무, 『임진왜란과 조선 그리스도교 전사』, 238~243쪽.
16) 박형무, 『임진왜란과 조선 그리스도교 전사』, 229~231쪽.

른바 문치파의 대표로, 가토의 무단파와 대립하였다.[17] 9장 세키가하라전투에서도 언급할 내용이지만, 이시다 미쓰나리石田三成와 고니시 유키나가 등 이른바 문리파文吏派와 가토 기요마사와 후쿠시마 마사노리福島正則 등 무단파武斷派는 임진왜란의 작전·보급·논공행상·강화문제 등과 이에 따른 전략의 시비에서 끊임없이 대립하고 있었다.[18] 특히 고니시와 가토의 갈등과 대립의 원인이 종교의 차이에서 비롯된 것도 무시할 수는 없을 듯하다.

2) 1596년 26성인 순교 사건

히데요시는 처음에는 크리스트교에 대해서 그다지 부정적이지 않았다. 하지만 점차 자신이 완성시키려는 국가체제에 크리스트교가 방해가 된다고 생각하였다. 1587년 6월 규슈의 시마즈씨를 정벌하러 간 히데요시는 크리스천다이묘 오무라 스미타다大村純忠가 나가사키를 예수회 교회에 기부한 것을 알고, 다이묘의 크리스트교 입교를 허가제로 하였다. 또 크리스천다이묘의 중심 인물인 다카야마 우콘高山右近에게 크리스트교를 버릴 것을 명하였으나, 우콘은 이를 거부했다. 히데요시는 그의 영지를 몰수하고 다이묘 지위를 박탈하였다. 이것은 크리스천다이묘의 증가와 그들의 연대를 경계한 히데요시의 일종의 본보기였다.[19]

규슈정벌을 마치고 돌아오는 도중인 1587년 6월, 히데요시는 '선교사 추방령'(파테렌半天連 추방령)을 공포하여 선교사를 국외로 추방하도록 지시하였다. 선교사가 신사와 사찰을 파괴하고 있는 것이 주된 이유였다. 이로써 크리스트교와 나가사키(남만)무역을 분리시키게 되었다. 하지만 포르투갈 배와 상인의 내항은 그대로 인정하였다. 1588년에는 나가사키를 직할령으로 삼았다.

---

17) 박형무, 『임진왜란과 조선 그리스도교 전사』, 274~275쪽.
18) 笠谷和比古, 『關ヶ原合戰』, 講談社, 1994, 33~34쪽; 구태훈, 『일본근세사』, 116쪽.
19) 五味文彦 외 편, 『詳說日本史硏究』, 226쪽; 구태훈, 『일본근세사』, 93~94쪽.

교회가 나가사키를 지배하는 것을 용납할 수 없었고, 나가사키무역의 주도권을 장악하기 위해서였다.[20]

1588년 7월 8일(일본력) '가타나가리령刀狩令'(칼 몰수령)과 '해적정지령'을 내렸다. 전자는 사무라이 외에는 칼 소지를 금지하는 정책이다. 각지에서 일어나는 항쟁을 막고, 농업에 전념하도록 하는 정책이었다. 후자는 해적금지령, 해적단속령取締令이라 부른다. 해적 활동을 금지하여 교토·사카이堺·나가사키·하카다 무역상인의 남만무역을 장려하려는 정책이었다.[21]

그런데 크리스트교와 남만무역은 분리될 수 없었다. 남만무역의 장려는 크리스트교 단속을 느슨하게 만들어, 선교사 추방에도 소극적이었다. 선교사들은 각 지역에 잠복하여 전교활동을 계속하였다. 이런 상황 속에서 1596년 10월 스페인 선박 산 펠리페(페리페)호가 시코쿠 토사 우라토에 표착하는 사건이 일

그림 17 1596년(양력 1597) 26성인 순교 그림

---

20) 五味文彦 외 편, 『詳說日本史研究』, 226~227쪽; 구태훈, 『일본근세사』, 94~95쪽.
21) 五味文彦 외 편, 『詳說日本史研究』, 225~227쪽.

The Martyrdom of father carlo spinola and fifty-four persons at Nishizaka, Nagasaki, September 12th. 1622.

그림 18 1622년 그리스천 순교 그림

어났다. 승무원을 조사하는 과정에서 자신들을 학대하면 일본은 강점될 것이라는 말과 스페인이 영토확장을 위해 선교사를 이용한다는 등 말이 히데요시에게 전해졌다. 이에 히데요시는 스페인계 프란치스코회를 중심으로 하는 선교사와 신자를 체포하도록 명하였다.[22]

〈그림 17〉 엽서에는 "국보. 나가사키 오우라大浦 천주당. 26성인 순교 그림"이라고 적혀 있다.

1597년 1월 1일(양력)을 기해 교토에서 선교사 6명, 오사카에서 수도사 3명 등 모두 24명이 체포되었다. 이들은 코와 귀가 잘렸다. 히데요시는 나가사키에 끌고가서 십자가에 매달아 창으로 찔러 죽이도록 명하였다. 이들은 교토에서 나가사키까지 멀고 긴 죽음의 길을 갔다. 도중에 2명이 늘어나서 26명이 되

---

22) 五味文彦 외 편,『詳說日本史硏究』, 227쪽; 구태훈,『일본근세사』, 95쪽; 박형무,『임진왜란과 조선 그리스도교 전사』, 302~304쪽.

었다. 1596년 12월 19일(서기 1597. 2. 5) 나가사키에서 처형되었다. 이것이 '26성인 순교사건'이다.[23] 크리스트교 신앙을 이유로 최고 권력자가 명하여 처형한 최초의 사건이다. 이 사건은 일본 지배층 사이에 크리스트교에 대한 경계심을 심어주는 계기가 되었다.[24]

〈그림 18〉 엽서는 히데요시가 죽은 후 20여 년 뒤의 일이다. 에도(도쿠가와) 막부가 성립된 뒤 2대 장군 도쿠가와 히데타다德川秀忠 때 일어난 순교사건이다. 하지만 도쿠가와 정권의 크리스트교 금지정책을 보여주는 자료라서 여기서 간단하게 언급하려고 한다.

엽서에는 "천주교도 순교의 그림. 1622년(元和 8) 나가사키에서"라고 적혀 있다. 도쿠가와 정권은 처음에는 크리스트교를 묵인하였다. 하지만 크리스트교의 포교가 스페인과 포르투갈의 침략을 초래한다는 공포심을 강하게 느끼면서, 신앙을 위해 신도들이 단결하는 것을 두려워하여 1612년 직할령에 금교령을 내렸다. 이어 1613년에는 전국적인 금교령을 내렸다. 1614년에는 다카야마 우콘高山右近 등 300여 명을 국외 마닐라나 마카오로 추방시켰다. 히데타다는 이에야스에 이어 강력한 금교정책을 실시하였다. 1622년(元和 8) 나가사키의 니시자카西坂에서 55명의 선교사와 신도들이 처형되었다. 1596년 26성인이 순교한 곳과 같은 곳이다. 이 순교를 '겐나元和의 대순교'라고 부른다. 이런 탄압정책에 많은 신자들이 개종했지만, 일부 신자들은 박해에 굴하지 않고 순교하거나, 잠복하여 은밀히게 신앙을 지속한 자들도 있었다.[25] 이들을 '잠복크리스천'이라 부른다.[26] 〈그림 18〉 엽서는 이 대순교를 그린 그림이다.

---

23) 박형무, 『임진왜란과 조선 그리스도교 전사』, 305~312쪽.
24) 五味文彦 외 편, 『詳説日本史研究』, 225~227쪽.
25) 五味文彦 외 편, 『詳説日本史研究』, 241~242쪽; 박형무, 『임진왜란과 조선 그리스도교 전사』, 348~354쪽.
26) 大橋杏泰, 『潜伏キリシタン』(학술문고), 講談社, 2019, 16~17쪽.

3) 크리스천 무덤

아래 엽서도 〈그림 18〉 엽서와 마찬가지로, 에도막부 시대의 자료이지만 여기서 간략하게 언급하려고 한다.

1637년 10월~1638년 2월에 시마바라島原반도와 바로 앞에 있는 아마쿠사天草섬에서 농민항쟁(잇키一揆)이 일어났다. 이 저항을 시마바라의 난, 시마바라·아마쿠사의 난, 시마바라·아마쿠사 잇키라고 부른다. 이 난은 1634년 이래 계속되는 기근에도 불구하고, 시마바라성주 마쓰쿠라 시게마사松倉重政·가쓰이에勝家 부자나 아마쿠사영주 데라자와 히로다카寺澤廣高가 영민領民에게 가혹한 수탈을 하고, 크리스트교를 탄압한 것에 저항한 농민들의 항쟁一揆이었다. 시마바라반도는 원래 크리스천다이묘 아리마 하루노부의 영지이고, 아마쿠사섬은 고니시 유키나가의 영지였다. 그 때문에 농민군에는 아리마·고니시씨의 낭인浪人이나 크리스천이 많았다. 흉년과 착취 속에서 세상이 지옥으로 변하고 크리스천만이 구원된다는 유언비어가 돌면서 민심이 동요하였다.

유키나가의 가신으로 크리스천인 마스다 진베에益田甚兵衛(마스다 요시쓰구好次)의 아들 시로도키사다四郎時貞가 이끄는 37,000여 명의 농민군(잇키군)이 하루노부의 고성인 하라原성에 집결하였다. 막부는 마쓰쿠라 시게마사를 파견하여 진압에 나섰으나 실패하였다. 이에 로주老中 마쓰다이라 노부쓰나松平信綱는 규슈 다이묘 등 12만 4천 명을 이끌고 하라성을 공격하고, 또 네덜란드선에서 포격하면서 난은 진압되었다. 생존자는 모두 처형되었다. 난이 진압된 후 책임을 물어 마쓰쿠라 가쓰이에는 처형되고, 데라자와 히로다카는 영지가 몰수되었다.

막부는 이 난 후에 크리스천을 뿌리 뽑기 위해서, 신자가 많은 규슈 북부 등지에서 예수상·마리아상 등을 새긴 나무나 금속으로 만든 답회踏繪(후미에)를 밟는 회답繪踏(에후미)을 행하였다. 또 금교를 추진하기 위해 크리스천을 적발하는 직책을 두어 통제를 더욱 강화하였다.[27] 이노우에 시게마사井上政重가 중심이 되어 잠복크리스천 탐색을 주도하는 역할을 하면서 크리스천 문제를 전문으로 하는 직책인 종문개역宗門改役(슈몬아라타메야쿠)이 만들어졌다.[28]

그림 19 판회(예수상)

그림 20 판회(마리아상)

두 엽서는 모두 '판회板繪'라고 적혀 있다. 영어로 된 설명도 동일하다. 엽서에는 "도상 밟기 의식에 사용된 도상들(Figures, used in the figure-treading)"이라고 적혀 있다. 판회라고 한 것으로 보아, 나무로 만든 답회(후미에)라고 생각한다. 답회 도상은 예수상과 마리아상이 가장 많이 사용되었다

---

27) 시마바라의 난에 대한 서술은 五味文彦 외 편, 『詳說日本史研究』, 243쪽; 구태훈, 『일본근세사』, 227~230쪽; 박형무, 『임진왜란과 조선 그리스도교 전사』, 357~362쪽을 인용·요약한 것이다.

28) 大橋杏泰, 『潛伏キリシタン』, 46~47쪽.

그림 21 크리스찬 천인총千人塚

고 생각한다.

〈그림 21〉엽서에는 "히고備後 명승 도미오카富岡. 크리스천鬼利支丹 사적 천인총千人塚"이라고 적혀 있다.

천인총은 '도미오카 크리스천 공양비富岡吉利支丹供養碑'다. 이 비는 구마모토현 아마쿠사군 레이호쿠笒北정 도미오카富岡에 위치한다. 수총首塚이라고도 불린다. 1637년 아마쿠사·시마바라의 난에서 목숨을 잃은 크리스천 농민군의 약 3분의 1정도인 약 3,300명의 머리가 묻혀 있다고 한다. 난이 일어난 지 10년 뒤인 1647년에 비가 세워졌다.

그림 22 크리스천切支丹 무덤

〈그림 22〉 엽서에는 "기리시탄切支丹묘비. 니시아리에西有家 해안에 있다"
라고 적혀 있다. 그리고 '1934년 5월 12일 국립공원 운젠雲仙 등산 기념' 스탬
프가 찍혀 있다. 이 묘비는 엽서에 적힌 것처럼, 현재 나가사키현 미나미시마
바라南島原시 니시아리에西有家정 스가와須川 동향 공동묘지 안에 있다. 서기
력과 일본력이 들어간 일본 최고의 로마자 비문이 적혀 있는 반원주 개석형(또
는 어묵형) 묘다. 비문은 포르투갈식 철자법으로 적혀 있다. 무덤에 묻힌 사
람은 '훼리 사쿠에몬作右衛門 디오고'다. 1610년에 죽은 크리스천이다. 묘비에
는 3종류의 십자문과 비문이 새겨져 있는 것이 특징이다. 공동묘지에 있는 현
재 위치의 땅속에서 1929년에 발견되었다고 한다.[29]

5. 포르투갈국 인도 부왕 서신과 그 답신

히데요시는 1591년 교토에 있는 대저택 주라쿠테이聚樂第에서, 예수회 선교
사 알렉산드로 발리냐노를 만났다. 이때 무기 등 선물과 함께 바친 포르투갈국
인도 부왕副王 도아르테 드 메네제스Duarte de Menezes가 서신을 보냈다. 이 서
신은 양피지에 포르투갈어로 쓴 것이다. 문서 끝에 1588년이 적혀 있고, 직접
쓴 서명이 들어 있다. 처음에는 1587년이라고 쓴 흔적이 있으나, 알렉산드로
일행의 출발이 늦어져서 '7'을 '8'로 수정했다고 한다. 서신 마지막에 적혀 있는
것처럼, 1588년 4월에 보낸 것이다. 문서 내용은 크게 두 부분으로 나누어져
있다. 전반은 히데요시의 사적을 칭송한 것, 후반은 선교사의 포교 협력을 의
뢰한다는 것이다. 히데요시를 제사지내는 도요쿠니豊國신사에 전해온 것인데,
신사가 폐지되면서 묘호인妙法院으로 이관되었다. 1955년에 일본 국보로 지정되

---

29) 비문 내용은 'フィリ作右衛門ディオゴ 生年83 御出生以来 1610 十月 16 慶長15'
라고 한다. 〈島原半島世界ジオパーク〉 홈페이지와 〈南島原ひまわり観光協会〉 홈
페이지의 「吉利支丹墓碑(キリシタン墓碑)」에서 인용하였다.

었다. 문화재 명칭은 '포르투갈국 인도부왕 신서ポルトガル國印度副王信書'다.[30]

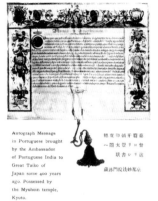

그림 23 포르투갈국 인도 부 왕副王 신서信書

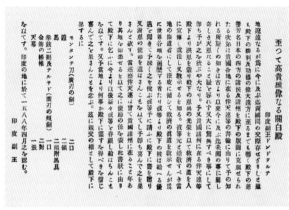

그림 24 포르투갈국 인도 부왕副王 신서信書〈일본어 번역문〉

포르투갈어로 적힌 엽서에는 "포르투갈령 인도총독이 도요토미 히데요시豊太閤에게 보내는 서장. 교토 묘호인妙法院 문적門跡 소장"이라고 적혀 있다.

일본어로 된 엽서의 첫머리에 "지극히 고귀하고 웅위雄偉한 관백께. 인도 부왕 돈도도와르테"라고 적혀 있다. 엽서 끝부분을 보면 "여기에 친교의 증표로써 큰칼 2자루, 새로운 종류의 총포 2자루, 갑주 2벌, 마구 및 말 2마리, 금으로 장식된 괘포掛布 4매, 총포로도 사용할 수 있는 투라사드 하나, 야전용 천막 1세트를 전하에게 바칩니다"라고 하여 선물 목록이 적혀 있다.[31]

두 엽서는 세트 엽서다. 엽서 봉투에는 "풍태합에게 보낸 인도부왕 서장 엽서(豊太閤宛 印度副王 書狀葉書). 교토 대불 묘법원 문적 소장京都大佛妙法院門

---

30) 야후 재팬 https://wanderkokuho.com을 참조하여 정리하였다.

31) 국립진주박물관 엮음, 오만·장원철 옮김, 『프로이스의 『일본사』를 통해 다시 보는 임진왜란과 도요토미 히데요시』, 86~87쪽에 한글로 번역되어 있다. 이 부분은 87쪽 부분을 인용하였다. 엽서에는 「넓은 날의 칼 2자루, 갑옷 2벌, 말 2마리와 마구, 권총 2정, 넓은 날의 단검(투루사드) 1자루, 금으로 장식된 장유帳帷(빙 둘러치는 장막) 2대, 천막 1장」으로 번역문과 약간 차이가 난다.

跡藏"이라고 적혀 있다.

엽서는 교토 묘호인 몬제키門跡에서 발행한 것이다. 묘호인은 교토시 히가시야마東山구에 있는 천태종 절이다. 몬제키는 황족이나 고위 귀족들이 절에 재산을 기부하고 주지를 하는 사찰로서, 묘호인은 쇼렌인靑蓮院, 산젠인三千院과 함께 천태종 3대 몬제키 사원의 하나다.

발리냐노 일행은 1590년 6월 20일 나가사키에 도착하였다. 일행이 교토 주라쿠테이에서 히데요시를 만난 것은 1591년 윤1월 8일(양 3월 3일)이다. 이 서신에 대해서 히데요시는 1591년 7월 25일부로 인도 부왕에게 답신을 하였다. 답신 서신은 현재 덴리天理대학 부속 덴리도서관에 소장되어 있다. 이 답신의 내용은 크게 3부분으로 나뉜다.

① 국내 통일의 실적을 서술하고, 정명征明의 의사 표시를 하였다. 즉 자기의 실력을 과시하였다.

② 일본은 신국神國이라는 것을 강조하고, 신神·유儒·불佛을 정법正法으로 하는 취지를 언명하였다.

③ 크리스천을 정법을 파괴하는 사법邪法으로 인정하고, 강한 표현으로 이것을 엄금하였다. 하지만 동시에 무역은 허가하였다.[32]

답신의 내용(①)에서도 알 수 있듯이, 이 답신에서 히데요시는 "일단 대명국大明國을 다스리고 싶은 의지가 있다. 멀지 않아 누선樓船을 띄워서 중화中華에 도달하는 것은 손바닥을 환히 보는 것과 같다[명백한 사실이다는 뜻]"[33]고 하였다. 그런데 신국을 강조하고 있기는 하지만, 신만을 강조할 뿐 그 논리적 근거가 약하고, 일본이 신국이라는 것이 중국의 사상과 철학을 원용한 데 불과하

---

32) 高瀨弘一郎, 『キリシタン時代の貿易と外交』, 八木書店, 2002, 406~419쪽. 위 엽서와 답신에 관한 내용에 대해서는 『キリシタン時代の貿易と外交』 3부 2장 (409~435쪽)에 상세하게 서술되어 있다. 三鬼淸一郎, 「豊臣秀吉の對外政策」『한국사론』 22, 국사편찬위원회, 1992, 65쪽.
33) 高瀨弘一郎, 『キリシタン時代の貿易と外交』, 417쪽.

다고 보는 주장이 있다.[34]

6. 히데요시의 황금저택, 주라쿠테이

15세기 중반의 내란으로 교토는 상경과 하경으로 나누어지고, 중간에는 전원지대가 형성되어 있었다. 교토를 근세도시로 개조한 이는 히데요시다. 상경·하경 사이의 전원지대를 없애고, 계획된 도시로 만들었다. 도시를 동서남북으로 나누고, 시내와 교외를 낙중洛中과 낙외洛外로 구분하였다. 중심부에는 천황의 거처인 고쇼御所를 재건하였다. 오사카에 거성居城을 세운 히데요시는 관백關白에 취임한 것을 계기로 교토에 거관居館을 설계하였다. 고쇼 옆에 자기 거처로 화려한 주라쿠테이聚樂第를 신축하였다.[35] 1586년 2월에 착공하여, 1587년 9월에 완성하였다. 도요토미 히데쓰구豊臣秀次 추방사건이 있었던 1595년에 파각破却될 때까지 존립하였다. 건물 이름인 '취락聚樂'은 죽지 않고 오래 사는 '즐거움을 모았다'는 뜻이다.

프로이스는 주라쿠테이가 "극히 청결하고 신선한 장식으로 꾸며져 있어 유럽 어디에 옮겨 놓아도 크게 찬사를 받고 틀림없이 사람들을 감탄시킬 것이다. 왜냐하면 실방, 객실, 그 안팎 상하는 말할 것도 없고 부엌까지 심지어는 도구나 작업대가 놓인 장소까지 모두 금빛으로 칠했기 때문이다"[36]고 묘사하였다. 통신사로 일본에 간 김성일도 『해사록』에서 "황금빛 지붕이 햇빛 받아 번쩍이네, 관백이 사는 집이 가장 우뚝하여…층층 누대 겹친 전각 중천에 서 있는데, 수정으로 만든 주렴 천 칸을 둘렀어라, 호추豪酋들 사는 집은 모두 금빛 지붕

---

34) 박수철, 『오다·도요토미 정권의 사사 지배와 천황』, 서울대학교출판문화원, 2012, 396~397쪽.
35) 정재정, 『교토에서 본 한일통사』, 효형출판, 2007, 27~28쪽.
36) 국립진주박물관 엮음, 오만·장원철 옮김, 『프로이스의 『일본사』를 통해 다시 보는 임진왜란과 도요토미 히데요시』, 99쪽.

인데…"³⁷⁾라고 묘사하였다. 실제 주라쿠테이 발굴 유적에서 금박을 한 기와가 출토되기도 하였다. 그야말로 주라쿠테이는 명실상부한 '황금 태합(궁전)'이었다.³⁸⁾

이 초호화 건물은 혼마루, 니노마루 등이 배치되어 있어 성곽 모습을 띠고 있었다. 이 건물은 히데요시의 정청政廳 겸 저택이었다. 1587년 규슈정벌을 끝내고 오사카에서 옮겨와서 여기서 정무를 보았다.

그림 25 주라쿠테이 터聚樂第址

엽서의 왼쪽이 수라쿠테이 관련 사진이다. 비석에는 '이 부근 취락제(此附近聚樂第)'라고 적혀 있다. 엽서에는 "도요토미豊太閤 1585년(天正 13) 봄에 이곳에 사방 3천 정보의 결구 장려壯麗한 성곽을 건설하여, 1587년(天正 15) 9월 18일 오사카에서 이사하였다"고 적혀 있다.

히데요시는 정권의 심벌로 내세우기 위해, 1588년 4월 고요제이後陽成 천황

---

37) 김성일, 『해사록』 2, 〈팔월 이십팔일에 주산舟山에 올라가서 왜의 국도를 바라보다〉, 한국고전번역원 DB 참조.
38) 山室恭子, 『黃金太閤』(中公新書 1105), 中央公論社, 1992, 29쪽.

의 행행行幸을 받았다. 여러 다이묘나 공가公家를 총동원하여 시행된 천황의 행행은 히데요시로서는 자신이 천황의 신임을 받는 '천하인'이라는 것을 내외에 알리기 위한 일생 일대의 성대한 의식이었다.[39]

그림 26 도요토미 히데요시의 근왕(聚樂第 行幸)

엽서는 이 행행과 관련된 것이다. 엽서에는 "도쿄부 요세이칸養正館 국사회화관 벽화. (42) 도요토미 히데요시의 근왕勤王. 주라쿠테이의 행행行幸. 오타 텐유太田天洋(1884~1946) 필"이라고 적혀 있다.

김성일의 시에서도 알 수 있듯이, 이 건물은 임진왜란과도 밀접한 관련성이 있다. 1587년 히데요시는 대마도주 소 요시시게宗義調·요시토시義智 부자에게

39) 大阪城天守閣 편, 『秀吉と桃山文化—大阪城天守閣名品展—』, 大阪城天守閣特別事業委員會, 1997, 186쪽; 정재정, 『교토에서 본 한일통사』, 110~115쪽.

조선 국왕이 입경入京할 것을 주선하고, 만약 받아들이지 않으면 조선에 출병할 것을 명하였다. 대마도주는 가신 유타니 야스히로柚谷康廣를 일본국왕사로 꾸며 1587년 9월 조선에 보냈다. 야스히로는 히데요시의 명령과는 달리 통신사 파견을 요청하였다. 조선은 히데요시가 국왕을 찬탈한 것이고, 길이 멀고 잘 모른다는 이유로 통신사 파견을 거부하였다. 1589년 히데요시는 요시토시가 직접 조선에 가서 교섭할 것을 명하였다. 이에 하카다 쇼후쿠지聖福寺의 겐소玄蘇를 정사, 요시토시 자신을 부사로 하는 일본국왕사가 조선에 갔다.[40] 통신사 파견 요청을 받은 조선측은 논의 끝에 일본통신사 정사 황윤길, 부사 김성일, 종사관 허성을 1590년 3월 파견하였다.[41]

이들이 교토에 들어간 것은 1590년 7월이지만, 선조의 국서를 히데요시에게 전달하는 전명傳命 의례는 11월 7일에 있었다. 이들은 11월 25일 히데요시의 답서를 받고, 1591년 2월 초에 부산으로 돌아왔다.[42] 통신사가 11월 7일 히데요시를 만난 곳이 바로 쥬라쿠테이다. 히데요시가 산동山東 출병과 궁실 수리 등을 핑계로 즉시 국서를 받지 않아, 5개월이나 지체한 것이다. 히데요시를 처음 본 통신사는 "용모는 왜소하고 못생겼다. 얼굴은 검고 주름져 원숭이 형상이다. 눈은 쑥 들어갔으나 동자가 빛나 사람을 쏘아보았다"[43]라고 묘사하였다.

히데요시는 통신사를 복속服屬 사절로 믿고, 쥬라쿠테이에서 통신사를 만나 답서를 교부하였다. 앞서 언급한 것처럼, 답서는 '일륜日輪(태양)의 아들'인 자신은 대명大明 400여 주를 평정할 생각이므로, 일본군이 명을 공격할 때 조선은 그 선도가 된다는 내용이다. 1591년 겐소와 대마도주의 가신 야나가와 시게

40) 이근우 외, 『전근대한일관계사』, 한국방송통신대학교출판원, 2013(개정판), 319쪽.
41) 『선조실록』 선조 23년(1590) 3월 6일(정미).
42) 민덕기, 「경인통신사의 활동과 일본의 대응」『1590년 통신사행과 귀국보고 재조명』(한일관계사학회 편), 경인문화사, 2013, 66쪽.
43) 『선조수정실록』 선조 24년(1591) 3월 1일(정유). 김석희, 「학봉 김성일론(1)—특히 그의 통신사 보고를 중심으로—」『우헌 정중환박사 환력기념논문집』, 우헌 정중환박사 환력기념논문집간행위원회, 1974, 175~176쪽.

노부柳川調信가 통신사의 귀국에 회례사로서 동행하여, 히데요시의 '정명향도征明嚮導' 요구를 '가도입명假途入明'으로 바꾸어 조선에 요청하였으나, 조선은 이를 받아들이지 않았다.[44] 1591년 봄 조선에 돌아온 통신사의 보고가 정사와 부사 사이에 차이가 있었다는 것은 잘 알려진 사실이다. 주라쿠테이는 임진왜란의 도발을 예고한 역사적 장소였다.

7. 히데요시의 명 정복 구상

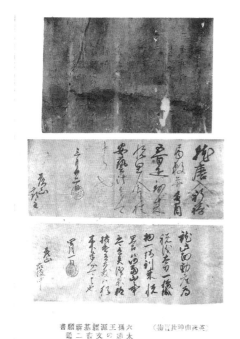

그림 27 도요토미의 명 정복唐入 문서

앞서 언급한 것처럼, 1590년 선조의 국서에 대한 히데요시의 답서나, 1591년 인도부왕에 대한 히데요시의 답서 내용을 보면, 히데요시는 명나라 정복唐入リ을 분명하게 밝히고 있다.

이 엽서는 3장의 문서로 구성되어 있다. 3장 가운데 2장이 히데요시와 관련된 문서다. 엽서에도 "히코산英彦山신사 보물. 도요토미 히데요시太閤의 문서 2통"이라고 적혀 있다. 이 문서 중에서 가운데 문서에 주목하고 있다. 이 문서를 탈초하면 다음과 같다.

44) 村井章介, 『東アジアのなかの日本文化』, 放送大學教育振興會, 2005, 233쪽.

就唐入祈禱卷數并鳥目五百足到來 悅思會候 猶安藝法印可申候也

三月卄二日['龍' 도장] 彦山座主

이 문서의 처음에 '취당입기도就唐入祈禱'라는 글이 있다. 명 정복唐入에 즈음하여 기도를 위해서 권수卷數와 돈鳥目 500필 등을 보내 온 것에 대해서 기쁘게 생각한다면서, 히데요시가 3월 22일 히코산彦山 좌주에게 보낸 서장이다. 3월 22일이 어느 해인지는 분명하지 않으나, '명 정복唐入' 글자로 보아, 1592년에서 그리 멀지 않은 해라고 생각한다.[45] '권수'는 기도를 위해 독송한 경전의 이름과 횟수가 적힌 목록이다. 히데요시는 임진왜란이 개시된 지 1달 조금 지난 1592년 5월 18일에도 '이국異國 정벌'을 위한 기도를 올렸다고 한다.[46]

이런 히데요시의 명 정복과 관련해서 잘 알려진 자료가 다음 엽서에 있는 히데요시가 애용했다는 동아시아 삼국 지도 부채다.

이것은 개인이 1935년 새해 연하장으로 만든 엽서다. 엽서에는 1935년(昭和 10) 1월 1일 우체국 소인이 찍혀 있다. 엽서 앞면에는 도요토미 히데요시가 가지고 있던 부채가 그려져 있다. 뒷면에는 새해 인사말이 인쇄되어 있다. 먼저 부채와 관련된 내용을 보면 다음과 같이 적혀 있다.

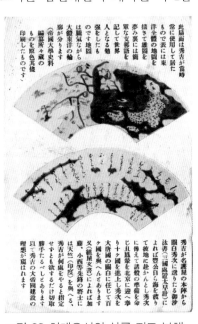

그림 28 히데요시의 삼국 지도 부채

---

45) 엽서 본문의 탈초와 번역에는 부산대학교 양흥숙 교수, 광주여자대학교 정성일 교수의 도움을 받았다. 이 지면을 빌려서 감사드린다. 내용에 잘못이 있다면 전적으로 필자 책임이다.
46) 박수철, 『오다·도요토미 정권의 사사 지배와 천황』, 340쪽.

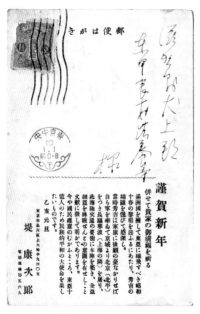

그림 29 히데요시의 삼국 지도 부채

"이 부채는 히데요시가 당시 늘 사용하던 것으로, 앞면에는 동양 전체의 지도를 묘사하여 웅대한 계획을 꿈꾸고, 뒷면에는 간단한 중국어를 적어서 세계인이 되는 공부를 했던 것이다. 지도는 어렴풋하지만 대략 동양의 윤곽을 알 수 있다.(제국대학 사료편찬소 소장의 것을 원색 그대로 인쇄한 것이다.) 히데요시가 나고야名護屋 본진本陣에서 관백 히데쓰구秀次(조카)에게 보낸 고사다쇼御沙汰書(명령서)인 삼국처치태조계三國處置太早計[47]에 의하면, 도요토미 자신은 바다를 건너 그곳[명나라]에 간다고 하고, 히데쓰구에게 전해서 여러 가지 준비를 명하였다. 또 봉련鳳輦(천황)을 베이징北京에서 맞이하여 받들고, 10개 나라를 진상하고, 히데쓰구를 대당국大唐國(명)의 관백으로 임명하여 100개 나라를 준다고 하였다.[48] 또 구미야組屋문서에 의하면, 가토(기요마사), 고니시(유키나가) 등 선봉 장사에게는 천축(인도)을 준다고 하였다. 히데요시가 어디를 한다고 지정하지 않아도 하고 싶은 만큼 제 마음대로 점령할 수 있다고 한 것도 있다. 이로써 히데요시의 대제국 건설의 이상을 엿볼 수 있다."

---

47) 1592년 5월 18일, 히데요시는 25개 조에 이르는 사서事書를 관백 히데쓰구에게 보냈다. 히데요시는 일본·조선·명에 걸친 3국 국할國割 계획을 히데쓰구에게 보내어 준비에 들어가도록 지시했다. 그 후 에도江戸시대에 이 문서를 정리한 가가번주加賀藩主 마에다 쓰나노리前田綱紀는 '풍태합삼국처치태조계豊太閤三國處置太早計'라는 표제를 붙였다. 三鬼淸一郎, 「豊臣秀吉の對外政策」, 64쪽.
48) 三鬼淸一郎, 「豊臣秀吉の對外政策」, 64쪽.

연하 내용은 다음과 같다. "근하신년(삼가 신년을 축하드립니다). 아울러 귀댁의 청복을 기원합니다. 만주국을 거느리고 동아東亞로 웅비해야 할 쇼와昭和 10년(1935) 봄의 여명을 맞이하면서, 히데요시의 웅도雄圖를 그리워하며 깊이 감격합니다. 당시 히데요시는 이에야스家康에게 후고後顧(자기가 없어진 뒤의 일에 마음이 쓰임)의 근심이 없었더라면, 스스로 군대를 이끌고 경성京城에서 베이징北平(北平)을 공격하고, 여세를 몰아 멀리 닝보寧波(상하이 부근)를 도륙하여, 이 해륙 교통의 요충지에 본진을 쌓고, 아시아 전체를 노려본다는 의도를 가지고 있었던 것이 문헌에 증거가 명백합니다. 지금 국민 총의總意를 직면한 때에, 동아 십억 인을 위해 민족적 평화의 대사명을 완수하고 싶습니다. 을해년(1935) 첫날"

이 연하 엽서를 만든 사람은 쓰쓰미 야스지로堤康次郎(1889~1964)다. 그는 일본 재계·정계의 거물로, 세이부西武그룹 창립자다. 일본은 1931년 만주사변, 1937년에 중일전쟁을 일으켰다. 이미 만주국을 차지하고 동아시아로 웅비할 시점인 1935년 새해 첫날에, 임진왜란 때 조선은 물론 명 전체를 정복할 히데요시의 웅도(크고 뛰어난 계획과 포부)를 흠모하면서, 히데요시를 불러낸 것이다. 개인이 만든 연하장 엽서에 히데요시가 쓰던 삼국이 그려진 부채를 디자인한 것이 이채롭다.

히데요시가 가지고 있던 금색 부채에 대해서는 일찍부터 주목한 바가 있다. 『황성신문』에 실린 다음 기사(〈그림 30〉)에서 확인할 수 있다.

이 기사와 관련해서는, 황현의 『매천야록』(권6, 1909년, 「풍신수길의 황금군선 발견」)에 다음과 같은 내용이 수록되어 있다.

"탁지부에는 전에 호조로 있을 때부터 한 비밀창고가 있었는데, 굳게 잠가두고 열어보지 않았다. 이때에 이르러 일본인 세키노關野(關野貞)란 사람이 처음으로 열어보았다. 그 안에는 황금으로 만든 군선 2자루가 있었는데, 도요토미 히데요시豐臣秀吉가 소지하던 것이라는 것은 관지(낙관)가 있어서 확인할 수

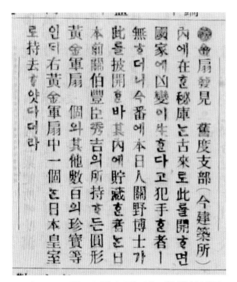

그림 30 금색 부채(金扇) 발견(『황성신문』 1909. 9. 23)

●〈金扇發見〉 舊度支部(今 建築所) 內에 在흔 秘庫는 古來로 此를 開ㅎ면 國家에 凶變이 生흔다고 犯手흔 者ㅣ 無ㅎ더니 今番에 日本人 關野博士가 此를 披開흔 바 其內에 貯藏흔 者는 日本 前關伯 豊臣秀吉의 所持ㅎ든 圓形黃金軍扇 □個와 其他 數百의 珍寶 等인딕 右 黃金軍扇中 一個는 日本皇室로 持去ㅎ얏다더라

"〈금색 부채 발견〉 옛 탁지부(지금 건축소) 안에 있는 비밀창고는 예부터 이것을 열면 국가에 흉변이 생긴다고 하여 손을 댄 자가 없었다. 이번에 일본인 세키노 박사(세키노 타다시)가 이것을 열었는데, 그 안에 보관된 것은 일본 전 관백 도요토미 히데요시가 소지하던 원형 황금 군선(군대 지휘용 부채) 몇 개와 기타 수 백의 진기한 보물 등인데, 황금 군선 1개는 일본 황실로 가지고 갔다고 한다."

있다. 어떤 연유로 이곳에 있게 되었는지는 알 수 없으나, 어떤 사람들은 일본인이 바친 것이 틀림없다고 한다."[49]

『황성신문』에는 부채 수를 알 수 없으나, 『매천야록』에서는 2자루라고 하였다. 그리고 황현은 이것이 조선후기에 일본에서 바친 진상품이라고 추측하였다. 이것을 처음 확인한 것이 세키노 타다시關野貞인 것은 양자가 일치한다.

그런데 히데요시의 금색 부채는 임진왜란 때 전리품으로 획득한 바 있다. 1592년 6월 2일 일어난 당포해전 때의 일이다. 이순신이 올린 「당포파왜병장唐浦破倭兵狀(당포에서 왜병을 격파하고 보고한 장계)」에는 다음과 같은 내용이

---

49) 황현 지음, 임형택 외 옮김, 『역주 매천야록』(하), 문학과 지성사, 2011년(3판), 593쪽. "度支部自前爲戶曹時 有一秘庫 鐍之不開 至是倭人關野者 始開見 中有黃金製軍扇二柄 乃豊臣秀吉所携持者 有款識可驗 不知緣何在此 或曰必是倭所獻云".

있다.

"동일(6월 2일) 당포 접전 때, 우후 이몽구가 왜장의 배에서 금색 둥근 부채 1자루를 수색하여 얻어서, 신에게 보냈습니다. 부채 한쪽 면 중앙에는 '6월 8일 히데요시[서명 있음]'라고 쓰여 있으며, 오른쪽 변에는 '우시축전수羽柴筑前守 (하시바 치쿠젠노카미)' 다섯 글자가, 왼쪽 변에는 '구정유구수전龜井流求守殿 (가메이 류큐노카미도노)' 여섯 글자가 적혀 있습니다. 칠갑에 보관되어 있는 데, 이것은 틀림없이 평수길平秀吉(다이라노 히데요시)이 치쿠젠수에게 부신符 信으로 준 물건입니다."[50]

『선조실록』에서도 "적선賊船에 있던 금병金屛과 금선金扇 등의 물건을 모두 노획했다",[51] "이순신은 비밀히 사람을 시켜 노획한 병기와 왜적의 배에 실려 있던 금병金屛·금선金扇 등의 물건을 가지고 가 행조에 치계하도록 하여"[52]라 고 하여, 히데요시의 금색 부채와 관련된 내용이 수록되어 있다.

엽서에는 "치쿠 젠노카미筑前守 하 시바 히데요시羽柴 秀吉 묵부墨附"라고 적혀 있다.

이순신의 장계 내용에 히데요시가 치쿠젠수에게 주었 다는 부분은 잘못

附墨御の吉秀守前筑茨縈耨 物寶 (社神本楯・山允人)

그림 31 치쿠젠노카미 히데요시 서장

50) 이순신, 『이충무공전서』 권2, 장계 1, 「唐浦破倭兵狀」. "同日唐浦接戰時 虞候李夢 龜 於倭將船 搜得金團扇一柄 送于臣處 而扇一面中央書曰 六月八日 秀吉着名 右邊 書羽柴筑前守五字 左邊 書龜井流求守殿六字 藏于漆匣 必是平秀吉之於筑前守處 以爲符信之物"; 장경남, 『난중잡록』(제 1), 임진 상.
51) 『선조실록』 선조 32년(1599) 1월 1일(임오).
52) 『선조실록』 선조 36년(1603) 4월 21일(정미).

된 내용이다. 앞에서 언급한 것처럼 히데요시는 1573년 하시바 히데요시로 개명하고, 1574년 치쿠젠노카미가 되었다. 또 이 엽서에서 볼 수 있듯이, 하시바 치쿠젠노카미筑前守는 히데요시 본인이다. 이런 사실을 모르는 데서 비롯한 오해다. 부채에 적힌 글자에 한정하면, 히데요시가 류큐수琉球守 가메이 고레노리龜井玆矩에게 주었다는 것이다. 때문에 당포해전에서 싸운 일본군이 가메이 고레노리 군대인 것은 분명하다.[53]

다만 『황성신문』, 『매천야록』, 『이충무공전서』, 『난중잡록』, 『선조실록』 등에서 언급한 히데요시의 금색 부채가 엽서의 부채처럼 조선·명·일본 삼국 지도가 그려진 부채인지 여부는 필자로서는 현재 알 수가 없다.

엽서에 있는 삼국 지도가 그려진 부채는 현재 학계에서 임진왜란 때 카라이리唐入り(명 정벌), 조선침략과 관련해서 널리 이용되고 있는 자료다. 연구서, 도록, 자료집 등에 수록되어 널리 활용되고 있다.[54]

히데요시가 소지한 것으로 전하는 금빛 채색의 화려한 부채로, 현재는 괘축에 포장되어 있다. 한 면에는 일본·조선·명 3국의 그림이 그려져 있고, 다른 면에는 중국어의 간단한 인사표현과 그 일본어 번역이 '가나'로 병기되어 있다. 1593년 명 사절과의 강화 교섭에 즈음하여 만들어진 것이라고 전한다.[55] 만약 이게 맞다면, 1592년 당포해전 때 노획한 부채는 엽서의 부채와는 다른 종류

---

53) 笠谷和比古·黑田慶一, 『秀吉の野望と誤算』, 文英堂, 2000, 105쪽.
54) 池享, 『天下統一と朝鮮侵略』, 吉川弘文館, 2003, 도판에서는 "「三國地圖扇面」 도요토미 히데요시가 만들었다고 전해지는 일본·'고려'·명 3국의 지도를 묘사한 부채. 동지나해를 중심으로 하는 구도에서는 히데요시의 '정명征明' 구상의 청사진 같이도 보인다."라고 하였다.
藤井讓治, 『戰國亂世から太平の世へ』(シリーズ日本近世史 ①, 岩波新書 1522), 岩波書店, 2015, 93쪽에 〈그림 2-9〉. "「선면삼국도」(오사카성 천수각 소장). 앞면에 일본·조선·명을 그리고, 뒷면에 대조된 일·명어日明語가 가나로 써있다. 1593년 명 사절과의 알현 때, 히데요시가 사용한 것이라고 말한다."라고 하였다.
55) 佐賀縣立名護屋城博物館, 『秀吉と文禄·慶長の役』, 2008(2판), 55쪽; 山本博文 외 편, 『豊臣秀吉の古文書』, 295~296쪽 해설.

일 가능성이 크다.

이 '선면扇面 일본도'는 지도 연구에도 활용되고 있다. 이 연구에서는 다음과 같이 언급하고 있다. 일본, 중국, 한국 등 동양 3국이 그려져 있다. 중국은 황하, 양쯔강 등 하천을 묘사하고, 난징과 베이징은 붉은 색 원으로 강조했다. 명대의 행정구역인 13성은 일본 문자로 표기되어 있고, 한국은 반도국으로 그려져 있으며, '고려'라고 적혀 있다. 서울은 붉은 색 원 안에 '京(경)'이라고 표기되어 있다.[56)]

〈그림 28〉 엽서에서는 제국대학(동경대학) 사료편찬소에 소장되어 있다고 했으나, 현재 이 부채는 오사카성 천수각天守閣에 소장되어 있다고 한다. 최근 간행된 도요토미 히데요시 관련 고문서 자료집에 수록되어 사진과 함께, 일본어 번역문과 해설이 실려 있다. 구마모토시 혼묘지 소장의 지도는 1592년 7월 무장 한극함의 아들 한격韓格이 항복 표시로 가토 기요마사에게 준 것인데, 이것을 기요마사가 히데요시에게 주었다. 이런 경위로 보아, 부채는 혼묘지 지도를 참조하면서 만든 것이라고 한다.[57)]

이 부채는 『도요토미 히데요시의 고문서(豊臣秀吉の古文書)』란 사료집에 수록되면서 이에 대한 상세한 검토가 이루어졌다. 이 연구를 간략하게 정리하면 다음과 같다.

"천하통일의 목전에서 사망한 오다 노부나가織田信長는 생전에 중국대륙으로의 야망을 입에 담고 있었다. 노부나가의 후계자인 히데요시도 또한 대륙침출(이른바 唐入り)을 바라면서 희구하고, 다시 멀리 천축(인도)까지 수중에 넣으려는 몽상을 하였다. 이 대륙에 대한 히데요시의 생각은, 예를 들면 '삼국 분

---

56) 오상학, 「줄기에 매달린 오이 형상에서 근대의 정교한 지도까지 이웃 나라가 그려 낸 조선의 이미지」『세상 사람의 조선여행』(규장각한국학연구원 엮음), 글항아리, 2012, 163쪽. 166~167쪽에는 부채 그림이 수록있는데, 〈도요토미 히데요시가 지녔던 세계지도 부채, 오사카성 천수각〉이라고 하였다.
57) 山本博文 외 편, 『豊臣秀吉の古文書』. 사진은 159쪽, 해석문과 해설은 295~296쪽.

할 구상'이라 불리는 관백 히데쓰구秀次에게 보낸 서장 중에서도 적혀있지만, 그 외에 알 수 있는 것으로서 히데요시가 애용했다는 유래를 가진 부채가 전하고 있다.

먼저 부채의 표면에 주목하면, '베이징北京' '난징南京' '고려高麗' 등 지명이 18곳 적혀 있다. 이 지명 표기는 구마모토시 혼묘지本妙寺 소장의 「중국・조선 지도」와 매우 일치하여서, 양자의 강한 관련성이 지적되고 있다. 혼묘지 소장 지도는 1592년 7월에 조선의 무장 한극성(한극함의 오기)의 아들 한격이 항복의 증거로 가토 기요마사에게 준 것으로, 기요마사는 이것을 히데요시에게 제출하였다. 이러한 경위를 밟아가면 부채는 혼묘지 지도를 참작하여 만든 것이라고 생각한다. 또 부채 지도에는 '오랑캐'(만주지역)에 '에조(エゾ, 蝦夷)'의 문자가 있다. 예를 들면 1592년에 조선에 도해한 마쓰우라 시게노부松浦鎮信의 가신 요시노 진고자에몬吉野甚五左衛門의 일기에 의하면, '오랑캐'의 안에, 일본과 접촉하는 지역을 당시 '에조蝦夷'라고 인식하고 있었다는 것을 엿볼 수 있다. 이처럼 부채의 표기는 당해 시기 일본인의 지리인식에 합치하여, 히데요시 소지의 전래는 더욱더 확실한 것이 된다. 부채 이면의 중국어 표기에 대해서는 중국 푸젠성福建省 방언의 일부가 확인되고 있어서, 일본과 명의 감합勘合무역에 관해, 푸젠성 상인이 중요한 역할을 했던 것을 상기하면, 부채 제작사정에 관해서 이 점에서도 한층 추측할 수 있을 것이다."[58]

이처럼, 최근 일본학계에서는 이 부채에 그려진 삼국의 지도는 임진왜란 때 한격이 가토 기요마사에게 준 지도를 근거로 한 것이라고 추정하는 연구 경향이 있다. 한격이 준 지도와 관련해서는 1592년 당시의 다음 사료가 주목된다.

① 임해군 이진李珒과 순화군 이보李玕가 적중賊中에서 편지를 보내왔는데, 그 내용은 다음과 같다. 한극함韓克誠이 항복하면서 두 딸을 청정淸正(기

---

58) 山本博文 외 편, 『豊臣秀吉の古文書』, 295~296쪽 해설.

요마사)에게 바치고, 40조항의 계책을 꾀하기까지 하였으며, 그 아들 한
격韓格은 중국 및 우리나라 지도中國及我國地圖를 그에게 주었습니다.[59]

② 대신이 아뢰기를, "한극함이 적에게 아첨하여 두 딸을 주기까지 하였으니
신하된 자로 이보다 더 큰 죄가 없습니다. (중략) 상이 이르기를, "그 아
들 한격이 중국 지도中國地圖도 그려 주었다 하는데, 어떻게 조처해야 하
겠는가?" 하였다.[60]

이처럼 한극함·한격 부자는 가토 기요마사에게 항복하면서 중국과 조선의
지도를 주었던 것이다.

1402년에 처음 그려진 권근 발문의 혼일강리역대국도지도混一疆理歷代國都
之圖는 현재 일본 류코쿠龍谷대학 부속도서관과 나가사키현 시마바라시島原市
혼코지本光寺에 소장되어 있다. 그런데 같은 계통 지도인 '대명국지도大明國地
圖(대명국도)'가 혼묘지와 덴리天理대학 부속도서관에 소장되어 있다. 단 이 지
도에는 권근 발문은 물론 지도 이름과 역대국도의 기록도 없다. 따라서 '대명
국도'라는 지도 이름은 원래 이름은 아니고 후에 붙인 것이다. 하지만 이 지도
는 혼일강리역대국도지도와 다른 지도가 아니고 같은 계통으로 본다. 혼묘지
소장 지도는 임진왜란에 참전했던 기요마사가 히데요시에게서 받은 지도를 혼
묘지에 봉납했다고 전해오고 있으나, 채색법으로 보아 일본에서 전사한 것으
로 보고 있다.[61] 그런데 이 혼묘지 지도가 한격이 기요마사에게 준 '중국·조선
지도'일 가능성이 높다고 보는 견해도 있다.[62]

구마모토시에 있는 혼묘지는 기요마사의 보리사菩提寺다. 혼묘지에는 임진
왜란과 관련된 유물이 많이 소장되어 있다. 지도와 관련해서는 기요마사가 헌

---

59) 『선조실록』 선조 26년(1592) 5월 14일(정묘).
60) 『선조실록』 선조 26년(1592) 5월 15일(무진).
61) 이찬, 「세계지도의 제작」 『한국사』 26(조선 초기의 문화 1), 국사편찬위원회,
1995, 194~196쪽.
62) 미야 노리코 지음, 김유영 옮김, 『조선이 그린 세계지도: 몽골 제국의 유산과 동아
시아』, 소와당, 2010, 325~326쪽.

납한 일본지도가 그려진 동경銅鏡이 소장되어 있다. 이 동경을 비롯한 기요마사와 임해군·순화군, 포로 김환 관련 엽서는 뒤에서 다시 언급하기로 한다.

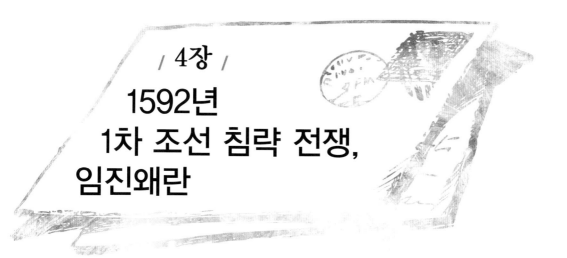

/ 4장 /
1592년
1차 조선 침략 전쟁,
임진왜란

　1591년 9월 16일 히데요시는 조선 침략 날짜를 정하고, 전국의 다이묘에게 대륙 침략을 위한 동원령을 내렸다. 침략군으로 편성된 다이묘에게는 군역이 부과되었다. 동원령이 내려지면서 본격적인 전쟁 준비에 들어갔다. 먼저 10월 10일 히젠肥前 나고야名護屋에 전진기지에 맞는 성을 쌓기 시작하였다. 히데요시가 지휘소로 사용하기 위해서였다. 나고야성을 중심으로 거대한 조카마치城下町가 형성되었다. 군선軍船 건조를 위해서 교토 호코지方廣寺 대불전大佛殿 공사도 중지시켰다.[1]

　〈그림 1〉 엽서에는 "히데요시秀吉, 조선을 정벌하다"라고 적혀 있다. 왼쪽에는 Hideyoshi, 오른쪽에는 일장기가 그려져 있다. 히데요시가 신하들과 함께 멀리 바다 건너에 있는 땅(대륙, 조선)을 바라보고 있다.

---

1) 구태훈, 『일본근세사』, 100~101쪽; 岡田正人, 「豐臣秀吉年譜」, 293쪽.

그림 1 히데요시의 조선 침략

1. 조선 침략의 전진기지, 나고야성

오다 노부나가는 기요스淸洲·고마키小牧·기후岐阜·아즈치安土 등 거점의 성
을 계속 이동하였다. 이런 노부나가와는 달리, 처음부터 중앙정권을 계승할 수
있었던 히데요시는 1583년 오사카성을 축성하고, 그 후에 주라쿠테이(1586~
1595), 후시미성(1592, 1596년 다른 곳에 재건) 등 본격적으로 성을 쌓았다.
이어 나고야성을 쌓았다.[2]

규슈의 북쪽 끝에 새로운 성을 쌓은 것은 대륙침략 때문이었다. 히데요시는
장차 히데쓰구에게 오사카성을 물려줄 예정이었다. 명에 이주하여 자신의 거

---

2) 服部英雄, 「鎭西名護屋城と倭城」 『史跡で讀む日本の歷史 8 アジアの中の日本』(服
部英雄 편), 吉川弘文館, 2010, 49쪽.

점을 쌓을 야망이 있었다. 오다 노부나가가 일본 본토 중앙을 목표로 거점 성을 이동시킨 것처럼, 최종 목표를 명의 제도帝都로 정한 단계에서 차례로 성을 쌓으려고 하였다. 조선과 명을 정복한 경우에도 일본 본토 기지로서 나고야성이 중요한 역할을 하기 때문이다. 하지만 이 야망은 좌절되었다.[3]

히데요시의 침략전쟁에는 일본 전국의 다이묘가 대부분 동원되었다. 나고야에는 도요토미가 사는 나고야성, 다이묘의 진영이 건설되고, 성 아래에는 큰 도시가 만들어졌다. 당시 나고야의 모습은 히젠 나고야성도 병풍肥前名護屋城圖屛風(나고야성박물관 소장)에 잘 묘사되어 있다. 이 그림에 따르면 나고야성에는 5층의 천수각 등 많은 건물이 있었다.

나고야성 건설 공사의 총감독은 아사노 나가마사淺野長政가, 건축 및 설계 감독은 구로다 요시타카黑田孝高가 맡았다. 히데요시가 머물 고자쇼御座所(나고야名護屋성) 공사는 요시타카의 아들 구로다 나가마사, 고니시 유키나가, 가토 기요마사가, 이키壹岐의 고자쇼(카제모토風本성) 공사는 마쓰우라 시게노부松浦鎭信가 담당하였다. 나고야성의 천수각은 쥬라쿠테이에 뒤지지 않고, 성의 성벽 공사는 교토에 버금갈 정도였다고 한다. 히데요시는 4월 25일 나고야성에 입성하였다.[4]

〈그림 2〉 엽서에는 "나고야 성지에서 조선 근해를 바라보다"라고 적혀 있다. 엽서에 적힌 나고야名古屋는 나고야名護屋의 오기다.

〈그림 3〉 엽서에는 "가라쓰唐津명소 나고야성터名護屋城

그림 2 조선침략의 전진 기지, 나고야성

3) 服部英雄,「鎭西名護屋城と倭城」, 49~50쪽.
4) 기타지마 만지 지음, 김유성·이민웅 옮김,『도요토미 히데요시의 조선 침략』, 36~39쪽; 笠谷和比古·黑田慶一,『秀吉の野望と誤算』, 35~36쪽.

THE RUIN OF THE CASTLE AT KARATSU 唐津名所名護屋城跡

그림 3 나고야성터名護屋城跡

View of Nagoya, Nagaken

名護屋城址 肥前東松浦郡唐津村ニアリ豊臣秀吉征韓ノ時其ノ營本ヲ置キタル事ニ詳ニハ史ニ載アルヲ以テ名ルナ小川捕鳥ヲテ前ニハ松浦シニ濱ス隣近月譜此ニリ帯一ノ平地ニア唐加嶋ヲ控へ遠ク壹岐ノ山岳ヲ靈忍ミ間ノ煙霞ヲテメ風光極佳ナリ

그림 4 나고야성터

跡", 〈그림 4〉 엽서에는 "나고야성지. 히토肥東 마쓰우라松浦군 가라쓰唐津촌에 있다. 도요토미 히데요시豐臣秀吉가 조선을 정벌할 때, 그 본영本營을 두었던 일은 역사에 상세하다. 그 옛 터는 해안 일대의 평지에 있다. (하략)"라고

그림 5 나고야성 혼마루 터

그림 6 나고야성 천수각 터

적혀 있다. 나고야성지와 관련된 사진엽서에 대해서는 단독 논문으로 사진과 함께 목록을 정리하는 등 상세하게 분석한 연구가[5] 있어 참고가 된다. 필자가 소개하는 엽서도 대개는 수록되어 있다.

〈그림 5〉는 나고야성터의 혼마루本丸, 〈그림 6〉은 나고야성 천수각 터天守台址 엽서다. 〈그림 6〉 엽서 사진을 보면, '나고야성名護屋城 천주대지天主臺址'라고 쓰인 표지석이 서 있다. 이 표지석은 현재도 혼마루 자리에 남아 있다.

나고야성터名護屋城跡는 사가현 가라쓰시 친제이鎮西정 나고야名護屋에 위치한다. 현재 일본 국가특별사적으로 지정되어 있다. 이곳에 사가현립 나고야성박물관이 서 있다. 이 박물관은 '일본열도와 한반도의 교류사'를 전시 주제로 하고 있다. 박물관의 전시 안내 팜플릿(한글판)에는 다음과 같이 적혀 있다.

"일본열도와 한반도 사람들은 오랜 옛날부터 많은 교류를 해 왔습니다. 임진·정유재란文祿·慶長の役(1592~1598)은 이러한 교류를 한 때 단절시켰던 불행한 역사였습니다. 나고야성박물관은 이 전쟁의 반성 위에 나고야성터를 일본열도와 한반도의 오랜 교류의 역사 속에서 이해하고, 그 역사적 위치를 밝힘으로써 앞으로 양국의 교류와 우호를 위하여 적극적으로 노력해 나가려고 합니다. 상설전시실은 이러한 취지 아래 '일본열도와 한반도의 교류사'를 테마로 하고 있습니다. 원시·고대부터 계속되어 온 유구한 '교류의 역사'를 둘러 보시고, 양국의 미래에 대해 생각해 보는 기회가 되셨으면 합니다."

임진왜란이란 불행한 역사의 반성 위에서 오랜 한일 교류의 역사를 보여주는 중심 박물관이 되기 위해 박물관이 탄생된 것임을 강조하고 있다.

〈그림 7〉 엽서에는 "나고야성 혼마루(기념비)"라고 적혀 있다. 대좌가 있는 큰 비석에는 '나고야성지名護屋城址'라고 적혀 있다. 이 비석은 주변 환경은 다

---

5) 武谷和彦, 「寫眞繪葉書に見る名護屋城跡」.

그림 7 나고야성터 기념비

른 모습이지만 지금도 나고야성터에 우뚝 서 있다. 비문의 글씨는 도고 헤이하 치로東鄕平八郞가 쓴 것이다. 도고는 러일전쟁을 승리로 이끈 일본의 영웅이 다. 전쟁의 신, 군신軍神인 도고가 쓴 기념석이 침략의 전진기지 나고야성터에 위압적으로 서 있는 것을 오늘날 본다면, 일본인과 한국인은 임진왜란에 대해 각각 어떤 기억과 이미지를 떠올릴까.

2. 일본군 편성과 조선 침략 명령, 일본군 무기

1) 일본군 편성과 수송체계

1591년 12월 28일(일본력) 히데요시는 조카 히데쓰구에게 관백직을 물려주 고, 본격적으로 '가라이리唐入り'(명 정복, 조선 침략)에 전력하는 체제에 들어 갔다. 이 이후 히데요시는 태합太閤이라고 칭하였다.

1592년 드디어 임진년이 되었다. 1월 5일 히데요시는 다이묘들에게 조선 침략을 명하였다. 3월 13일 히데요시는 조선으로 건너가는 사람을 편성하는 군령을 발표하고,[6] 다이묘의 부서를 다시 정하였다. 9개 부대로 편성된 15만 8,700명의 부대 편성표는 다음 〈표 1〉과 같다. 편성표에 없는 세력은 나고야 성에 머물렀다.[7]

(1) 일본군 편성표

표 1 임진왜란 당시 일본군 편성표[8]

구분	병력	이름
1군	7,000	고니시 유키나가小西行長
	5,000	소 요시토시宗義智
	3,000	마쓰우라 시게노부松浦鎭信
	2,000	아리마 하루노부有馬晴信
	1,000	오무라 요시아키大村喜前
	700	고토 스미하루五島純玄
2군	10,000	가토 기요마사加藤淸正
	12,000	나베시마 나오시게鍋島直茂
	800	사가라 요리후사相良賴房
3군	5,000	구로다 나가마사黑田長政
	6,000	오토모 요시무네大友吉統

6) 岡田正人, 「豐臣秀吉年譜」, 293~294쪽.

7) 中野等, 『文祿·慶長の役』(戰爭の日本史 16), 吉川弘文館, 2021(5쇄), 23~30쪽.

8) 笠谷和比古·黑田慶一, 『秀吉の野望と誤算』, 43쪽 〈표 1〉, 기타지마 만지 지음, 김유성·이민웅 옮김, 『도요토미 히데요시의 조선 침략』, 41~42쪽 〈표 1〉, 中野等, 『文祿·慶長の役』, 32~33쪽 〈표 1〉에서 인용하였다. 단 제대諸隊, 수군, 봉행奉行 (부교) 부분은 생략하였다.

구분	병력	이름
4군	2,000	모리 요시나리毛利吉成
	10,000	시마즈 요시히로島津義弘
	2,000	다카하시 모토다네高橋元種
		아키즈키 다네나가秋月種長
		이토 스게타가伊東祐兵
		시마즈 타다도요島津忠豐(도요히사豐久)
5군	4,000	후쿠시마 마사노리福島正則
	3,900	도다 가츠타카戶田勝隆
	3,000	조소카베 모토치카長宗我部元親
	7,200	하치스카 이에마사蜂須賀家政
	5,500	이코마 치카마사生駒親正
	700	구루시마 미치유키來島通之 · 미치후사來島通總
6군	10,000	고바야카와 다카카게小早川隆景
	1,500	고바야카와 히데카네小早川秀包(모리 히데카네毛利秀包)
	2,500	다치바나 무네시게立花宗茂
	800	다카하시 나오츠구高橋直次
	900	츠쿠시 히로카도筑紫廣門
7군	30,000	모리 데루모토毛利輝元
8군	10,000	우키다 히데이에宇喜多秀家
9군	8,000	히시바 히데카쓰羽柴秀勝(도요토미 히데카쓰豊臣秀勝)
	3,500	호소가와 타다오키細川忠興
총 합계	158,700	

* 괄호 안은 동일 인물이다.

(2) 수송체계

1592년 1월 5일 내린 군령에 따라 전국의 다이묘들이 나고야성으로 향하여 출발하였다. 하지만 일본 혼슈本州와 규슈 사이에 있는 좁은 간몬關門해협을 통과해야 하는 등 나고야성으로 오는 길은 혼잡하였다. 때문에 다이묘의 집합은 예정보다 늦었다.[9] 각 군단들이 준비한 배는 선봉행船奉行(하나부교)이 관할하도록 하였다. 히데요시는 4곳의 선봉행을 발령하였다. 이를 정리하면 다음 〈표 2〉와 같다.

표 2 일본군 선봉행(후나부교)

지역	이름	이름	이름	
고려 3명	하야다 나가마사 早田長政	모리 도모시 케毛利友重 모리 다카마 사森高政 모리 다카마 사毛利高政	모리 시게마사 毛利重政 모리 요시야스 森吉安	
쓰시마 3명	핫도리 카즈타다 服部一忠 핫도리 하루야스 春安	구키 요시타카 九鬼嘉隆	와키사카 야스하루 脇坂安治	
이키 3명	히도츠야나기 카유一柳可遊 히도츠야나기 나오모리直盛	가토 시게카 쓰加藤茂勝 가토 요시아키 嘉明	도도 다카토라 藤堂高虎	
나고야 名護屋 4명	이시다 미쓰나리 石田三成	오타니 요시츠구 大谷吉繼	오카모토 무네노 리岡本宗憲 오카모토 시게마 사重政	마키무라 토시사 다牧村利貞 마키무라 마사요 시政吉

* 칸에 있는 사람은 이름 표기는 다르나 같은 사람이다.
출전: 中野等, 『文祿·慶長の役』, 32쪽; 宇田川武久, 『戰國水軍の興亡』(平凡社新書 158), 平凡社, 2002, 166~167쪽; 기타지마 만지 지음, 김유성·이민웅 옮김, 『도요토미 히데요시의 조선 침략』, 42쪽; 有馬成甫, 『朝鮮役水軍史』, 海と空社, 1942, 42~43쪽.

---

9) 中野等, 『文祿·慶長の役』, 23~30쪽.

네 지역의 선봉행은 대륙으로 향하는 군단을 순조롭게 수송하는 목적으로 배치된 것이다.[10] 나고야에서 조선으로 가는 수송체계는 다음과 같다.

① 나고야–이키 사이: 히데요시의 배와 나고야에 재진在陣하는 세력의 배를 이용한다.
② 이키–쓰시마 사이: 후쿠시마 마사노리福島正則, 조소카베 모토치카長宗我部元親, 하치스카 이에마사蜂須賀家政, 이코마 치카마사生駒親正, 구루시마 미치유키來島通之·미치후사通總 형제 등 시코구四國 세력의 배와 하시바 히데야스羽柴秀保[실제는 도도 다카토라藤堂高虎일지도 모름], 구키 요시타카, 와키사카 야스하루, 가토 요시아키의 배 등 합계 515척을 사용한다.
③ 쓰시마–조선 사이: 모리 데루모토毛利輝元, 나베시마 나오시게鍋島直茂 등이 조달한 배를 봉행이 관리하여 수송을 담당하도록 하는 체계로 추측된다.[11]

4월 12일(조선력 13일) 고니시 유키나가와 마쓰우라 시게노부·고토 스미하루五島純玄 등 여러 무장과 쓰시마 소 요시토시宗義智 등의 1군 병력 18,700명이 700척의 배를 가지고, 쓰시마 오우라大浦(현 나가사키현 쓰시마시 가미쓰시마마치 오우라)를 출발하였디.[12] 1군 출발에 대한 보고는 쓰시마 선봉행 와키사카 야스하루를 통해 4월 19일 히데요시에게 전달되었다.[13] 선봉행이 맡은 병력 수송은 각각 4월말까지는 부산으로 건너가는 것을 마쳤다고 본다.[14] 병력

10) 中野等, 『文祿·慶長の役』, 34쪽.
11) 山內讓, 『豊臣水軍興亡史』, 吉川弘文館, 2016, 132~133쪽.
12) 佐伯弘次, 『壹岐·對馬と松浦半島』, 吉川弘文館, 2006, 28~29쪽.
13) 中野等, 『文祿·慶長の役』, 35쪽.
14) 山內讓, 『豊臣水軍興亡史』, 136쪽.

수송이 완료되었기 때문에 종전의 선봉행 체제는 해체되고, 조선에서 전개될 전쟁을 전제로 하는 새로운 군령이 발동되었다.[15] 전진기지인 나고야성에서 군대가 출발했지만, 출발하는 사정은 조금씩 달랐다.

2) 조선 침략 명령

그림 8 히데요시의 조선 정벌 명령 주인장

이 엽서는 체신1협회 구마모토지부에서 발행한 것이다. 엽서 안에 있는 사진은 히데요시의 조선국 정벌 주인장朱印狀이다. 1592년(天正 20) 6월 3일 히데요시가 가토카즈에노카미加藤主計頭・나베시마카가노카미鍋嶋加賀守, 즉 가토 기요마사와 나베시마 나오시게鍋島直茂에게 보낸 것이다. 내용은 다음과 같다.

---

15) 中野等,『文祿・慶長の役』, 35쪽.

朝鮮國征伐之事 遣前驅 可若簦泛塵塗者 於日域帝都 預察焉 仍差遣羽柴
對馬侍從 小西攝津守 如所思 一國屬平均 然則 大明國 亦頓何不歸掌握乎 如
別幅記三列之備 逐日番々可致先鋒 其外各々如記錄 競進可攻伐大明 加之 卽
今渡海諸軍相追隨 而與俱可出奇策撫群民 所出號令也 如衆之所知 吾爲小臣
時 或五百騎 或千騎 以小擊大 攻伐日本國中 銳士勇將悉皆命之從 如汝等者
將數十萬之軍卒 可誅伐如處女大明國 可如山壓卵者也 匪啻大明 況亦天竺南
蠻可如此 誰不羨乎 於是乃雖欲泛龍船 自爲重之先 則諸卒不待順風 猥可解纜
若後進者 逢不意之難 則似無仁惠 是故 先遣甲兵而後 不經日可航海 蓋變動
無常 因敵轉化 勿忽

天正二十年六月三日 ['龍'秀吉朱印]

加藤主計頭 鍋嶋加賀守

이를 번역하면 다음과 같다.

조선국을 정벌하는 일은, 전구前驅(선도 군대)를 보냈으니, 비로 먼짓길을
쓸어버리는 것과 같은 것은 일본 제도에서도 미리 살펴 안 것이다. 이어 하시
바쓰시마시종羽柴對馬侍從(소 요시토시)과 고니시셋츠노카미小西攝津守(고니시
유키나가)를 파견하여, 생각한 것처럼 나라 전체를 평균적으로[고루고루] 종속
시켜 버린다. 그러면 대명국 또한 곧 어찌 장악되지 않겠는가? 별폭에 적은 삼
렬의 준비처럼, 날마다 번번이 선봉을 이르게 해야 한다. 그 외는 각각 기록처
럼, 다투어 대명을 공격해야 한다. 게다가 이번 바다를 건너간 여러 군대가 서
로 뒤따라 함께 모두 좋은 계책을 내어 백성들을 위무해야 한다고 호령을 내는
바이다. 많은 사람들이 아는 것처럼, 나는 소신小臣 때에 혹은 500기 혹은
1,000기의 소수로 대군을 공격하여, 일본 국중을 복속시켜, 날랜 병사와 용감
한 장수 모두 명령한 대로 따랐다. 너희 같은 사람이 수십만 군졸을 거느리고,
처녀같은 명나라大明國를 토벌하는 것은 산이 알을 누르는 것처럼 쉬운 일이
다. 명나라뿐만 아니라 하물며 또한 천축天竺·남만南蠻도 이같이 할 수 있으

니, 누가 부러워하지 않겠는가? 이에 곧 용선龍船을 띄워 스스로 무리들의 선두가 되고 싶어 하더라도, 여러 병사들이 순풍을 기다리지 않고 외람되게 출범할 것이다. 만약 뒤에 나오는 자가 뜻밖의 어려움을 만나면 인혜仁惠가 없을 듯하다. 이 때문에 먼저 군졸을 파견한 후에 며칠 지나지 않아 항해해야 할 것이다. 대개 변동이 일정하지 않으니, 적으로 인해 변할 수 있다. 소홀히 하지 마라.

1592년(天正 20, 선조 25) 6월 3일[히데요시 붉은 도장(秀吉 朱印)]

가토카즈에노카미(加藤主計頭)·나베시마카가노카미(鍋嶋加賀守)[16]

6월 3일 부분에 찍힌 붉은 도장朱印은 '용龍'자를 전서체로 쓴 것이다. 히데요시의 도장에서 가장 많이 쓰인 도장이다.

3) 일본군 무기

임진왜란에 참전한 무장들과 관련된 일본군 무기 관련 엽서를 정리해 보려고 한다. 하지만 이 무기들이 직접 전쟁에서 사용되었는지 여부는 알 수가 없다.

1592년 10월 4일 선조는 비변사 당상들과 함께 명군의 출정 상황과 함경도의 일본군 동향 등을 논의하였다. 이때 이항복은 "이지례李之禮가 '우리 나라 사람을 데리고는 접전할 수가 없다. 적군 1백 명이 나왔다고 할 때 전봉 1백 사람만 철환鐵丸이나 환도環刀를 갖고 있고 그 나머지 뒷사람들은 모두 병기가

---

16) 山本博文 외 편, 『豊臣秀吉の古文書』, 138~139쪽과 284~285쪽에는 모리 데루모토毛利輝元에게 보낸 같은 내용의 주인장 원본, 탈초, 해설이 수록되어 있다. 北島万次 편, 『豊臣秀吉 朝鮮侵略關係史料集成』1, 386~388쪽에는 같은 주인장의 탈초, 일본어 번역문이 수록되어 있다. 張玉祥, 『織豊政權と東アジア』, 六興出版, 1989, 225쪽 〈도 72〉에는 하시바 히데카쓰羽柴秀勝에게 보낸 같은 주인장 사진이 수록되어 있다. 이를 참고하여 탈초, 번역하였다.

없으므로, 아군이 진정 죽음을 무릅쓰고 돌격해 들어간다면 반드시 승리할 것이다. 그런데도 먼저 도망하기 때문에 매번 패배당한다'고 하였다."[17] 일본군의 주무기가 철환과 칼이라고 하였다.

일본군이 사용했던 무기는 칼, 창, 활, 철포, 대철포, 대포 등이었지만, 전투의 주역은 철포(조총, 화승총)와 일본도였다. 따라서 철포는 명이나 조선에게는 큰 위협이 되었다.[18] 2005년과 2007년 조선전기 동래읍성 발굴조사가 실시되었다. 동래읍성 해자에서 임진왜란 당시 사용했던 환도(칼), 활과 화살, 장군전촉, 깎지, 찰갑과 투구, 창, 공성전투용 낫 등 다양한 조선 무기와 인골이 발굴되었다. 일본 무기로는 국지창菊池槍 1점이 발굴되었다. 동래성전투에서 실제 사용되었던 무기의 양상을 알 수 있는 자료들이다.[19]

〈그림 9〉 엽서에는 "도요토미 시대 기旗와 갑주甲冑"라고 적혀 있다. 유슈칸遊就館 소장품이다. 유슈칸(유취관)은 도쿄 야스쿠니靖國신사 경내에 병설되어 있는, 야스쿠니 신사 제신祭神과 관련된 자료를 모아 놓은 보물관이다. 조선을 침략한 일본군 무장들은 100년 동안 이어진 일본의 전국戰國시대에서 전쟁을 경험한 무사집단이고, 수군들은 해적 출신이 많았다.

〈그림 10〉은 가토 기요마사가 착용하던 갑옷이다. 히고肥後 혼묘지의 보물이라고 적혀 있다. 〈그림 11〉은 아사노 나가마사

그림 9 도요토미 시대의 깃발과 갑옷

17) 『선조실록』 선조 25년(1592) 10월 4일(경인).
18) 宇田川武久, 『鐵砲傳來』, 82~83쪽.
19) 안성현, 「동래읍성 해자출토유물을 통해 본 무기와 무구연구」 『임진왜란』(특별기획전 도록), 부산박물관, 2012, 214쪽.

그림 10 가토 기요마사 갑옷　　　　그림 11 아사노 나가마사淺野長政 갑옷

淺野長政의 갑옷이다. 아키安藝 이쓰쿠시마嚴島신사 보물이라고 적혀 있다. 나가마사는 도요토미 정권 5봉행의 한 사람이다. 울산성전투에 참전했던 요시나가幸長의 아버지다. 부자가 함께 임진왜란에 출전하였다. 나가마사는 앞서 언급한 것처럼 나고야성 축성에서 총감독을 맡은 바 있다. 2차 진주성전투에 참전하였다. 히데요시가 죽은 후 이시다 미쓰나리石田三成와 함께 하카다博多에 파견되어, 일본군 철병사업을 통괄하였다.[20]

　〈그림 12〉엽서의 제일 위쪽이 게야무라 로쿠스케毛谷村六助의 철포(조총)로, 길이는 7척 7촌 5푼이다. 히코산英彦山신사의 보물이다. 게야무라 로쿠스케는 진주성전투에서 논개와 함께 죽은 무장이다. 후술하기로 한다.

　〈그림 13〉엽서는 나오에 야마시로노카미直江山城守가 쓰던 조총(からくり

---

20) 笠谷和比古·黑田慶一, 『秀吉の野望と誤算』, 144쪽.

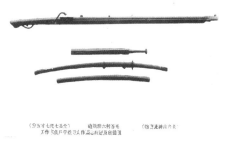

그림 12 게야무라 로쿠스케의 철포(조총)　　　그림 13 나오에 가네쓰구直江兼續의 철포(조총)

筒)과 조선 고안古鞍이다. 보물이다. 엽서는 우에스기上杉신사 사무소에서 발
행한 것이다. 나오에는 나오에 가네쓰구直江兼續다. 나오에는 임진왜란 때 우
에스기 가게카쓰上杉景勝와 함께 참전하여 웅천왜성을 쌓았다. 우에스기 가문
이 영지를 넓히는 데도 중요한 역할을 하였다. 그래서 우에스기신사에 보관된
듯하다. 우에스기신사는 야마가타山形현 요네자와米澤시에 있는 신사다. 우에
스기 겐신上杉謙信을 제사지내는 신사다.

그림 14 가토 기요마사가 쓰던 투구·대포·창 등

〈그림 14〉는 가토 기요마사가 쓰던 투구·대포·편겸창과 가타기리 가츠모토 片桐且元가 쓰던 창이다. 도쿠가와미술관 소장품이다. 대포는 임진왜란 때 일본군의 중요한 무기이지만, 임진왜란 때 기요마사가 사용했는지 여부는 알 수 없다. 모자 옆에 세워져 있는 것이 편겸창이다. 편겸창은 한쪽에만 날이 달린 창으로 기요마사를 상징하는 무기다. 편겸창에 대해서는 5장의 호랑이 관련 자료에서 다시 언급하기로 한다.

위의 긴 창이 가츠모토가 쓰던 창이다. 가츠모토는 3장에서 언급한 히데요시 칠본창의 한 사람이다. 동생 사다타카貞隆와 함께 임진왜란에 참전하였다. 2차 진주성전투 등에 참선하였다.

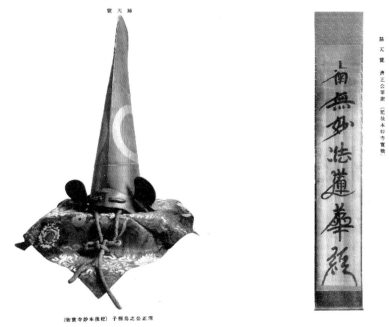

그림 15 가토 기요마사 투구   그림 16 가토 기요마사 군기軍旗

왼쪽 엽서는 기요마사가 쓰던 검은 모자烏帽子(에보시)다. 오른쪽 엽서는 기요마사의 나무묘법연화경 군기軍旗로 히데요시가 준 것이다. 둘 다 혼묘지妙法

寺 보물이다. 〈그림 10〉의 갑옷 엽서와 함께 3장 모두 혼묘지 보물 세트 엽서다. 이 세트 엽서에는 〈보물 엽서 설명서〉가 포함되어 있다. 이 설명서에는 이 군기에 대해 다음과 같이 서술하고 있다.

"나무묘법연화경이라는 제목의 군기軍旗는 어린 아이까지도 알고 있는 제목의 군기다. (중략) 노부나가信長가 일찍이 법화法華를 존신할 때, 당시 글씨로 유명한 고노에 노부타다近衛信尹(1565~1614)에게 글씨를 청하여서 이 깃발을 만들었다. 그 후에 노부나가는 히데요시가 산인山陰과 산요山陽를 평정하는 발군의 무훈을 기려서 깃발을 주었다. 1592년 1월 5일 히데요시가 정한征韓의 웅도雄圖를 일으켜, 기요마사에게 그 선봉을 명하면서 깃발을 하사하였다"[21]

즉 이 '나무묘법연화경' 군기는 노부나가 → 히데요시 → 기요마사를 거친 유명한 깃발이다. 임진왜란 침략의 상징물이자, 기요마사의 상징물이었다.

히데요시가 기요마사에게 선봉을 명하면서 주었다는 설명이 흥미롭다. 선봉대인 1군 대장은 고니시 유키나가다. 기요마사가 이끄는 2군은 유키나가보다 며칠 늦은 4월 18일 경 부산에 도착했다. 4월 29일(일본력 28일) 충주에서 고니시·소와 합류한 가토와 나베시마 나오시게의 2군은 서울 침입로를 의논했다. 그래서 고니시·소의 1군은 여주를 거쳐 동대문으로, 가토·나베시마의 2군은 죽산·용인을 거쳐 남대문으로 진격하게 되었다. 1군과 2군이 서울에 입성한 것은 5월 3일 새벽이다. 그런데 가토는 서울에 들어가자 마자 나고야에 5월 2일 서울을 함락했다고 보고했다. 5월 3일을 하루 앞당겨 2일로 보고한 것은 고니시와의 서울 함락 경쟁 때문이었다. 가토와 고니시의 선봉 다툼 경쟁은 두 사람 사이에 불화를 가져온 또 다른 불씨가 되었다.[22] 가토는 히데요시가 선봉을 명하면서 준 깃발을 조선의 수도 한성에 가장 먼저 꽂는 데 성공하였다. 하지만 그것은 어디까지나 조작된 날짜의 선봉이었다.

---

21) 鹽出孝潤, 『靈寶物目錄』, 肥後本妙寺寶物館, 1935, 1쪽.
22) 기타지마 만지 지음, 김유성·이민웅 옮김, 『도요토미 히데요시의 조선 침략』, 47~53쪽.

3. 임진왜란의 첫 전쟁터, 부산

고니시 유키나가의 1군에 종군했던 교토 하나조노花園 묘신지妙心寺의 덴케이天荊가 쓴 종군일기인 『서정西征일기』에서는 임진왜란 첫 출전의 장면을 "12일(조선력 13일, 필자) 맑음, 병선 7백여 척이 오전 8시경 오우라를 출발하여 오후 5시경 부산에 도달했다. 태수가 곧장 육지로 올라가자 나도 그를 따라갔고, 저녁 8시가 지나서 배로 돌아왔다"라고 기록하고 있다.[23] 고니시·소의 1군은 오후 5시쯤 부산포에 도착했다. 쓰시마 태수 소 요시토시는 바로 상륙하여, 부산진첨사 정발에게 명을 공격하기 위한 '가도假道'를 요청했으나, 정발은 이를 거절했다.[24]

1) 부산진전투

본격적인 전투는 다음날 일어났다. 1592년 4월 14일 새벽, 일본군은 부산포 우암牛巖에 진을 치고, 차례로 상륙하여 성을 공격하였다. 부산진(성)전투는 조선군이 일본군을 맞아 싸운 최초의 전투다. 이 전투에 대해 『선조실록』에서는 다음과 같이 서술하고 있다.

① 적선이 바다를 덮어오니 부산첨사 정발鄭撥은 마침 절영도에서 사냥을 하다가, 조공하러 오는 왜라 여기고 대비하지 않았는데, 미처 진鎭에 돌아오기도 전에 적이 이미 성에 올랐다. 정발은 난병亂兵 중에 전사했다.[25]

② 4월 14일에 적이 왔다는 급한 보고가 있었으나 모두 세견선일 것이라고

---

23) 기타지마 만지 지음, 김유성·이민웅 옮김, 『도요토미 히데요시의 조선 침략』, 43쪽.
24) 기타지마 만지 지음, 김유성·이민웅 옮김, 『도요토미 히데요시의 조선 침략』, 43~44쪽.
25) 『선조실록』 선조 25년(1592) 4월 13일(임인).

여겼습니다. 15일 아침에 포砲를 쏜다는 급한 보고 때문에 처음으로 적인 줄 알았습니다. 부산첨사 정발은 밖으로 사냥을 나갔다가 적이 왔다는 소식을 듣고 군사를 통솔하여 성으로 들어왔으나, 아군이 과반수가 들어오기도 전에 적이 곧 성으로 올라왔습니다. (중략) 적이 종일 (정발의) 목을 매어 두었다가 저녁에 그만 죽었다고 합니다.[26]

당시 정발이 이끄는 부산진성의 병력은 1,000여 명 정도였다. 정발은 사력을 다해 싸웠으나 군관민과 함께 전사하였다. 정발은 '흑의黑衣장군'으로, 임진왜란 당시 가장 용감한 장수로 칭송되었다.

이 부산진전투의 모습을 그린 그림이 유명한 「부산진순절도」다. 1709년에 그려졌으나 없어지고, 1760년 동래부사 홍명한洪名漢이 동래부에 사는 변박卞璞을 시켜 다시 모사한 것이다. 〈그림 17〉 엽서 사진은 이 그림이다. 보물로 지정되어, 현재 육군박물관에 보관되어 있다. 원래는 동래 충렬사에 있던 것이다. 작품의 우수성보다는 사료적 가치가 큰 작품이다.

〈그림 17〉, 〈그림 18〉 엽서 모두 변박이 그린 부산진순절도다. 〈그림 17〉 엽서는 변박이 그린 「동래부순절도」 엽서와 함께 세트로 발행된 엽서다. 엽서에는 "동래에서 3백년 전부

그림 17 부산진순절도

---

26) 『선조실록』 선조 25년(1592) 8월 7일(갑인).

그림 18 부산진순절도

터 전래 제사지내는 임진왜란文祿征韓/役 때 고니시 유키나가의 수군이 부산진을 공격하는 실황도"라고 적혀 있다. 엽서 상단에는 '조선 동래온천 입욕 기념' 스탬프가 찍혀 있다.

이 세트 엽서의 봉투는 1장에서 이미 소개하였다. 봉투에는 "분로쿠文錄(文祿의 오기)정한征韓의 역 엽서. 조선 동래 미야게(선물). 탕(온천)전병 원조 동래 온천장 모리토모森友상점 발행"이라고 적혀 있다. 이처럼 임진왜란 기념엽서로 발행된 것이다. 동래 온천장에 있는 전병을 파는 상점에서 기념엽서로 발행한 것이 주목

된다. 이 순절도가 그만큼 기념엽서로서 수요가 많았음을 짐작하게 한다.

〈그림 18〉은 사사키佐佐木상점에서 발행한 엽서다. 엽서에는 "임진의 역豊公征韓 때 부산진의 전투. 당시 조선인이 그린 것"이라고 적혀 있다.

부산진전투와 관련된 유적지로는 정공단鄭公壇이 유명하다. 정공단은 부산진첨사 충장공 정발 장군과 그와 함께 목숨을 바친 분들을 제사지내는 제단이다. 부산광역시 동구 정공단로 23(좌천동)에 위치한다. 옛 부산진성의 남문 자리다. 현재 부산광역시 기념물로 지정되어 있다.

〈그림 19〉 사진 자료에는[27] "정공단 부산포진성의 지점"이라고 적혀 있다.

---

27) 이 사진자료는 원래 고 길포 박원표 선생 소장 자료인 것을 경성대 한문학과 정경주 명예교수가 사진을 찍어 둔 것이다. 이 자료는 정경주, 「한자로 읽는 부산의 역사」『한자로 읽는 부산과 역사』(정경주 외), 도서출판3, 2016, 42쪽에 수록되어 있다. 자료를 이용할 수 있도록 도와주신 정경주 교수님께 이 지면을 빌려 감사드린다.

그림 19 정공단과 충장공 정발 전망비(사진 자료)

개별 엽서인지 사진첩 속의 사진 일부인지는 확인하지 못하였다. 원본을 보지 못해서 엽서 여부는 일단 보류하고, 사진 자료라고 하였다. 사진 속의 비에는 '충장공 정발 전망비忠壯公鄭撥戰亡碑'라고 적혀 있다. 현재 부산광역시 기념물로 지정되어 있다. 정공단 내의 비각 안에 있다. 하지만 사진은 비각은 없고 비만 있는 모습이다.

앞면에는 '충장공 정발 전망비'라는 비 이름이 있다. 뒷면에는 정발 장군의 행적과 비를 세운 내력이 적혀 있다. 양쪽 옆면에는 각각 비 건립일과 박재하朴載河의 명銘이 있다. 탁본을 근거로 비의 전문을 보면 다음과 같다.

4장 1592년 1차 조선 침략 전쟁, 임진왜란 / 127

"忠壯公鄭撥戰亡碑

粤在壬辰之亂 釜山僉使鄭公撥 勵氣巡城 射殪賊無數 一日之内 賊屍之山
積者 凡三處矣 及矢盡 偏裨請跳出 待援兵 公曰 吾當爲此城之鬼 敢復言棄城
者斬 士卒皆泣 莫敢離次 俄而公中丸絕 城遂陷 公之幞賓 副司猛李公庭憲 不
去而亦死之 公之妾愛香 聞公死 奔哭自到於屍傍 公之奴龍月 亦赴賊死 其後
倭將言 貴國之將 惟釜山黑衣將軍 最可畏也 盖公臨戰時 穿黑衣故也 亂定後
朝家贈公左贊成 諡曰忠壯 又與東萊府使宋忠烈公象賢 並享於忠烈祠 又有碑
於東萊南門 詳載公殉節時事 凡所以表揚公者 殆可謂靡有遺矣 然釜城 卽公死
綏之地 而獨無片石之記焉 後壬辰百七十年 載河受命 按嶺左水軍 駐節於萊上
一登釜山 而挹公之遺躅 逐慨然歎曰 此地安可無忠壯公戰亡碑也 於是伐石而
竪之於永嘉臺傍 記蹟於碑陰 噫 釜鎭 乃我國南徼之咽喉 蠻船往來之初程也
刻公之名 而記公之事 立之於此地者 將欲以激邊心 而破賊膽也 三尺貞珉 未
必無助於金湯之固 衣袽之備云爾

皇明萬曆 壬辰後一百七十年 辛巳之夏 折衝將軍 慶尙左道水軍節度使 朴載
河 撰 銘曰

山嶽之峯 不足爲高 日月之光 不足爲昭 惟公之節 撑柱宇宙 孤城一片 綱常
萬古 僕妾之烈 並萃一室 矧又賓幕 凜乎南八 短碑難摸 溟海不竭

通訓大夫 前行侍講院司書 春秋舘記事官 黃幹 書 辛巳 七月 日立"

위 비문 전체를 번역하면 다음과 같다.

"지난 임진년의 왜란 때, 부산첨사 정발鄭撥공은 사기를 돋우며 성을 돌아다
니면서 왜적을 쏘아 쓰러뜨린 것이 셀 수 없어, 하루 만에 적의 시체가 산처럼
쌓인 곳이 모두 세 곳이나 되었다. 화살이 떨어질 무렵 부하 편장과 비장이
성을 빠져나가 구원병을 기다리자고 간청하였다. 공은 "나는 마땅히 이 성의
귀신이 될 것이다. 감히 다시 성을 포기하자고 하는 자는 목을 베겠다."고 하

니, 군사들이 모두 울면서 진영을 떠나지 않았다. 얼마 후 공이 탄환에 맞아 절명하니, 성이 마침내 함락되었다. 공의 막빈幕賓인 부사맹 이정헌李庭憲공도 떠나지 않고 있다가 또한 죽었다. 공의 첩 애향愛香도 공의 죽음을 듣고 달려와 곡하고 시신 곁에서 스스로 목을 찔러 죽었다. 공의 노복 용월龍月도 또한 적에게 달려들다 죽었다. 그 후에 왜장은 '귀국의 장수 중에 오직 부산 흑의장군이 가장 두려웠다.'고 하였다. 대개 공이 싸울 때에 검은 옷을 입었기 때문이다.

난이 평정된 뒤에 조정에서는 공에게 좌찬성(종1품)을 추증하고, 시호를 '충장忠壯'이라 하였으며, 또한 동래부사 충렬공 송상현宋象賢과 함께 충렬사에서 제사지내도록 하였다. 또 동래성 남문에 비석이 있어, 공이 순절할 때의 일을 상세히 적어 놓았다. 무릇 공을 드러내어 찬양하는 일은 거의 남김없이 다 하였다고 할 수 있다. 그런데 부산진성은 곧 공이 목숨을 바친 곳인데도, 돌조각에 새긴 기록조차 하나도 없었다.

임진년 후 170년(1761)에 박재하朴載河가 왕명을 받고 경상좌도 수군을 살피면서 동래에서 머물렀다. 한 번 부산에 올라 공의 남긴 자취를 돌아보고, 마침내 개연히 탄식하며 "이곳에 어찌 충장공의 전망비가 없을 수 있는가?"라고 하였다. 이에 돌을 캐어 영가대 옆에 세우고, 사적을 비석 뒷면에 적는다. 아아, 부산진은 곧 우리나라의 남쪽을 막는 길목이고, 섬 오랑캐 배가 오가는 첫 지점이다. 공이 이름을 새기고 공의 사적을 기록하여 이곳에 비를 세우는 것은 장차 변방의 민심을 격동하게 하여 적의 간담을 깨기 위해서다. 세 자尺의 단단하고 아름다운 돌이 튼튼한 성의 견고함과 물샐 틈 없는 방비에 반드시 도움이 없는 것은 아닐 것이다.

명나라 만력 임진년 후 170년인 신사년(1761, 영조37) 여름에 절충장군 경상좌도수군절도사 박재하가 짓다. 명에 말한다.

산악의 우뚝함, 높다할 것 없네. 해와 달이 빛남, 밝다할 것 없네. 오직 공의 절개, 세상의 기둥 되네. 고립된 성의 일편단심, 만고의 모범이네. 노복과 첩의 충직함, 한 집안에 다 모였네. 하물며 또한 막빈[이정헌], 남팔南八[28]보다 늠름하네. 작은 비석에 적기 어려워도, 깊은 바다처럼 다하지 않으리.

통훈대부 전행시강원사서 춘추관기서관 황간이 쓰다. 신사년 7월 일 세움."[29]

『충렬사지』(권2, 충장공 유사)에서는 이 비를 '부산순절비'라고 하였다. 원래는 영가대 옆에 있었다.[30]

2) 동래성전투

부산진성을 함락한 일본군은 다음날 동래성을 공격하였다. 이 전투에 대해 『선조실록』에서는 다음과 같이 서술하고 있다.

① 이튿날 동래부가 함락되고 부사 송상현이 죽었으며, 그의 첩도 죽었다.[31]
② 적이 또 동래에 당도하자, 송상현이 서문 밖에서 패하여 북문으로 들어갔는데, 적이 작은 대에 올라가서 무수히 포를 쏘아대므로 사람들은 감히 성을 지키지 못하였습니다. 적이 이내 성에 들어왔고 송상현과 고윤관高允寬은 모두 죽임을 당하였습니다.[32]

---

28) 남팔은 남씨의 8남으로 태어난 당나라 장수 남제운南霽雲을 일컫는다. 안록산의 난 때 장순張巡과 함께 절개를 지키다 죽었다. 장한 대장부를 가리킬 때 '남팔남아 南八男兒'라고 부른다.
29) 강대민 외, 『부산금석문』, 부산광역시·경성대 한국학연구소, 2002, 148~150쪽과 디지털부산문화대전, 「충장공 정발 전망비(忠壯公鄭撥戰亡碑)」(집필자, 조원영)에 원문과 번역문이 수록되어 있다. 이를 참고하였다. 단 서너 곳에 필자와 판독을 달리한 글자가 있다.
30) 정중환·김석희 역, 『충렬사지』(충렬사 안락서원 편), 민학사, 1978, 66~67쪽.
31) 『선조실록』 선조 25년(1592) 4월 13일(임인).
32) 『선조실록』 선조 25년(1592) 8월 7일(갑오).

일본군은 "싸우려면 싸우고, 싸우지 않으려면 길을 빌려 달라戰則戰矣 不戰則假道"라는 글귀를 쓴 목패를 동래성 남문 밖에 세워 놓고 항복을 촉구하였다. 이에 대해 송상현은 "싸우는 것은 쉬우나, 길을 빌려주는 것은 어렵다戰死易 假道難"라는 항전 의지를 보였다.[33]

이 동래성전투의 모습을 그린 그림이 유명한 동래부순절도다. 1709년에 그려졌으나 없어지고, 1760년 동래부사 홍명한이 동래부에 사는 변박을 시켜 다시 모사한 것이다. 보물로 지정되어, 현재 육군박물관에 보관되어 있다. 원래는 동래 충렬사에 있던 것이다. 작품의 우수성보다는 사료적 가치가 큰 작품이다.

아래 엽서는 변박이 그린 동래부순절도다.

그림 20 동래부순절도

그림 21 동래부순절도

---

33) 변박이 그린 동래부순절도를 보면 '가아도假我道', '가도난假道難'이라고 적은 목패가 있다.

〈그림 20〉 엽서에는 "동래에서 300년 전부터 전래 제사지내는 우리 고니시 小西군이 동래성을 공격하는 실황도"라고 적혀 있다. 상단에는 '조선 동래온천 입욕 기념' 스탬프가 찍혀 있다. 이 엽서는 앞서 언급한 것처럼, 변박이 그린 부산진순절도와 함께 세트로 발행된 엽서다. 이 세트 엽서의 봉투는 1장에서 이미 소개한 바 있다.

〈그림 21〉 엽서는 일본 국민신문사가 1922년 3월 18~20일 국민신문사 별관에서 개최한 「근세일본국민사 조선역 사료 전람회 기념」 엽서로 발행한 것이다. 다른 임진왜란 사료와 함께 3매 1세트로 발행되었다. 엽서에는 "조선 동래성 공위전攻圍戰 그림. 조선인이 그림"이리고 적혀 있다.

도쿠토미 소호德富蘇峰(1863~1957)는 저널리스트·사상가·역사가로 유명하며, 특히 거작『근세일본국민사』로 잘 알려져 있다. 그는 1918년『국민신문』에 연재를 시작하여, 동년『오다織田시대 전편前篇』을 간행하였다.『조선역(임진왜란)』은『오다시대』,『도요토미豊臣시대』에 이은 3번째 책 제목이다. 이 엽서는 그가『조선역』을 집필하면서 수집한 사료 전시회 때 기념엽서로 간행한 것으로 생각한다. 이 세트 엽서에는 간단한 엽서 해제가 있다. 해제에서는 "1592년 4월, 아군[일본군]이 동래를 공격·포위할 때 그림으로, 그 당시 목격한 조선인이 그린 것. 현재 동래에 엄연히 존재한다. 당년의 수장守將 송상현이 힘써 싸워 아군을 막는 상황은『조선역 상권 (52) 부산 및 동래의 함락』에 상세하다"라고 하였다.[34]

'동래부순절도'를 일제시기에 이케우치 히로시池内宏는 '동래부성함락도'라고 불렀다.[35] 1763년 통신사행(정사 조엄) 때 사행원은 8월 20일 동래에 도착하였다. 이 사행의 제술관 남옥南玉은 8월 22일 충렬사를 참배하였다. 이날 일기에서 동래지역 유생들이 '송충렬정충장성함순신도宋忠烈鄭忠壯城陷殉身圖'를 구

---

34) 김동철,「동래읍성과 관아 건물 관련 엽서 자료」, 483~484쪽.
35) 池内宏,『文禄慶長の役』(別編第一), 東洋文庫, 1936(吉川弘文館, 1987 復刊), 8~9쪽.

경하는 것을 적고 있다.[36] 남옥은 동래부순절도를 '송충렬성함순신도', 부산진
순절도를 '정충장성함순신도'라고 생각하였다.[37]

그림 22 동래부순절도

그림 23 동래부순절도

위 두 엽서도 같은 동래부순절도 엽서다. 엽서에는 "임진의 역(豊公征韓) 때
동래성의 함락. 당시 조선인이 그린 깃"이라고 석혀 있다. 두 엽서 내용이 똑
같다. 각각 사사키상점, 효성사에서 발행한 것이다. 앞서 본 사사키상점 발행
의 부산진순절도 엽서와도 같은 형식의 설명이다. 사사키상점에서는 동래부순
절도와 부산진순절도를 간행한 것이다. 효성사 발행의 부산진순절도 유무는
현재로선 확인할 수 없다. 사사키상점과 효성사는 사진 설명 부분은 같으나 엽

---

36) 남옥 지음·김보경 옮김, 『붓끝으로 부사산 바람을 가르다(日觀記)』, 소명출판,
2006, 196쪽.
37) 김동철, 「동래읍성과 관아 건물 관련 엽서 자료」, 484~485쪽.

서 다른 면의 내용은 다르다. 효성사는 인쇄처 언급이 없다. 그런데 사사키상점 엽서는 두 엽서 다 일본 하카다博多(후쿠오카시) 다카다 고세이칸高田向盛館에서 제작된 것임을 밝히고 있다. 이처럼 부산진순절도와 동래부순절도는 이름을 달리한 채 다양한 곳에서 엽서로 발행되었다.

그림 24 도쿠토미 소호

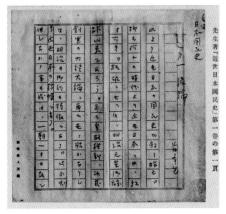

그림 25 도쿠토미 소호 『근세일본국민사』
원고(1권 1쪽)

〈그림 24〉 엽서는 도쿠토미 소호의 사진이고, 〈그림 25〉 엽서는 도쿠토미 소호의 책 『근세일본국민사』 제1권 1쪽의 원고다. 원고지 처음을 보면 "근세일본국민사 제일 총론 소호생蘇峰生. 지금부터 근세일본의 국민사를 서술하기 시작하면서 어느 시대부터 근세일본이라고 칭해야 하는가"라고 적혀 있다. 원고지도 도쿠토미 소호의 이름을 새긴 전용 원고다. 〈그림 26〉은 『근세일본국민사』 시리즈 가운데 『조선역』 3권의 사진이다.

'부산진순절도' '동래부순절도'는 원래 그림에는 이름, 작가, 시기 등을 알 수 있는 어떤 정보도 적혀 있지 않다. 그 때문에 엽서 설명에서는 화가 이름 없이 '선인(조선인)'이 그린 것이라고 하였다. 현재 통용되는 두 그림의 이름은 1963년 보물로 지정될 때 붙여진 이름이다.

그런데 두 그림에 대해서는 1760년(영조 36) 8월 상순에 당시 동래부사 홍명한洪名漢이 적은 「부산순절도 서」와 「본부순절도 서」가 전한다. 홍명한은 이 그림을 '부산순절도', '본부(동래부)순절도'라고 불렀다. 이 「본부순절도 서」에서 "아아, 동래부에 어찌 하루라도 이 그림이 없을 수 있겠는가. 애석하게도 그 세월이 오래되어 변하고 됨에 변하고 닳아 떨어졌기 때문에, 나는 닳아 분별할 수 없게 될까 적이 두려워하여, 마침내 읍에 사는 사람 邑寓人 변박卞璞을 시켜 이어 모사하고 새로 장정하게 하였"다는 것이다.[38]

그림 26 근세일본국민사 조선역 사진(德富猪一郞 저, 明治書院, 1935)

이 홍명한의 서문에 근거하여, 1760년 변박이 그린 것이라고 본 것이다. 변박이 이어 모사繼摹한 낡은 그림은 다름 아닌 1709년에 그려진 그림이다. 이 그림에 대해서는 1709년(숙종 35) 당시 동래부사 권이진이 쓴 그림에 관한 설명 글인 「화기畵記」가 전한다.[39] 일찍이 이케우치 히로시의 책에도 「동래 안락서원 부산진성 함락도」, 「동래 안락서원 동래부성 함락도」, 「동래 안락서원 화기」 사진이 수록되어 있다. 이에 대한 해설 글도 있다.[40] 권이진의 화기에는 "그 집의 좌우에는 화공에게 명하여 여러 사람이 의를 위해 죽은 모습과 아울러 이각李珏이 도주하는 달아나는 형상을 그리게" 하였다. 즉 화기에는 동래부순절도의 내용과 관련된 서술이 상당 부분 들어있다. 화기 끝부분에 보면, "만력 임진후 118년 세재 기축 동11월 하완下浣 부사 안동 권이진 기"라고 적혀 있다. 동래부사 권이진이 1709년(숙종 35) 11월 하

---

38) 정중환·김석희 역, 『충렬사지』, 142~143쪽.
39) 정중환·김석희 역, 『충렬사지』, 118~119쪽 및 권이진, 『유회당집』 권7, 기, 화기.
40) 池內宏, 『文祿慶長の役』(別編 第一), 8~9쪽. 이 책 부록의 「東萊安樂書院釜山·東萊二城陷落圖について」 참조. 단 이 책에 수록된 화기 사진은 한 장으로 된 것이 아니고, 2장으로 잘린 사진이다.

순에 적은 것임을 알 수 있다.

국사편찬위원회 한국사데이터베이스/사진유리필름자료에 권이진 화기가 수록되어 공개되고 있다. 화기는 186.4×32.1cm의 판각이고 상태도 양호하다. 필자는 오래 전에 이 화기의 원본을 동래 충렬사에 문의한 바 있으나, 소재는 불명이다. 만약 원본이 없다는 이 국편 DB 자료로 복원이 가능하다고 생각한다. 빨리 복원되어 원래 자리인 동래 충렬사에 걸리기를 기대한다.

그림 27 권이진 화기 사진 자료(국사편찬위원회 소장)

3) 자성대왜성과 부산진성

일본군은 침략한 후 각 지역에 성을 쌓아 거점으로 삼았다. 임진왜란 때 조선에 쌓은 일본식 성을 흔히 왜성이라 부른다. 내륙에도 많은 성을 쌓았으나 임시로 쌓은 성이므로 거의 남아 있지 않다. 지금 남아있는 대부분의 왜성은 1593년 4월 한성에서 철수한 후, 히데요시의 명령에 따라 한반도 남단에 대규모로 축조된 것과, 1597년 2차 침략(정유재란) 이후인 1597년 8월부터 남·동 해안에 축조한 것이다. 흔히 '분로쿠文祿 18성', '게이초慶長 8성'이라고 부른다.[41] 한반도의 남단에 쌓은 많은 성은 영역領域 지배를 위한 성이라기보다는 군사거점·포인트(point, 요지)의 확보를 위한 해안보堡·항港이었다.[42]

임진왜란 때의 왜성은 동쪽의 서생포에서 서쪽의 거제도까지, 정유재란 때

---

41) 笠谷和比古·黑田慶一, 『秀吉の野望と誤算』, 170쪽.
42) 服部英雄, 「鎭西名護屋城と倭城」, 50쪽.

의 왜성은 동쪽의 울산에서 서쪽의 남해·순천까지 분포되어 있다. 정유재란 때는 전선이 훨씬 확대된 것을 의미하지만, 또 확대된 만큼 방어가 취약한 점도 있다. 왜성은 특히 현재 부산광역시 주변에 집중되어 있다.

일본군은 부산진성을 함락시킨 후에 부산진성을 허물고 왜성을 쌓았다. 이 왜성은 현재 부산시 동구 성북로(좌천동) 증산공원(증산체육공원) 일대에 남아 있는 증산왜성(부산왜성)이다. 일본군은 그 동남쪽 바닷가에도 왜성을 쌓았다. 이 왜성이 동구 자성로(범일동) 자성대공원 일대에 남아 있는 자성대왜성이다.

임진왜란이 끝난 후 자성대왜성이 있는 곳에 왜성의 성벽과 돌을 이용하여 부산진성을 쌓았다. 즉 부산진성은 임진왜란이 끝난 후에 위치가 옮겨졌다. 이곳은 자성대왜성이 있었던 곳이라서 '부산진지성'으로 부르다가, 최근에 '부산진성'으로 이름이 수정되었다. 부산진성은 현재 부산광역시 기념물로 지정되어 있다.

일본군이 왜성을 쌓은 것은 1593년(선조 26) 3월부터 8월 사이인 것으로 알

그림 28 부산진성 자성대왜성

려져 있다. 증산왜성(부산왜성)은 모리 데루모토毛利輝元·히데모토秀元 부자가, 자성대왜성은 아사노 나가마사淺野長政·요시나가幸長 부자가 중심이 되어 쌓았다. 그런데 자성대왜성에는 고니시 유키나가小西行長가 주둔하였기 때문에 이 성을 고니시성小西城이라고도 부르고, 마루야마성丸山城이라고도 불렀다. 엽서에서 고니시 유키나가가 성터·성적이라고 한 것은 이 때문이다.

엽서에는 "부산. 부산진(자성대) 성터. 한편으로는 고니시小西성지城趾라고도 일컫는다"라고 적혀 있다.

4. 파죽지세의 진격과 서울 함락

부산진성과 동래성을 함락한 고니시 유키나가·소 요시토시의 1군은 좌수영 → 기장 → 양산 → 밀양 → 대구 → 인동 방면으로, 가토 기요마사의 2군은 양산 → 언양 → 경주 방면으로 진격하였다. 구로다 나가마사의 3군과 모리 요시나리毛利吉成의 4군은 4월 18일 김해에 상륙했다. 김해부사 서예원은 이들의 공격을 막았으나, 상대할 수 없어서 도망갔다.

1) 작원관전투

그림 29 작원관

그림 30 작원관

〈그림 29〉 엽서에는 "낙동강안 작원관鵲院關", 〈그림 30〉 엽서에는 "조선명소. 경부선의 위용 작원관"이라고 적혀 있다. 〈그림 29〉 엽서에는 메이지明治 40년 (1907) 10월 16일 스탬프가 찍혀 있다.

작원관은 경상남도 밀양시 삼랑진읍 검세리에 있는 관문이다. 현재 '밀양 작원관지鵲院關址'로 경상남도 문화재자료로 지정되어 있다. 작원관은 동래에서 양산, 밀양, 청도, 대구를 거쳐 서울로 가려면 꼭 통과해야 할 길목에 위치하였다. 낙동강과 맞닿은 좁은 길목에 위치한 요새다. 임진왜란 때는 밀양부사 박진이 일본군을 맞아 결사 항전한 곳으로 유명하다. 엽서에는 임진왜란 관련 설명은 없지만, 임진왜란 초기의 전투로서 중요하기 때문에 간략하게 살펴보려고 한다.

동래성을 함락시킨 1군 소 요시토시의 부장이 4월 16일 밤에 군사 10여 명을 이끌고 양산성 부근에 나타나 정탐을 하였다. 17일 새벽에는 고니시의 부장 등이 군사를 이끌고 이들과 합류하였다. 동래성전투에서 양산군수 조영규가 전사했기 때문에, 1군 선발대는 4월 17일 양산에 무혈 입성하고, 18일에는 1군 주력이 입성했다. 이날 오후 일본군은 밀양부를 공격하기 위해, 선발대가 작원관 입구에 진출하였다. 밀양부사 박진이 이끄는 소수의 군사는 작원에서 일본군 선두 고니시 부대와 후속 마쓰우라 시게노부松浦鎭信를 맞아 싸웠다. 일본군은 선두가 작원의 좁은 지형에서 박진 군에 의해 차단되자 주력을 우회하여 금병산 능선에 올라가 조선군의 배후를 자단하려고 하였다. 이를 파악한 박진은 우회하는 일본군을 저지하도록 하였다.[43]

밀양부를 지원하기 위해 작원에 도달한 진주판관 김시민, 함안군수 유숭인 군이 일본군에 패하여, 이들의 지원을 받을 수 없게 되자 박진은 밀양부 관내의 각종 시설과 군기고, 군량창고를 불태웠다. 이에 앞서 경상감사 김수는 밀양에 와 있었는데, 양산성이 함락되고 일본군 대군이 작원관으로 향한다는 소

---

43) 이형석, 『임진전란사』(상), 임진전란사간행위원회, 1976, 249~250쪽.

식을 듣고, 일본군이 공격하기도 전에 영산현으로 떠났다. 박진도 밀양성을 탈출하여 영산 방면으로 퇴각하였다.

작원관전투는 비록 패배한 전투지만 작원의 좁은 잔교를 점거하여 활을 쏘면서 일본군이 진격할 수 없도록 지연시켰다. 임진왜란 개전 초기에 부산진전투, 동래성전투 등과 함께 일본군의 침공에 맞서 싸운 대표적인 전투로 평가받을 수 있다. 경상감사 김수는 영산에서 추계로 달아나면서 여러 사람들에게 "조령을 막아 지킬 것이다"고 말하고는 바로 거창으로 들어가 버렸다. 박진 군대는 수적인 열세로 패배하였지만, 박진은 공적을 인정받아 경상좌병사로 임명되었다.[44]

『선조실록』을 보면, 1592년 5월 경상병사(좌병사) 임명의 후보로 김성일과 박진이 거론되었다.[45] 그 후 박진은 경상좌병사가 되었다. 박진이 경상병사(좌병사)가 된 구체적인 시기는 알 수 없다. 하지만 "적 1천여 명이 영천永川군에 주둔하고 있었는데, 7월 28일 경상병사 박진이 돌격장 훈련원봉사 권응수權應銖 등에게 명하여, 응모병 2천여 명을 거느리고 본군(영천군)으로 가서 포위하게 한"[46] 것으로 보아, 7월에는 경상병사(좌병사)로 임명되어 있었다.

2) 조령 관문

성재省齋 고상증高尙曾(1550~1627)의 필사본 문집 『성재집』에는 「용사龍蛇일기」가 수록되어 있다. 고상증은 「농가월령가」의 작자로 추측되고 있는 고상안高尙顔의 형이다. 「용사일기」 5월 3일자에는 "총병 신립申砬이 천연의 요새인 새재鳥嶺의 관문에 군영을 설치하여 적을 막을 계책을 삼았다. 그러나 스스

---

44) 이형석, 『임진전란사』(상), 250~251쪽; 김진수, 「임진왜란기 박진의 군사 활동과 평가」『한국사학보』 60, 고려사학회, 2015, 246~252쪽.
45) 『선조실록』 선조 25년(1592) 5월 6일(을축).
46) 『선조실록』 선조 25년(1592) 9월 15일(임신).

로 '험한 고개는 전투할 곳이 못 된다'고 생각하여 충주 탄금대로 물러나 주둔하였는데, 끝내는 배수진을 쳐서 전투에서 패했다고 한다. 더욱 극도로 원통하고 한스럽다"[47]라고 기록하고 있다. 아래 엽서는 문경 새재鳥嶺의 제1~3관문 관련 엽서다.

두 엽서는 '조령 제1관문'이다. 같은 사진으로 설명만 약간 다를 뿐이다. 위 엽서에는 "임진왜란文祿の役 때 당시 용장 신립申砬이 이 천험(천해의 험지)에 따라 배수의 진을 친 곳이다. 이러한 종류의 관문인 제2관, 제3관 등 3개 곳에 관문을 설치한 것이다. 옛날 조선 종관(남북으로 관통) 노선의 유일한 통로였다"라고 적혀 있다. 아래 엽서에는 "수안보 근교. 조선 종관縱

그림 31 조령 제1관문

그림 32 조령 제1관문

貫 가도의 최대 요관要關, 임진왜란文祿の役에서 유명한 조령 제일관문"이라고 적혀 있다.

---

47) 김용주 외 번역, 『성재 고상증의 「용사일기」에 나타난 문경의 임진왜란사』, 문경시, 2015, 99쪽.

그림 33 조령 제2관문

사사키佐佐木상점에서 발행한 「충북 수안보온천 명승」이란 세트 엽서가 있다. 필자가 가지고 있는 것은 1세트에 6장이다. 6장 가운데 3장이 조령 관련 엽서다. 3장은 〈그림 32-34〉 엽서다. 앞에서 사사키상점에서 발행한 부산진순절도와 동래부순절도 엽서가 있었다. 하지만 같은 상점인지 여부는 알 수 없다.

〈그림 33〉 엽서에는 "수안보 근교. '조선의 함곡관'이라고 불리는 천연의 요해. 풍광이 아주 아름다운 조령 제2관문"이라고 적혀 있다.

〈그림 34〉 엽서에는 "수안보 근교. 요해 조령의 험함을 굳게 지키는 제3관문 유적"이라고 적혀 있다.

그림 34 조령 제3관문

조령 엽서를 보면 1관문만 문루인 주흘관이 보이고, 2관문과 3관문은 문만 남아있고, 문루는 보이지 않는다. 주흘관은 영남에서 서울로 가는 길목에 있는 1번째 관문이다. 1708년(숙종 34)

에 세운 1관문에는 '주흘관主屹關'이라는 현판이 걸려 있다. 2관문은 조곡관鳥谷關, 3관문은 조령관鳥嶺關이다. 제2, 제3관문은 허물어져 축대만 남아 있던 것을 1975년, 1977년에 각각 복원하였다. 「문경 조령 관문關門」은 현재 충청북도 문경시 문경읍 상초리에 위치한다. 사적으로 지정되어 있다.

신립이 충주에 이르렀을 때 제장들은 모두 새재鳥嶺의 험준함을 이용하여 적의 진격을 막자고 하였으나 신립은 따르지 않고 들판에서 싸우려고 하였다.[48] 선조가 '신립은 어찌하여 패했는가'하고 물으니, 선전관 민종신은 "새재를 미처 지키지 못하고 있다가, 적이 새재를 넘어 와 밤중에 돌격해 왔으므로 패배한 것입니다"[49]라고 답하였다.

신립은 적의 진로를 차단하면서 험준한 조령을 막지 않고, 충청북도 충주 탄금대에서 일본군을 맞아 싸우다가 패하고 말았다. 신립의 패배로 조정에서는 충주 요쇄화가 논의되었다. 유성룡의 추천으로 충주 출신 신충원은 둔전 설치와 축성 등 조령의 관방화에 중요한 역할을 하였다.[50] 조령에 관문을 설치할 것을 꾸준히 논의해 오다가 숙종 때 비로소 3개의 관문을 설치하기에 이르렀다.

1관문인 '주흘관'의 안쪽에는 '영남제일관'이란 현판이 걸려 있다. 고니시 유키나가의 1군과 가토 기요마사의 2군 모두 이 관문을 거쳐 충주로 진격하였다. 1군은 상주에서 경상도 순변사 이일李鎰 군대를 물리치고 파죽지세로 진격하여 조령을 넘어 충주에서 삼도순변사 신립 군대를 격파하였다.[51]

---

48)『선조실록』선조 25년(1592) 4월 17일(병오).
49)『선조실록』선조 25년(1592) 5월 10일(기사).
50) 장학근, 「조령의 관방과 충주인 신충원」『이순신연구논총』15, 순천향대 이순신연구소, 2011.
51) 기타지마 만지 지음, 김유성·이민웅 옮김, 『도요토미 히데요시의 조선 침략』, 47~48쪽.

3) 서울(한성) 함락과 왜성대

앞에서 언급한 것처럼 일본군은 동래에서 세 길로 나누어 서울을 향하여 진격하였다. 한 길은 중도中道로 양산·밀양·청도·대구·인동·선산을 경유하여 상주에 이르러 이일李鎰의 군사를 물리쳤다. 한 길은 좌도左道로 장기·기장을 거쳐 좌병영인 울산을 함락시키고 경주·영천永川·신령·의흥·군위·비안을 지나 용궁의 하풍진河豊津을 건너 문경으로 진출해서 중로의 군사와 합류, 조령을 넘어 충주로 침입하였다. 이들은 다시 충주에서 두 갈래의 길로 나뉘었는데, 하나는 여주로 가서 강을 건너 양근을 경유하여 용신龍津을 건너 경성의 동로東路로 진출하였고, 하나는 죽산과 용인 쪽으로 나아가 한강에 이르렀다. 또 한 길은 김해를 경유하여 우도右道로 진출, 성주 무계현茂溪縣을 따라 강을 건너 지례·금산을 거쳐 추풍령을 넘어서 충청도 영동현으로 진출, 청주로 침입하였다가 방향을 바꾸어 경기로 향했다.[52]

일본군은 부산과 동래, 충주 외에는 큰 반격을 받지 않고 파죽지세로 서울로 향해 진격해 올라갔다. 상주에서 이일의 패배, 충주에서 신립의 패배 보고가 잇달아 서울에 전해지면서, 서울의 인심은 동요하였다. 선조는 상주 패배를 받고 도읍을 평양으로 옮길 생각을 하였다. 충주 패배는 서울을 포기하는 결정적 계기가 되었다.[53]

일본군 1군과 2군이 서울에 들어온 것은 1592년(선조 25) 5월 3일 새벽이다. 이 날짜와 관련한 선두 다툼은 앞에서 언급한 바 있다. 조선을 침략한 지 불과 20일 만이다. 조선측 자료에서는 이날 상황을 다음과 같이 묘사하고 있다.

---

52) 『선조수정실록』 선조 25년(1592) 5월; 유성룡 지음, 이재호 옮김, 『징비록』, 위즈덤하우스, 2007, 104쪽.
53) 기타지마 만지 지음, 김유성·이민웅 옮김, 『도요토미 히데요시의 조선 침략』, 48~49쪽.

① 이달 3일에 왜적이 경성에 침입하자 이양원李陽元·김명원金命元이 퇴주하였다. (중략) 적은 성 안에 복병이 있는가 의심하여 처음에는 감히 들어오지 못하다가 몰래 사람을 시켜 들어가 정탐하여 남산에 올라가 봉화불을 들게 한 연후에야 먼저 흥인문을 통해 입성하였다.[54]

② 초3일에 적군이 서울에 들어오니 유도留都대장 이양원과 원수 김명원이 모두 달아났다. (중략) 이에 세 길의 적군이 모두 서울에 들어왔으나 성안의 백성들은 이보다 먼저 흩어져 가버리고 한 사람도 남아 있지 않았다.[55]

일본군이 서울에 들어오기 전인 4월 30일 새벽 국왕 선조는 피란길에 올랐다. 왕이 도성을 버리고 피란길에 오르자, 민들이 들고 일어나면서 서울은 혼란에 빠졌다. 당시 도성의 상황은 다음과 같았다.

① 이달 그믐에 상이 서행西幸하였다. (중략) 도성의 궁성宮省에 불이 났다. 거가가 떠나려 할 즈음 도성 안의 간악한 백성이 먼저 내탕고에 들어가 보물을 다투어 가졌다. 이윽고 거가가 떠나자 난민이 크게 일어나 먼저 장예원과 형조를 불태웠다. 이는 두 곳의 관서에 공·사노비의 문적이 있기 때문이었다. 마침내 궁성의 창고를 크게 노략하고 불을 질러 흔적을 없앴다. 경복궁·창덕궁·창경궁의 세 궁궐이 일시에 모두 타버렸다. (중략) 역대의 보완寶玩과 문무루文武樓·홍문관에 간직해 둔 서적, 춘추관의 각조 실록, 다른 창고에 보관된 전조前朝의 사초(『고려사』를 수찬할 때의 초고다), 『승정원일기』가 모두 남김없이 타버렸다. 내외 창고와 각 관서에 보관된 것도 모두 도둑을 맞아 먼저 불탔다. 임해군의 집과 병조판서 홍여순의 집도 불에 탔다. 이 두 집은 평상시 많은 재물을 모았다고 소문이

54) 『선조수정실록』 선조 25년(1592) 5월.
55) 유성룡 지음, 이재호 옮김, 『징비록』, 104쪽.

났기 때문이었다. 유도대장이 몇 사람을 참하여 군중을 경계시켰으나 난민이 떼로 일어나서 금지할 수가 없었다.[56]

② 더욱이 통분한 것은 대가大駕가 막 성문을 나섰고, 왜적은 채 입성하기도 전인데, 성안 사람이 궐내에 다투어 들어가서 내탕부고에 있던 재물을 서로 탈취한 것이다. 뿐만 아니라, 세 궁궐(경복궁·창덕궁·창경궁) 및 육부, 크고 작은 관청에다 일시에 불을 질러 연기와 불꽃이 하늘에 넘쳐서, 한 달이 넘도록 계속해서 불탔다. 그들의 심사를 살펴보면 흉적의 칼날보다 더 참혹하였으니, 매우 두렵다.[57]

민들은 궁궐과 관청을 불태우고, 재물을 약탈하였다. 그 과정에서 장예원에 보관된 노비문서를 불태웠다. 그리고 역대 왕의 실록과 『승정원일기』 등 중요한 사료를 불태웠다. 신분제의 모순 아래에 있던 민들은 공·사노비 관련 노비문서를 없앤 것이다. 위기의 순간 국왕을 비롯한 지배층의 행동에 성난 민심은 등을 돌렸다. 전쟁의 혼란을 틈타 조선 사회의 모순이 바로 드러난 것이다.[58]

처음 일본군이 서울을 점령했을 때, 일본군 대장 우키다 히데이에는 거처를 종묘로 정했다가 곧 남별궁으로 옮겼다. 이런 상황은 『선조실록』에 다음과 같이 기록되어 있다. "이때 궁궐은 모두 불탔으므로 왜적 대장 평수가平秀家(우키다 히데이에)는 무리를 이끌고 종묘로 들어갔는데 밤마다 신병神兵이 나타나 공격하는 바람에 적들은 경동하여 서로 칼로 치다가 시력을 잃은 자가 많았고 죽은 자도 많았었다. 그래서 수가秀家는 할 수 없이 남별궁南別宮으로 옮겼다. 이것은 한 고조漢高祖의 영혼이 왕망王莽에게 위엄을 보인 것과 다를

---

56) 『선조수정실록』 선조 25년(1592) 4월.
57) 이기, 『송와잡설』(『대동야승』 수록, 한국고전번역원 한국고전종합DB 참조).
58) 기타지마 만지 지음, 김유성·이민웅 옮김, 『도요토미 히데요시의 조선 침략』, 50쪽; 강응천 외, 『16세기 성리학 유토피아』, 223쪽.

바가 없다"[59]

종묘에서 자다가 밤에 신병이 나타나자 놀란 나머지 다치고 죽은 자가 발생하여 남별궁으로 옮겼다는 것이다. 남별궁에 대해서는 다음 절에서 다시 언급하려고 한다.

서울에 집결한 일본군은 조선을 안정적으로 지배하기 위하여, 서울에 우키다 히데이에를 남겨두고 조선 8도에 여러 장수를 나누어 파견하고, 각 도를 단위로 경략을 추진해 나가는 정책을 결정하였다.[60] 8도 경략에 대해서는 고니시 유키나가와 소 요시토시가 이덕형에게 보낸 1592년 6월 11일자 서계에 잘 나타나 있다. 이 서계는 『선조실록』에 수록되어 있다. 내용 일부를 보면 다음과 같다.

> 풍신휘원豊臣輝遠은 경상도로 보냈고, 융경隆景은 전라도로 보냈고, 가정家政은 충청도로 보냈고, 승륭勝隆 및 원친元親은 경기도로 보냈으며, 도성을 진호鎭護하는 자는 풍신가수豊臣家秀이다. 풍신길성豊臣吉成은 강원도로 보냈고 풍신가정은[위에 보인다. 혹 옮겨 쓸 적에 잘못 쓴 것인가?] 황해도로 보냈고, 청정淸正은 영안도로 보냈다. 행장行長과 의지義智가 평안도로 가기를 요청한 것에 관해서는 먼저 편지에 다 말하였으므로 다시 이야기하지 않겠다.[61]

이와 관련된 자료와 기존 연구 성과를 토대로, 8도 경략 분담 내용을 간략하게 정리하면 다음 〈표 3〉과 같다.

---

59) 『선조실록』 선조 25년(1592) 5월 3일(임술).
60) 中野等, 『文祿·慶長の役』, 56쪽.
61) 『선조실록』 선조 25년(1592) 7월 1일(무오).

표 3 일본군의 조선 8도 경략 분담

조선 8도	일본 구분	군량 액수(석)	주장
경상도	백국	2,887,790	모리 데루모토毛利輝元
전라도	적국	2,269,379	고바야카와 다카카게小早川隆景
충청도	청국	987,514	후쿠시마 마사노리福島政則/ 하치스카 이에마사蜂須賀家政
경기도	청국	775,113	우키다 히데이에 宇喜多秀家/도다 가츠타카戸田勝隆 · 조소카베 모토치카長宗我部元親
강원도	황국	402,289	모리 요시나리毛利吉成
평안도	황국	1,794,186	고니시 유키나가/고니시 · 소 요시토시宗義智
황해도	녹국	728,867	구로다 나가마사黑田長政
함경도	흑국	2,071,028	가토 기요마사加藤淸正
계		81,916,186	
서울			우키다 히데이에

비고: 군량액은 기타지마 만지와 朱爾旦 책에서 인용. '/'의 앞은 기타지마 만지, 뒤는 中野等 책에서 인용한 것임.

출전: 기타지마 만지 지음, 김유성 · 이민웅 옮김, 『도요토미 히데요시의 조선 침략』, 58쪽; 中野等, 『文祿 · 慶長の役』, 56쪽 〈표 3〉; 朱爾旦, 朱爾旦, 『萬曆朝鮮戰爭全史』, 民主與建設出版社, 2020, 40쪽; 池內宏, 「明將祖承訓の敗走以後に於ける我が軍の態度」『文祿慶長の役〈付編 · 解說〉』, 吉川弘文館, 1987(복간), 21~22쪽; 京口元吉, 『秀吉の朝鮮經略』, 白揚社, 1939, 181~182쪽.

군량 액수는 조선 8도에서 징수해야 할 조세액을 예상한 총계다. 이 표를 기준으로 하여 일본의 다이묘들은 조선의 각도를 경략하러 나섰다.[62]

조선에서 가장 중요한 도시는 수도 한성이다. 1910년 이전에 이미 수도의 안산인 남산에 왜성대공원이 조성되었다. 왜성대는 임진왜란 때 일본군의 진소

---

62) 기타지마 만지 지음, 김유성 · 이민웅 옮김, 『도요토미 히데요시의 조선 침략』, 58쪽.

陣所가 있던 곳으로서 일찍부터 알려진 장소였다. 임진왜란 때 가토 기요마사가 축성했다고 소개되거나, 마시타 나가모리增田長盛의 진소라고 소개되었다.[63]

일본인 거류민회는 1897년에 대한제국 정부로부터 이곳을 영구 임대하여 공원 조성에 착수하였다. 1900년에는 청일전쟁의 승리를 기념하는 '갑오역(청일전쟁)전승기념비'가 건립되었다. 그리고 많은 벚꽃을 심었다. 한성의 명소가 되었다. 그 후 분수, 주악당, 연무대 등 오락시설이 정비되어 경성시민이 일상적으로 접하는 명승지가 되었다.[64]

〈그림 35〉 엽서에는 "한국명소. 경성 왜성대기념비에서 통감부를 바라봄"이라고 적혀 있다. 왼쪽에 있는 비가 청일전쟁(갑오역) 전승 기념비. 오른쪽에 있는 것이 통감부 건물이다.

그림 35 왜성대와 청일전쟁 전승 기념비

〈그림 36〉 엽서에는 "한국 경성 왜장대倭將臺 주악당 건설 기념. 경성악우회 발행"이라고 적혀 있다. 이 세트 엽서 봉투에는 〈왜장대 주악당 낙성 기념엽서〉라고 적혀 있다. 경성악우회가 발행한 2매 1세트 엽서다. 엽서에는 '경성 악우회樂友會 건설 왜장대 주악당 낙성 기념. 1908년(明治 41) 10. 17' 스탬프가 찍혀 있다. 〈그림 37〉 엽서는 주악당 기문記文이다. 엽서의 설명 내용은 〈그림 36〉 엽서와 같다. 기문 끝부분에 보면, '일당一堂 이완용李完用 서'라고 적혀 있다. 스탬프 내용도 동일하다.

---

63) 太田秀春, 『近代の古蹟空間と日朝關係』, 74쪽.
64) 太田秀春, 『近代の古蹟空間と日朝關係』, 74쪽.

그림 36 왜성대 주악당

그림 37 왜성대 주악당 건설 기념 기문

그림 38 왜성대 은사기념과학관

〈그림 38〉 엽서에는 "왜성대에 있는 은사恩賜기념과학관"이라고 적혀 있다. 은사기념과학관은 우리나라 최초의 과학관이다. 1925년 일본 천황의 결혼 25주년을 맞이하여 은사금 17만 엔을 자본금으로 1927년 5월 10일 남산 왜성대에 있는 옛 조선총독부 건물에 개관되었다. 조선총독부가 일본 우에노上野과학관을 모델로 삼아 만들었다. 일본의 과학기술과 공업빌딩을 선전하는 역할을 하기 위한 것이었다. 한국전쟁 때 완전 불탔다. 1970년대에 서울 혜화동에 건립된 국립과학관은 이 은사과학기념관에 뿌리를 두고 있지만, 그것에서 벗어난 새로운 과학관이다.[65]

왜성대는 화성대和城台, 왜장대, 화장대和將臺 등으로 불렸다. 왜성대공원은

---

65) 정인경, 「은사기념과학관과 식민지 과학기술」 『과학기술학연구』 5-2, 한국과학기술학회, 2005, 70~71쪽. 국성하, 「일제 강점기 박물관의 사회교육적 성격 연구–「은사기념과학관」을 중심으로」 『한국교육사학』 23-2, 한국교육사학회, 2001, 166~168쪽.

일본공원, 남산공원이라고도 불렀다.[66] 임진왜란 때 일본군 주둔지였던 곳이 근대 이후 서울의 대표적인 공원이 되었다. 그리고 그 자리에 일본의 과학기술과 공업발달을 선전하는 역할을 하고, 대한민국 국립과학관의 뿌리로 이어지는 과학관이 20여 년 동안 자리잡고 있었던 것이다.

근대 국민국가가 만민이 모두 즐기는 공간, 교화의 장으로서 고적을 공원화하는 작업은 일본 국내에서 널리 활용된 방법이다. 공원으로 정비된 고적이 명승지로 되는 중요한 역할을 하게 된 것은 벚나무를 심는 것이었다. 경성의 도시공원으로서 청일전쟁 기념비, 음악당 등이 건립된 왜성대공원은 벚꽃의 명소로 바뀌어 갔다.[67] 이것은 왜성이나 일본군이 승리한 곳 등 임진왜란 전적지가 공원이 된 곳의 일반적인 현상이었다.

5. 선조의 피란길

일본군 1군과 2군이 서울에 들어온 것은 1592년(선조 25) 5월 3일 새벽이다. 선조는 4월 27일 상주 패배 소식을 접하고, 도읍을 평양으로 옮길 생각을 하였다. 4월 29일 접한 충주 패배 소식은 서울을 포기하는 결정적 계기가 되었다.[68]

일본군이 서울에 들어가기 전에 선조는 이미 서울을 떠날 생각이었다. 왕이 피란길에 오르는 상황을 『선조실록』에서는 다음과 같이 묘사하고 있다.

① 새벽에 상이 인정전에 나오니 백관들과 인마 등이 대궐 뜰을 가득 메웠다. 이날 온종일 비가 쏟아졌다. 상과 동궁은 말을 타고, 중전 등은 뚜껑

---

66) 박희성, 「변화와 변용으로 본 근대기 서울 남산의 공원」 『한국조경학회지』 43-4, 한국조경학회, 2015, 139쪽.
67) 太田秀春, 『近代の古蹟空間と日朝關係』, 75쪽.
68) 기타지마 만지 지음, 김유성·이민웅 옮김, 『도요토미 히데요시의 조선 침략』, 48~49쪽.

있는 교자를 탔다. 홍제원에 이르러 비가 심해지자 숙의 이하는 교자를 버리고 말을 탔다. 궁인들은 모두 통곡하면서 걸어서 따라갔다. 종친과 호종하는 문무관은 그 수가 1백 명도 되지 않았다. 점심을 벽제관에서 먹었다. 왕과 왕비의 반찬은 겨우 준비되었으나, 동궁은 반찬도 없었다.[69]

② 저녁에 임진강 나루에 닿아 배에 올랐다. 상이 시신侍臣들을 보고 엎드려 통곡하니 좌우가 눈물을 흘리면서 감히 쳐다보지 못하였다. 밤은 칠흙같이 어두운데 한 개의 등촉도 없었다. 밤이 깊은 후에 겨우 동파東坡까지 닿았다. 상이 배를 가라앉히고, 나루를 끊고, 가까운 곳의 인가도 철거시키도록 명했다. 이는 적병이 그것을 뗏목으로 이용할 것을 염려한 때문이다. 백관들은 굶주리고 지쳐 촌가에 흩어져 갔다. 강을 건너지 못한 사람이 반이 넘었다.[70]

4월 30일 새벽, 선조는 폭우 속에서 도성을 빠져 나갔다. 동행하는 인원은 100명도 안 되었다. 벽제관에서 점심을 먹는데 동궁은 반찬도 없었다. 저녁에 겨우 임진강에 도달하였다.[71] 5월 3일 개성을 떠나 황해도 금천군 금교역으로 행차하였다. 5일 봉산, 6일 황주를 거쳐 7일 평양으로 들어갔다. 6월 11일 평양을 떠나 13일 영변에 도착했다. 박천, 가산, 정주, 선천을 거쳐 6월 22일 의주에 도착하였다.[72] 1593년 1월과 2월에 선조는 정주에 있었다.[73]

69) 『선조실록』 선조 25년(1592) 4월 30일(기미).
70) 『선조실록』 선조 25년(1592) 4월 30일(기미).
71) 기타지마 만지 지음, 김유성·이민웅 옮김, 『도요토미 히데요시의 조선 침략』, 49~50쪽.
72) 유성룡 지음, 이재호 옮김, 『징비록』, 106~162쪽에서 정리하였다.
73) 『선조수정실록』 선조 26년(1593) 1월, 2월.

1) 정주 피란처

그림 39 선조의 정주 행재소와 양성기적비

엽서에는 "조선 정주. 임진왜란文禄ノ役 때 조선 국왕 주련駐輦(왕의 수레가 머문) 유적"이라고 적혀 있다. 오른쪽 비는 '양성기적비兩聖紀蹟碑'이다. 일본 나고야名古屋 오스大須공원 와다나베渡邊사진관에서 발행한 것이다.

엽서에 있는 우표와 스탬프는 '입태자례 기념立太子禮紀念'이다. 후에 쇼와昭和천왕이 된 미치노미야 히로히토迪宮裕仁는 1916년(大正 5) 11월 3일 '입태자례'를 하고, 만 15세에 정식으로 황태자가 되었다. 이를 기념하기 위해 만든 우표다. 스탬프에 '의주'라는 글자가 있는 것으로 보아, 의주에서 우표에 기념 스탬프를 찍은 후 엽서를 판매한 것 같다. 임진왜란 때 정주로 피란 간 선조의 유적과 관련된 엽서에 일본 황태자를 세우는 예를 기념하는 우표와 스탬프가 같이 있다.

한국학중앙연구원 「한국학 디지털 아카이브」에서 '양성기적비' 탁본 이미지가 제공되고 있다. 이 탁본은 5매로 분리된 것이다. 원본 모습을 유추하기 위해, 이를 편집하여 다시 만든 것이 아래 탁본이다.[74]

『한국금석총람』에는 비문 원문의 활자본이 수록되어 있다. 비문의 첫 부분에 「상(정조)이 즉위하신 지 18년 가을 9월에 평안도 정주의 선비들은 다음과 같이 말하였다. "신들이 거주하는 곳은 우리 태조 강헌대왕과 선조 소경대왕 두 성인의 유적이 있는 곳이니, 역사책에 실려 있고 직방職方에 상세합니다. 사실을 기록하여 그것을 밝게 보여주셔서 이곳 사람들의 마음을 위로해주시기를 바랍니다. 신들은 삼가 죽음을 무릅쓰고 청합니다."」라고 하였다. 양성(두 성인)은 태조와 선조를 가리킨다. 관련 내용을 간략하게 정리하면 다음과 같다.

그림 40 양성기적비 탁본

① 고려 공민왕 13년(1564)에 반신 최유崔濡가 오랑캐인 원과 몰래 짜고 본국을 위태롭게 하기를 모의하여, 원나라 병사를 가지고 압록강을 건너게 하여 세력을 점점 더 확장하였다. 이때 태조는 원수로서 동북면에서 정예 기병 1천기를 이끌고 달려갔다. 태조는 수주의 달천에서 적을 만나 크게 깨뜨렸다. 수주는 곧 오늘날의 정주다. 달천에는 지금까지도 원수대元帥臺·전장평戰場坪이란 칭호가 있다. 이때로부터 태조의 위엄있는 덕이 날로 성대해져서, 동국을 소유하게 되었을 것이라고 생각한다.

② 선조 임진년에 어가가 서쪽으로 향해 몽진하여 정주에 도착하였다. 그 고

74) 이 편집은 부산대학교 교양교육원 양흥숙 교수가 작업한 것이다. 이 지면을 빌려 감사드린다.

을 사람 탁룡卓龍의 집에 납시었다. 3일이 지나 이덕형을 보내 황조皇朝에 병사를 요청하고, 고을 사람 현담玄淡이 말을 바치자 드디어 용만(의주)으로 행차했다. 다음 해 정월에 천자께서 도독 이여송을 보내서, 평양의 적을 토벌하고 나아가 경사를 수복하였다. 선조께서는 수레를 돌리어 경사를 향할 때에 그 집에 정려를 내렸다.

③ 이곳(정주)은 왕업을 처음 시작한 곳이기도 하고, 난을 안정시킨 곳이기도 하다. 비석을 세워서 후대인들에게 비추어 알리고자 한다.

즉 정주는 태조가 조선 건국의 기틀을 닦은 곳이며, 선조가 머물면서 명의 원군을 요청하여 서울을 수복하고 재조再造(제2의 건국)하는 데 결정적인 역할을 한 곳이라는 것이다. 이런 두 왕의 사적을 적은 비석이 양성기적비다. 비문은 1795년(정조 19) 7월에 이조판서 이병정이 짓고, 승정원 좌승지 이만수가 썼다. 정조는 정주의 성적비聖蹟碑를 선묘(선조)가 머물렀던 옛터에 옮겨 세우도록 하는 교를 내렸다.[75] 그래서 이 비가 세워진 것이다. 이 비에 대해서는 1839년 진하사 서장관으로 청나라에 다녀온 한필교가 쓴『수사록』에도 잘 나타나 있다. 그 내용은 다음과 같다.

"정주성 남문밖으로 수 리 되는 곳에 오룡포교五龍浦橋가 있다. 옛날에 오룡이 있어 다리 밑의 웅덩이에서 안개를 타고 하늘로 올라갔다 하여 이에 다리의 이름으로 삼았다. 그 옆으로 열 걸음쯤 되는 곳에 성적비가 있는데, 정종(정조) 어필이다. 고려 말에 우리 태조께서 일찍이 이곳에서 오랑캐 병사들을 크게 무찌르셨고 선묘(선조)께서 임진년에 서쪽에 행차하셨다가 탁룡의 집에서 주필하셨다. 정종 을묘년(1795, 정조 19) 예관의 의논으로 인하여 곧 그 땅에 비를 세우고 비각을 세웠다. 비면에 크게 '양성기적비'라고 썼다. 그 음기는 판서 이

---

75) 정조,『홍재전서』권36, 교(敎) 7,「定州聖蹟碑移建于宣廟駐蹕舊基敎」. 한국고전종합DB 참조.『일성록』정조 19년(1795) 윤2월 25일(정미).

병정이 찬술하였고, 판서 이만수가 글씨를 썼다.

무오년(1798, 정조 22) 사신을 다녀오던 김문순이 말하기를, "비에 호원胡元 글자가 있는데도 큰길 옆에 있으니, 노인虜人(淸人)들이 보게 할 수 없습니다." 라고 하였다. 마침내 동문 안으로 옮겨서 세웠으니, 곧 탁룡 집의 옛터였다. 오룡교 옆에는 임금님의 친필로 '성적비' 세 자가 쓰여 있으니, 그 옛터라는 것을 표지하는 것이라고 한다."[76]

〈그림 41〉 엽서에는 "조선 정주 성내 제관아諸官衙"라고 적혀 있다. 왼쪽 큰 건물은 객사다. 정주 객사는 신안관新安館이다. 객사의 정청 일부와 우측 익헌 건물, 객사 정문 문루가 보인다. 그 우측에 문루가 있는 큰

그림 41 정주 성안 객사 등 관아 건물

건물은 동헌으로 추정되나 분명하지 않다. 이 엽서도 양성기적비 엽서와 같은 곳에서 발행된 것이다.

선조가 정주에서 활동한 것을 『선조실록(수정실록)』을 통해 간략하게 정리하면 다음과 같다.

① 상이 정주에 머물렀다. 사자를 의주에 보내어 거가가 본주에 머물며 곧바로 요동으로 건너가지 않는다는 것을 효유하여, 군민들의 마음을 안정시키게 하고, 응교 심희수를 보내어 행궁을 수리하게 하였다. 그리고 잇따

---

76) 한필교, 『수사록』 권2, 유상수필(遊賞隨筆) 상, 「양성기적비 (정주)」. 한국고전종합 DB 참조.

라 차관을 보내 자문으로 요동의 진에 알리도록 하고, 이덕형에게 위급하고 박절한 상황을 극력 진달하도록 유시하였다.[77]

② 상이 신안관新安館에 거둥하여 명나라 장수 황응양黃應暘·오종도吳宗道·유준언俞俊彦을 접견하였다.[78]

③ 1593년 1월 선조가 의주를 출발하여 다시 정주에 머물렀다. 세자가 성천에서 묘사廟社의 신주를 받들고 행재소에 왔다.[79]

④ 상이 신안관에 행행하여 궐패를 설치하고, 백관을 거느리고 재배한 다음 영하寧夏 평정을 하례한 표문과 평양을 탈환한 데 대한 주본을 사신 이조판서 한준韓準에게 친히 전하였다.[80]

⑤ 상이 신안관에 행행하여 총병 양오전楊五典과 중군 왕여징王汝徵을 접견하였다.[81]

⑥ 상이 신안관에 행행하여 중국 장수 조염祖廉·장여익張汝翼·진문언陳文彦·섭백명葉伯明·조응작趙應爵을 접견하였다.[82]

이처럼, 선조가 정주에 있을 때 중국 장수들을 접견한 장소는 객사 신안관이었다. 엽서에는 임진왜란과 관련된 내용은 전혀 없다. 하지만 객사 건물이 사진 속에 있기 때문에 관련 내용을 알 수 있는 것이다.

2) 의주 피란처

선조는 1592년 6월 22일 의주에 도착하였다. 선조는 1593년 1월 1일, 계사

---

77) 『선조수정실록』 선조 25년(1592) 6월.
78) 『선조실록』 선조 26년 1월 23일(무인).
79) 『선조수정실록』 선조 26년(1593) 1월.
80) 『선조실록』 선조 26년 2월 10일(을미).
81) 『선조실록』 선조 26년 2월 12일(정유).
82) 『선조실록』 선조 26년 2월 14일(기해).

년 새해를 피란처 의주에서 맞았다. 당시 왕세자는 영변에 있었다.[83] 1월에 선조는 다시 의주를 출발하여 정주에 머물렀다.[84] 선조는 반년 넘게 의주에 있었던 것이다.

위 엽서에는 "의주 성안의 전경", 아래 엽서에는 "압록강 명승. 의주에서 고건축물로 이름 높은 통군정統軍亭"이라고 적혀 있다. 위 엽서의 오른쪽 멀리 산위에 있는 건물이 통군정이다. 다른면에 있는 글씨와 우표 소인을 보면, 이 엽서는 1910년 (明治 43) 1월 1일 발송된 것이다. 받은 사람은 호리바 류우타로堀場立太郎로, 대한제국 내부 경상북도 관찰도 주사를 역임한 경력이 있는 사람이다.[85]

통군정은 의주읍성의

그림 42 의주 성안 전경

그림 43 의주 통군정

북쪽 장대인 누정이다. 압록강이 내려다 보이는 곳에 있다. 통군정은 '통곡정痛哭亭'이라고도 부른다.[86] 의주로 피란 간 선조가 마지막 보루인 이곳에서 물러

83) 『선조실록』 선조 26년(1593) 1월 1일(갑진).
84) 『선조수정실록』 선조 26년(1593) 1월.
85) 국사편찬위원회 「한국사데이터베이스」 참조.
86) 『동아일보』 1926년 8월 25일. 「임진계사 청병시 선조왕의 통곡정, 의주명물 통군

서면 명나라로 피란갈 수밖에 없는 비통한 심정에서 통곡을 하여 통곡정이라고 불렀다. 『동아일보』 소개 기사처럼, 선조가 통군정에 올라가서 큰 독을 쓰고 울었다는 설화도 전한다.[87]

3) 해주 피란처

그림 44 해주 부용당

선조는 1592년 의주로 피란 갔다가 1593년 4월 서울이 수복되어 환도하였다. 돌아오는 길인 8월부터 10월까지 해주 번사藩司인 부용당芙蓉堂에 머물렀다. 1863년(철종 14)에 임진왜란 당시 선조가 머문 부용당에 '주필당駐蹕堂'을 걸고 이런 사적을 기록한 비를 세웠다. 이 비가 '선조대왕 주필 기적비宣祖大王駐蹕紀蹟碑'다. 비문은 김병학(1821~1879)이 짓고, 글씨는 신석우(1805~1865)가 썼다.[88] 해주 부용당에 선조가 잠시 머문 사적에 대해서는 송시열이 그 기문을 적어서 부용당 벽에 걸어둔 적도 있었다.[89]

〈그림 44〉 엽서에는 "해주명소. 도청 앞 정원의 연지蓮池 안에 건립된 결구

정 내력」[임진년 왜란시 선조대왕께서 독을 쓰시고 통곡하시던 통곡정]이라고 소개하고 있다. 「향토예찬 내 고을 명물」(40)이란 연재이다. 통군정은 평안도 3루樓, 관서8경의 하나였다. 이 글을 쓴 기자는 선조가 독을 쓰고 통곡한 이유를 썼으면 이 글이 좀더 재미있을 줄 안다고 부기하였다.
87) 『한국민족대백과사전』, 「의주군」(집필자, 노도양) 참조.
88) 디지털 장서각, 「선조대왕 주필 기적비(宣祖大王駐蹕紀績碑)」(집필자, 권석창).
89) 『숙종실록』 숙종 20년(1694) 5월 26일(계해).

結構 아려한(아름다운) 부용당"이라고 적혀 있다. 이 엽서는 서울 히노데상행에서 발행한 「해주명소」 12매 세트 엽서의 일부다. 아래 '백세청풍' 엽서도 마찬가지다.

그림 45 해주 백세청풍비

그림 46 해주 백세청풍비

왼쪽 엽서에는 "해주명소. 청성묘淸聖廟의 묘廟 앞에 건립된 이름 높은 백세청풍百世淸風비", 오른쪽 엽서에는 "조선 공주 가토加藤·고니시小西 두 장수兩將의 비"라고 적혀 있다. 그런데 오른쪽 엽서 비문 첫머리에 '청성묘비淸聖廟碑'라고 적혀 있다. 청성묘비는 1728년(영조 4) 10월에 건립되었다. 글씨는 이집李㙫(1644~1733)이 썼다.

국립중앙박물관이 DB화하여 제공하는 「쇼와昭和 8년(1933) 고적조사 복명서」를 보면, '해주 백세청풍비'는 황해도 해주군 해주읍 광석정廣石町 80번지에 소재하며, 소유자(또는 관리자)는 청성묘라고 되어 있다. 청성묘는 이제묘夷齊

廟, 이제사夷齊祠, 수양사首陽祠, 청성사淸聖祠라고도 불렸다. 백이伯夷·숙제叔齊를 모시는 사당이다. 절의를 권장하는 뜻에서 묘우를 짓고, 그 뜰에 비석을 세운 것이다.

그런데 〈그림 46〉 엽서에서 '공주 가토·고니시 양장의 비'라고 적혀 있는 설명이 흥미롭다. 실제 이 비석은 가토나 고니시와 전혀 관련이 없는 비석이다. 중국 고대 백이·숙제의 비석이 임진왜란 때 가토 기요마사·고니시 유키나가의 비석으로 둔갑한 것이다. 공주 가토·고니시 양장의 비에 대해서는 6장에서 서술하려고 한다.

1592년 4월 30일 서울을 떠난 선조는 1593년 10월 4일 다시 서울로 돌아왔다. 1년 5개월의 피란살이였다.

4) 일본군 본영과 선조의 별궁, 남별궁

(朝18)　The Nanbetsu Temple of Soul　（璿式位即)宮別南城京　(景風鮮朝)

그림 47 남별궁(환구단과 황궁우)

〈그림 47〉 엽서에는 "조선풍경. 경성 남별궁. 즉위식장"이라고 적혀 있다.

왼쪽이 황궁우皇穹宇, 오른쪽이 환구단圜丘壇이다. 환구단은 천자가 하늘에 제사지내는 제단이다. 1897년(광무 1) 만들어졌다. 제단이 만들어진 후, 고종은 환구단에서 천지에 제사지내고 황제에 올랐다. 1914년 조선철도호텔을 건립하면서 환구단이 철거되고, 현재는 신위를 모셨던 황궁우만 남아있다. 현재 웨스틴조선호텔 안에 있다.

환구단은 한성부 남서 회현방 소공동계의 해좌사향亥坐巳向이 위치가 길지라고 하여 잡았다.[90] 현재 서울특별시 중구 소공로 106(소공동 87-1)에 있으며, 사적으로 지정되어 있다. 이곳은 남별궁이 있던 곳이다. 앞서 언급한 것처럼, 1592년 5월 3일 일본군이 서울을 점령한 후, 우키다 히데이에는 종묘에 주둔했다가 일본군 사이에서 다치고 죽는 자가 발생하자 남별궁으로 자리를 옮겼다. 따라서 이곳 사진 설명에 '히데요시秀吉군의 용산 본영터本營址'라고도 하였다.[91] 단 이 사진은 환구단은 없고 황궁우만 있는 사진이다.

이곳은 태종의 둘째딸 경정공주가 거주하던 저택이 있던 곳이라서 소공주동궁이라고 불렀다. 소공주동이 소공동이 된 것이다. 1593년 10월 선조가 피란길에서 환도한 뒤, 자주 이곳에 나가 명나라 장수를 접견했다. 그래서 왕의 거소居所를 의미하는 별궁, 즉 '남별궁'이란 이름이 붙은 것이다. 선조가 이곳에서 중국 장수들을 접견했던 예를 몇 가지만 들면 다음과 같다.

① 제독 이여송이 체찰사 유성룡, 유홍 등과 함께 경성에 들어왔다. 적이 물러간 그 이튿날 제독이 먼저 소공주의 집[곧 남별궁임]에 들어가서 여장을 풀었는데, 유성룡 등은 따라 들어가 종묘 터에서 통곡하였다.[92]

---

90) 『고종실록』 고종 34년(1897) 10월 1일.
91) 笠谷和比古・黑田慶一, 『秀吉の野望と誤算』, 116쪽에 수록.
92) 『선조수정실록』 선조 26년(1593) 4월.

② 상이 남별궁에서 유격 호상충胡尙忠을 접견했다.[93]

③ 상이 남별궁에 나아가 장 도사張都司를 접견하고 상마연(전별연)을 거행했다.[94]

④ 상이 남별궁에 행행하여 총병 척금戚金을 접견했다.[95]

⑤ 상이 남별궁에서 동지 망궐례를 거행했다.[96]

즉 ①처럼, 이여송은 우키다 히데이에가 물러난 바로 다음날 남별궁에 숙소를 정하고 묵었다. 신조의 피란살이 1년 5개월 동안 일본군 우키다 히데이에의 처소가 되었던 남별궁이 환도 후 바로 명군 이여송의 처소로 바뀐 것이다.[97]

선조의 시대를 후대에서 '목릉성세穆陵盛世'라고도 부른다. 목릉은 선조의 무덤이다. 즉 선조시대가 태평성세임을 강조하고 있다. 명의 도움으로 국난을 극복하고 '제2의 건국再造'을 한 것과도 관련 있다고 생각한다. 정조는 태조와 함께 선조를 성인으로 추켜세웠다. 하지만 도성이 함락되기도 전에 서울과 민을 버리고 재빨리 피란길에 올랐다는 비난을 피할 수 없을 것이다. 한 나라의 최고권력자 국왕이 국난에 처했을 때, 어떤 처신을 해야 하는가를 잘 보여준 사례다.

6. 함경도 공략, 포로가 된 임해군과 순화군

1) 가토군의 함경도 공략

앞서 본 조선 8도 경략 분담표를 보면 함경도의 담당은 가토 기요마사였다.

---

93) 『선조실록』 선조 26년(1593) 11월 6일(병진).
94) 『선조실록』 선조 26년(1593) 11월 16일(병인).
95) 『선조실록』 선조 26년(1593) 11월 18일(무진).
96) 『선조실록』 선조 26년(1593) 11월 29일(기묘).
97) 太田秀春, 『朝鮮の役と日朝城郭史の研究』, 淸文堂, 2005, 46~55쪽.

가토의 2군은 함경도를 공략 하기 전에, 먼저 고니시 1군과 함께 선조를 추격하였다. 이 상황은 아래『선조수정실록』에 잘 보인다.

"왜장 청정淸正이 관북에 침입하여 함경감사 유영립柳永立이 사로잡히고 병사 이혼李渾이 적민에게 살해당했다. 당초에 청정과 행장行長 등이 함께 임진강을 건너 상의 행차를 추격하면서, 거가가 혹시라도 방향을 바꾸어 관북으로 갈 것을 염려하여, 길을 나눠 군사를 진격시키기로 약속하였다. 청정은 용맹이 적군 가운데 으뜸이었으며 거느리는 군사도 더욱 날래고 사나웠다. 두 장수가 제비를 뽑아 향할 곳을 결정하였는데, 청정이 함경도로 가게 되었다. 청정이 길에서 우리 백성 두 사람을 사로잡아 향도로 삼았다. 한 사람은 그 길을 모른다고 사절하자 적이 그를 죽였고, 한 사람은 두려워서 그대로 따랐다. 그리하여 곡산谷山 지역을 좇아 노리현老里峴을 넘어 철령의 길로 들었는데 철령에 지키는 군사가 없었으므로 그대로 치달려 들어갔다."[98]

이처럼 고니시와 가토는 함께 선조를 추격하다가 8도 경략 분담표에 따라 고니시는 평안도를, 가토는 함경도를 공략하였던 것이다. 가토는 황해도 보산역에서 방향을 틀어 함경도로 향하였다. 포로로 잡은 조선인을 향도로 삼았다. 가토는 함경도 안변에 본영을 두고 함경도를 공략하였다. 7월 중순에는 성진에서 (함경)북도 절도사 한극함韓克諴을 물리쳤다. 이어 회령을 공격하였다. 여기서 임해군·순화군 두 왕자를 붙잡았다. 두 왕자는 국경인鞠景仁이 붙잡아 가토에게 투항하면서 넘겨주었다. 7월 말부터 8월 말에 두만강을 건너 오랑캐(여진) 지역을 공격하고, 9월 20일 안변 본영으로 돌아왔다.[99]

〈그림 48〉 엽서에는 "가토 기요마사가 임진왜란文祿の役 때 군을 주둔시킨

98)『선조수정실록』선조 25년(1592) 6월.
99) 기타지마 만지 지음, 김유성·이민웅 옮김,『도요토미 히데요시의 조선 침략』, 74～75쪽에서 인용하여 요약·정리하였다.

城川明しせ屯駐を軍役の豢文が正清藤加

（行發舘文洋東）

그림 48 가토가 주둔한 함경도 명천성

森ノ櫻樹植公正淸蕃加たし古ノ内嶋幸大津欄

（影撮て其光岡軍月霽）（行發堂文光）

그림 49 가토 기요마사가 심은 벚나무(나진)

명천성明川城"이라고 적혀 있다. 가토는 명천明川 이북은 토질이 나쁘고, 물자도 부족해서 명천 이북의 8진(온성, 경원, 종성, 경흥, 회령, 부령, 경성, 명천)은 투항해 온 지역 토관에게 맡기고, 가토의 가신단은 길주, 성천, 단천, 이원, 북청을 주둔 지역으로 삼았다.[100)]

100) 기타지마 만지 지음, 김유성·이민웅 옮김,『도요토미 히데요시의 조선 침략』, 75쪽.

〈그림 49〉 엽서에는 "나진 대초도大草島 안의 고적. 가토 기요마사가 심은 벚나무 숲"이라고 적혀 있다.

2) 포로가 된 임해군과 순화군의 글씨

그림 50 임해군·순화군 글씨

엽서에는 "기요마사淸正 3백년 대제 기념"이라고 적혀 있다. 엽서 오른쪽에는 '조선왕자 진필', 왼쪽에는 '혼묘지本妙寺 산문山門' 사진이 수록되어 있다.[101]

---

101) 이 엽서는 「일제침략기 한국 관련 사진그림엽서(繪葉書)의 수집·분석·해제 및 DB 구축」(책임연구자 신동규)에도 〈조선왕 서간 및 본묘사 산문〉이란 자료명으로 소개되어 있다. "(전략) 300년대제는 그가 사망한 1611년 8월2일부터 기산하면 1911년이다. 엽서에 '조선왕어서간朝鮮王御書簡'이라는 글이 인쇄되어 있는데 순화군順和君, 임해군臨海君, 장계군長溪君 등의 서명이 보인다. 선조의 맏아들(서자)인 임해군, 그의 이복동생 순화군, 그리고 순화군의 장인인 호군 황혁, 처조부

혼묘지는 구마모토熊本시 구마모토성 북서쪽에 있는 일련종日蓮宗 절이다. 기요마사의 보리사로서 기요마사 집안과 밀접한 관련이 있는 절이다. 이 절에는 앞에서도 소개한 바 있지만, 임진왜란과 관련된 기요마사 자료는 물론, 임해군, 순화군, 유정(사명대사) 등 조선 관련 자료가 많이 소장되어 있다. 혼묘지에 소장된 유정 및 조선 관련 유물에 대해서는 이미 연구되어 목록이 정리된 바 있다.[102] 혼묘지와 관련해서는 8장에서 다시 언급하려고 한다.

임해군은 선조와 공빈 김씨 사이에서 태어난 선조의 맏아들이다. 친동생이 광해군이다. 순화군은 선조와 순빈 김씨 사이에서 태어났다. 임진왜란 때 선조는 평안노로 피란올 갔다. 왕자들을 여러 도로 보내어 의병을 모집하자는 의견에 따라, 1째 왕자 임해군은 함경도, 6째 왕자 순화군은 강원도로 보냈다. 하지만 일본군이 강원도를 공격할 상황이라, 두 왕자는 함경도로 가게 되었다. 당시 회령에는 전주에서 유배 온 국경인鞠景仁이 아전으로 있었다. 그의 숙부 국세필鞠世弼은 경성鏡城 아전이었다. 국경인은 국세필 등과 함께 군사를 이끌고, 두만강 쪽으로 도망가려는 두 왕자, 김귀영, 황정욱, 이영 등 수십 명과 왕자의 아내와 종, 관리의 가족 등을 체포하여 일본군에게 넘겼다. 가토는 반민들에게 일본 관직을 주어 이들을 포용하였다. 국경인은 판형으로 임명하여 북병사 일을 맡기고, 국세필은 경성 방어 책임을 맡겼다.[103]

『선조실록』, 『선조수정실록』에는 "왜장 청정淸正이 북계로 침입하니, 회령 사

인 장계군 황정욱 등의 것으로 보인다. 이들은 임진왜란 때 함경도 회령에서 기요마사에게 포로로 붙잡혀 부산 다대포의 기요마사 본진으로 압송되었고 선조에게 항복 권유문을 쓰라는 기요마사가 회유와 강요에 항복권유문을 썼다고 한다. 서한 내용은 인쇄상태가 좋지 않아 상세한 것은 미상이지만 포로가 된 후에도 대우를 해 주어서 감사하다는 내용인 것 같다. 또한 만력21년 6월 초2일이라는 적혀 있어 1593년 6월 2일이다. 이들은 나중에 풀려난다. (후략)"

102) 지미령, 「일본 혼묘지소장 사명당 유정 관련 유물에 관한 일고찰」 『문화와 융합』 40-3, 한국문화융합학회, 2018, 279~281쪽.
103) 김강식, 「임진왜란 당시 함경도 백성들은 왜 조선 왕자를 일본군에 넘겼나?」 『내일을 여는 역사』 29, 서해문집, 2007, 149~153쪽.

람들이 반란을 일으켜 두 왕자와 여러 재신을 잡아 적을 맞아 항복하였다. 이로써 함경남·북도가 모두 적에게 함락되었다. 당초 청정이 재를 넘어 왕자 일행을 끝까지 추격하니 왕자가 경성으로 도망하였다. 북병사 한극함이 마천령에서 항거하여 싸웠으나, 해정창海汀倉이 왜군에게 차단 당하자 군사들이 패하여 도망하였다. 왕자가 진로를 바꾸어 회령부로 들어갔는데 적병이 가까이 추격했다는 말을 듣고 앞으로 나아가려고 하였다. 그러나 진鎭의 토병이 이미 모반하여 거짓으로 성을 지키겠다고 청하면서 자진하여 문의 자물쇠를 가지고서 나가지 못하게 하였다"[104]라고 서술하고 있다.

왕자 임해군과 순화군이 회령에서 체포된 날짜는 1592년 7월 23일,[105] 7월 24일(엽서), 7월 26일[106] 등으로 자료에 따라 약간 차이를 보인다. 엽서에 실린 조선왕자 친필 내용을 보면 다음과 같다.

"兩王子臨海君順和君 兩府夫人 陪官 長溪君 上洛君 行護軍大將 南兵使等 自壬辰年七月卄四日被擄 日本大將軍計頭淸正 入城相見 卽加禮遇 一行下人 幷給衣粮 撫恤頗至 又稟于關白殿下 到釜山浦 還許放還京城 其慈悲如佛 眞箇日本中好人也 況素聞同殿下 雄傑無比 四隣皆畏之 且善於分別待隣國 王子諸官 稍存舊意 愍其渡海 使復于京 其恩厚 與此海俱深 一行之人 其敢或忘 後日 若對日本及計頭 復發雜談 少有背負之意 非人情也 天地鬼神 共知之矣 脩好之日 通書寄情事
萬曆 卄一年 六月 初二日
順和君(수결) 臨海君(수결) 行護軍(수결) 南兵使(수결) 長溪君(수결)"

이 원문을 번역하면 다음과 같다.

104) 『선조수정실록』 선조 25년(1592) 7월.
105) 『선조실록』 선조 25년 10월 19일(을사).
106) 『선조실록』 선조 25년 9월 25일(임오).

"두 왕자 임해군·순화군, 두 왕자의 부인, 배관 장계군[황정욱黃廷彧]·상락군[김귀영金貴榮]·행호군대장[황혁黃赫], 남병사[이영李瑛] 등이 임진년(1592) 7월 24일부터 포로가 되었다. 일본대장군계두計頭 기요마사淸正가 성에 들어가서 만나보고, 즉시 예우를 더하였다. 일행 하인들에게도 모두 옷과 양식을 지급하여, 보살피는 것이 자못 지극하였다. 또 관백關白(히데요시) 전하에게 아뢰어, 부산포에 도착하면 다시 석방하여 경성京城으로 돌아가는 것을 허락받았다. 그 자비로움이 부처와 같으니, 진실로 일본인 중 좋은 사람이다. 하물며 평소 관백 전하는 웅걸이 비할 사람이 없어 사방 이웃이 모두 두려워하고, 또한 분별을 잘 하여 이웃나라를 대우한다고 들었다. 왕자와 여러 관리가 약간 옛뜻을 보존하고 있고, 그들이 바다를 건너는 것을 가엾게 여겨, 서울로 돌아가도록 했다. 그 은혜의 두터움은 이 바다만큼 깊다. 일행들이 그것을 감히 잊겠는가. 뒷날 만약 일본과 기요마사계두計頭를 대하면서 다시 잡담을 하고 조금이라도 저버리는 뜻을 가진다면 사람의 정리가 아니다. 천지와 귀신이 모두 그것을 알고 있다. 수호修好하는 날에 글을 보내 마음을 부친다.

1593년(만력 21, 선조 26) 6월 초2일

순화군(수결) 임해군(수결) 행호군(수결) 남병사(수결) 장계군(수결)"[107]

〈그림 51〉 엽서에는 "조선 왕자 임해군 필적. 히고肥後 혼묘지本妙寺 보물" 이라고 적혀 있다. 이 엽서는 혼묘지에서 발행한 「기요마사 보물淸正公御寶物」이란 세트 엽서(10매)에 포함되어 있다. 이 세트 엽서에는 혼묘지 보물관에서 간행한 『영보물靈寶物목록』이란 소책자가 부록으로 포함되어 있다. 이 소책자

---

107) 北島万次 편, 『豊臣秀吉 朝鮮侵略關係史料集成』 2, 274~275쪽에 「本妙寺文書」 '朝鮮國二王子·等連署狀'이란 이름으로, 같은 내용의 원문과 일본의 번역문이 수록되어 있다. 엽서 사진의 판독과 번역에 많은 참고를 하였다. 이형석, 『임진전란사』, 1662~1663쪽에 '양왕자가 加藤淸正에게 보내는 서'가 수록되어 있다. 거의 같은 내용이다.

에는 목록과 「보물 엽서 설명서」가 있다. 이
설명서에는 "임해군 수적手蹟. 필자는 회령성
에서 기요마사淸正 때문에 포로가 된 조선 두
왕자의 한 사람이다"[108]라고 하였다. 이 목록
을 보면 임해·순화양군 서간, 조선 여천갑余
天甲 서간, 조선왕자 임해군 서, 니치요상인日
遙上人 서, 송운松雲선사 서, 이순신 서 등 임진
왜란과 관련된 많은 유물들이 소장되어 있음을
알 수 있다.

〈그림 51〉 엽서의 글씨 끝에 '임군臨君'이라
쓰고 사인을 한 부분이 있다. 임군은 임해군
이다. 엽서 사진의 원문을 보면 다음과 같다.

(物貨寺妙本後肥)   跡筆君海臨子王鮮朝

그림 51 혼묘지 소장 임해군 글씨

斗轉月未落, 舟行夜已深, 有村知不遠, 風逆
數聲砧

　臨君(수결). 북두성은 돌고 달은 지지 않았는데, 배는 가고 밤은 이미 깊었네
　멀지 않은 곳에 마을 있음을 알겠으니, 바람결에 다듬이 소리 가끔 들려오네.

　이 시는 당나라 시인 전기錢起(722~780)가 쓴 '강행江行'이란 시의 일부다.
원래 시는 마지막 부분이 '풍편수성침風便數聲砧'이다. 마지막 5언 부분이 역逆
이 아니고 편便이다.

　인조가 문정공 이신의李愼儀에게 하사한 병풍이 있는데, 8폭 병풍의 8번째
폭에 이 시가 적혀 있다. 여기서도 '역'이 아니고 '편'이다.

　이 시와 관련해서는 통신사 때의 일화도 전해지고 있다. 1747년 통신사(정

---

108) 鹽出孝潤, 『靈寶物目錄』, 3~4쪽.

사 홍계희) 때 정사의 아들인 홍경해洪景海는 자제군관(수행비서) 자격으로 참가하였다. 그는 『수사일록隨使日錄』이란 사행록을 남겼다. 이 사행록은 서울대 규장각한국학연구원에 소장되어 있다. 『대계조선통신사』 6에 영인, 수록되어 있다. 최근에는 번역이 되어 보기 편하다.

사행이 카미노세키上關에 도착한 1748년 4월 8일의 일이다. 이날 일기의 일부를 보면 다음과 같다.

"시를 구하는 사람들이 여기서부터 구름같이 모여서, 네 명의 사객詞客(제술관과 서기 3명)과 더불어 수창을 하였는데, 졸렬하여 일컬을 만한 것이 없다고 한다. 사자관과 화원 또한 모두 겨를이 없었다. 심지어 노예까지도 모두 붓을 잡고 서서 글을 써주었는데도 요구하는 자가 계속 이어져 끊이지 않았다. (중략) 비장들이 하루에 써 주는 것이 각각 수백 장이라고 한다.

내가 마침 관사 뒤를 지나고 있었는데, 마침 어떤 통인通引이 종이를 쌓아두고 붓을 휘갈겨 '두전월미락斗轉月未落'의 '전轉' 자를 '전傳' 자로 쓰고, '낙落' 자를 '낙洛'으로 썼다. 그런데 받는 사람은 또한 극구 감사하며 머리가 땅에 닿도록 조아렸다. 무릇 그들이 노소를 가리지 않고 조선인의 필적을 얻는 것을 영광과 행운으로 생각하여, 그 잘 쓰고 못 쓰는 것에 대해서는 처음부터 생각하지도 않으니, 우습기 짝이 없다."[109]

이 시와 관련해서는 인조의 글씨뿐 아니라 이산해 등 다른 글씨들도 남아 있다. 또한 홍경해가 전하는 이런 에피소드를 보면, 조선시대에 널리 유행한 시의 글귀라고 생각한다.

두 왕자는 히데요시의 석방 명령에 따라 부산에서 서울로 돌아갈 수 있었다. 이들은 기요마사의 후의에 감사하는 서장을 보냈다고 한다. 1593년 8월 부산

---

109) 홍경해 지음, 하우봉·이선아 옮김, 『수사일록』, 보고사, 2018, 91~92쪽에서 인용.

다대포항에 정박된 배 안에 구금되어 일본으로 보내지려 할 때, 명의 사신 심유경沈惟敬과 1군 대장 고니시 유키나가의 회담이 성사되어, 그해 9월 29일 부산에서 순화군은 이복형 임해군, 김귀영, 장인 황혁, 처조부 황정욱 등과 함께 조선군에 송환, 인계되었다.

3) 함경도 회령 의병 팔의사

그림 52 현충사비(1833년)　　　　　그림 53 현충사비(1833년)

같은 종류의 엽서다. '현충사비명顯忠祠碑銘'이라 적힌 비다. 둘다 회령 박문관에서 발행한 것이다. 엽서에는 "가토 기요마사加藤清正에 관한 임진왜란文祿 ノ役 비문. 전면 축도縮圖. 회령성터에 있고, 비문 탁본은 회령 박문관에서 특별 판매한다"라고 적혀 있다. 엽서 사진 비문의 원문은 다음과 같다.

"〈顯忠祠碑銘〉昔唐河北之亂 玄宗歎曰 二十四郡 曾無一人義士耶 及顏眞
卿書至 喜曰 不識何狀 乃能如是 噫 義士之難得 自古不其然乎 元容以北饑守
會寧府 府西有祠 祠享八義士 皆州人 既祇謁 肅然而作曰 河北二十郡之僅一
有者 而何一州八人之多也 詢蹟於州人士 以祠誌進 且曰州人士 謀刻石久 乞
爲文 元容辭非其人 州人士曰 公命吏 宜勸人以義 乃按誌萬曆壬辰 倭寇逼王
京 大駕西狩 宰相金貴榮黃廷彧等 奉臨海順和兩王子 避入北 倭首行長西 淸
正北 北列欸于賊 郡瓦解 無城守者 先是 羅州謫民鞠景仁 爲會寧吏 素悍惡
結其叔鏡城吏世必及明川奴末守等 受僞署判刑 轄兵權 逐長吏 自稱爲府使 戎
軍官李涵等及府屬嫌怨者五六人 使其黨金世彥等 夜縛王子宰臣 送倭陣 將迎
倭入城 時賊據富寧 人心崩洶 變且不測 州人吳允迪 崔彥英 許灌 鄭餘慶 李
希白 尹岦 吳遵禮 俱好學修行 慷慨有氣節 相與議曰 豐沛其胥戎乎 倫綱將墜
將安用七尺軀哉 寧死不與叛賊俱生 遂約獵于龜山 山谷中 密定策 乃託灑掃
聖廟 潛諭同志者 會校宮 衆皆至 岦曰 非勇且智者難擧 申世俊其人 至曰 正
吾所扼腕者 諾而去 景仁聞諸儒俱會 疑之 召允迪 允迪曰 急矣 諸君勿我也
亟爲其所欲爲者 景仁脅 允迪不屈 欲殺之 其母力止之 已而 世俊與諸人 集舘
門上吹角 軍卒至曰 吾以爲判刑令欲去 世俊拔"

엽서 사진 부분은 비 전문이 아니고 앞면뿐이다. 그래서 문장이 연결되지 못
하고 여기서 끊어졌다. 당시 회령 박문관에서는 비 탁본을 특판하고 있었다. 비
탁본은 국립중앙박물관, 고려대학교 민족문화연구원 해외한국학자료센터에서
이미지를 제공하고 있다.[110] 원 비문의 탁본 끝부분을 보면, 이 비는 1833년(순
조 33, 숭정기원후 4계사) 8월에 세웠고, 비문은 정원용鄭元容이 지었다.[111] 위

---

110) 수원광교박물관(e뮤지엄)과 國際日本文化硏究センター(日文硏)에는 현충사비명
전문이 수록된 엽서가 소장되어 있다. 엽서를 이미지 파일로 볼 수 있다.
111) 비문을 보면 정원용의 직책은 형조판서, 규장각직제학 등 다양하다. 하지만 1833년
8월 당시는 수원부유수였다. 그리고 정원용,『경산집』(권16, 묘갈, 현충사비명)에
도 원문이 수록되어 있으나, 비문과는 약간 글자 차이가 있다.

원문 부분을 번역하면 다음과 같다.[112]

"〈현충사비명〉옛날 당나라 하북의 난이 일어나자 현종이 탄식하여 말하기를, 24군에 일찍이 1명의 의사도 없구나라고 하였다. 이때 안진경의 편지가 이르자, 현종이 기뻐하며 말하길, 어떤 상황인지 몰랐구나. 이와 같을 수 있다니. 아, 의사를 얻기 어려운 것은 옛날부터 그렇지 않나라고 하였다.

나는 북쪽 흉년 때문에 회령부사로 임명되었다.[113] 부 서쪽에 사우가 있는데, 사우에는 8의사를 제사지내는데, 모두 회령부 사람들이었다. 이미 경건하게 뵙고 엄숙히 한 뒤에 말하기를 하북 24군에는 겨우 1명만 있었는데, 어찌 1주(고을)에서 많게 8인이나 있는가라고 하면서, 고을 인사들에게 행적을 물으니, 사지祠誌를 바쳤다. 또 말하기를 고을 인사들이 돌에 새기기를 도모한 지 오래되었다고 하면서, 비문을 지어줄 것을 청하였다. 나는 적임자가 아니라고 사양하였다. 고을 인사들이 말하기를 공은 임명된 관리(수령)이므로 마땅히 사람들에게 의로써 권해야 한다라고 하였다. 이에 사지를 살펴보았다.

만력 임진년(1592)에 왜구가 왕경을 핍박하여 임금의 수레가 서쪽으로 순행했다. 재상 김귀영, 황정욱 등은 임해, 순화 두 왕자를 모시고 피신하여 북쪽으로 들어갔다. 왜장 유키나가行長는 서쪽으로, 기요마사淸正는 북쪽으로 갔다. 북쪽이 잇달아 적에게 정성을 보여, 군현이 무너지고 성을 지키는 자가 없었다. 이보다 앞서 나주 유배인 국경인鞠景仁이 회령 향리가 되었는데, 본래 사납고 악하였다. 그는 아저씨인 경성 향리 국세필과 명천 노奴 말수[정말수, 필자] 등과 결탁하여 적과 통하였다. 국경인은 위조 서명된 판형判刑직을 받고 병권을 장악하였다. 장리長吏를 몰아내고 부사를 자칭하였다. 군관 이함 등과 싫어하고 원한이 있는 회령부 관원 5·6인을 살해하였다. 그의 부하 김세언 등을 시켜 밤에 왕자, 재신을 포박하여 왜 진영에 보내고, 장차 왜군을 맞아 성에 들어오게 하였다. 당시 왜적은 부령에 진을 치고 있어서, 인심은 무너져 흉흉하여, 어떤 상태로 바뀔지 예측할 수 없었다.

고을 사람 오윤적吳允迪, 최언영崔彦英, 허관許灌, 정여경鄭餘慶, 이희백李希白, 윤립尹岦, 오준례吳遵禮는 모두 학문을 좋아하고 수행하여, 강개하고 기절이 있었다. 서로 의논하여 말하기를, 풍패豊沛(함흥, 즉 함경도)가 전화에 휩싸이길 기다리겠는가. 윤리 강상이 무너질 것인데, 장차 7척 몸을 어디에 쓰겠는가. 차라리 죽을지언정 반적들과 함께 살 수는 없다라고 하였다. 마침내 원산蘢山에서 사냥하기로 약속했다. 산 계곡에서 몰래 계책을 정하고, 마침내 성묘聖廟 청소하는 것을 핑계삼아, 동지들에게 몰래 알려 향교에 모이도록 했다. 무리들이 모두 이르자, 윤립이 말하기를, 용기와 지혜 있는 자가 아니면 거사하기 어려운데, 신세준이 그 사람이다라고 말했다. (신세준이) 와서 말하기를 바로 내가 적극 나서고 싶은 바이다라고 하면서, 승낙하고 갔다.

국경인은 여러 선비들이 모두 모였다는 것을 듣고, 의심하여 오윤적을 불렀다. 오윤적이 말하기를 시급하오, 여러분은 내 사정을 생각하지 말고, 빨리 여러분이 하고 싶은 것을 하시오라고 했다. 국경인이 위협했지만, 오윤적은 굽히지 않았다. 그를 죽이려고 하니, 그 어머니가 힘써 저지하였다.

조금 있다가 신세준이 여러 사람들과 관문 위에 모여 뿔나팔을 불었다. 군졸이 이르자, 말하기를 내가 생각건대 판형(국경인)은 (나에게서) 떠나기를 바란다고 명하였다. 신세준이 칼을 뽑고 (도망가는 자를 목 베었다)."

임해군과 순화군이 회령에 갔을 때 회령 향리 국경인이 그의 아저씨其叔 국세필, 명천 노奴 말수(정말수)와 결탁하여 모반을 하여,[114] 두 왕자가 가토 기요마사의 포로가 되었다는 것이다. 이 비는 임진왜란 때 공을 세운 회령 지역 '8의사'의 공적을 기리기 위해, 1833년(순조 33) 회령군 회령읍 현충사에 세운 비석이다. 8의사는 신세준, 오윤적, 오준례, 윤립, 이희백. 정여경, 최언영, 허관이다. 그후 회령의 행호군 오갑량은 현충사 팔의사에 대한 증직을 청하였다. 이에 1861년(철종 12) 영의정 정원용의 주장에 따라, 신세준·오윤적은 병조참판, 최언영 등 6인은 병조참의에 증직되었다.[115] 1829년 회령부사가 된 정원용이 1833년 현충사 비문을 짓고, 1861년 영의정 때 다시 이들의 증직을 주장한 것이다.

함경도 회령의 8의사는 지역민을 이끌고 반적을 타도하고 일본군과 싸우기 위해 의병을 일으켜, 부왜附倭 우두머리를 토벌하고 함경도 의병장 정문부 군대에 합류하였다. 「북관대첩비」가 정문부 의병의 승리에 주안점이 있다면, 이 「현충사비명」은 부왜 조선인의 타도가 중심이었다. 8의사의 공적을 기리기 위해 1703년(숙종 29) 사당이 건립되고, 4년 뒤 '현충'이 사액되었다. 1735년(영조 11) 관직의 추증을 받았다. 그러다가 1833년 정원용이 현충사 비문을 짓게 된 것이다.[116]

이 비문은 가토군의 함경도 회령 공략과 그 후의 상황을 구체적으로 기록한 자료이다. 일본군의 침공, 조선측의 혼란, 일본군에 대한 내응, 두 왕자와 수행 신하들의 체포, 회령 지역 의병의 봉기, 반란민의 숙청, 경성 정문부 의병과의 제휴, 일본군의 격퇴 등 경과와 회령 지역 의사들의 현창과정을 서술하고 있다. 비문 내용은 다소 윤색·과장된 면이 있지만 그 사료적 가치가 크다고 하겠다.[117]

---

114) 『선조실록』 선조 25년(1592) 9월 4일(신유), 10월 19일(을사). 선조 26(1593) 3월 11일(병인).
115) 『철종실록』 철종 12년(1861) 7월 10일(병신). 『승정원일기』 같은 날. 『승정원일기』 철종 12년(1861) 9월 20일.
116) 貫井正之, 「會寧「顯忠祠碑銘」について」, 74~75쪽.
117) 貫井正之, 「會寧「顯忠祠碑銘」について」, 75~76쪽.

현충사는 회령 지역의 중요한 공간이기 때문에 읍지에도 수록되어 있다.[118] 그 내용을 보면 다음과 같다.

「현충사는 향교 서북쪽에 있다. 북관지北關誌 주註. 선조 임진 왜구의 변 때, 왕이 서쪽으로 피란가기 전에, 좌의정 김귀영, 장계부원군 황정욱 및 그 아들 전 승지 황혁 등이 임해·순화 두 왕자를 모시고 북으로 들어갔다. 7월에 본부에 도착하여 몇 달을 머물렀다. 역적 국경인이 전주에서 유배 와서 본부 아전이 되었다. 적당한 때를 타서 난을 일으켜, 왕자와 여러 재신宰臣 및 남도병마사 이영, 부사 문몽헌, 그리고 그 부녀·비복婢僕을 잡아 별관에 가두었다. 모두 목을 졸라매어 한 방에 쌓아 두니, 죽음을 울부짖는 소리가 하늘을 뚫었다. 국경인이 바야흐로 빨리 왜적 기요마사淸正에게 보고하고, 성심으로 복종할 뜻을 전했다. 이때 회령부 품관 신세준 등 8인이 의병을 일으켜 국경인을 목베었다. 당시 사족들이 그 충의를 논하면서 해와 달처럼 빛난다고 하였다. 숙종 임오년(28년, 1702)에 온 고을의 공론에 따라 사祠를 세웠다. 정해년(33년, 1707)에 사액되었다. 임진 의병장 북평사 정문부가 주향이고, 본부 8의사가 배향이다. 조정 지시에 따라 신미년(고종 8, 1871) 6월 11일 훼철되었다.」

위 읍지 내용은 『여지도서』(1760년경)에 수록된 『회령부읍지』에도 거의 비슷하다. 이 읍지에는 1707년 사액 부분까지만 기록되어 있다. 읍지 내용은 비문 내용과 대동소이하다. 현충사에서 의병장 정문부와 회령 지역 8의사를 모신 것을 알 수 있다. 현충사는 1871년 대원군의 서원철폐령에 따라 훼철되었다.

4) 회령 임해군·순화군 행재소

〈그림 54〉 엽서에는 "회령성지. 조선국왕 선종(선조)의 두 왕자 임해군·순화군의 임진왜란文禄 / 役 때의 행재소이고, 또 가토 기요마사加藤淸正가 진을

---

118) 『회령부읍지』(『북관읍지』 1872 수록) 「단묘」(아세아문화사 영인본, 『읍지』 13, 1986), 226~227쪽.

그림 54 회령읍성 문루(공신진변찰시위정지루)

그림 55 회령읍성 문루(공신진변찰시위정지루)

친 표문表門(정문)", 〈그림 55〉 엽서에는 "회령성 두 왕자의 이궁離宮 표문. 가토 기요마사의 진소陣所"라고 적혀 있다. 문루에는 '공신·진변·찰시·위정지루

拱宸鎭邊察市爲政之樓'라는 긴 이름의 현판이 걸려 있다.

앞에서 본 현충사비는 1904년 러일전쟁 때 북한군 사령관 후비後備 2사단 휘하에 있는 17여단장인 이케다 쇼스케池田正介 소장이 발견했다고 한다. "회령부 남문을 들어가면, 충로衝路에 '홍진진변찰사위정지루洪震鎭邊察使爲政之樓'가 있는데, 부사가 통치하는 아문이다. 지금은 우리 주둔군의 병원으로 사용하고 있다. 석비는 이 병원 뒤쪽에 있다"[119]라고 하였다. 논문에서 적은 '홍진진변찰사위정지루'는 '공신진변찰시위정지루'의 오기다.

그림 56 임해군·순화군 유적

그림 57 임해군·순화군 유적

〈그림 56〉 엽서에는 "회령의 고지古趾. 선종(선조)왕의 임해·순화 두 왕자 및 가토 기요마사의 구적(옛 유적)"이라고 적혀 있다. 〈그림 57〉 엽서에는 "회령공립학교. 선종(선조)왕의 두 왕자 및 가토 기요마사의 구적"이라고 적혀 있다. 같은 사진인데, 엽서 설명만 약간 다를 뿐이다. 건물은 엽서가 생산될 당시에는 회령공립학교 건물이었다.

〈그림 58〉 엽서에서는 〈그림 56〉, 〈그림 57〉 엽서보다는 훨씬 더 넓은 주

---

119) 中村久四郞,「韓國會寧府の「顯忠祠碑銘」について」『歷史地理』9-5, 日本歷史地理學會, 1907, 14쪽.

변 모습을 볼 수 있다. 엽
서에는 "조선명소. 임진
왜란文祿役 때 의종宜宗
(선종의 오기) 왕의 긴해
緊海(임해의 오기) 천혈화
川頁和(순화의 오기) 두
왕자의 행재소다. 또 우리
가토 기요마사 장군의 진
영이 된 곳. 현재는 공립
농학교가 되었다"라고 적혀 있다.

그림 58 임해군·순화군 유적

　이 엽서는 〈그림 56〉, 〈그림 57〉 엽서의 건물을 포함한 학교 전체를 보여준
다는 점에서 엽서 자체로는 의미가 있다. 하지만 엽서 설명 글은 오자가 너무
많다. 선조(선종)를 의종, 임해군을 긴해군으로, 특히 순화군의 한자 '순順'을
둘로 나누어 세 글자인 '천혈화'로 표기하고 있다.

그림 59 회령성 동문

〈그림 59〉 엽서에는 "러일전쟁 직후의 회령성 동문. 동문은 가토 기요마사가 적의 상황을 바라본 유적"이라고 적혀 있다.

그림 60 회령 옛성舊城 동문의 모습. 회령 안내(1923년 조사)

위 엽서는 회령의 동문 모습을 상단에 작게 싣고 '회령 안내'를 적은 엽서다. 회령의 일반적인 상황을 소개하는 내용이다. 본문 안에는 "가토 기요마사에 관한 큰 비와 선종(선조)의 두 왕자 고적이 있다. 그리고 회령에 있는 고비古碑의 탁본은 고이케小池박문관에 있다"라는 내용이 포함되어 있다.

5) 가토 기요마사의 오랑캐(여진) 지역 침략

그림 61 남문에서 본 회령 성안과 간도

그림 62 가토 기요마사가 이름 지은 작은 후지富士산

〈그림 61〉 엽서에는 "회령성 남문에서 성내 및 두만강 너머 멀리 간도를 바라보다. 회령성 안에 가토 기요마사에 관한 큰 비가 있다"라고 적혀 있다. '송별기념 1912년(明治 45) 4월 7일 회령관민유지자'란 스탬프가 찍혀 있다. 〈그림 62〉 엽서에는 "가토 기요마사가 임진왜란文祿 / 役 때 이름을 지었다고 전하는 간도의 소후지小富士산"이라고 적혀 있다.

그림 63 가토 기요마사가 이름 지은 작은 후지산

그림 64 가토 기요마사의 입견암立見岩

〈그림 63〉 엽서에는 "가토 기요마사가 이름 지은 오랑캐의 소후지산", 〈그림 64〉 엽서에는 "가토 기요마사의 오랑캐 입견암. 임진왜란文祿ノ役 때 간도의 이 바위 위에 서서, 적의 상황을 바라보고, 보초병을 두었다고 전하는 명산"이라고 적혀 있다.

가토 기요마사는 함경도 경략을 일단 나베시마 나오시게鍋島直茂에게 맡기고, 병력을 이끌고 1592년 7월 말에서 8월 말 사이에 두만강을 건너 오랑캐(여진) 지역을 침략하였다. 이 지역을 침략한 목적은 명나라로 가는 길을 찾아보려고 했던 것으로 추정한다.[120] 압록강과 두만강 위쪽에 사는 여진족은 건주여진이다. 건주여진은 오랑캐兀良哈과 오도리吾都里로 나뉜다. 오랑캐는 주로 농경, 오도리는 주로 유목생활을 하였다.

가토군이 오랑캐 지역으로 공격해 간 것은 함경도 북부 일대의 경략을 겸하고 있었다. 특히 함경도 단천에 들어가서 단천은광을 점령하였다. 단천은광을 철저하게 장악하기 위해 부장을 남겨두고, 가토군은 북진을 계속하여 길주 관내로 들어갔다. 이곳에는 일본군의 침략을 막기 위해 함경북도 병마절도사 한극함 등이 지키고 있었다. 7월 중순 성진 해정창에서 한극함과 함경남도병마절도사 이영군軍이 가토군과 싸운 것이 해정창전투다. 이 전투에서 일본군이 승리하면서 많은 군량을 확보할 수 있었다. 이 전투가 있은 지 5일 후에 회령이 점령되자, 국경인에 의해 임해군과 순화군이 결박되어 기요마사 진영에 넘겨진 것이다.[121]

일제시기 고적 현창에서는 가토 기요마사와 관련된 것을 주장하는 경우가 많다. 기요마사가 이름을 붙였다는 '간도 소후지산'이나 임해·순화 두 왕자를 체포한 것과 관련되는 유적들이 그것이다. 이런 고적의 유래를 기요마사와 관련지움으로써 고적에 대한 관과 민의 관심을 끈 것이다. 이런 역사적 유래는

---

120) 기타지마 만지 지음, 김유성·이민웅 옮김, 『도요토미 히데요시의 조선 침략』, 75쪽.
121) 中野等, 『文祿·慶長の役』, 65~67쪽.

관광 명소가 되고, 그에 따라 지역 경제 발전에도 중요한 요인이 되었다고 보고 있다.[122] 이런 양상은 〈그림 60〉 '회령안내' 엽서에서 단적으로 볼 수 있다.

6) 경성 지역과 임해군·순화군

그림 65 양왕자 기적비

그림 66 양왕자 기적비

왼쪽 엽서에는 "북선 강덕康德(경성군 강덕)에 있는 가토 기요마사의 비문"이라고 적혀 있다. 비각 안에 있는 나무에 '양왕자 기적비'라고 쓴 글씨가 보인다. 가토 기요마사와 관련은 있지만 기요마사의 비문은 아니다. 오른쪽 엽서에는 "북조선 강덕 용면호에 있는 기요마사 인연의 두 황자兩皇子 기적비"라고 적혀 있다. 정면 비각 안에 비가 보인다. 자세히 보면 희미하게 '양왕자기兩王子起' 글자가 보인다.

---

122) 太田秀春, 『近代の古蹟空間と日朝關係』, 169쪽.

그림 67 양왕자 기적비 창의당

〈그림 67〉 엽서에는 "함북 경성군 강덕에 있는 가토 기요마사 석비의 경관"
이라고 적혀 있다. 세 엽서 모두 발행 주체가 다르다. 이 건물 안에 〈그림 65〉,
〈그림 66〉 엽서에 있는 '양왕자 기적비' 비각이 있다.

『동아일보』(1926년 9월 21일, 5면)를 보면, 〈향토예찬 내 고장 명물〉로 경성
명물 박공 창의당彰義堂을 소개하면서, '임진란 당시 박유일朴惟一공 양왕자를
구급救急'이라고 소개하고 있다. 창의당 사진이 수록되어 있는데, 사진을 보면
엽서 정면 건물이 창의당이다.

『개벽』 43호(1924년 1월 1일)에는 박달성朴達成의 「함북 종횡 47일」이란 기
행문이 게재되어 있다. 내용은 대략 다음과 같다. 「이곳에 창의당(일명 양왕자
비)이란 유명한 고적이 있다. 그는 즉 임진왜란 시에 선조의 양왕자(순화군 임
해군) 및 4재신이 화를 피하여 북에 입하였다가 토적(당시 회령적 국세필)의
해를 입게 됨에 당지(현 창의당의 구주인) 사인 박유일이 의로 효유하야 적을
물리치고 두 왕자를 자기집으로 모셔다가 3년이나 진성 진충盡誠盡忠하다가 난

이 평정된 후에 환궁케 하였다는 곳이다. 지금까지 두 왕자 비문이 완재하나 우右의 사실이기에 생략한다. 일본인은 칭하야 '가등청정공 석비'라고 한다.」

'양왕자 기적비'에 대해서는 현재 여러 박물관에서 탁본 이미지를 제공하고 있다.[123] 아래 사진은 국립중앙박물관 소장 유리건판 탁본 사진이다.

그림 68 양왕자 기적비 탁본 사진(유리건판, 국립중앙박물관 소장. 번호 건판 34883)

'양왕자 기적비'의 비문 명칭은 '유명조선국 양왕자 기적비有明朝鮮國兩王子紀蹟碑'다. 조선국 두 왕자의 행적을 적은 비라는 뜻이다.

일세시기의 고적조사에 따르면 「비는 함경북도 경성군 용성면 용향동에 있다. 소유자(또는 관리자)는 박창근朴昌根이다. 명칭은 양왕자 기적비다. 크기는 폭 1척 5촌, 높이 25척, 측면 1척 2촌이다. 그 비각과 부근에 있는 창의당은 1층 목조 기와집이다. 비각 주변에는 흙담이 둘러 있다」[124]라고 하였다.

이 비는 "임해군과 순화군이 회령에 피란했을 때, 국경인에게 붙잡혀 가토 기요마사에게 인도되어, 경성에 이르렀을 때 이 마을의 처사 박유일이 두 왕자를 구원하였다는 내력이 있으며, 이에 따라 1865년(고종 2) 조정에서 창의당이라는 이름을 내리고 박유일의

---

123) e뮤지엄(http://www.emuseum.go.kr/) 참조.
124) 국립중앙박물관 소장 조선총독부박물관문서인 『각 도 소재 고적 용지 조사 관계 보물고적 대장』(1932)의 「함경북도」 참조.

집 서쪽에 세운 비석이다".[125] 비문 내용을 요약하면 다음과 같다.

① 임해군·순화군과 그 부인이 관북으로 피란 갔다. 함께 간 신하 4명은 상
락부원군 김귀영, 장계부원군 황정욱, 승지 황혁, 충숙 서성이다.

② 회령의 경세景世(국경인·국세필의 이름에서 한 자씩 따옴) 등이 반란을
일으켰다. 두 왕자와 신하 4명을 길주에 있는 왜장 청정(기요마사)에게
끌고 가서 재물을 받고자 하였다.

③ 그들이 가는 도중에 경성 용성사龍城社가 있다. 이곳에 있는 처사 박유일
이 위험을 무릅쓰고 토적土賊을 설득시켜 모두 풀려났다.

④ 정문부와 이붕수李鵬壽 등이 의병을 일으켰을 때, 박유일도 동참하였다.

⑤ 함경감사 민정중閔鼎重, 평사 이단하李端夏, 유생 이서유李恕裕·박식朴
湜·이흥하李興夏 등의 노력으로, 창렬사彰烈祠를 건립하여 공(박유일)을
배향하고, 관직을 추증하였다.

⑥ 경성에서 두 왕자가 거주하던 집이 박유일의 집이다. 왕자가 거주한 집과
그 행적을 기념하지 않을 수 없다.

⑦ 도유사 차홍의車弘毅가 중론을 모으고, 전 첨사 마행일馬行逸이 재물을
모아서 이 비를 세우는 것을 주도하였다.

⑧ 1865년(고종 2, 숭정기원후 5번째 을축)에 비를 세웠다. 함경북도병마평
사겸 감시어사 이종정李鍾正이 비문을 짓고, 함경북도병마수군절도사겸
경성도호부사 이남식李南軾이 썼다.

함경도 지역 임진왜란 관련 엽서는 8도 가운데 함경도 경략의 분담을 맡았
던 가토 기요마사와 포로가 된 임해군과 순화군 관련 유적, 두 왕자를 구출하
는 과정에 공을 세운 함경도 지역의 공훈 등과 관련된 내용이 대부분이다. 포

---

125) 『한국민족문화대백과사전』, 「청진시」(집필자, 이한순).

로가 된 임해군과 순화군은 임진왜란 휴전 협상의 의제 가운데 핵심적인 내용의 하나가 되었다.

7. 명군의 참전, 조·일 전쟁에서 조·명·일 전쟁으로

임진왜란이 일어나자 조선은 명에 구원을 요청하였다. 명에서는 일본군이 조선을 점령하면 베이징北京이 위험하다는 주장과, 일본이 명을 치려고 조선과 공모했다는 주장으로 엇갈렸다. 하지만 '가도입명'을 의식하고, 평양 함락으로 위험을 느끼면서 명의 안전을 위해 원병을 보냈다. '입술(조선)이 없어지면, 이(요동, 명)가 시리다'는 '순망치한脣亡齒寒론'에 따라 명의 정치·경제적 판단이 작용하였다.[126]

1) 명군의 참전

1592년 6월에 1차 원병이 왔다. 이 원병군은 국경 수비병이었다. 부총병 조승훈祖承訓과 유격 사유史儒가 이끄는 명군은 고니시 유키나가가 주둔하고 있던 평양성을 공격했으나 대패하였다. 조승훈의 평양성 공격 실패로 명 황제는 1592년 8월에 송응창宋應昌을 비왜군무경략備倭軍務經略으로 삼고, 10월에 제독 이여송李如松을 요동·산동 등 군무로 삼아 조선에 파견하기로 하였다. 12월 25일 제독 이여송은 부총병 양원楊元을 중협中協대장, 부총병 이여백李如柏을 좌익대장, 부총병 장세작張世爵을 우익대장으로 삼아, 3만여 명의 2차 원병군

---

126) 손종성, 「임진왜란시 대명외교−청병외교를 중심으로−」『국사관논총』14, 국사편찬위원회, 1990; 한명기, 『임진왜란과 한중관계』, 역사비평사, 1999, 31~42쪽; 최소자, 『명청시대 중·한 관계사 연구』, 이화여자대학교 출판부, 1997, 24~30쪽; 이근우 외, 『전근대 한일관계사』, 324쪽.

을 이끌고 압록강을 건넜다.[127] 당시 명군의 편제에 대해서는 『萬曆朝鮮戰爭全史』에 상세하게 정리되어 있다.[128]

2) 이여송과 유성룡

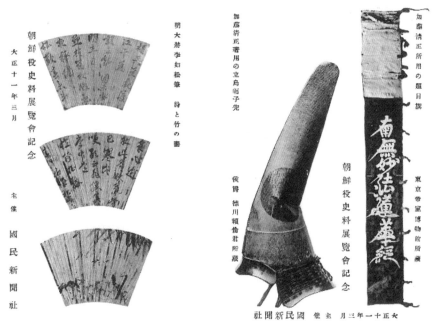

그림 69 이여송이 유성룡에게 준 부채   그림 70 가토 기요마사의 깃발과 투구

〈그림 69〉 엽서에는 "명 대장 이여송李如松 필. 시와 대나무 그림"이라고 적혀 있다. 또 "조선역 사료 전람회 기념. 1922년(大正 11) 3월. 주최 국민신문사"라고 적혀 있다. 그리고 엽서 다른 면에는 똑같은 표현의 스탬프가 찍혀 있

---

127) 『선조실록』 선조 16년(1592) 1월 11일(병인). 朱爾旦, 『萬曆朝鮮戰爭全史』, 155쪽;
    기타지마 만지 지음, 김유성·이민웅 옮김, 『도요토미 히데요시의 조선 침략』,
    118~131쪽.
128) 朱爾旦, 『萬曆朝鮮戰爭全史』, 155~157쪽.

다. 앞서 언급한 것처럼, 이것은 도쿠토미 소호의『근세일본국민사』시리즈 가운데『조선역』을 집필하기 위한 사료 전람회 기념엽서다. 이 기념엽서는 3매가 1세트다.

앞에서 언급한 것처럼, 3매 중 1매는 '동래부순절도'다, 다른 1매가 〈그림 70〉 엽서인 가토 기요마사의 깃발과 투구다. 엽서에는 "가토 기요마사가 쓰던 제목기題目旗('나무묘법연화경' 깃발). 가토 기요마사가 착용하는 오보시烏帽子 투구. 도쿄제실박물관(현 도쿄국립박물관) 소장"이라고 적혀 있다. 조선(동래부순절도), 명(이여송 부채), 일본(가토 기요마사 깃발·투구)과 관련된 내용을 각 1매씩 택해 세트 엽서로 만들었다. 이 책에 수록된 임진왜란 관련 엽서 가운데, 엽서 발행과 관련해서 가장 정확한 내용을 알 수 있는 엽서다.

이 세트 엽서에는「근세일본국민사 조선역사료전람회 기념엽서 해제」가 포함되어 있다. 엽서는 3장이지만, 해제는 4항목으로 되어 있다. 일본과 관련된 가토 기요마사의 사료에 대해서는 엽서는 1장이지만 해제는 2항목이기 때문이다.

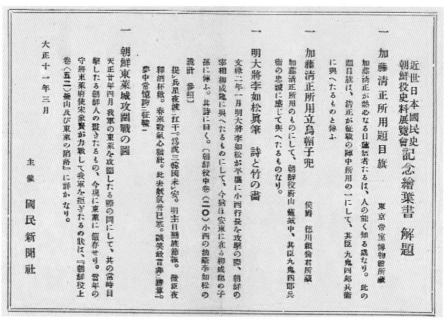

그림 71 근세일본국민사 조선역사료전람회 기념엽서 해제 사진

해제 3번째 항목이 엽서에 적힌 「명 대장 이여송 진필. 시와 대나무 그림」이다. 해제에는 "1593년(文祿 2) 1월 명 대장 이여송이 평양에서 고니시 유키나가小西行長를 공격할 때, 조선의 재상 유성룡柳成龍에게 준 것으로, 지금 아직도 안동에 있는 유성룡의 자손에게 전해진다. 그 시에 말했다. [『조선역』중권(20) 고니시小西의 방심流斷, 이여송의 속임수詭計[129] 참조]

提兵星夜渡江干 爲說三韓國未安/ 明主日懸旌節報 微臣夜釋酒杯歡
春來殺氣心猶壯 此去妖氛骨已寒/ 談笑敢言非勝算 夢中常憶跨征鞍"

라고 하여, 해제에 부채의 시를 수록하고 있다. 하지만 해제의 탈초는 부채 글씨와 한두 곳 다른 부분이 있다. 그래서 〈그림 69〉 엽서 부채에 적힌 시의 내용을 다시 탈초하였다.

提兵星夜渡江干 爲說三韓國未安/ 明主日懸旌節報 微臣夜釋酒杯歡
春來斗氣心逾壯 此去妖氛骨已寒/ 談笑敢言非勝算 夢中常憶跨征鞍
春月 仰城 松[낙관][130]

이를 번역하면 다음과 같다.

"군사 거느리고 별밤에 강 건너니, 삼한(조선)의 나라 편안하지 못해서네. 밝은 임금(명 황제)께서 날마다 승전보 기다리시니, 미천한 신하(이여송)는 밤에도 술잔 즐기기를 중지하였네.[131]

---

129) 德富猪一郎, 『豊臣氏時代戊篇 朝鮮役』(中卷)(근세일본국민사), 明治書院, 1935, 128~135쪽.
130) 제일 마지막 춘春 다음 글자는 확인하기 어렵지만 월月로 판독하였다. 앙성仰城은 이여송의 호다.
131) 한국고전번역원 한국고전종합DB에는 『서애집』에 수록되어 있는 이 부분을 "미천한(미약한) 신하는 밤새도록 술잔을 즐기네"라고 번역하였다.

봄철의 북두성 기운에 마음은 더욱 장한데, 이제 왜적들(요기) 제거할 생각에 뼈속이 이미 오싹하네. 담소하는 것이 감히 승산 아니라 말하리오, 꿈속에서도 항시 말 타고 정벌할 생각뿐이라네. 봄달 앙성 (이여)송”

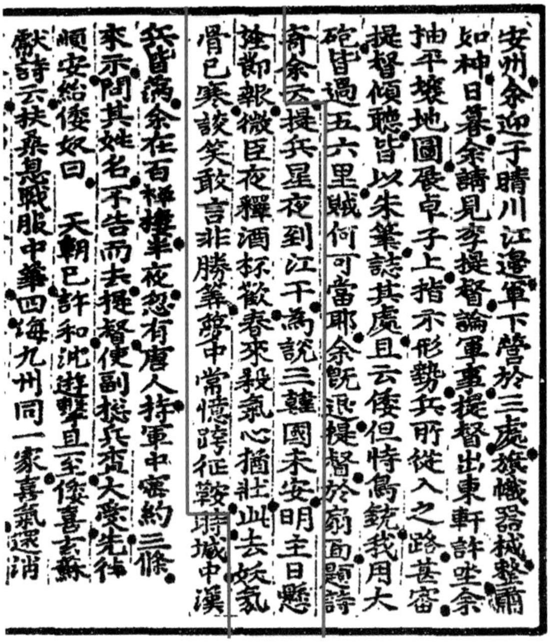
安州余迎于晴川江邊軍下營於三處旗幟器械整肅如神日暮余請見李提督論軍事提督出東軒許坐余抽平壤地圖展卓子上指示形勢兵所從入之路甚審提督傾聽皆以朱筆誌其處且云倭但恃鳥銃我用大砲皆過五六里賊何可當耶余既退提督於扇面題詩寄余云提兵星夜到江干為說三韓國未安明主日懸旌節報微臣夜釋酒杯歡春來殺氣心猶壯此去妖氛骨已寒談笑敢言非勝筭夢中常憶跨征鞍時城中漢人皆稱余在百祥樓半夜忽有唐人持軍中密約三條來示問其姓名不告而去提督使副摠兵查大受先往順安紿倭奴曰 天朝已許和沈遊擊且至倭喜玄蘇獻詩云扶桑息戰服中華四海九州同一家喜氣還消

그림 72 유성룡, 『서애집』 권16, 잡저. 이여송 부채 시

유성룡의 『서애집』 권16 「잡저」나 「연보 권1」과 『징비록』[132]에는 이 부채 시와 관련된 내용이 수록되어 있다. 연보 만력 20년(임진, 1592) 12월조를 보면, 「12월 평안도 도체찰사에 제수되었다. (중략) 명장明將 제독 이여송이 4만 군사를 거느리고 안주에 이르자, 선생이 영접하고 병란의 일을 논하였다. [제독이 선생을 맞이할 때 의자에 앉아 대면하였다. 선생이 소매 속에서 평양 지도를 꺼내어 형세와 군사들의 진입로를 지시하자, 제독이 크게 기뻐하며 관심을 기울여 듣고 그곳마다 붉은 붓으로 표시를 하며 말하기를, “적이 내 눈에 환하게 보인다.” 하였다. 선생이 물러간 후 제독은 부채에다 시를 써서 보내왔다]」라고 하였다.

『서애집』에 수록되어 있는 해당 부분 시 원문은 엽서 해제에 수록된 탈초와

132) 유성룡 지음, 이재호 옮김, 『징비록』, 213쪽의 원문과 번역문을 참고하였다. 이 책 214쪽에는 부채 사진이 수록되어 있다. 류성룡 지음, 신태영 외 교감역주, 『징비록』, 논형, 2016, 218~219쪽의 번역문도 참고하였다.

동일하다. 필자가 탈초한 부채 시와 비교해 보면 마지막 부분(春月 仰城 松)은 없고, 5번째 행에서 두斗가 살殺로, 유逾가 유猶로 바뀐 것을 알 수 있다. 나머지 시는 동일하다. 즉 2글자가 바뀐 것이다. 바뀐 부분을 해석하면 "봄철 살기殺氣에 마음은 오히려 장한데"[133]이다.

인터넷 사이트 등을 검색해 보면 이여송이 유성룡에게 준 이 부채 시는 다양한 원문과 번역문 글이 올라와 있다. 이런 차이의 가장 중요한 원인은 부채에 적은 시와 『서애집』이나 『징비록』의 시가 다르기 때문이다. 주의할 부분이다. 이 글에서는 시 부분과 함께 마지막 부분인 날짜과 이름이 있는 부분까지 탈초하였다.

1963년 지정된 보물 「유성룡 종가 문적」(23점)은 현재 경상북도 안동시 퇴계로(도산면, 한국국학진흥원, 관리자)에 있다. 임진왜란 당시의 상황을 이해하는 데 중요한 역사적 자료들이다. 보물 가운데 『당장시화첩唐將詩畫帖』 1책이 포함되어 있다. 이 시화첩이 바로 이여송이 자기 부채에 시를 써서 유성룡에게 준 것과, 대나무 그림이다.[134] 엽서의 부채에 그려진 글씨와 그림은 이 시화첩에 수록된 것이다. 시화첩 표지에는 '병인 삼월 개장改粧'이란 글씨가 적혀 있다. 문화재청 국가문화유산포털에서 이미지를 볼 수 있다.[135]

---

133) 한국고전번역원 한국고전종합DB에 있는 『서애집』 번역문에서는 "봄인데도 살벌한 기운 도는데 마음은 그래도 장쾌하니"나, "살벌한 기운 도는 봄인데도 마음은 오히려 장쾌하니"라고 되어 있다. 앞서 언급한 신태영 외 교감역주 『징비록』에서는 "봄이 오니 살기로 마음 더욱 씩씩해지니"라고 번역하였다.

134) 中村榮孝, 『日鮮關係史の研究』(중), 吉川弘文館, 1970(재판), 521~525쪽.

135) 부산박물관, 『임진왜란』(임진왜란 7주갑 특별기획전), 2012, 168~169쪽에 『당장시화첩』와 부채 시와 묵죽 사진이 수록되어 있다.

3) 안주 백상루

그림 73 안주 백상루 유리건판 사진(국립중   그림 74 안주 백상루 유리건판 사진(국립중
앙박물관 소장   앙박물관 소장

위 두 사진은 국립중앙박물관에 소장되어 있는 백상루 유리건판 사진이다.
왼쪽은 백상루 원경, 오른쪽은 근경 전경 사진이다.

그림 75 안주 백상루

〈그림 75〉엽서에는 "조선 안주 백상루百祥樓"라고 적혀 있다. 백상루는 관서 8경의 하나로 꼽힌다. 일제시기에 찍은 백상루 모습을 보면, '관서제일루關西第一樓'라는 현판이 걸려 있다.

유성룡의 『징비록』을 보면, 이여송이 준 부채 관련된 부분의 다음 내용이 유성룡이 안주 백상루에 있을 때의 일이다. "이때 안주성 안에는 명나라 군사가 가득 차 있었다. 내가 백상루에 있었는데, 밤중에 명나라 사람이 갑자기 군중의 비밀약속 세 조목을 가지고 와서 보이기에, 그 성명을 물었으나 대답 없이 그대로 가버렸다"[136]라고 하였다.

1592년 가을 경기감사로 임명된 심대沈岱가 행궁에서 임지로 가는 길에 안주를 지나면서, 백상루에 있던 유성룡을 찾아와 국난을 논하기도 하였다.[137] 그리고 선조가 안주에 있을 때에는 백상루에서 머물렀다.[138]

4) 평양성전투

1593년 1월 6일 이여송은 약 4만 명의 군사를 이끌고 평양성을 공격하였다. 도원수 김명원이 지휘하는 약 8천 명의 조선군도 함께 하였다. 휴정(서산대사)과 유정(사명대사) 등 2천 명의 승군僧軍은 대동강 남쪽에 진을 치고, 평양과 중화를 왕래하는 일

그림 76 평양 보통문普通門

---

136) 유성룡 지음, 이재호 옮김, 『징비록』, 214쪽.
137) 유성룡 지음, 이재호 옮김, 『징비록』, 180쪽.
138) 『선조실록』 선조 26(1593) 6월 4일(경해).

본군을 차단하였다.[139)]

〈그림 76〉 엽서에는 "평양명소 보통문. 지금부터 910여 년 전에 건축된 것으로, 임진왜란文祿の役 때 고니시 유키나가小西行長가 평양을 점거하고, 반년 후에 명장明將 이여송李如松이 대군을 이끌고 이 문을 통해 침입했다. 그런데 청일전쟁日淸の役 때, 노즈野津중장이 이끄는 제5사단 본대도 또한 이 문을 진격하여 평양을 점령하였다. 우연이라고 말할 수 있거나, 또는 한 기이한 일이라고 말할 수 있다"라고 적혀 있다. 엽서에는 시가 적혀 있다. 이 시는 임진왜란과는 관련 없는 시다. 하지만 평양명소 엽서를 만들면서 평양과 관련한 시를 엽서에 적어 낭소의 격을 더 높인 것 같다. 시는 다음과 같다.

行近箕城望轉奇 雨中旌旆故遲遲 臨江大野平如掌 匝地羣峰嫩似眉 城裏不
知藏萬室 路傍忽見列千旗 一聲畫角鐃歌動 處處攔街士女嬉[140)]

번역은 다음과 같다.

행로가 기성(평양) 가까워지자 풍경 더욱 기이해지니, 빗속에 순행 깃발 짐짓 더디고 더뎌라.

강을 낀 큰 들판은 손바닥처럼 평평하고, 대지를 두른 뭇 봉우리는 눈썹처럼 고와라.

성 안에 일만 집 들어선 것 알지 못하였더니, 길옆에 일천 깃발 늘어선 것 홀연 보이네.

화각 한 소리에 군악이 진동하니, 곳곳마다 남녀들 길 막고 즐기누나.

---

139) 기타지마 만지 지음, 김유성·이민웅 옮김, 『도요토미 히데요시의 조선 침략』, 126~127쪽.
140) 엽서의 시는 홍양호, 『이계집』 권7, 시 「관서록(關西錄)」〈午炊平壤狄橋院 冒雨還營(오시에 평양 적교원에서 점심을 먹고, 비를 무릅쓰고 감영에 돌아오다)〉의 시다. 엽서의 시와 『이계집』 수록 시 사이에는 약간 글자의 차이가 있어서, 『이계집』 내용으로 인용하였다.

이 시는 1791년(정조 15) 4월 평안도관찰사에 임명된 홍양호(호 이계)가 1792년 3월에 시작한 평안도 남쪽 지역을 순찰하고 평안감영으로 돌아오며 지은 시라고 한다.[141]

1593년 1월 6일 이여송은 평양성을 포위하였다. 7일에는 삼영三營이 함께 출동하여 보통문에 이르러 성을 공격하여 일본군 30여 명을 죽였다. 8일 이여송은 삼영의 장수와 함께 성밖 서북쪽을 포위하였다. 좌협 도독左協都督 이여백과 참장參將 이방춘은 보통문을 공격하였다.[142]

그림 77 평양 칠성문

〈그림 77〉 엽서에는 "평양명소 칠성문七星門. 문은 평양 6문의 하나로 북문

---

141) 시와 관련 내용은, 홍양호 지음, 이승현·이규필 옮김, 『이계집』 3, 성균관대학교 출판부, 2020, 305쪽에서 인용.

142) 『선조실록』 선조 26년(1593) 1월 11일(병인).

에 해당한다. 임진왜란文禄の役 때, 명나라 장수 조승훈이 일본군의 수비가 소홀한 것을 보고, 이 문을 통해 들어갔는데, 연일 장마로 진창이 깊어 진퇴가 자유롭지 못해서 물러났는데, 고니시 유키나가小西行長군의 역습을 받아 조승훈은 간신히 몸만 빠져나오고, 이윽고 한밤중이 되어 공강정控江亭으로 숨었다고 한다"라고 적혀 있다.

이 전투 상황은 유성룡의 『징비록』에도 전한다. 이를 요약하면 다음과 같다. 「[7월] 19일, 조 총병(조승훈)의 군사가 평양을 쳤으나 이기지 못하고 퇴각했고, 사 유격(사유)이 전사했다. (중략) 때마침 큰 비가 와서 성 위에는 수비하는 적군이 없었으므로, 명 군사기 칠성문으로 들어갔다. 적병이 험준한 곳에 의지해서 조총을 난사하자 사 유격이 총탄에 맞아 그 자리에서 숨졌으며, 군사와 말도 많이 죽어 조승훈이 결국 군사를 물리고 말았다. (중략) 조승훈은 불행히 사 유격이 상처를 입고 죽었으며, 천시(날씨) 또한 좋지 않아 큰 비가 내려 진흙투성이가 되어 적병을 섬멸하지 못했다고 하면서 (중략) 말을 마치자 말을 달려 두 강(청천강·대정강)을 건너고 나서 군사를 공강정에 주둔시켰다.」[143]

『선조수정실록』에서는 다음과 같이 기록하고 있다. "두 장수가 군사를 풀어 곧바로 칠성문으로 들어가니 적이 좌우에서 일제히 총을 쏘아대었다. 마침 많은 비가 내려 진창이 되었으므로 명나라 군사와 말이 빠졌는데, 사유史儒가 먼저 탄환에 맞아 전사하였다. 조승훈은 급히 퇴각하였으나 후군後軍은 대부분 살상을 당하였다. 대조변戴朝弁과 천총 장국충張國忠·마세륭馬世隆 등도 모두 탄환에 맞아 전사하였다."[144]

5) 명 심유경과 일본 고니시 유키나가의 휴전 협상과 연광정

조승훈의 패배는 명에 큰 충격을 주었다. 1592년 8월 중순에 명나라 유격

---

143) 유성룡 지음, 이재호 옮김, 『징비록』, 147~150쪽.
144) 『선조수정실록』 선조 25년(1592) 7월.

심유경沈惟敬이 의주로 왔다. 심유경은 9월 1일, 평양성에서 북쪽 10리 쯤에 있는 강복산降福山 아래에서 고니시 유키나가와 회담을 가졌다. 조선측은 누구도 접근이 허용되지 않았다. 심유경은 조선이 명의 경계이므로 일본군의 퇴각을 권고하였다. 이 권고에 대해 고니시는 평양에서 철수는 하지만, 대동강을 경계로 동쪽은 일본 영역으로 하는 것을 주장하였다. 심유경과 고니시의 회담에 의해 조선·일본·명 3군 사이에 조선 영토 할양 문제가 부상하게 되었으며, 이것이 명과 조선 내부에서 각각 물의를 일으켰다. 대동강 이남을 일본에게 넘겨줄 수 있다는 해석의 여지가 있기 때문이다. 이 협상 때 고니시는 명에 대한 봉공封貢을 요구했다. 심유경은 봉공을 하기 위해서는 황제의 허가가 있어야 하므로 50일이 필요하다고 하였다. 그래서 50일 간 정전이 되었다.[145]

그림 78 평양 연광정

〈그림 78〉 엽서에는 "평양명소 연광정. 임진왜란 文禄の役 때 고니시 유키나가와 명사明使 심유경이 회견한 곳", 〈그림 79〉 엽서에는 "평양명승. 대동강에 임한 연광정과 종각. 임진왜란文禄の役에서

그림 79 평양 연광정과 종각

---

145) 기타지마 만지 지음, 김유성·이민웅 옮김, 『도요토미 히데요시의 조선 침략』, 121~124쪽; 김영진, 『임진왜란』, 160~161쪽.

고니시 유키나가와 명의 사절 심유경이 화친을 맺은 곳"이라고 적혀 있다.

〈그림 80〉 엽서에는 "평양명소 연광정. 정자는 결구(짜임새)가 굉장하고 풍광명미風光明媚(산수의 경치가 맑고 아름다움)해서 옛날에 빈객이 완상하는

그림 80 평양 연광정練光亭

곳이었다. 임진왜란文祿の役 때 좌상 유성룡이 마침 이 정자에 있을 때, 예조판서 이덕형(원문 이덕벽은 오기)을 파견하여 야나가와 시게노부柳川調信와 승 겐소玄蘇 등과 대동강의 중류에서 만나, 술을 대작하면서 서로 위문하였다고 한다.[146] 그리고 임진왜란文祿の役 때 고니시 유키나가가 명나라 사신 심유경 등과 화친을 한 곳이라고 전한다. 『동인시화東人詩話』에 김황원金黃元이란 이가 있었는데, 이 누정에 올라 고금의 제영을 보고 모두 자신의 마음에 들지 않아서 그 시판詩板을 모두 불태우고는, 하루종일 난간에 기대어 애써 읊조렸지만 단지, '長城一面溶溶水(긴 성 한쪽에는 강물 철렁이고) 大野東頭點點山(큰 들 동쪽 머리엔 산들이 점점이네)'라는 두 시구만 얻고, 시의詩意가 완전히 고갈되어 통곡하고는 떠났다고 한다."라고 적혀 있다.

엽서 아래에 적힌 '연광정'이란 시는 조경趙絅(1586~1669)이 지은 시다. 시는 다음과 같다.

> 평양성 들머리에 있는 연광정은 / 練光亭子浿城頭
> 예로부터 부벽루와 자웅을 다투었지 / 從古爭雄浮碧樓

---

146) 기타지마 만지 지음, 김유성·이민웅 옮김, 『도요토미 히데요시의 조선 침략』, 71쪽.

십 리의 물결이 눈 가득히 펼쳐졌고 / 十里湖波窮目力

만 집의 등불이 걷은 주렴에 비치네 / 萬家燈火在簾鉤

섬돌로 이어진 들 빛은 개였다 비 내리고 / 侵階野色晴還雨

문을 치는 하늘 바람은 여름에도 서늘하네 / 排闥天風夏亦秋

영명사가 가까이 있다고 누가 쳐주랴 / 誰數永明寺住近

나루터에 묶인 목란배와는 어떠할런지 / 何如渡口繫蘭舟[147]

『동인시화』에 나오는 고려시대 사람 김황원(1045~1117)의 일화와 관련된 누정은 연광정이 아니라 부벽루다.[148] 그런데 김황원이 지은 미완성 시구 2행은 지금은 연광정 기둥에 한글 번역과 함께 걸려있다고 한다.[149]

관서팔경은 강계의 인풍루仁風樓, 의주의 통군정, 선천의 동림폭東林瀑, 안주의 백상루, 평양의 연광정, 성천의 강선루降仙樓, 만포의 세검정洗劍亭, 영변의 약산 동대東臺다.[150] 이처럼 연광정은 '관서팔경'의 하나로 꼽히는 평양의 명승지였다. 안주의 백상루, 의주의 통군정과 함께 평안도 3대 명각名閣으로 꼽힌다.

앞의 엽서를 보면, 연광정이 임진왜란 때 심유경과 고니시 유키나가가 강화 담판을 한 장소였음이 강조되고 있다. 하지만 두 사람이 실제 강화를 한 곳은 다른 곳이다. 평안도 경략을 담당했던 고니시 유키나가를 강조하기 위해 '연광정'을 가져왔다고 생각한다.

연광정은 평양 기생 계월향이 일본의 부장을 꾀어 안고 떨어진 유서 깊은 곳이기도 하다. 1592년 6월 11일 선조는 평양을 탈출하여 영변으로 피신하였다. 6월 14일 조선측은 평양 철수를 결정하였다. 성안의 군민을 탈출시키고, 무기

---

147) 조경, 『용주유고』 권3, 「칠언율시」, 〈연광정(練光亭)〉, 한국고전번역원 DB에서 인용.
148) 서거정 편찬, 박성규 역주, 『동인시화』, 집문당, 1998, 37쪽.
149) 유홍준, 『나의 북한문화유산답사기』(상), 중앙M&B, 1998, 50~54쪽.
150) 『한국민족문화대백과사전』, 「관서팔경」(집필자, 김홍운).

를 연못에 빠뜨리고 평양을 떠났다. 고니시의 일본군은 6월 15일 평양성을 함락하였다.[151] 계월향은 이때 김응서金應瑞(金景瑞)를 도와 왜장 고니시 히小西飛를 죽이는 데 결정적인 역할을 하였다고 한다.[152]

이긍익의 『연려실기술』에 적힌 내용을 요약하면 다음과 같다. 고니시 유키나가가 평양을 점령했을 때, 용력이 뛰어난 부장 한 사람이 계월향을 매우 사랑하였다. 김응서는 계월향의 친오빠라고 자칭하며 몰래 성에 들어가 그를 죽였다. 김응서와 계월향이 함께 적진을 탈출할 수 없음을 알고, 김응서의 칼에 죽고, 김응서만 탈출에 성공하였다.[153]

1835년(헌종 1) 평안감사 정원용은 계월향에 대해 듣고, 그 공로가 논개 못지않다고 여겨 사당과 비석을 세우고 제사를 지냈다. 서울대 규장각한국학연구원에 「의렬사義烈祠 의기 계월향 탁본」이 전한다. 의렬사 비문을 탁본한 것이다. 의렬사 비는 정원용이 짓고, 김응근金應根이 쓰고, 1835년 6월에 세운 것이다. 앞에는 '의렬사 의기 계월향 비문'이라고 쓰여 있다. 비문 내용을 보면, 정원용이 일찍이 진주에 가서 해마다 논개의 의렬사에 제사 지내는 것을 보았는데, 뒤에 평안감사로 와서 기생 죽엽竹葉에게서 계월향의 이야기를 듣고, 사적史籍을 살펴보니 그 공이 논개에 못지 않고, 기모奇謀도 훌륭하므로, 계월향이 양의공 김경서(김응서)와 함께 왜장을 처치한 의거 내용을 상세하게 기록하고, 사당과 비석을 건립하고 또 영신·송신곡을 지어 봄·가을로 제사지내게 했다는 것이다. 비문 끝에 영신곡과 송신곡이 새겨져 있다.[154]

유재건의 『이향견문록』에도 "의열사는 계월향을 받들어 제사지내는 곳이다. 임진년 난리에 왜장 소서비小西飛가 평양을 점거하고 있었는데, 평양 기생 계

151) 기타지마 만지 지음, 김유성·이민웅 옮김, 『도요토미 히데요시의 조선 침략』, 72쪽.
152) 정해은, 『조선의 여성 역사가 다시 말하다』, 너머북스, 2011, 205쪽.
153) 이긍익, 『연려실기술』 권15, 「선조조 고사본말(宣祖朝故事本末)」 〈임진왜란 임금의 행차가 서도로 파천가다(壬辰倭亂 大駕西狩)〉. 한국고전번역원 DB 참조.
154) 서울대학교 규장각한국학연구원 원문검색서비스, 「義烈祠碑」 해제 참조.

월향이 몰래 양의공 김응서를 성안에 들여 소서비를 베어 죽이게 하였다. 경산 정정승(정원용)이 평양감사로 있을 때, 당을 지어 제사지내게 한 것이 바로 그 사당이다. 「영송신곡迎送神曲」을 돌에 새겨 뜰에 세워 놓았다"라고 하였다.[155]

국사편찬위원회 조선왕조실록 DB에서 '소서비小西飛'를 키워드로 검색하면 1593년 7월부터 1599년 8월까지『선조실록』에 84건, 『선조수정실록』에 2건이 나온다. 대부분은 '소서비'이지만, '소서비탄수小西飛彈守'도 나온다. 고니시 히小西飛는 고니시 히다노카미小西飛彈守를 줄인 말이다. 일본사에서 이 사람은 나이토 죠안內藤如安을 가리킨다. 그는 독실한 크리스천으로도 잘 알려져 있다. 고니시의 부장副將으로 임진왜란에 참전하였다. 명과의 강화 협상 때 사절로서 베이징에도 갔다 왔다. 그는 1627년에 죽었다.[156] 따라서 평양성에서 죽은 '소서비'는 고니시 히(나이토 죠안)는 아니다. 그러면 죽은 '소서비'는 누구일까? 왜『이향견문록』등 자료에서는 '소서비'라고 하였을까? 연광정은 평양성전투 때 화재로 불탔다.[157]

8. 벽제관전투

명군이 임진왜란에 참전하면서, 조선군과 일본군의 전투는 조·명 연합군과 일본군의 전투로 바뀌었다. 조·명 연합군과 일본군이 싸운 대표적인 전투의 하나가 1593년(선조 26) 1월 27일 일어난 벽제관전투다. 이 전투는 옛 벽제관碧蹄館 부근에서 일어났다. 서울에서 의주로 통하는 대로에는 큰 역관驛館들이 있었다. 벽제관도 그 하나다. 중국을 내왕하는 사절들이 머무는 객관이었다.

155) 유재건 지음, 실시학사 고전문학연구회 역주, 『이향견문록』(「연홍」), 민음사, 1997, 242~243쪽; 정해은, 『조선의 여성 역사가 다시 말하다』, 204~210쪽.
156) 楠戸義昭, 『聖書武將の生々流轉－豐臣秀吉の朝鮮出兵と內藤如安』, 講談社, 2000, 296~313쪽 연보 참조.
157) 『선조실록』 선조 26년(1593) 1월 24일(기묘).

임진왜란 때 선조가 평안도로 피란 갈 때와 올 때도 벽제관에서 묵었다. 현재 경기도 고양시 덕양구 벽제관로 34-16(고양동 55-1번지)에 위치한 '고양 벽제관지高陽碧蹄館址'는 사적으로 지정되어 있다.[158]

벽제관전투는 그 전후에 일어난 평양전투와 행주전투와도 밀접한 관련을 가진다. 평양전투에서 승리한 조·명 연합군은 서울(한성) 탈환을 시도하였다. 이 과정에서 벽제관전투가 일어났다. 하지만 벽제관전투에서 패배함으로써 행주전투에서 권율權慄은 혼자 힘으로 싸우게 되었다. 임진왜란에서 명군이 승리한 대표적인 전투로는 평양전투, 직산전투, 남해(노량)전투, 패배한 전투로는 벽제관전투, 남원전투, 울산전투, 사천전투를 들고 있다.[159] 명군이 패한 4전투 가운데 벽제관전투, 울산전투, 사천전투를 일본의 '3대 승전',[160] 승리다운 승

HEKITEIKWN. KEIKIDO (MIN S ARMY DESTROYI S TOTALY BY TOYOTOMI S IN THE WAR BUMROKU)
(挿 12) 　　(處シ七破撃リ軍明景隆川早小役ノ祿文)館蹄碧道畿京　（所名鮮朝）

그림 81 벽제관 전경

158) 경기도 박물관·연세대 건축과학기술연구소, 『고양 벽제관 건축유적지 발굴조사 보고서』, 고양시, 2000.
159) 李光濤, 『朝鮮壬辰倭禍研究』, 中央研究院 歷史言語研究所, 1972, 1~2쪽(목차).
160) 東鄉吉太郎, 『泗川新寨戰捷之偉蹟』, 薩藩史料調查會, 1918, 113쪽.

리를 한 유일한 전쟁[161]으로 평가한다. 따라서 일본에서는 일찍부터 연구를 하여 개별 전투사로서는 가장 많은 연구가 이루어졌다고 해도 지나친 말이 아니다.[162]

〈그림 81〉 엽서에는 "조선명소. 경기도 벽제관. 임진왜란文禄ノ役 때 고바야카와 다카카게小早川隆景가 명군을 격파한 곳"이라고 적혀 있다. 건물 뒤쪽 산 위에 있는 큰 나무가 괘갑수掛甲樹다. 대문, 객사(벽제관) 정청과 익헌, 뒤쪽 괘갑수 등 전체 모습을 잘 볼 수 있다. 대문 가운데는 '벽제관碧蹄舘'이라고 쓴 글씨가 보인다. 글씨는 〈그림 82〉 엽서에 더욱 또렷하게 보인다.

이 엽서는 국립중앙박물관 소장 엽서다. 엽서에는 "임진왜란文禄ノ役 때 고바야카와 다카카게小早川隆景·다치바나 무네시게立花宗茂 등의 군이 명군을 격파시킨 벽제관의 문과 그 액면額面"이라고 적혀 있다. 이 '벽제관碧蹄舘'이라고 쓴 대문 현판 글씨는 성종 때 명나라 사절로 왔던 동월董越이 쓴 것으로 전한다.[163] 고바야카와 다카카게와 다치바나 무네시게는 임진왜란 때 제6군으로 참전하였다. 고바야가와는 6군의 대장이었다.

그림 82 벽제관 편액 엽서(국립중앙 박물관 소장)

---

161) 笠谷和比古·黑田慶一, 『秀吉の野望と誤算』, 61쪽.
162) 이상은 김동철, 「임진왜란 시기 벽제관전투 관련 자료와 전적현장에 대한 검토」, 33~34쪽을 요약·정리한 것이다.
163) 佐脇精, 『碧蹄舘』(京電ハイキングコース案內 第六輯), 경성전기주식회사, 1938, 사진. 이 책에 수록된 사진은 엽서 사진과 거의 비슷하다. 이 책 사진에는 "벽제관. 이 큰 편액大額의 문자는 명인明人 동월董越의 글이라고 전하는데, 한 자의 크기는 1척 8촌 평방(가로·세로)의 웅혼雄渾한 것이다. 문안의 건축은 옛날 객원客院이었다"라는 설명이 적혀 있다.

벽제관전투와 관련된 기념엽서는 다음 2종류가 확인된다. 이 2종 외에 다른 것의 존재 유무는 현재로서는 알 수 없다. 국립중앙박물관 소장 조선총독부박물관 문서를 보면 「벽제관 그림엽서」 세트가 있다. 세트 엽서 봉투를 보면 「문록역文祿役 고전장古戰場 벽제관 엽서」라고 적혀 있다. 고양군 벽제관보존회에서 발행한 것이다. 4매 1세트로 된 엽서인 것 같다. 봉투는 앞에서 소개한 바 있다(1장 참조). 벽제관보존회와는 달리 벽제관전적기념비건설회에서도 기념엽서 세트가 발행되었다. 두 단체에서 발행한 엽서 내용을 간략하게 정리하면 다음 〈표 4〉와 같다. 1933년 9월 9일 '벽제관전적기념비'가 제막되었다. 이를 기념하기 위해 만든 기념엽서라고 생각한다.[164]

표 4 벽제관전투 기념엽서 비교

발행	고양군 벽제관보존회	벽제관전적기념비건설회
봉투	문록역 고전장 벽제관지之회엽서	벽제관전적 회엽서
1	벽제관 문과 편액(사진)	벽제전투 경과도(그림) (참모본부 일본전사 부도附圖)
2	벽제관 건물(사진)	벽제관 건물(그림)
3	벽제관전적기념비(사진)	벽제관전적기념비(좌와 같음)
4	벽제관 괘갑수	벽제관 괘갑수(그림)
소장	국립중앙박물관	필자
비고	사진 중심	그림 중심

〈그림 83〉 엽서는 국립중앙박물관 소장 엽서다. 엽서에는 "임진왜란文祿ノ役 때 고바야카와 다카카게小早川隆景·다치바나 무네시게立花宗茂 등의 군이 명의 이여송李如松 대군을 격파시킨 벽제관"이라고 적혀 있다.

---

164) 김동철, 「임진왜란시기 벽제관전투 관련 자료와 전적현창에 대한 검토」, 55~58 쪽. 필자가 이 논문을 쓸 때는 고양군 벽제관보존회에서 발행한 이 세트 엽서의 존재를 미처 알지 못했다.

그림 83 벽제관(국립중앙박물관 소장)

그림 84 벽제관 괘갑수(국립중앙박물관 소장)

그림 85 벽제관 괘갑수

〈그림 84〉 엽서는 국립중앙박물관 소장 엽서다. 엽서에는 "임진왜란文祿ノ役 때 벽제관전투에서 고바야카와 다카카게小早川隆景·다치바나 무네시게立花宗茂 등의 장졸이 갑옷을 걸어두고 휴식을 한 괘갑수(갑옷을 걸어둔 나무)", 〈그림 85〉 엽서에는 "괘갑수. 임진왜란文祿ノ役 때, 벽제碧蹄에서 명의 대군을 격파한 고바야카와 다카카게小早川隆景의 장졸이 갑옷을 걸어 놓고 휴식을 한 노수老樹"라고 적혀 있다. 두 엽서 다 나무 옆에 '괘갑수'라고 쓴 표지목이 서 있다.

〈표 4〉에서 정리한 벽제관전적기념비건설회가 발행한 기념엽서 세트를 보면 다음과 같다. 봉투에는 '벽세관 전적 엽서'라고만 적혀 있다. 이 벽제관 전적 엽서碧蹄館戰蹟繪葉書는 4매 세트 엽서인 듯하다. 모두 벽제관전적기념비건설회에서 발행하였다.

〈그림 86〉 엽서에는 "벽제관 전적 기념비", 〈그림 87〉 엽서에는 "임진왜란

그림 86 벽제관 전적 기념비

그림 87 벽제관 건물

文禄ノ役 때 고바야카와 다카카게小早川隆景·다치바나 무네시게立花宗茂 등 군이 명군을 격파한 벽제관"이라고 적혀 있다.

'벽제관 전적 기념비' 엽서는 벽제관보존회에서 발행한 국립중앙박물관 소장 엽서와 같은 엽서다. 1933년 9월 9일에 벽제관 전적 기념비 제막식이 거행되었다. 제막식에는 우가키 가즈시게宇垣一成 총독과 군수뇌부가 참석하였다. 기념비는 이집트 신전의 문 앞에 태양신을 추앙하기 위해 세운 석주石柱인 오벨리스크Obelisk를 모방한 것이다. 엽서에 보이는 '벽제관전적기념비'라는 글씨는 중추원 촉탁을 역임한 김돈희金敦熙가 쓴 것이다. 비 뒷면에는 경기도지사 마쓰모토 마코토松本誠가 지은 비명碑銘이 적혀 있다.[165]

비 아랫 부분에는 '조혼弔魂'(혼을 애도)이란 두 글자가 있다. 이 비의 건립 제원에 대해서는 『조선과 건축朝鮮と建築』 12집 9호(1933. 9)에 수록된 「벽제관

---

165) 김동철, 「임진왜란시기 벽제관전투 관련 자료와 전적현창에 대한 검토」, 57~58쪽.

전적기념비 설계개요」에 잘 정리되어 있다고 한다.[166] 비 왼쪽에는 전투 상황도가 세워져 있다. 전투 상황도에 대해서는 아래 엽서가 참조된다.

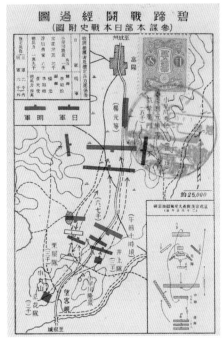

그림 88 벽제관전투 경과도

그림 89 벽제관 괘갑수

〈그림 88〉 엽서에는 "벽제관전투 경과도(참모본부 일본전사 부도)"라고 적혀 있다.[167] 이 전투 경과도 엽서를 보면, 왼쪽 상단 표에는 〈전투 지휘자 및 추

166) 이순우, 「벽제관 후면 언덕에 솟아오른 '전적기념비'의 정체는 침략전쟁의 길잡이가 되기를 바랐던 그들만의 기념물」(식민지비망록61, 2020.8.25). 민족문제연구소 홈페이지 역사콘텐츠〉민족사랑 참조.
167) 參謀本部 편, 『日本戰史 朝鮮役』, 村田書店, 1978(복각, 초판 1924), 238~244쪽에 「벽제관의 전투」가 서술되어 있다. 이 책에는 『부도·부표·별책』이 따로 있다. 부도附圖는 합계 22개다. 10번째가 「벽제전후 양군 위치 요도要圖」(1593년 2·3월)이다. 엽서와 같은 내용은 아니다. 엽서는 이 부도를 참고하여 다시 그린 것

정 병력 사상표〉가 일본군과 명군으로 대비되어 있다. 일본군은 고바야카와 다카카게 1만, 다치바나 무네시게 3천, 우키다 히데이에浮田秀家 6천, 총병력 19,000이고, 명군은 총사 이여송, 부사 양원楊元·이여백李如柏(이여송 동생)· 사대수査大受 총병력 4만이다. 추정 사상자 수는 일본군 2천 내외, 명군 6천 내외다.[168] 오른쪽 하단에는 26일 오전 다치바나 무네시게가 사대수와 맞서 싸운 전투 추정도가 그려져 있다. 우키다 히데이에浮田秀家는 일본군 8군 대장인 우키다 히데이에宇喜多秀家와 같은 사람이다. 우키다 히데이에는 『삼국유사』 등 서적 약탈로도 유명한 인물이다. 이에 대해서는 7장에서 언급하기로 한다.

〈그림 89〉 엽서에는 "임진왜란文祿ノ役 때 고바야카와 다카카게小早川隆景·다치바나 무네시게立花宗茂 등이 벽제관에서 명군을 격파한 후 휴식할 때의 괘갑수"라고 적혀 있다.

〈그림 90〉 엽서에는 "벽제관 전적 기념비 및 주위 광경"이라고 적혀 있다. 이 엽서에는 엽서 발행에 관한 내용이 전혀 없다. 〈표 4〉에서 정리한 것처럼, 벽제관보존회와 벽제관전적기념비건설회가 발행한 세트 엽서 가운데 '벽제관 전적 기념비'는 동일한 엽서다. 두 단체에서 엽서가 간행된 후에 〈그림 90〉처럼 다른 곳에서도 비슷한 엽서가 만들어진 것 같다.

그림 90 벽제관 전적 기념비

같다.

168) 명군과 일본군의 편성 및 전투 상황에 대해서는 김동철, 「임진왜란시기 벽제관전투 관련 자료와 전적현창에 대한 검토」, 35~45쪽 참조.

앞서 소개한 전적 기념비 엽서에 비해 이 엽서는 세로로 비 자체를 강조하고 있는 점이 특징이다.

한편 일본의 국제일본문화연구센터(日文研)에 소장된 엽서 가운데는 벽제관과 관련된 희소한 엽서 1점이 있다. 연구센터 DB 가운데 『지쿠고 사료 엽서筑後史料繪葉書』(6집)에 수록된 것으로, 이미지 파일로 엽서를 볼 수 있다. 엽서에는 "임진왜란 비文祿之戰碑. 조선 벽제리. 돌에 걸터앉은 사람은 노다 다이카이野田大塊옹,[169] 비에 기대고 있는 사람은 도쿠토미 소호德富蘇峰씨, 그 우측은 하야시 이치조林市藏[170]"라고 적혀 있다. 엽서 가운데 "이곳에 핀(웃는) 향기로운 일본의 사쿠라여(此處へ咲く匂ふ日本のさくら哉)"라는 다이카이大塊가 지은 시가 적혀 있다.

엽서 가운데 있는 비는 무슨 비인지 정확하지 않다. 벽제관전투와 관련해서는 전장 주변에 '문록역文祿役 일명日明 양군兩軍 전위대前衛隊 충돌지'라고 새겨진 석비를 비롯한 고전장古戰場 관련 비들이 있었다.[171] 엽서에 보이는 임진왜란 전비戰碑가 만약 벽제관전투와 관련된 비가 맞다면, 이 고전장 관련 비의 하나라고 생각한다. 경성일보와 매일신보의 감독으로 장기간 서울에 체류했던 도쿠토미 소호德富蘇峰는 1916년 3월 17일 벽제관을 탐방한 때의 감흥을 다음과 같이 적은 바 있다.[172]

"벽제관 뒤의 작은 언덕에는 당시 '괘갑수'라고 칭하는 노규老槻(느티나무 고목)가 있다. 언덕 위에서 손가락으로 가리키면, 명군와 일본군이 공방전을 한

---

169) 노다 다이카이野田大塊는 노다 우타로野田卯太郎다. 다이카이大塊는 호다. 일본 정우회政友會 원로이고, 조선방직주식회사 설립자의 한 사람이다. 국사편찬위원회 한국사데이터베이스 참조.
170) 하야시 이치조林市藏는 미에三重현지사, 동양척식회사 이사·척식부장 등을 역임한 사람이다. 국사편찬위원회 한국사데이터베이스 참조.
171) 佐脇精, 『碧蹄館』, 26~31쪽.
172) 이순우, 「역대 조선총독과 정무총감이 잇달아 벽제관을 시찰한 까닭은? 사쿠라와 단풍나무 동산으로 구축한 그들만의 성지」[식민지 비망록 60], 2020년 7월 27일 민족문제연구소 홈페이지 역사 콘텐츠〉 민족사랑 참조.

터가 역력하게 보인다. 이 주변에는 천 그루의 벗나무吉野櫻(요시노 사쿠라), 천 그루의 단풍나무를 기념 삼아 심었지만, 거의 벌목되어 가까스로 두어 그루를 남기고 있을 따름이다. 조선인의 수목에 무심함의 지나침은 참으로 가공할 만하다"[173]

'일문연' 소장 엽서의 사진은 도쿠토미 소호가 1916년 3월 17일, 노다 우타로野田卯太郎·하야시 이치조林市藏 등과 함께 벽제관 전적지를 답사했을 때 찍은 사진이 아닌가 생각한다.

앞에서 언급한 도쿠토미 소호의『조선역』상·중·하 3권 가운데 중권은 전체 21개 장으로 구성되어 있다. 이 가운데 8장이 벽제관전쟁, 9장이 벽제관 후 양군의 형세다. 그리고 중권의 첫 부분에 사진이 2장 수록되어 있는데, 고바야카와 다카카게와 다치바나 무네시게의 초상화다. 다치바나의 초상화는 〈그림 92〉 엽서와 동일한 것이다. 고바야카와의 초상화는 〈그림 91〉 엽서와 소장처 (佛通寺)가 같은 곳이지만 좀더 젊을 때의 초상화다. 이처럼 도쿠토미는『조선역』(중)에서 벽제관전투를 비중있게 다루고 있다. 도쿠토미가 벽제관을 답사하고 또 이런 엽서가 만들어진 것은『조선역』(중) 벽제관전투의 집필과 관련이 있다고 생각한다.

〈그림 91〉 엽서는 〈책을 내면서〉의 〈그림 3〉과 같은 엽서다. 엽서에는 "고바야카와 다카카게. 아키安藝 붓츠우지佛通寺 소장. 도쿄제국대학 사료편찬괘 (현 도쿄내 사료편찬소) 수집", 〈그림 92〉 엽서에는 "다치바나 무네시게(寬永 19, 1641 졸). 고야산高野山 다이엔인大圓院 소장. 도쿄제국대학 사료편찬괘 수집"이라고 적혀 있다. 붓츠우지는 현재 히로시마현 미하라三原시에 있는 절이다. 다이엔인은 현재 와카야마和歌현 이토伊都군 고야산에 있는 절이다. 다치바나의 초상화는 도쿠토미『조선역』(중) 첫 머리에 수록될 정도로 그의 대표적

---

173) 德富猪一郎,『烟霞勝遊記』(하), 民友社, 1924, 324~326쪽, 「碧蹄館の遊ぶの記」. 본문은 일부 현대어로 고친 것이다. 이 책 원본 파일은 일본 국립국회도서관 데이터 콜렉션에서 제공되고 있다.

그림 91 고바야카와 다카카게 초상

그림 92 다치바나 무네시게 초상

인 초상화라고 생각한다.

앞의 벽제관전투 상황도 엽서에서도 언급한 것처럼, 벽제관전투에서 가장 중요한 역할을 한 사람은 고바야카와 다카카게와 다치바나 무네시게다. 벽제관전투를 일본에서는 임진왜란 3대 승전의 하나로 보기 때문에 승리의 원동력이 누구에게 있느냐에 관심이 많았다. 하지만 양자의 평가는 상이하다. 고바야카와를 주主로, 다치바나를 종從으로 보는 것이 대세다. 당시 고바야카와는 61세, 다치바나는 26세다. 백전 노장과 청년 용장勇將의 조화가 일본군 승리의 동인이란 점이 강조되기도 한다.[174]

앞서 언급한 『벽제관』(경전 하이킹코스 6집, 1938)에서는 "금일 만주사변 하에서 황군의 육해공군이 혁혁한 위공偉功을 세우는 사실을 생각하면 감개무량함과 동시에, 일찍이 문록경장역을 회고하면, 반성해야할 일들이 남아있음을 잊어서는 안 된다"고 하였다. 1937년 중일전쟁 이후의 대륙침략과 임진왜란의

---

174) 김동철, 「임진왜란시기 벽제관전투 관련 자료와 전적현장에 대한 검토」, 61쪽.

대륙침략이 그 궤를 같이 함을 잘 보여주고 있다.[175]

9. 진주성전투, 논개와 게야무라 로쿠스케

행주대첩, 진주대첩, 한산대첩을 임진왜란 때 승전한 '3대 대첩'이라고 부른다. 진주성전투(진주대첩)는 2차례 있었다. 1차 진주성전투는 1592년 10월 5일부터 10일까지 치러졌다. '3대 대첩'의 하나인 진주대첩은 1차 진주성전투를 가리킨다. 경상우도 초유사 김성일, 진주목사 김시민, 전라도의 최경회 등 관군과 의병의 연합 작전으로 대승을 거두었다. 2차 진주성전투는 1593년 6월 21일부터 29일까지 치러졌다. 1차 진주성전투를 만회하기 위해 일본군은 대규모의 병력과 강한 화력으로 공격하였다. 명군과 의병의 지원을 받지 못한 조선군은 숫적인 열세로 패배하였다. 김천일·최경회·황진 등이 끝까지 항전하였으나 진주성은 함락되고 말았다. 일본군은 진주성을 허물어 평지로 만들었다. 성안에서 죽은 사람이 6만여 명이나 될 정도로 대학살이 이루어졌다.[176]

진주대첩(1차 진주성전투)을 승리로 이끈 진주목사 김시민에게 내린 '선무공신교서宣武功臣敎書'가 2005년 일본의 한 경매도록에 실리면서, 교서를 국내로 가져와야 한다는 주장이 화제가 된 적이 있다. 여러 노력 끝에 2006년 7월 25일 국내로 들어와 9월 22일 국립진주박물관에 기증되었다. 보물로 지정되어 있다.[177]

---

175) 김동철, 「임진왜란시기 벽제관전투 관련 자료와 전적현창에 대한 검토」, 59쪽.
176) 국립진주박물관, 『동아시아 7년 전쟁, 임진왜란』, 국립진주박물관, 2019, 214쪽; 디지털진주문화대전, 「임진왜란과 진주성전투」(집필자, 지승종); 디지털진주문화대전, 「제1차 진주성전투」·「제2차 진주성전투」(집필자, 강병수).
177) 국립진주박물관, 『동아시아 7년 전쟁, 임진왜란』, 232~233쪽.

晋州案内

晋州は慶尙南道西部中央に位し洛東江に臨み遠く百済の頃より大正十三年道廳移轉迄地方行政の中心地たりし所にして山紫水明詩と歷史に富める所なり
文祿慶長年間晋州の役の古戰場にして幾多の遺蹟あり
昭和十三年の人口五萬に近く慶南西部地方の經濟産業交通教育の要衝にして四通八達せる道路により米穀綿花等の一大集散地たり
近時益々發展の一路を辿り人口の增加著しく市街道路の完備と共に高層建築相次いで成り市街の面目を一新せり
多年の宿望望南江治水決定について府制實施を迎へて躍進又躍進名實共に南鮮の雄都たり

晋州名所舊蹟

(1) 晋州神社（道社）晋州公園内にあり大正六年時の朝鮮總督寺內伯晋州巡視の允許を得て國費を以て創立せる神社たり

(2) 義石樓（一名南將臺）公園内今春前の南に面し今の南將臺合倂し總督府指定寶物たる名勝古蹟なり

(3) 佳景樓文は佳景にして紀元二千六百餘年の創立せり晋州の役に義妓論介介せ公と共に義巖に投じて死す

(4) 義巖晋山町矗水池の西方南江に對する晨上西將臺の危巖晋州の役に義妓論介名を以て名將を斬りて得た名の現存の建物は昭和九年鮮の改修せり

(5) 矗石樓朝鮮の佳絕雄大なるを以て名あり南山町の高臺にある舊觀察使廳の正門にして元帥南布政司の在りし所たり崔其元帥廳の門

(6) 孔子廟南山町にあり明倫堂、東西齋、風化樓等

(7) 其他 蔡烈祠、北將臺、護國寺、義谷寺等あり

丹背其他

그림 93 임진왜란文祿役의 고적 진주명소 봉투　　그림 94 진주안내〈진주명소고적〉

　왼쪽은 '임진왜란文祿役의 고적 진주명소' 세트 엽서의 봉투다. 이 세트 엽서에는 오른쪽 「진주안내」〈진주명소구적〉의 설명이 들어 있는 엽서도 포함되어 있다. 이 「진주안내」에서는 "임진왜란 때文祿慶長年間 진주성전투晉州の役의 고전장古戰場으로서 많은 유적이 있다"라고 적혀 있다. 「진주명소구적舊蹟」에서는 촉석루, 의암 등 명소 구적에 대한 설명이 적혀 있다.

　촉석루는 "(일명 남장대. 조선총독부 지정 보물) 진주공원 안의 남강에 면하여 우뚝 서 있는 건물에서의 대조망의 절경과 함께 영남제일루라고 일컫는 진주를 대표하는 명승고적이다. 지금부터 560여 년 전에 창건되었다. 현재 건물은 300여 년 전에 재건된 것이다. 임진왜란文祿の役의 고전장으로도 유명하다"라고 적혀 있다.

의암은 "촉석루 아래 남강의 벽류碧流(푸른 강물) 심연深淵(깊은 강속)을 이루는 곳에 홀로 떨어져 있는 큰 바위다. 진주성전투晉州役에서 의기 논개論介가 화려하게 꾸미고 포위군의 한 장수를 꾀하여 서로 껴안고 함께 강물에 투신하여 죽었다고 전한다"라고 적혀 있다.

그림 95 진주성 서장대

〈그림 95〉 엽서에는 "진주 서장대西將臺의 원망遠望"이라고 적혀 있다. 〈그림 94〉 엽서 〈진주명소구적〉의 4번째가 서장대다. 서장대는 "남산동南山町 배수지의 서쪽 남강에 면한 절벽 위에 우뚝 서 있다. 조망이 매우 아름답고 웅대한 것으로 이름이 있다. 멀리 남한南鮮의 영봉인 지리산의 연봉連峰을 바라볼 수 있다. 현재의 건물은 1934년에 재건된 것이다"라고 적혀 있다. 엽서 사진에서도 높은 절벽 위에 있는 서장대의 모습을 잘 볼 수 있다.

서장대는 진주성 서문의 지휘 장대다. 절벽 위에 있어 사방을 볼 수 있는 요충지다. 1618년(광해군 10)에 남이흥이 중건하였다. 『여지도서』(1760년 경)에는 회룡루回龍樓라고 기록되어 있다. 현재 건물은 1934년 서상필이 재건한 것이다. 경상남도 문화재자료로 지정되어 있다.[178] 남장대(촉석루), 동장대, 북장대와 함께 진주성에 설치된 4개 장대의 하나다. 서장대 아래쪽 성안에 호국사와 창렬사가 있다.

THE GOKOKUJI A TEMPLE, KEISYO-NAMDO 寺國護사祠烈忠州晋 道南尙慶
(摩志20)　　(ノモル七影圣本列忠ノ矣所軍本日時昔사祠烈忠)　　(所名鮮朝)

그림 96 진주 창렬사와 호국사

엽서에는 "조선 명소 경상남도 진주 충렬사忠烈祠와 호국사護國寺. 충렬사는 옛날 일본군 전사자의 충렬을 표창하던 곳"이라고 적혀 있다. 아래쪽이 호국사, 왼쪽 위 건물이 창렬사다. 엽서에 적힌 충렬사는 창렬사彰烈祠의 오기라고 생각한다. 「진주안내, 진주명소고적」엽서에도 "(7) 기타 창렬사, 북장대, 호국사, 의곡사 등이 있다"고 적혀 있다.

창렬사는 진주시 남성동에 있는 사우祠宇다. 진주성전투에서 전사한 진주목

---

178) 디지털진주문화대전, 「서장대」(집필자, 김유나).

사 김시민, 창의사 김천일, 충청도병마절도사 황진, 경상우도병마절도사 최경회, 진주목사 장윤, 복수復讐의병장 고종후, 종부시주부 유복립 등 39위와 모든 군졸의 신위를 안치하기 위하여, 1595년 경상감사 정사호가 건립하였다. 1607년 창렬사라 사액되었다. 1712년(숙종 38) 병사 최진한에 의해 중수되었다. 진주목사 김시민의 신위는 본래 진주성 안에 있던 충민사忠愍祠에 모셨으나, 1868년(고종 5) 서원철폐령으로 충민사가 훼철되자 이곳에 옮겨 모셨다. 경상남도 문화재자료로 지정되어 있다.[179]

호국사는 진주시 남성동 진주성 안에 있는 절이다. 진주성 안 서장대와 창렬사 사이에 있다. 임진왜란 때 승병僧兵의 근거지였다. 2차 진주성전투 때 소실되었다가, 숙종 때 재건되었다. 고려 말 건립될 때 이름은 내성사內城寺였다고 한다. 진주성전투에서 전사한 승병들의 넋을 기리기 위해 숙종이 '호국사'라는 이름을 내렸다.[180]

그림 97 진주성 남쪽 촉석루 등 남강 변 전경

179) 디지털진주문화대전, 「창렬사」(집필자, 백태남).
180) 디지털진주문화대전, 「호국사」(집필자, 김유나).

〈그림 97〉 엽서에는 "진주. 진주교 위에서 남강 상류를 바라보다"라고 적혀 있다.

2차 진주성전투에서 일본군은 1593년 6월 25일부터 28일까지 서문 쪽을 집중 공격하였다. 조선군은 중과부적衆寡不敵(숫적 열세로 대적할 수 없음)과 고립무원孤立無援(주변 원군이 없어 홀로 싸움)이었다. 마지막 날인 29일 일본군은 성벽을 무너뜨리고 성안으로 진입하였다. 진주성 군민들은 남강을 뒤로 한 채 촉석루 쪽으로 밀려 최후의 결선을 하였으나, 끝내 성은 함락되고 말았다. 방어전을 총지휘하던 김천일은 아들과 함께 남강에 투신하여 최후를 마쳤다.[181]

촉석루 주변은 진주를 지키는 조선군 최후의 전투지가 되었다. 일본 무장은 촉석루에서 승리를 축하하는 연회를 열었다. 그때 기생 차림의 논개는 게야무라 로쿠스케를 껴안고 남강으로 뛰어들어 원한을 갚았다는 것이다.[182]

그림 98 진주 촉석루

그림 99 진주 촉석루와 남강신교

---

181) 국립진주박물관, 『임진왜란』, 국립진주박물관, 1997, 42~43쪽; 기타지마 만지 지음, 김유성·이민웅 옮김, 『도요토미 히데요시의 조선 침략』, 162~168쪽.
182) 기타지마 만지 지음, 김유성·이민웅 옮김, 『도요토미 히데요시의 조선 침략』,

〈그림 98〉 엽서에는 "촉석루 진주명소. 임진왜란文祿慶長 때, 일본군豊太閤 の軍이 역전 고투한 곳으로 강물과 함께 풍광이 매우 아름답다", 〈그림 99〉 엽 서에는 "조선명소 촉석루와 남강신교. 선종(선조) 때 이곳에 축성. '촉석성'이 라고도 부른다. 임진왜란文祿ノ役(元祿ノ役은 오기다) 때 게야무라 로쿠스케毛 谷村六介가 전사한 고전장古戰場"이라고 적혀 있다.

그림 100 진주 촉석루

그림 101 진주 촉석루

164쪽.

〈그림 100〉 엽서에는 "진주 촉석루. 임진왜란文祿役 고전장", 〈그림 101〉 엽서에는 "조선멍소 경상남도 진주 촉석루와 의암. 옛날 일본군이 농성할 때 게야무라 로쿠스케毛谷村六介가 이 의암에서 강 가운데河中로 빠져 죽었다고 한다"라고 적혀 있다.

촉석루는 진주성 4대 장대의 하나인 남장대로, 장원루壯元樓라고도 부른다. 남장대·장원루라는 이름에서 지휘 장대, 과거 시험장으로 사용되었음을 알 수 있다. 6·25전쟁 때 불탔으나, 1960년에 중건되었다. 현재 건물은 1973년에 재건된 것이다. 현재 경상남도 유형문화재로 지정되어 있다.[183] 2차 진주성전투 최후의 결진지였다.

〈그림 100〉 엽서에서 촉석루 왼쪽 바로 옆에 약간 보이는 건물이 의기사義妓祠,

그림 102 의암사적비

오른쪽 모서리에 남자 한 사람이 서 있는 바위가 의암義巖이다. 〈그림 101〉 엽서의 촉석루 오른쪽 아래에 있는 작은 건물이 '의암사적비'가 있는 비각碑閣이다.

1721년(경종 1) 경상우병사로 부임한 최진한은 진주 지역민의 요구와 유몽인의 『어우야담』을 근거로, 논개의 포상을 조정에 건의하였다. 1740년(영조 16) 경상우병사 남덕하의 건의가 받아들여져 의기사가 건립되었다. 6·25전쟁 때 완전 소실되었다가, 1960년 사단법인 진주고적보존회가 재건하여 현재 건물로 유지되고 있다. 경상남도 문화재자료로 지정되어 있다.[184]

---

183) 디지털진주문화대전, 「진주 촉석루」(집필자, 정의도).
184) 디지털진주문화대전, 「의기사」(집필자, 한갑진).

〈그림 102〉 엽서에는 "조선 진주. 의암의 사적. 옛날 임진왜란文祿ノ役(文錄은 오기) 때, 기생 논개가 일본장수日將 게야무라 로쿠스케毛谷村六介를 꺼안고 함께 죽은 것의 기념비"라고 적혀 있다. 진주 성안에 있는 이이다飯田사진관에서 발행한 것이다.

엽서에서는 '의암사적비' 탁본이 수록되어 있다. 이를 활자화라면 다음과 같다.

〈義巖事蹟碑銘〉

柳於于夢寅野談曰 論介者 晉州官妓也 當萬曆癸巳之歲 金千鎰倡義之師 入據晉州以抗倭 及城陷軍散 人民俱死 論介凝粧靚服 立于矗石樓下峭巖之前 其下萬丈直入波心 羣倭見而悅之 皆莫敢近 獨一倭 挺然直進 論介笑而迎之 倭將以誘而引之 論介遂抱持其倭 直投于潭俱死 壬辰之亂 官妓之遇倭 不見辱而死者 不可勝記 非止一論介 而多失其名 彼官妓皆淫娼也 不可以貞烈稱 而視死如歸 不汚於賊 渠亦聖化中一物 不忍背國從賊 無他忠而已 猗與哀哉云 此出於當時實錄 則今於劖碑之辭 不必爲疊床之語 故仍以刻之 係之以銘 銘曰

獨峭其巖 特立其女 女非斯巖 焉得死所 巖非斯女 烏帶義聲 一江孤巖 萬古芳名

이 원문을 번역하면 다음과 같다.

어우(당) 유몽인이 야담에서 말하기를 "논개는 진주 관기다. 만력 계사년 (1593, 선조 26)에 김천일이 일으킨 의병이 진주(성)에 들어가 지키면서 적과 싸웠다. 성이 무너지고 군사가 흩어지니 백성이 모두 죽었다. 논개는 곱게 화장하고 예쁘게 차려입고, 촉석루 아래 가파른 바위 앞에 섰다. 그 밑은 만 길 낭떠러지로 바로 강물 속으로 떨어지는 곳이다. 수많은 왜적들이 논개를 보고 좋아 했으나, 누구도 감히 가까이 다가가지 못했는데, 오직 한 왜장이 앞장서서 바로 나아갔다. 논개가 웃으면서 그를 맞이하니, 왜장이 논개를 달래며 끌어내려 하였다. 논개가 마침내 그 왜장을 끌어안은 채, 바로 강물로 몸을 던져 함께 죽었다.

임진왜란 때 관기가 왜적을 만나 욕을 당하지 않으려고 죽은 사람은 기록할 수 없을 정도로 많아서 논개 한 명에 그치지 않지만, 그 이름을 대부분 알 수 없다. 저 관기들을 모두 음란한 창녀라고 하여 정렬로 칭송함은 옳지 않다고 하나, 죽음을 집에 돌아가듯이 여기고 왜적에게 몸을 더럽히지 않았다. 그들 또한 성군의 교화를 입은 한 백성들로서, 차마 나라를 배반하고 왜적을 따르지 않았으니, 다름 아니라 '충'에서 비롯된 것이다. 아 참으로 애달픈 일이다."라고 하였다. 이것은 당시 실록에 나오니, 지금 비석에 새기는 말은 거듭 말할 필요가 없다. 이에 그대로 새기고 이어 명銘을 붙인다. 명에 이르기를 '홀로 가파른 저 의암, 그 바위에 우뚝 선 저 여인이여. 저 여인이 이 바위가 아니었으면 어찌 죽을 곳을 찾았으리. 저 바위도 이 여인이 아니었으면 어찌 의롭단 명성을 띠겠는가. 남강의 외로운 의암이여 만고의 꽃다운 이름이여.'

이 비는 2차 진주성전투에서 성이 함락되어 군·관·민이 순절하자, 의암에서 일본 장수를 끌어안고 강물에 뛰어든 논개論介의 업적을 기록한 비이다. 의암에서 촉석루로 올라가는 길목 바위 위에 있는 비각 안에 있다. 현재 경남남도 유형문화재로 지정되어 있다.

1617년(광해군 9)에 『동국신속삼강행실도』가 간행되었다. 선조의 유업을 이루고자 광해군은 즉위하자마자 편찬 의지를 가지고 있었다. 임진년 이후의 우리나라 충신·효자·열녀가 망라되었다. 대상 인물이 1123명에 달하는 큰 사업이었다.[185] 1587건 가운데 일본군의 만행과 관련된 사례 576건이 삽화와 글로

---

185) 김혁, 「『동국신속삼강행실도』의 구성과 편찬 과정」『서지학보』25, 한국서지학회, 2001, 115~116쪽.

되어 있다. 그 중 충신 54건, 효자 89건, 열녀 433건이 수록되어 있다.[186] 여기에 논개의 사적은 빠져 있다. 기생 출신이기 때문에 정렬貞烈이 없다고 판단했기 때문이라고 생각한다.

논개에 관한 이야기는 1621년(광해군 13) 무렵에 유몽인(1559~1623)이 지은 『어우야담』에 실려 기록으로 남게 되었다. 1722년(경종 2)에 진주 선비 명암 정식이 『어우야담』의 내용을 바탕으로 비문을 지었다. 1741년(영조 17)에는 경상우병사 남덕하가 왕의 특명을 받아 비각을 세우고, '의기논개지문義妓論介之門'이라는 현판을 걸었다. 현판에 적힌 "경신년(1740) 가을 병사 남덕하의 장계를 듣고 특별히 정표를 명하였다. 신유년(1741) 봄에 새겨 세우다(庚申秋 因兵使南公德夏狀 聞特命旌表 辛酉春 鐫建)"라는 작은 글씨가 이를 말해준다. 비는 아래쪽에 있는 의암과 마주하고 있다. 바위에는 '의암'이란 글자가 있다. 촉석루 아래 암벽에는 "일대장강 천추의열 一帶長江 千秋義烈(한줄기 강물이 한결같이 흐르듯이 의열도 천추에 영원하다)"이라는 글귀가 새겨져 있다.[187]

논개와 함께 죽었다는 게야무라 로쿠스케의 죽음에 대해서는 진주 전사설 외에도, 두만강 북방 지역(오랑캐) 전사설, 울산 전사설, 귀국 후 병사설 등 여러 가지 설이 있다.[188]

〈그림 103〉 엽서에는 "효자 무장 게야무라 로쿠스케毛谷村六助 묘"라고 적혀

그림 103 게야무라 로쿠스케 묘비

186) 부산박물관, 『임진왜란』, 80~81쪽.
187) 디지털진주문화대전, 「진주 의암사적비」(집필자, 강명화).
188) 최관, 『일본과 임진왜란』, 고려대학교 출판부, 2004(2쇄), 284쪽.

있다. '히코산英彦山 등산 기념'이란 스탬프가 찍혀 있다.

게야무라 로쿠스케는 일본에서 효자·장사·검술가로 유명하다. 사진 중앙에 있는 바위에는 '기다 마고베木田孫兵衛 묘'라고 적혀 있다. 1881년에 세워진 것이라고 한다.[189] 현재 오이타大分현 나카츠中津시 야마구니山國정에는 게야무라 로쿠스케의 묘가 있다. 로쿠스케는 히코英彦산 기슭에 있는 게야무라毛谷村에서 태어났다. 그 후 장성하여 가토 기요마사의 가신이 된 후에, 기다 마고베貴田孫兵衛(木田孫兵衛, 喜田孫兵衛)로 이름을 고쳤다. 현재 남아 있는 묘비에는 큰 글씨 오른쪽에 작은 글씨로 '고 모곡촌육조故毛谷村六助'라고 쓰여 있다고 한다.

社神住高坊前豊き高名に助六村谷毛　山彦英前豊

그림 104 히코산英彦山 다카스미高住신사

엽서에는 "부젠 히코산豊前 英彦山. 게야무라 로쿠스케毛谷村六助로 이름이

189) 최관, 『일본과 임진왜란』, 278쪽.

높은 부젠방豊前坊 다카스미高住신사"라고 적혀 있다. 게야무라 로쿠스케를 모시는 기다喜田신사도 있다.[190]

〈그림 105〉엽서에는 "제국帝國극장 1월 흥행. '히코산곤겐 지카이노스케다치彦山權現誓助刀' 게야무라 로쿠스케毛谷村六助 안의 장면"이라고 적혀 있다.

1786년 윤10월 18일, 조루리淨瑠璃(인형극) 「히코산곤겐 지카이노스케다치彦山權現誓助劍」가 오사카 도톤보리道頓堀에서 초연되었다. 게야무라 로쿠스케는 '히코산곤겐 지카이노스케다치'의 주인공이며, 대표적인 효자·장사·뛰어난 검술가로 유명하다.[191]

작품은 히코산 기슭에서 살고 있던

그림 105 게야무라 로쿠스케 관련 가부키

로쿠스케가 스승인 검술 달인 요시오카 이치미사이吉岡一味齋의 딸 오키쿠お菊와 함께 스승과 아버지의 원수를 갚는다는 내용이다. 이 작품은 복수로 끝나는 것이 아니라, 조선침략으로 마지막을 장식한다. 이 작품은 스미요시신사 앞에서 모쿠소관木曾官이 출현하는 것에서 시작하여 가토 기요마사의 조선(삼한정벌) 출진出陣으로 막을 내린다.[192]

필자는 2020년(令和 2) 11월, 일본 국립극장에서 상연된 '히코산곤겐 지카이노스케다치'의 '게야무라' 상연 대본의 광고 사진을 본 적이 있다. 1786년 조루

190) 최관, 『일본과 임진왜란』, 278쪽.
191) 최관, 『일본과 임진왜란』, 251~289쪽.
192) 최관, 『일본과 임진왜란』, 279~283쪽.

리(인형극)로 초연된 이후, 현재까지 가부키 등으로 상연이 계속되고 있다. 일본에서 게야무라 로쿠스케의 존재와 그 인기를 실감하게 한다.

가부키에 등장하는 것은 게야무라만 아니라 김시민도 등장한다. 앞서 언급한 진주목사 김시민은 일본의 조루지(인형극)나 가부키에서 '모쿠소관木曾官'으로 등장한다. 진주목사인 모쿠소관은 충의로 가득찬 조선의 맹장, 일본에 복수하는 집념 강한 모반인 등 다양한 이미지로 등장한다.[193]

---

193) 최관, 『일본과 임진왜란』, 225~261쪽.

5장

일본군의 주둔과 철수, 지루한 협상의 결렬

1. 일본군 주둔 거점, 왜성

2차 진주성전투로 인해 1593년 6월 29일 진주성이 함락되었다. 이 무렵부터 남해안 일대에 왜성을 축조하는 공사가 잇달았다. 물론 1592년 4월 일본군이 처음 부산에 상륙한 직후 가장 빨리 부산성이 축조되었다. 부산성을 제외하고는 대부분 남해안의 주둔을 목적으로 하는 거점 성들이 대대적으로 축조되었다. 명과 일본의 강화 협상이 제대로 진행되지 않자, 주둔은 장기화되고 성 주변의 논밭을 경작하기도 하였다.[1] 당시 경상도 남해안 일대에 있던 일본군 주둔 성(왜성)의 현황을 보면 다음 〈표 1〉과 같다.

---

1) 기타지마 만지 지음, 김유성·이민웅 옮김, 『도요토미 히데요시의 조선 침략』, 168~169쪽; 中野等, 『文祿·慶長の役』, 138~139쪽.

표 1 일본군 주둔 성과 성의 주장들(1593년 7월 당시)

주둔성	주둔 주장
서생포성	가토 기요마사加藤淸正
임랑포성	모리 요시나리毛利吉成, 시마즈 도요히사島津豊久, 다카하시 모토다네高橋元種, 아키즈키 다네나가秋月種長, 이토 스케타가伊東祐兵
기장성	구로다 나가마사黑田長政
동래성	깃카와 히로이에吉川廣家, 모리 히데모토毛利秀元
구포성	고바야카와 다카카게小早川隆景, 다치바나 무네시게立花宗茂, 고바야카와 히데카네小早川秀包
부산포성·동 단성端城(지성)	모리 데루모토毛利輝元, 모리 히데모토毛利秀元
가덕성	모리 데루모토毛利輝元 등
김해죽도성	나베시마 나오시게鍋島直茂
웅천성·동 단성(지성)	고니시 유키나가小西行長, 소 요시토시宗義智, 마쓰우라 시게노부松浦鎭信 등
안골포성	와키사카 야스하루脇坂安治, 가토 시게카쓰加藤茂勝(요시아키嘉明), 구키 요시타카九鬼嘉隆
당도(거제도)내 영등포성	시마즈 요시히로島津義弘
당도 내 송진포성	후쿠시마 마사노리福島正則 등
당도 내 장문포성	하치스카 이에마사蜂須賀家政 등

출전: 中野等, 『文祿·慶長の役』, 146쪽 〈표 14〉; 기타지마 만지 지음, 김유성·이민웅 옮김, 『도요토미 히데요시의 조선 침략』, 169쪽에서 인용·정리하였다. 성 이름은 왜성으로 고치지 않고 그대로 두었다.

표에 따르면 왜성(일본성)은 부산을 중심으로 좌우 양 날개를 펼친 모양이다. 이들 성은 여러 다이묘들의 일본에서의 경험에 기초한 군사사상·축성기술에 따라 쌓은 것이다. 이런 일본성은 현재 일반적으로 '왜성'이라고 부른다.[2] 〈표 1〉에 있는 왜성 가운데 일부를 살펴보려고 한다.

1) 자성대왜성(부산왜성 지성)

그림 1 자성대왜성

그림 2 자성대왜성

2) 中野等, 『文禄·慶長の役』, 146쪽.

〈그림 1〉 엽서에는 "부산명소. 부산진 고니시 유키나가小西行長의 성터城跡", 〈그림 2〉 엽서에는 "부산명소. 고니시小西 성터城跡"라고 적혀 있다.

THE SITE OF KONISHI YUKINAGA FOSTRESS
跡城の長行西小鎭山釜道南尙慶
(慶南6) (所名鮮朝)

그림 3 자성대왜성과 부산진성

(行鎭○○竹○山釜) RUIN OF KONISHIYUKINAGA CASTLE FUSAN 趾城長行西小鎭山釜

그림 4 자성대왜성과 부산진성

〈그림 3〉 엽서에는 "조선명소. 경상남도 부산진 고니시 유키나가 성터城跡" 라고 적혀 있다. 멀리 보이는 왜성이 자성대왜성이다. 왜성의 흔적만 보이고 건물은 없다. 아래쪽에는 부산진성 안에 있던 많은 기와 건물의 흔적을 볼 수 있다. 중앙의 왼쪽 끝부분에 있는 큰 기와 건물은 아래 엽서와 비교해 보면 부산진 객사客舍임을 알 수 있다.

〈그림 4〉 엽서에는 "부산진 고니시 유키나가 성터城趾"라고 적혀 있다. 왜성 위에는 건물이 없지만 아래쪽에는 부산진성 건물의 흔적을 엿볼 수 있다. 왼쪽 중앙의 큰 기와 건물은 건물 지붕의 구조로 볼 때 객사 건물이다. 부산진 객사 본 건물의 이름은 '공신관拱辰館'이다. 자성대왜성이 있는 곳을 '자성대'라고 부른다. 앞에서도 언급한 것처럼 증산왜성(부산왜성)은 모리 데루모토毛利輝元 · 히데모토秀元 부자가, 자성대왜성은 주로 아사노 나가마사淺野長政 · 요시나가幸長 부자가 축성하였다. 자성대왜성에는 고니시 유키나가小西行長가 주둔하였기 때문에 흔히 고니시성小西城이라고 부른다. 그런데 〈표 1〉에서는 부산포성과 그 지성의 주장은 모리 데루모토 · 히데모토 부자다. 따라서 1593년 7월 당시의 주장은 이들이고, 고시니 유키나가가 주둔한 것은 그 뒤의 일이라고 생각한다.

임진왜란이 끝난 후에 부산진성을 이곳으로 옮기면서 성벽을 새로 축성하지 않고 왜성 성벽을 일부 수리하여 그대로 사용하였다. 부산진성의 성곽은 내성과 외성의 이중 구조였다. 내성 안에 있는 장대를 자성대子城臺라고 불렀다. 자성대왜성(부산왜성 지성)은 서생포왜성과 함께 조선측이 왜성을 이용하여 조선성으로 사용한 대표적인 사례다. 자성대왜성이 있던 부산진성은 현재 부산광역시 동구 자성로 99(범일동 590-5)에 위치한다. 부산광역시 기념물로 지정되어 있다.[3]

---

3) 디지털부산문화대전, 「부산진성」(집필자, 김강식); 「자성대」(집필자, 나동욱).

2) 김해 죽도왜성

일본군은 김해 죽림리(현 부산시 강서구 죽림동) 오봉산을 중심으로 죽도竹
島왜성을 쌓았다.

그림 5 김해 죽도왜성

이 엽서는 〈경상남도 김해 명소·고적 엽서〉라는 세트 엽서의 일부다. 엽서
에는 왕비릉, 초선대招仙臺, 죽도왜성의 3곳 사진이 수록되어 있다. 죽도왜성
부분에는 "나베시마鍋島가 축성한 가락 죽도 성터城址"라고 적혀 있다.[4] 이 세
트 엽서와는 다른 「경상남도 김해명소 엽서」라는 세트 엽서가 있다. 이 세트 엽
서는 필자가 소장하고 있지 않다. 엽서에는 "김해 명소 고적, 나베시마鍋島가
축성한 가락 죽도 성터"라고 적혀 있다. 〈그림 5〉 엽서는 엽서 1장에 3곳 사진

---

4) 우라카와 가즈야浦川和也 엮음, 『그림엽서로 보는 근대조선』⑤, 196~206쪽에도 필
   자가 소장하고 있는 같은 세트 엽서가 수록되어 있다. 봉투를 포함하여 모두 11장
   이다.

이 수록된 것에 비해, 이 엽서는 죽도왜성만 수록되어 있다. 사진이 크기 때문에 보기가 더 좋다.[5]

국립중앙박물관에는 〈김해군 죽도왜성 현황 및 사진〉이라는 자료가 소장되어 있다. 자료는 이미지로 볼 수 있다. 이 자료에 있는 「경상남도 김해군 죽도왜성 토지 설명 문서」에는 "김해읍 남쪽 약 1리 가락산에 있다. 임진왜란文祿の役 때 나베시마 나오시게가 축조하였다. 지금 아직도 석벽 일부가 남아 있다"라고 되어 있다. 이 자료에는 이 외에도 죽도왜성(김해 죽도일본성) 도면과 1936년 7월 24일 촬영한 죽도왜성 혼마루, 니노마루 등 사진 몇 점이 수록되어 있다. 죽도왜성의 모습을 알 수 있는 좋은 자료다.

죽도왜성의 모습은 명나라 진유격陳雲鴻의 접반사 이시발李時發이 보고한 다음의 서계 내용에서 어느 정도 알 수 있다. 이시발은 1595년 1월 12일 죽도영에 갔다. 진영 기지는 넓이가 평양 정도나 되었다. 3면이 강에 임해 있었다. 목성木城으로 둘러쌓고 토성土城으로 거듭 쌓은 다음 안에는 석성石城을 쌓았다. 높고 웅장한 누각은 현란할 정도로 화려하다. 크고 작은 토우土宇가 즐비하게 늘어서 있어 한 조각 공지도 없는 것 같았다. 규모가 만여 명의 군사를 수용할 만하다. 크고 작은 선박들은 성 밑에 줄지어 매어 있었는데, 그 수를 기억할 수 없을 정도다. 그들에게 붙어있는 우리 백성들은 성밖에 막을 치고 곳곳에서 둔전屯田을 짓고 고기를 잡아 생활을 하였다.[6]

1595년 10월 14일 김해 죽도의 적 상황을 염탐, 보고한 훈련 주부 김경상은 다음과 같이 서계하였다. 진중 형편은 부산과 한가지다. 적 수효는 대개 7~8천 명쯤 된다. 바깥은 토성이고 안은 석성石城인데, 모두 견실하다. 진에 머물러 있는 강간도로江干道老(加賀殿, 鍋島直茂)란 자는 석성 안에 3층각三層閣을 짓고 머물러 있다. 배의 수효는 1백여 척이다. 김해부를 탐심해 보았더니, 성

---

5) 우라카와 가즈야浦川和也 엮음, 『그림엽서로 보는 근대조선』 ⑤, 185~195쪽에 수록되어 있다. 봉투 포함하여 모두 11장이다.
6) 『선조실록』 선조 28년(1595) 2월 10일(계축).

중의 왜인 등이 죽도竹島에 모여 있고, 오직 수조왜收租倭 2~3백 명이 있을 뿐이다. 장수는 유여문劉汝文으로 죽도를 출입한다 하였다. 동진同陣의 관 객사에는 석성을 쌓아 장수가 들어가 살고, 밖은 우리 나라 사람 및 왜적이 서로 뒤섞여 들어가 살고 있다. 우리 나라 사람의 집은 6백여 호에 이른다.[7]

김해 죽도왜성은 나베시마 나오시게가 축성을 담당하고 그대로 주장이 된 성이다. 낙동강을 끼고 건너편에 구포왜성이 있다. 죽도왜성과 구포왜성은 성 아래에 선박을 정박할 수 있었다. 북쪽과 서쪽에 대한 연락, 병력과 물자의 중계기지, 낙동강 수운 장악의 거점, 부산포 방위의 외벽 등 중요한 기능을 한 성이다.[8] 김해로 들어가는 길목에서 부근의 양산왜성, 구포왜성, 신답왜성 등과 연계되는 전략적 요충지 역할을 하였다. 부산광역시 강서구 죽림동 787에 위치한다. 부산광역시 기념물로 지정되어 있다.[9]

3) 울산 서생포왜성

서생포왜성은 울산광역시 울주군 서생면 서생리에 있다. 현재 울산광역시 문화재자료로 지정되어 있다. 가토 기요마사가 1593년(선조 26) 7월 경에 본격적으로 쌓기 시작한 것으로 추정한다. 평지와 산지를 성벽으로 두른 '평산성平山城'에 해당하는 왜성이다. 발굴조사에서 2차례 조성된 해자가 확인되었다. 임진왜란 때 쌓은 남쪽의 임랑포왜성, 기장왜성, 동래왜성, 부산왜성과 더불어 정유재란 때는 북쪽의 울산왜성과 서로 유기적으로 연결되었다. 1597년(선조 30) 정유재란 때 다시 가토 기요마사의 근거지가 되었다. 남해안 각 지역에 있

---

7) 『선조실록』 선조 28년(1595) 11월 2일(경오). 주 6), 7) 두 사료는 村井章介, 「朝鮮史料から見た倭城」『東洋史研究』66-2, 東洋史研究會, 2007, 96~97쪽 참조.
8) 中野等, 『文祿·慶長の役』, 149~150쪽.
9) 디지털부산문화대전, 「김해죽도왜성」(집필자, 나동욱); 高田徹 외, 「金海竹島倭城の遺構と遺物」『倭城の研究』3, 城郭談話會, 1999 참조.

는 왜성 가운데 가장 규모가 웅장한 왜성으로 평가되고 있다.[10] 서생포왜성은 사명당 유정이 가토 기요마사와 4차례나 강화 회담을 한 장소로도 유명하다. 강화 회담은 1594년(선조 27) 4월 1차, 7월 2차, 12월 3차, 1597년 3월 4차가 있었다. 회담은 비록 실패했지만, 일본군의 정세를 살피고, 가토 기요마사와 강화론자 고니시 유키나가 사이의 갈등을 유도했다는 점에서 의미가 있다.[11]

〈그림 6〉 엽서는 6장 〈표 3〉에서 정리한 울산 성지보존회에서 발행한 서생포성지다. 엽서에는 "울산 서생성지. 임진왜란·정유재란文祿慶長の役 때 가토 기요마사의 본성이다. 성곽의 장대함, 축성의 교묘함이 조선 안에서 드물게 보는 고성지(옛성터)다"라고 적혀 있다. 같은 사진과 설명의 엽서가 후지와라상점에서 발행되었다. 다만 이 엽서에는 '울산명소'라는 설명이 추가되어 있다.

〈그림 7〉 엽서에는 "경

그림 6 서생포왜성(서생성지)

그림 7 서생포왜성(서생성지)

---

10) 디지털울산문화대전, 「서생포왜성」(집필자, 나동욱); 高田徹 외, 「西生浦倭城の遺構と遺物」『倭城の研究』 3, 城郭談話會, 1999; 黑田慶一, 「西生浦倭城調査報告」『倭城の研究』 5, 2002 참조.

11) 디지털울산문화대전, 「서생포왜성 강화회담」(집필자, 송수환).

남 울산명소 서생성지. 정유재란慶長の役 때 가토 기요마사의 본성이다. 성곽의 장대함, 축성의 기묘함이 조선 안에서 드물게 보는 고성지다"라고 적혀 있다. 설명은 두 엽서가 대동소이하다.

〈그림 8〉, 〈그림 9〉 엽서는 울산의 같은 곳에서 발행된 것이다. 〈그림 8〉 엽서에는 "울산군 서생면 가토 본성지 (전면). 지금부터 300여 년 전 기요마사가

그림 8 서생포왜성(전면)

그림 9 서생포왜성(측면)

쌓은 것", 〈그림 9〉 엽서에는 "울산군 서생면 가토 본성지 (측면). 지금부터 300여 년 전 기요마사가 쌓은 것"이라고 적혀 있다. 사진은 다르지만, 설명은 전면과 측면이란 글자만 다를 뿐 나머지는 같다. 산 위에서부터 아래로 이어진 성벽을 볼 수 있다.

　일본군이 서생포왜성을 쌓을 때, 서생포 만호진성과 인근 만호영성인 술마성 돌을 가져갔기 때문에 조선의 성은 대부분 훼손되었다. 임진왜란 후에는 서생포왜성을 서생포 만호진성으로 이용하였다. 서생포만호진성은 현재 울산광역시 울주군 서생면 화정리 산 68에 있다. 울산광역시 기념물로 지정되어 있다.[12] 앞서 언급한 것처럼, 임진왜란 때 쌓은 자성대왜성이 전쟁이 끝난 후 부산진성으로 바뀌었다. 서생포왜성도 마찬가지다. 임진왜란 때 쌓은 왜성이 전쟁이 끝난 후 조선의 진성으로 바뀐 대표적인 사례다. 〈그림 10〉 엽서는 엽서 1장에 울산왜성과 서생포왜성 사진을 담은 엽서다. 엽서에는 "서생성터西生城址. 정유재란慶長役의 고적으로 울산 남쪽 6리에 있다"고 적혀 있다.

テシニ蹟古ノ役長慶) 址 城 山蔚
(リ在ニロキ半外郊山蔚

テシニ蹟古ノ役長慶) 址 城 生西
(リアニ里六方南山蔚

(行象館其寫谷西　町木山蔚)

그림 10 울산왜성과 서생포왜성(울산성지와 서생성지)

12) 디지털울산문화대전, 「서생포 만호진성」(집필자, 나동욱).

2. 가토 기요마사의 호랑이 사냥

많은 남해안의 왜성을 근거지로 삼아 일본에 돌아가지 않고 조선에 남아 있던 일본군은 휴전 기간에 무엇을 하고 있었을까? 이런 활동의 하나로 왜성에 있는 장병들은 이때 히데요시의 명령도 있어서 실제로 호랑이 사냥을 하였다. 히데요시는 본인의 양생養生을 위해서 호랑이 고기나 내장을 소금에 절여 보내라는 명령을 내렸다. 이에 여러 다이묘들의 호랑이 사냥이 성행한 적이 있었지만, 히데요시는 곧 그만두라는 명령을 하였다고 한다. 히데요시의 명령뿐 아니라 자신들의 안전을 위해서 호랑이 사냥을 한 적도 있었다.[13]

이 휴전기간에 있었던 호랑이 사냥과 관련해서는 1595년 오희문의 일기『쇄미록』의 다음 기사가 주목된다.

① (1595년 3월 4일) 지난달 2일 영천군수가 전달한 통문을 보니, 흉악한 적들이 무수히 나왔다고 한다. 그러나 그 뒤로 다시 보고하는 글이 별도로 없었다. 오늘 김포 조희식趙希軾을 만났는데, '우리 집 사내 종이 군량을 지고 영천군에 갔었는데, 지난달 24일에 영천 군수가 적들이 나왔다는 말을 듣고 군사를 거느리고 달려갔다가 며칠 뒤에 돌아와서 적군이 모두 육지로 나와서 호랑이 사냥을 했는데, 호랑이 2마리를 잡아서 그들의 소굴로 돌아갔다'라고 말했습니다.[14]

② (1595년 3월 12일) 들으니, 적장 가토 기요마사에게 좋은 말 1마리가 있어서 애지중지 길렀는데 뜻밖에 호랑이에게 물려 죽자 이에 대노하여 군사를 일으켜 호랑이 2마리를 사냥하여 진중陣中으로 돌아갔다고 한다.[15]

---

13) 中野等,『文祿·慶長の役』, 159~160쪽.
14) 오희문 지음, 이주형·유형봉 옮김,『쇄미록 4 을미일록·병신일록』, 국립진주박물관, 2018, 64쪽.
15) 오희문 지음, 이주형·유형봉 옮김,『쇄미록 4 을미일록·병신일록』, 73쪽.

두 일기 다 1595년 3월의 일기다. 1번째 내용은 (영천군) 조희식 사내 종 →
조희식 → 오희문으로 전해진 내용이긴 하지만, 좀더 구체적이다. 소문은 조희
식의 사내 종이 영천군에 가서 직접 들은 것이다. 호랑이 사냥은 1595년 2월
24일 전후에 영천군 일대에서 일어나 2마리를 잡은 듯하다. 2번째 내용은 가
토 기요마사가 호랑이 사냥에 나선 이유의 하나다. 오희문 주변에서 일어난 일
은 아니지만, 오희문이 1595년 3월 일기에 호랑이 사냥 관련 내용을 남겼다는
점이 흥미롭다.

임진왜란 때 일본군이 호랑이를 잡는 것은 무사의 위용을 떨치는 것과 동시
에 호피와 호랑이 고기를 히데요시에게 바치는 충성 경쟁이었다. 호랑이 두개
골, 고기를 보낸 무장에게 도요토미 히데요시는 직접 주인장朱印狀을 주었다.
이들 주인장에 따르면 호랑이를 사냥한 무장은 가메이 고레노리龜井玆矩, 나베
시마 나오시게鍋島直茂, 깃카와 히로이에吉川廣家. 시마즈 타다츠네島津忠恒(시
마즈 요시히로 아들) 등이다. 이 외에도 구로다 나가마사黑田長政 부하, 시마즈
요시히로島津義弘와 부하의 호랑이 사냥 기록도 전한다. 그리고 임진왜란 때
가장 호랑이 사냥에 열심이었던 사람은 시마즈 요시히로와 타다츠네 부자였
다.16) 이런 내용은 가토 기요마사의 호랑이 사냥보다 빠른 시기의 자료에 나
온다.

하지만 조선 호랑이 사냥을 한 대표적인 무사로는 흔히 가토 기요마사를 든
다. 기요마사가 실제 호랑이를 사냥했는지 여부는 정확하지 않다. 기요마사의
내용은 1739년의 『상산기담常山記談』에 처음 나온다. 기요마사가 큰 산기슭에
진 치고 있을 때, 밤에 그의 시동 고즈키 사젠上月左膳이 호랑이에 물려 죽었
다. 날이 밝자 기요마사가 사냥에 나서 조총으로 쏘아 죽였다는 것이다. 이에
영향을 받은 문학작품이 『회본태합기繪本太閤記』(1797~1802)이다.17)

---

16) 최경국, 「에도시대 말 대중문화 속의 호랑이 사냥-가토 기요마사를 중심으로-」
『일본연구』 48, 한국외국어대학교 일본연구소, 2011, 58~59쪽, 73쪽.
17) 최경국, 「에도시대 말 대중문화 속의 호랑이 사냥」, 64~67쪽; 「일본 무사의 조선

『회본태합기』이후, 기요마사의 호랑이 사냥 이야기는 에도 말기 서민들의 사랑을 받은 우키요에浮世繪에 대량으로 등장한다. 대표적인 화가는 우타가와 구니요시歌川國芳(1798~1861)다. 그림에는 기요마사가 아닌 다른 사람의 이름으로 많이 그려졌다. 하지만 1867년에는 본명으로 그려졌다. 구니요시는 호랑이 퇴치뿐 아니라, 배를 타고 조선으로 향하는 그림, 한반도에서 후지산을 바라보는 그림 등 조선침략을 미화하고 정당화하여, 가토 기요마사를 영웅화하는 그림을 그리기도 하였다.[18]

『상산기담』에서는 호랑이를 죽인 무기가 조총인데, 구니요시가 그린 그림과 그림책에는 창이다. 1802년의 『회본태합기』에도 소총이다. 하지만 시대가 내려 갈수록 무용담을 더욱 극적으로 그리기 위해, 기요마사가 즐겨 쓰던 창으로 바뀌었다. 더욱 접근전으로 묘사하기 위해 칼로 그려지기까지 하였다.[19]

그림 11 기요마사의 호랑이 사냥 신문 일부(『조선신문』 1926년 1월 1일)

    호랑이 사냥-이미지 표현을 중심으로」『인문과학연구논총』 36-1, 명지대학교 인문과학연구소, 2015, 51~52쪽.
18) 최경국, 「우타가와 구니요시의 무사그림과 호랑이 사냥」『일본연구』 40, 2009, 180~193쪽,
19) 최경국, 「일본 무사의 조선 호랑이 사냥」, 52~54쪽.

『조선신문』 1926년 1월 1일자에 게재된 오다 쇼고小田省吾의 「가토 기요마사의 호랑이 사냥에 관한 역사적 고찰」이란 기사 일부다. 1926년은 병인년으로 호랑이띠 해다. 호랑이띠 해이므로 정초 1월 1일자 『조선신문』에 이를 연재하였다고 생각한다. 오다 쇼고는 『조선출병과 가토 기요마사』라는 얇은 책도 간행했는데, 1934년 경성제국대학 의학부 고고회에서 강연한 것이라고 한다.[20]

그림 12 가토 기요마사의 호랑이 사냥

그림 13 가토 기요마사의 호랑이 사냥

20) 엔도 키미오 지음, 이은옥 옮김, 『한국 호랑이는 왜 사라졌는가』, 이담, 2019(3쇄), 196~197쪽.

〈그림 12〉 엽서에는 "가토 기요미사 조선 산중에서 호랑이를 퇴치", 〈그림 13〉 엽서에는 "가토 기요마사 조선에서 맹호를 퇴치하다"라고 적혀 있다.

그림 14 가토 기요마사의 호랑이 사냥

그림 15 호랑이 두개골

〈그림 14〉 엽서에는 "가토 기요마사 호랑이 사냥", 〈그림 15〉 엽서에는 "에도江戸기념박람회 참고품. 가토 기요마사의 투구, 편겸창片鎌槍, 호랑이 두개골. 후작 도쿠가와 요리미치德川頼倫 소장"이라고 적혀 있다. 겸창은 창날 부분에 낫이 달린 창을 말한다. 한쪽에만 날이 달린 창을 편겸창, 양쪽에 모두 달린

것을 양겸창이라고 한다. 소장자 도쿠가와 요리미치(1872~1925)는 기슈紀州 도쿠가와가의 15대 당주當主로 작위는 후작이다.

엽서 속에 있는 기요마사의 편겸창에 대해서는 두 가지 설이 있다. 하나는 아마쿠사天草의 민중반란을 토벌하기 위해 격전하던 중에 애용하는 창의 한쪽 날이 부러졌다는 설이고, 다른 하나는 호랑이와 싸울 때 호랑이가 물어서 부러졌다는 설이다. 하지만 이 창은 원래 모양 그대로라는 것이 정설이다.[21] 1637~1638년 일어난 '시마바라島原·아마쿠사天草의 난'에 대해서는 3장에서 언급한 바 있다. 가토 기요마사의 호랑이 사냥 판타지에서 무기가 조총 → 창 → 칼로 바뀐다고 하였다. 그가 사용하던 편겸창이 호랑이 사냥에서 한쪽 날이 부러진 것이라는 설은 판타지의 극적 효과를 거두기 위한 것이었다. 〈그림 15〉 엽서에는 기요마사를 상징하는 투구, 호랑이 사냥을 하다 부러진 창, 직접 잡은 두개골이 절묘하게 세트를 이루고 있다. 이 역시 판타지이지만, 다른 엽서들보다 직접 관련 유물을 보여주고 있는 점이 주목된다. 현재 도쿠가와 미술관은 크고 작은 2개의 호랑이 두개골을 소장하고 있다. 가토 기요마사가 임진왜란 때 퇴치한 호랑이 머리다. 큰 것은 도쿠가와 집안에서 전래하던 물건으로 십문자창槍과 함께 1934년에 구입한 두개골이라고 한다.[22] 히데요시는 조선에서 호랑이 사냥을 하여 호랑이 고기나 가죽을 보낸 무장에게는 직접 서명한 주인장을 주었다. 하지만 아직 가토 기요마사에게 준 주인장은 발견되지 않았다.[23] 이것은 가토의 호랑이 사냥이 임진왜란에서 다른 사람보다 그를 강조·부각시키기 위한 판타지임을 보여주는 것이라고 하겠다.

〈그림 16〉 엽서에는 "1909년(明治 42) 3월 11일 특지로 종3위 가토 히고노카미 시종 후지와라 기요마사공(贈從三位加藤肥後守侍從藤原淸正公)으로 추증"이라고 적혀 있다. 1910년에 추증되었다는 설도 있다. 증종3위贈從三位는

---

21) 최경국, 「일본 무사의 조선 호랑이 사냥」, 54~55쪽.
22) 최경국, 「에도시대 말 대중문화 속의 호랑이 사냥」, 64~67쪽.
23) 최경국, 「에도시대 말 대중문화 속의 호랑이 사냥」, 64~67쪽.

그림 16 호랑이 등에 탄 기요마사   그림 17 가토 기요마사 묘비 구마모토 혼묘지

가토 기요마사가 받은 가장 마지막 품계다. 호랑이 등에 앉아 편겸창을 든 기요마사 뒤에 있는 사진의 깃발을 보면, '나무묘법연화경' 글씨 밑에 '아마데라스황대신天照皇大神'이라 적혀 있는 것이 주목된다. 아마데라스 오미카미天照大神는 일본 황실의 조상신이며, 일본 신화에 등장하는 해의 여신이다.

〈그림 17〉 엽서에는 "구마모토熊本백경. 혼묘지本妙寺 가토 기요마사加藤清正 묘"라고 적혀 있다. 비문에는 '고 히고노카미 종사위 후지와라조신 기요마사 묘故肥後守從四位藤原朝臣清正墓'라고 적혀 있다. 죽었을 당시에는 종4위인 것을 알 수 있다. 왼쪽 엽서에는 종3위로 증직된 품계가 적혀 있다.

3. 일본군의 철수와 고바야카와 다카카게의 행보

일본군이 주둔하는 성의 방비 책임에서 벗어난 일본군 장수들은 조선에 머무를 필요가 없게 되었다. 하지만 선박을 모으고 안배하는 데는 시간이 걸리고, 병량의 사정 등도 감안해야 하기 때문에 빨리 결정이 되었다. 조선에서 철수하여 일본으로 돌아가는 것이 허락된 사람은 다테 마사무네伊達政宗, 우에스기 가게카쓰上杉景勝, 사다케 요시히사佐竹義久, 우키다 히데이에宇喜多秀家, 호소가와 타다오키細川忠興 등으로 전체 병력 수는 약 5만 명 정도였다. 많은 병력을 단시간 수송해야 하기 때문에 조 편성이나 귀환 순번이 정해졌다. 전체 4조로 나눈 병력은 1593년 윤9월 상순 경에는 철수하였다. 많은 일본군이 조선에서 철수하고 얼마 되지 않은 10월 1일 선조도 서울로 귀환하였다.[24]

이 절에서는 고바야카와 다카카게의 철수와 일본으로 돌아간 후의 행보가 주목되어 정리하여 보았다. 앞에서 언급한 바대로, 고바야카와는 다치바나立花 宗茂와 함께 1593년 1월 말 벽제관전투에서 큰 승리를 하였다. 1593년 6월 말 2차 진주성전투에서는 일본군 1·2·3군이 진주성을 포위할 때, 모리 히데모토毛利秀元·깃카와 히로이에吉川廣家 등과 함께 진주성 외곽에서 진주성을 구원할 조선군에 대비하였다.[25] 〈표 1〉에 의하면 고바야카와는 구포왜성, 모리 데루모토는 부산왜성·자성대왜성·가덕도왜성의 주장이었다. 하지만 고바야카와는 모리 데루모토와 함께 1593년 9월 귀국하였다. 그는 1597년 6월에 세상을 떠났다.[26] 귀국한 다음해인 1594년에 규슈 하코자키箱崎궁(신사)의 누문樓門을 지어 기부하였다.[27]

---

24) 中野等, 『文祿·慶長の役』, 139~140쪽. 상세한 것은 이 책 141~142쪽 〈표 12〉 「조선반도로부터의 병력 귀환 계획」참조.
25) 기타지마 만지 지음, 김유성·이민웅 옮김, 『도요토미 히데요시의 조선 침략』, 163쪽.
26) 奧村徹也, 「小早川隆景關係年譜」『小早川隆景のすべて』(新人物往來社 편), 新人物 往來社, 1997, 274~275쪽.
27) 宮野宣康, 「小早川隆景史跡事典」『小早川隆景のすべて』, 257~258쪽.

그림 18 하코자키궁 누문과 편액

그림 19 하코자키궁 누문과 편액

〈그림 18〉 엽서에는 "하코자키箱根신사 누문樓門", 〈그림 19〉 엽서에는 "관폐대사 하코자키궁 하코마쓰箱松 누문 국보 건조물"이라고 적혀 있다. 〈그림 19〉 엽서는 '관폐대사 하고자키궁 엽서'란 세트 엽서의 하나다. 봉투 안쪽에 해설이 있다. 해설 가운데 누문은 "1594년(文祿 3) 고바야카와 다카카게小早川隆景가 '정한전승征韓戰勝'을 기원하기 위해 조성한 것. 적국항복敵國降伏의 칙액勅額(왕이 직접 쓴 편액)을 받아 걸었기 때문에 '복적문伏敵門'이라고 칭한다. 국보 건조물이다"라는 부분이 있다. 고바야카와가 '정한 전승', 즉 임진왜란 승리를 기원하기 위해 누문을 지었다는 해설이다.

후쿠오카시의 문화재 소개 홈페이지에도 "나지마名島성주 고바야카와 다카카게가 1594년에 지은 것이다. 누상에 걸린 '적국항복'이란 편액은 종이에 쓴 것을 모사 확대한 것이지만, 이 편액 때문에 이 문은 '복적문'이라고 불리고 있다. 이 글씨는 몽골침략文永の役(1274년) 후 사전社殿 재건에 힘쓴 가메야마상황龜山上皇이 하사한 것이라고 전한다. 현재의 편액은 2003년에 복원 작성된 것이다"[28]라고 하였다. 몽골·고려 연합군은 1274년과 1281년 2차례 일본을 공격하였다. 일본에서는 1274년 1차 침공을 '분에이노에키文永の役', 1281년 2차 침공을 '고안노에키弘安の役'라고 부른다.

〈그림 20〉, 〈그림 21〉 엽서에 있는 동상은 같은 동상을 약간 다르게 표현한 것이다. 〈그림 20〉 엽서에는 "히가시공원東公園 가메야마상황 동상", 〈그림 21〉 엽서에는 "원구元寇 기념비"라고 적혀 있다. 동상의 아래

그림 20 가메야마상황 동상

---

28) https://bunkazai.city.fukuoka.lg.jp(후쿠오카시의 문화재) 참조.

대좌에는 하코자키궁의 누문에 적힌 것과 같은 '적국항복'이란 글씨가 박혀 있다. 〈그림 21〉 엽서에는 1908년 10월 1일부터 열린 '전국 어린이 박람회 기념' 스탬프가 찍혀 있다. 여기서 적국은 몽골(원)을 가리킨다.

〈그림 22〉 엽서에는 "다이고醍醐천황 신한宸翰(친필). 921년(延喜 21) 6월 21일 신탁에 의해 감지紺紙(감색 물들인 종이)에 금니金泥(아교에 갠 금박 가루)로 37엽葉 친필을 써서 본궁(하코자키궁)에 봉납한 것이다. '국國' 자가 4종류 있다. 실로 성려聖慮가 있는 바이다. 관폐대사 하코자키궁 보물"이라고 적혀 있다. 적국항

그림 21 원구기념비

복이란 글자에서 '나라 국國'가 4곳 모두 다르다는 것이다.

醍醐天皇宸御翰

延喜廿一年六月廿一日神託ニヨリ紺紙ニ金泥ヲ以テ三十七葉宸御書ラセラレ
レ宮本御奉納シリアモシニテ國ノ字四種リア質ニ聖慮ノ存ルル處ナリ
（不許複製）　官幣大社筥崎宮寶物

그림 22 다이고천황 친필 '적국항복'

勅敵國降伏
テシニノモルタシ大陽宮樓ヲ夢一内ノ輪宸御皇天廟麗
リア稱ノ門敵伏リヨニ掲奉額扁ノ此
（製複許不）　物寶宮崎筥社大幣官

聯酒御唐ニ井籠橙銅
局前筑ノ爲ノ金祈御略豎隆川早小月九年四糠文右籠橙
右聯酒ノモノ納奉永宗前蕃兌口山月慶年元長慶左リョ
リア銘ノ月八年五十正天ノ側一左月八年三正永個二
（製複許不）　物寶宮崎筥社大幣官

그림 23 하코자키궁 누문의 '적국항복' 편액　　그림 24 고바야카와 다카카게가 하코자키
　　　　　　　　　　　　　　　　　　　　　　　　　궁에 바친 구리 등롱

〈그림 23〉 엽서에는 "적국항복 편액. 다이고천황 신한(친필) 중의 하나를 모사 확대한 것. 이 편액이 걸려 있기 때문에 복적문이라고 칭한다. 관폐대사 하코자키궁 보물"이라고 적혀 있다. 다이고천황(897~930 재위)이 쓴 글씨를 본떠서 편액 글씨를 만든 것이다. 일본에서는 이 글자를 무력으로 적을 항복시키는 것(降伏敵國)이 아니라, 덕의 힘에 의해 적국이 스스로 항복하는(敵國降伏) 것이라고 해석하고 있다.

〈그림 24〉 엽서에는 "구리 등롱 및 중국 구리 술병. 오른쪽 등롱은 1595년(文祿 4) 9월에 고바야카와 다카카게가 기념祈念을 위해 치쿠젠국筑前局으로부터 바친 것. (중략) 관폐대사 하코자키궁 보물"이라고 적혀 있다. '기념'이란 앞에서 언급한 임진왜란 승리(정한 전승)의 기원을 가리킨다고 생각한다.

왼쪽 등롱은 1596년 12월에 히데요시의 가신인 야마구치 무네나가山口宗永가 바친 것으로, 엽서 설명에 있는 '현번두玄蕃頭'는 그의 관직 이름이다. 술병 오른쪽 2개에는 1506년(永正 3) 8월, 왼쪽 1개에는 1587년 8월의 명문이 있다고 한다. 술병은 고바야카와와 야마구치 두 사람 중에서 누가 어느 것을 바친 것인지 알 수가 없다.

한편 히로시마廣島현립문서관에는 고바야카와 초상화와 긴 문장의 찬이 적힌 희소한 엽서가 소장되어 있다. 필자는 이 엽서를 가지고 있지 않다. 앞서 본 필자 소장의 고바야카와 초상화 엽서에는 찬이 없다. 히로시마현립문서관 소장 엽서에는 "고바야카와 나카카게 체상體像. 국보. 아키安藝 도요타豐田군 베이산지米山寺 소장藏"이라고 적혀 있다.

고바야카와 다카카게(1533~1597)는 모리毛利씨의 당주當主인 모리 모토나리毛利元就의 3남이다. 임진왜란 때 6군 대장으로 참전하였다. 이 초상화는 현재 히로시마현 미하라三原시에 있는 베이산지에 소장되어 있다. 그가 살아있던 1594년에 그린 것으로, 본인이 직접 본 초상화다. 이 초상화 위에는 교토 다이도쿠지大德寺 오바이인黃梅院의 교쿠츄玉仲화상이 지은 찬贊이 적혀 있다. 이 찬의 내용 가운데는 '군대를 정돈하여 조선을 평정하다(振旅平朝鮮)'29)라는 문구가 있다. '조선을 평정하다'라고 한 것은 임진왜란, 특히 벽제관전투에서 승리한 활약상을 표현한 것이라고 생각한다.

전쟁이 소강상태에 접어들자 고바야카와는 1593년 9월 귀국하여, 다음해 1594년에 '적국항복'이란 편액이 걸린 하코자키궁의 누문을 짓고, 또 생전에 초상화도 그렸다. 그 다음해 1595년 9월에는 기도를 위해 하코자키궁에 구리 등롱을 바쳤다. 원래 하코자키궁의 '적국항복'은 여·몽연합군의 일본 침략을 대상으로 한 것으로, 몽골과 고려가 항복하는 것을 바란 것이다. 여·몽연합군

---

29) 도쿄대학 사료편찬소 소장 〈초상화 모본 데이터베이스〉에는 한문으로 된 찬이 활자화되어 있다. 이 소장본 1910년 3월에 米山寺 원본을 모사한 것이다. 찬의 내용은 이 DB에서 인용한 것이다.

의 침입과 관련된 공포로는 '무쿠리·고쿠리'에 대한 다나카 다케오의 다음과 같은 견해가 주목된다.

「일본 이키壹岐섬에는 지역 토산 완구로 '무쿠리'라는 인형이 있다. 이것은 몽골침략 때 몽골인의 모습을 본뜬 소박한 나무인형이다. 여몽연합군의 침략 이후 1419년에 이종무가 중심이 되어 대마도정벌을 하였다. 일본에서는 이것을 '오에이의 외구應永の外寇'라고 부른다. 일본인은 조선군이 독자적으로 공격한 것을 무시하고, 몽골·고려 연합군이 침공한 것이라고 한 기록이 있다. 즉 '무쿠리蒙古·고쿠리高麗'가 다시 공격해 왔다는 것이다. 왜구의 날뜀, 도요토미 히데요시의 조선 침략, 1853년 미국 페리Perry의 흑선黑船, 사이고 다카모리西鄕隆盛의 정한론征韓論 등에는, 외국에 대한 대응의 밑바닥에 '무쿠리·고쿠리'에 대한 일본인의 공포관념이 전혀 없다고는 단언할 수 없다」.[30]

고바야카와는 1597년에 사망하였다. 그가 누문을 짓고, 등롱을 바치면서 기도하고 염원한 것은 '적국항복', 즉 '정한역'(임진왜란)의 승리였다. 하코자키궁에 걸린 '적국항복'의 적은 여·몽연합군에서 조·명연합군으로 바뀐 것이다. 그가 조선을 평정했다고 초상화에서 자랑했음에도 불구하고 전쟁은 끝나지 않았다. 그는 1597년 6월 사망해서, 정유재란에는 참전하지 못하였다. 고바야카와는 1594년 도요토미의 조카인 히데토시秀俊(훗날 秀秋)를 양자로 맞았다. 그 양자가 고바야카와 히데아키小早川秀秋다. 조·명연합군이 스스로 항복하기를 바랐던 꿈은 이루어지지 않았다. 그 대신 양자 고바야카와 히데아키가 총대장으로 정유재란에 참전하였다.

---

30) 田中健夫, 「ムクリコクリ」『對外關係と文化交流』, 思文閣出版, 1982, 330~333쪽.

4. 명 황제의 도요토미 일본 국왕 책봉

앞서 언급한 것처럼 1592년 9월, 고니시 유키나가는 명의 심유경과 평양성에서 10리쯤 떨어진 강복산에서 강화 협상을 시작하였다. 1593년 명군 총지휘관 송응창宋應昌은 일본측 요청에 따라 명 황제의 임명을 받지 않은 휘하의 사용재謝用梓·서일관徐一貫을 명 사절로 삼아 일본에 보냈다. 이들은 1593년 9월 나고야名護屋에 도착하였다.[31]

나고야에서 '명 가짜 사절'과 게이테쓰 겐소景轍玄蘇와 겐포 레이산玄圃靈三(난젠지南禪寺 주지)이 상화 협상을 하는 즈음에, 고니시 유키나가는 심유경과 의논하여 자신의 가신 나이토 죠안內藤如安(고니시 히小西飛)을 명 황제에게 가짜 항복문서를 바치는 가짜 항복사절로 파견할 것을 결정하였다.[32] 나이토 죠안 일행은 1594년 12월 7일 베이징에 도착하여 14일 명 황제를 만나 '항복문서'를 바쳤다. 나이토는 히데요시가 조선을 침범한 이유 등 여러 가지 비난하는 질문을 받았다. 명의 병부는 히데요시가 책봉을 간청한다고 인정하였다. 그래서 히데요시의 책봉을 명 황제에게 주선하여 이를 허락받았다.[33] 명·일 쌍방이 '위사僞使(가짜 사절)'를 파견하여 진행한 강화교섭은 인식의 차이에도 불구하고 조율이 되었던 것이다.[34]

1594년 12월 명의 신종 만력제는 히데요시를 일본 국왕에 봉하는 임명장(고명誥命)의 작성을 명하고, 이를 전달하는 책봉 정사에 이종성李宗城, 부사에 양방형楊方亨을 임명하였다. 1595년 1월 30일 책봉사는 베이징을 출발하였다. 2월

31) 기타지마 만지 지음, 김유성·이민웅 옮김, 『도요토미 히데요시의 조선 침략』, 152~153쪽.
32) 기타지마 만지 지음, 김유성·이민웅 옮김, 『도요토미 히데요시의 조선 침략』, 175~176쪽.
33) 기타지마 만지 지음, 김유성·이민웅 옮김, 『도요토미 히데요시의 조선 침략』, 176~178쪽; 김경태, 『허세와 타협』, 123쪽.
34) 村井章介, 『東アジアのなかの日本文化』, 233~234쪽.

에 명 황제는 심유경을 부산포로 먼저 보내어, 사행 선박 준비, 부산포 주변 일본군 철수, 일본은 명의 속국이 되어 조선을 침범하지 말 것 등 내용을, 일본과 조선 사이에서 조정하도록 했다.[35]

1595년 11월 말 정사 이종성이 부산포 일본 진영에 들어갔다. 12월 1일 고니시, 데라자와 마사나리寺澤正成, 겐소 등은 히데요시에게 내려준 금인과 임명장(고명)을 접하였다. 그런데 1596년 4월, 히데요시는 책봉을 받을 의사가 없고, 책봉사가 일본에 가면 구속될 것이라는 유언비어가 나돌았다. 이에 놀란 정사 이종성은 군영에서 도망을 쳤다. 이 사건으로 정사는 양방형, 부사는 심유경으로 바뀌었다. 부사 심유경은 6월 12일 정사보다 먼저 오사카에 도착하여, 6월 말에 후시미성에서 히데요시를 만났다. 정사 양방형은 6월 중순 쓰시마로 향했다. 선조는 황신을 통신 정사, 박홍장을 부사로 삼아, 양방형을 수행하도록 했다. 1596년 9월 1일 명의 책봉사는 오사카성에서 히데요시를 만나, 임명장·금인·관복을 전달하였다. 이 자리에 조선에서 간 통신사는 없었다.[36]

부사 심유경을 후시미성에서 만난 것처럼, 정사도 후시미성에서 만날 예정이었다. 후시미성은 히데요시가 새로 지은 성이다. 성은 책봉사·통신사를 맞기 위해 만든 화려한 무대였으나, 8월 13일 교토 후시미에서 일어난 지진으로 무너지고 말았다. 그래서 후시미성 대신 오사카성에서 만난 것이다.[37]

〈그림 25〉 엽서에는 "묘보인문적妙法院門跡 집물. 도요토미豊太閣가 남긴 보물 중의 조선국왕 기증 옥관玉冠·옥패玉佩·장속裝束"이라고 적혀 있다. '교토 묘보인妙法院문적 배관 기념'이란 스탬프가 찍혀 있다.

이 관복은 교토의 묘보인妙法院에 남아 있다. 1832년 묘보인이 이들 유물과

---

35) 기타지마 만지 지음, 김유성·이민웅 옮김, 『도요토미 히데요시의 조선 침략』, 178~181쪽.
36) 기타지마 만지 지음, 김유성·이민웅 옮김, 『도요토미 히데요시의 조선 침략』, 178~181쪽.
37) 김경태, 『허세와 타협』, 133~134쪽.

東裝 佩玉 冠玉 脚寄王國照朝 内寶遺閤太閤物件飾門藏法妙

그림 25 명 황제가 도요토미 히데요시에게
준 관복

관련된『풍공유보도략豊公遺寶圖略』이란 도록을 간행하였다. 이 도록에는 이들 관복 등 14점이 수록되어 있는데, 이 책에서는 명 황제가 준 관복을 조선 왕이 헌상한 것이라고 소개하고 있다. 또 실제 장속裝束을 담은 상자 뚜껑 안쪽에 붙어 있는 종이에는「조선인 장속 16령領, 동 상裳 3령, 동 각반脚絆 하나, 동 신발 2족」이라고 적혀 있다.[38] 엽서에 조선 국왕이 기증한 것으로 적혀 있는 것은 이런 언급이 있었기 때문이다. 의도적이든 아니든 1832년『풍공유보도략』의 오류는 그 후에 그것이 마치 사실인 듯 기억·기록되는 오류의 중요한 단서가 되었다.[39]

하지만 이것은 조선 국왕이 기증한 것이 아니라, 명 황제가 준 것이라는 것은 일본학계에서도 여러 연구가 이루어졌다.[40] 명 황제는 이 외에도 히데요시에게 여러 가지 선물을 주었다. 선물 내용은 이른 바〈칙유〉끝 부분에 기록되어 있다. 오사카시립박물관의 전시 도록인『명국과 일본明國と日本』을 보면, 칙유에 기록된 관복류는 그 일부가 현존하는데, 교토 묘보인에 전하는 히데요시

38) 河上繁樹,「豐臣秀吉の日本國王册封に關する冠服について−妙法院傳來の明代官服」『京都國立博物館學叢』20, 京都國立博物館, 1998, 75쪽.
39) 堀新·井上泰至,『秀吉の虛像と實像』, 笠間書院, 2016, 266~267쪽.
40) 河上繁樹,「豐臣秀吉の日本國王册封に關する冠服について」에 인용된 大庭脩, 杉本正年 등 논문.

유품 가운데 조선 왕의 공물이라는 의상과 기타 물품은 명에서 히데요시에게
선물한 관복류라고 밝히고 있다.[41]

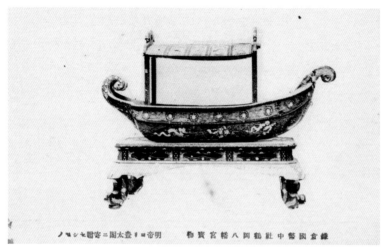

그림 26 명 황제가 도요토미(풍태합)에게 준 선물

그림 27 명 황제가 도요토미(풍태합)에게 준 선물

41) 大阪市立博物館, 『明國と日本－外交·貿易·文化交流－』, 大阪市立博物館, 1976,
   14쪽.

〈그림 26〉 엽서는 소슈相州 가마쿠라 츠루가오카鶴岡 하치만八幡궁 보물 엽서(10매 세트 엽서)의 하나다(1장 〈그림 14〉 참조). 츠루가오카 하치만궁은 가마쿠라에서 가장 중요한 신사로, 가마쿠라의 상징물이다. 가마쿠라막부를 탄생시킨 미나모토노 요리토모源賴朝 관련 신사다. 국가 수호신이자 전쟁(무예)의 신 하치만을 기리는 신사다. 엽서에는 "가마쿠라鎌倉 국폐중사 츠루가오카 하치만궁 보물. 명 황제가 도요토미豊太閤에게 기증한 것"이라고 적혀 있다. 〈그림 27〉 엽서도 〈그림 26〉 엽서와 같은 사진이다. 다만 엽서에는 "가마쿠라 츠루가오카 하치만궁 보물. 청패선靑貝船. 히데요시 봉납"이라고 적혀 있다. 명 황제가 준 배모양의 선물은 '청패선'이라고 불린 것을 알 수 있다.

명 황제(신종 만력제)가 도요토미 히데요시豊臣平秀吉를 일본국왕에 책봉하는 글明皇贈豊太閤日本國王册封文[42], 즉 고명의 내용은 다음과 같다.

"천운을 받들고 이으시는 황제께서는, 성스럽고 어지며 널리 움직이시니, 무릇 천지간에 존경하고 친하지 아니한 자 없도다. 제왕의 이름이 널리 퍼져 장차 바다끝 해뜨는 곳까지 미치려 하니 복종치 아니한 자 없다. 옛 우리 황실의 선조께서는 사종을 경영하시어, 임명문서를 널리 부상扶桑의 땅까지 내리시고, 귀한 돌로 만든 큰 인장을 보내시어 진국鎭國의 영광을 베푸셨다. 뒤이어 파도물결이 일어나면 그 파도를 다스리는 임무를 맡기셨다. 이 융성한 때를 맞이하여 마땅히 이 법도를 이어야 할 것이다. 그대 도요토미 히데요시豊臣平秀吉는 바다에 있는 나라에서 일어나 중국을 존중할 줄 알아, 서쪽으로 사신을 보내 흠모하여 동화코저 하고, 북쪽으로 만리장성의 관문을 두드려 내부來附를 간절히 구하였도다. 그 정은情恩이 공순함보다 지극하고 복종하고 따름보다 아낄 만하다. 이에 특히 그대를 봉하여 일본왕에 삼고, 이 고명誥命을 내린다. 아 그대 해외에서 의관을 입고, 바깥 변방으로서 우리 중국을 굳게 지키려 하니, 신하로서 마땅히 지켜야 할 서약을 생각하고, 황은皇恩의 두려움을 느껴 정성을

---

42) 국립진주박물관, 『임진왜란』, 74~75쪽에서 인용하였다. 원문 전문이 수록되어 있다.

버리지 말지어다. 삼가 황제의 말씀에 복종하고 교화하시는 바를 준수할 지어다.

　만력 23년(1595) 정월 21일"

　일본학계에서는 흔히 고명은 '명황증풍태합일본국왕책봉문明皇贈豊太閤日本國王册封文', 칙유는 '명신종증풍태합서明神宗贈豊太閤書'라고 부른다. 칙유 원본은 일본 궁내청에 소장되어 있다. 첫 부분에 황제칙유일본국왕평수길皇帝勅諭日本國王平秀吉이라고 적혀 있다. 끝부분에는 하사품 내용이 적혀 있다.[43] 이 고명·칙유와 함께 왕으로 봉하는 금인金印과 관복을 주었다. 다음날 히데요시는 선물을 받은 뜻으로 관복을 입고 명 사절에 대한 향연에 나아갔다.[44]

5. 강화 협상의 결렬

　앞에서 1593년 9월 나고야名護屋에서 명의 가짜 사절과 일본의 겐소와 레이산이 강화 협성을 한 것을 언급하였다. 이때 1593년 6월에 작성된 히데요시의 7개 강화조건이 제시되었다. 이를 요약하면 다음과 같다. ① 명 황제의 공주를 일본(천황)의 후비로 삼는다, ② 감합勘合무역을 재개한다, ③ 명과 일본이 통호通好하는 맹세문을 쓴다, ④ 조선의 4도를 반환한다(남쪽 4도는 일본이 점령을 계속한다), ⑤ 조선의 왕자나 대신 한두 명을 인질로 일본에 보낸다, ⑥ 기요마사가 체포한 두 왕자를 인도한다, ⑦ 조선의 권신이 강화 준수 맹세문을 쓴다.[45]

---

43) 大阪市立博物館, 『明國と日本』, 12쪽에 수록된 칙유(복제품) 참조.
44) 河上繁樹, 「豊臣秀吉の日本國王册封に關する冠服について」, 75쪽.
45) 中村榮孝, 『日鮮關係史の研究』(중), 175~178쪽; 大阪市立博物館, 『明國と日本』, 13쪽; 김영진, 『임진왜란』, 367~370쪽; 北島万次 지음, 김문자·손승철 엮음, 『北島万次, 임진왜란연구의 재조명』, 경인문화사, 2019, 62쪽; 이근우 외, 『전근대

1596년 9월 1일, 명의 책봉사는 오사카성에서 히데요시를 만나, 명 황제의 고명과 칙유를 전달하였다. 히데요시는 ②의 감합무역 부활 요구를 명이 받아들인 것을 전하는 사절이라고 생각했다. 무로마치室町시대의 감합무역은 명 황제와 무로마치 장군과의 군신관계를 전제로 한 것이지만, 히데요시는 그것을 알 수 없었다.[46]

그림 28 히데요시를 일본 국왕에 봉하는 임명장

그림 29 명과 일본의 강화협상 결렬

문제의 사건은 9월 2일 일어났다. 히데요시는 오사카성에서 명 책봉사를 접대하면서 세이쇼 조타이西笑承兌에게 명 황제의 임명장(고명)을 읽도록 했다. 국서에는 "특별히 그대를 일본국왕에 봉한다"는 말이 있을 뿐, 앞의 7개 강화조건에 대해서는 한마디도 없었다.[47]

〈그림 28〉 엽서에는 "도요토미豊太閤가 명 사절明使을 꾸짖다", 〈그림 29〉 엽서에는 "도요토미 히데요시가 대명국의 무례에 노여워하고, 봉책封册(책봉서)을 찢고, 사자를 쫓아내고, 다시 조선에 병兵을 보내다"라고 적혀 있다.

한일관계사』, 325~326쪽.
46) 村井章介, 『東アジアのなかの日本文化』, 233~234쪽.
47) 기타지마 만지 지음, 김유성·이민웅 옮김, 『도요토미 히데요시의 조선 침략』, 181쪽.

〈그림 28〉 엽서에서 우측 하단에 있는, 명 황제의 임명장을 읽고 있는 승려가 바로 히데요시의 외교 자문을 맡은 세이쇼 조타이西笑承兌로 보인다. 세이쇼 조타이는 앞에서 언급한 히데요시를 '태양의 아들'로 만든 논리를 제시하고, 1590년 황윤길·김성일 통신사행 때, 선조에게 보내는 히데요시의 서한(국서)을 기초한 인물로도 유명하다. 그는 임제종 쇼코쿠지相國寺 주지를 거쳐 승록직僧錄職이 되었다. 히데요시는 고아, 루손, 고산국高山國 외에 대니국大泥國(샴) 등지에도 서신을 보냈는데, 모두 조타이가 기초한 것이다. 임진왜란 때 나고야성까지 히데요시를 수행하여, 여러 다이묘에게 보내는 격문을 작성하기도 하였다.[48]

〈그림 30〉 엽서에는 "근왕勤王 백걸, 도요토미 히데요시"라고 적혀 있다. 히데요시가 격노하여 임명장(고명)을 찢고, 명 황제가 준 관복(관모)을 던지는 장면이 묘사되어 있다. 히데요시는 자신이 명 황제의 신하가 된 것을 알고 격노하였다.

명 황제가 히데요시를 국왕으로 책봉하는 고명 문제가 강화 협상의 파탄을 가져온 중요한 원인인 것만은 틀림없다. 하지만 이 문제를 좀더 살펴볼 필요가 있다. 이 문제를 검토한 나카노 히토시中野等의 견해를 간략하게 정리하면 다음과 같다.

그림 30 도요토미 히데요시의 분노

48) 朝日新聞社, 『信長と秀吉 天下一統』 『日本の歷史』 555호(주간 조일백과), 朝日新聞社, 1986, 160쪽; 기타지마 만지 지음, 김유성·이민웅 옮김, 『도요토미 히데요시의 조선 침략』, 12~14쪽.

「히데요시는 사카이堺로 돌아가는 명 사절을 계속 환대하는 의미에서 고위 승려를 파견하기도 하였다. 히데요시는 대명 관계는 우호를 유지하면서 명을 전쟁 대상에서 제외시키려고 하였다. 조선과 일본과의 전쟁에 명이 관여하지 않는 것은 현실적으로 불가능하지만, 명과는 강화를 하고, 조선과만 전쟁을 일으키려고 하였다. 군사적으로 우위를 확보한 이상, 승리의 증거로 조선 영토를 탈취해야 하기 때문이다. 왕자가 오지 않는 등 조선이 무례하여 강화에 비협조적인 점을 강조하면서 강화교섭 파탄의 책임을 조선 탓으로 돌려 조선에 대한 재 침략을 명령하였다」.[49]

이런 히데요시의 태도는 통신시 정사 황신이 쓴 사행일기에도 잘 나타나 있다. "관백이 크게 노하여 말하기를, '천조天朝(명)에서는 이미 사신을 보내어 책봉하였으니 내가 우선 그대로 견디거니와, 조선은 무례함이 이에 이르니 지금 화친을 허락할 수 없고, 내가 바야흐로 재차 다 죽이려고 하는데, 더구나 철병하는 일을 의논할 수 있겠는가. 천사天使 역시 오래 머무를 필요가 없으니 내일은 곧 배에 오르기를 청하고, 조선 사신 또한 나가도록 하는 것이 옳다. 내가 마땅히 한편으로 군사를 조발하여 올 겨울 안에 조선에 가도록 하겠다고 했다."[50]

강화 협상 파탄의 중요한 원인이 된 '무례'의 근거는 명과 일본의 교류를 방해했고, 통신사가 늦게 왔으며, 왕자가 오지 않았다는 것이다.[51] 오랫동안 끌어온 지루한 협상의 줄다리기는 결국 끊어지고 말았다. 이제 더 이상 평화는 없었다. 남은 것은 오직 전쟁뿐이었다. 강화 협상이 깨어지면서 히데요시는 조선침략 명령을 내렸다. 1597년 2차 조선 침략 전쟁이 시작되었다.

---

49) 中野等,『文禄·慶長の役』, 181~185쪽.
50) 황신,『일본왕환일기』, 1596년(만력 병신) 9월 6일.
51) 김경태,『허세와 타협』, 138쪽.

/ 6장 /
1597년 2차 조선 침략 전쟁, 정유재란

1. 일본군의 편성과 공격 목표

1596년 9월 히데요시는 조선을 다시 침략하는 것을 결정하고, 1597년 2월 21일(일본력) 각 무장들에게 군령을 내렸다. 군령에는 적국(전라도)을 제압하고 다시 청국(충청도) 및 기타 지역을 제압하는 것이 목적이었다. 백국(경상도)에 대해서는 언급이 없었다. 경상도는 이미 제압한 것으로 인식했기 때문이었다.[1] 1592년 1차 침략(임진왜란) 때는 '명 정벌征明'이 목표이고 히데요시 본인이 조선에 건너가서 병력을 독려하려고 했으나, 1597년 2차 침략(정유재란)은 조선 남부의 제압과 영토 확보가 목적이어서, 조선에 가야할 필요는 없었다.[2]

---

1) 中野等,『文祿·慶長の役』, 188~191쪽; 山內讓,『豊臣水軍興亡史』, 192쪽.
2) 中野等,『文祿·慶長の役』, 191~192쪽.

표 1 정유재란 시기 일본군 편성

구분	주장	병력	세부편성
1번	가토 기요마사 加藤淸正	10,000	加藤淸正 10,000
2번	고니시 유카나가 小西行長	14,700	小西行長 7,000 宗義智 1,000 松浦鎭信 3,000 有馬晴信 2,000 大村喜前 1000 五島玄雅 700
3번	구로다 나가마사 黑田長政	10,000	黑田長政 5,000 毛利吉成·吉政 2,000 島津豊久 800 高橋元種 600 秋月種長 300 伊東祐兵 500 相良賴房 800
4번	나베시마 나오시세 鍋島直茂	12,000	鍋島直茂·淸茂(勝茂) 12,000
5번	시마즈 요시히로 島津義弘	10,000	島津義弘 10,000
6번	조소카베 모토치카 長宗我部元親	13,300	長宗我部元親 3,000 藤堂高虎 2800 池田秀雄2,800 加藤武勝(嘉明) 2,400 來島通總 600 中川秀成 1,500 菅達長 200
7번	하치스카 이에마사 蜂須賀家政	11,100	蜂須賀家政 7,200 生駒一正 2,700 脇坂安治 1,200
8번	모리 히데모토 毛利秀元	40,000	毛利秀元 30,000 宇喜多秀家 10,000
수비군 城在番	고바야카와 히데아키 小早川秀秋	20,390	부산포성 小早川秀秋 10,000 目付(정찰) 太田一吉 390 안골포성 立花宗茂 5,000 가덕성 高橋直次 500 筑紫廣門 500 죽도성 小早川秀包 1,000 서생포성 淺野長慶 3,000
총병력		141,500	

비고: 선수(1번)와 2번은 선봉을 번갈아 함. 7번과 8번대는 교대함.

출전: 中野等, 『文祿·慶長の役』, 192~193쪽; 佐藤和夫, 『水軍の日本史』(하), 原書房, 2012, 295~197쪽; 제장명, 『정유재란 시기 해전과 조선 수군 운용』, 부산대 사학과 박사학위논문, 2014, 56쪽에서 인용. 단 中野等과 佐藤和夫의 책에 인명 표기를 달리하는 곳이 있음. 전자를 따름.

대부분의 다이묘들이 조선으로 건너간 것은 일본군 편성이 이루어진 지 몇 개월이 지난 뒤였다. 그 사이 군 편성에도 일정한 변경이 있어서, 〈표 1〉대로 편성되지는 않았다.3) 정유재란에서 첫 전투는 해전이었다. 1597년 3월 9일 기문포, 6월 19일 안골포, 가덕도, 7월 8일, 9일 다대포, 절영도 외양에서 해전이 있었다.4) 이어 7월 14~15일 거제도 칠천량해전이 일어났다. 일본 수군은 와키사카 야스하루脇坂安治·구키 요시타카九鬼嘉隆·가토 요시아키加藤嘉明·도도 다카토라藤堂高虎 등 수군장 대부분이 연합하여 참전하였다. 이 칠천량해전에서 통제사 원균은 전사하고, 전라우수사 이억기는 많은 적을 사살한 후 육지에 내려서 전사하였다.5)

2. 남원전투

1597년 7월 중순 칠천량해전에서 승리한 후, 일본군은 좌군과 우군으로 나누어 전라도의 요충지 남원을 향해 진격하였다. 모리 히데모토를 대장으로 하는 우군은 가토 기요마사를 선봉으로 하여 조·명 연합군을 견제하면서 육로로 북상하다가 서진하여 남원으로 향하였다. 우키다 히데이에를 대장으로 하는 좌군은 고니시 유키나가를 선봉으로 하여 잠시 해로로 서진하다가 남원으로 향하였다.6)

8월 8일 남원을 방어하던 명 부총병 양원楊元은 군사를 나누어 성벽을 지키고, 유격대도 만들고, 조선군에게도 성 방비를 지시했다. 8월 13~14일 일본군

---

3) 中野等, 『文祿·慶長の役』, 191~192쪽.
4) 제장명, 『정유재란 시기 해전과 조선 수군 운용』, 77쪽.
5) 제장명, 『정유재란 시기 해전과 조선 수군 운용』, 85쪽; 이민웅, 『임진왜란 해전사』, 청어람미디어, 2013(7쇄), 201~208쪽; 中野等, 『文祿·慶長の役』, 195쪽.
6) 中野等, 『文祿·慶長の役』, 197쪽; 기타지마 만지 지음, 김유성·이민웅 옮김, 『도요토미 히데요시의 조선 침략』, 194쪽.

은 남원성 동·서·남 3방면을 포위했다. 성 공격용 긴 사다리를 만들고 참호를 메꾸는 등 본격적인 공격 준비를 하였다. 15일 양원은 일본측에 회담을 제의했다. 하지만 고니시 유키나가는 성을 비울 것을 요구하여 회담은 이루어지지 않았다. 16일 일본군은 남원성 4방을 포위하면서 성안으로 쳐들어 갔다. 격전 끝에 전세가 불리하자 양원은 탈출하였다. 전라병사 이복남, 조방장 김경로, 별장 신호, 방어사 오을정, 남원부사 임현, 남원판관 이덕회, 구례현감 이원춘, 순천부사 오응정, 접반사 정기원과 민준 등 많은 조선군은 전사하고, 남원성은 함락되고 말았다. 남원 주변의 부녀자 등 일반민과 항왜들도 참전하였다.[7]

　　남원전투에선 내량의 살육괘 철저한 코베기가 일어나고, 많은 사람이 포로로 잡혀갔다. 시마즈군의 포로가 된 남원성 병사는 경상도에서 포로가 된 도공 박평의와 함께 사쓰마薩摩로 연행되어 나에시로가와苗代川에 정착하여 사쓰마도자기薩摩燒의 기초를 다지게 되었다.[8] 이러한 처절한 남원전투의 모습은 케이넨慶念의『조선일일기』에 생생하게 묘사되어 있다. 이를 간략하게 요약하면 다음과 같다.

　　① 8월 15일. 성 공격 준비가 시작되어 내일 새벽에는 공격해 들어간다고 한다.

　　② 8월 16일. 남녀노소 할 것 없이 성안 사람을 모두 죽여서 생포한 사람이 없다. 일부는 돈으로 목숨을 건진 사람도 있다.

　　③ 8월 18일. 성 주위를 돌아보니 길바닥 위에 죽은 자가 모래알처럼 널려 있다. 눈뜨고 볼 수 없는 처참한 상황이다.

　　④ 부상자가 많아 약을 요구하는 사람들이 끊이지 않고, 왕진을 요구하는 사

---

7) 기타지마 만지 지음, 김유성·이민웅 옮김,『도요토미 히데요시의 조선 침략』, 194쪽; 中野等,『文祿·慶長の役』, 198쪽; 박현규,「정유재란 시기 남원성 전투 고찰-명 양원을 중심으로」,『충무공 이순신과 한국 해양』 5, 해군사관학교 해양연구소, 2018, 128~138쪽; 이희환,「정유재란시의 남원성전투에 대하여」『전북사학』 7, 전북사학회, 1983, 83~93쪽.
8) 기타지마 만지 지음, 김유성·이민웅 옮김,『도요토미 히데요시의 조선 침략』, 194쪽; 박현규,「정유재란 시기 남원성 전투 고찰」, 135~138쪽.

람도 많다.[9]

남원전투는 수많은 조선군이 전사한 전투일 뿐 아니라 명군의 피해 또한 임진왜란과 정유재란 중에 가장 컸다. 남원전투의 패배로 호남과 충청도 일부가 일본군 수중에 들어가고, 서울까지 민심이 동요하기에 이르렀다.[10]

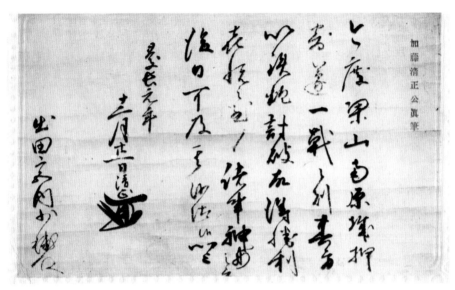

그림 1 가토 기요마사 서신

엽서에는 "가토 기요마사 진필(친필)"이라고 적혀 있다. 원문의 내용을 보면 다음과 같다.

今度 梁山南原城押寄逐 一戰之刻 其方以鐵砲討破故 得勝利 喜悅之至二候 諸事神妙[11]之旨[12] 後日可及其沙汰御候 以上

---

9) 케이넨(慶念) 지음, 신용태 옮김, 『임진왜란 종군기』, 경서원, 1997, 64~68쪽.
10) 디지털남원문화대전, 「남원성 전투」(집필자, 송만오); 이희환, 「정유재란시의 남원성전투에 대하여」, 94~98쪽.
11) 글자의 판독이 어렵지만 일단 '妙'로 보았다. 잘못 판독하였을 수도 있다.
12) 이 부분은 글씨가 잘려 있어서 판독이 어렵지만 '旨'로 보았다.

慶長元年 十二月 廿一日 淸正(수결)/ 出田宮內少補殿

(금번 양산·남원성을 압박하여서 일전을 펼쳤을 때, 그쪽이 철포로 토파하여 승리하였다는 소식을 접하니 기쁨이 지극하였습니다. 모든 일은 신묘한 것이니(신의 뜻이니), 후일 그 (승전) 소식을 전하여야 합니다. 이상.

게이초 원년(1596/1597?) 12월 21일 기요마사(수결)/ 이데타 궁내소보 도노)[13]

이 서신은 게이초慶長 원년 12월 21일 쓴 것이다. 일본은 분로쿠文祿 5년 (1596) 10월 27일에 개원改元하여 게이초 원년이 되었다.[14] 따라서 서신의 내용에 있는 게이초 원년은 1596년이다. 하지만 남원전투는 1597년 8월에 일어났다. 개원이 1596년이 끝나기 1달 정도 전에 이루어졌기 때문에, 해를 넘긴 1597년을 게이초 원년으로 쓴 것은 아닌가 추정하였다. 이런 추정이 잘못될 수 있지만, 남원전투가 끝난 후인 1597년 12월 21일에 작성한 것으로 보고 싶다.

서신을 받는 사람인 이데타出田 궁내소보는 이데타 다케후사出田武房를 가리킨다.[15] 일본군이 철포를 주무기로 남원성과 양산성을 공격하여 승리하였다고 쓴 점이 흥미롭다.

일본군의 남원성 함락 보고는 1597년 9월 무렵 히데요시에게 전달되었다. 9월

---

13) 이 엽서의 원문 판독과 번역은 광주여자대학교 정성일, 부산대학교 양흥숙 두 분 교수님의 도움을 받았다. 이 지면을 빌려서 감사드린다. 내용상의 오류는 전적으로 필자 책임이다.

14) 中野等, 『文祿·慶長の役』, 188쪽.

15) 원래 이름은 죠 쥬지로城十次郎이다. 아버지는 에치젠노카미越前守 죠 치카카타城親賢, 형은 히사모토久基다. 이데타씨를 잇고 있던 숙부 치카모토親基가 형을 후견하고 있었다. 형 히사모토는 쿠마모토隈本성을 개성開城하였으나, 1587년 히데요시에게 몰수당했다. 형이 17세에 죽고 자식이 없자, 숙부 치카모토, 즉 이데타 이치요出田一要가 죠城씨를 이었다. 다케후사가 숙부의 양자로 이데타씨를 이으면서, 죠씨 명맥도 유지되었다. 후에 기요마사의 가신, 그리고 호소카와細川씨의 가신이 되었다.

13일 날자로 도도 다카토라, 가토 요시아키에게 쓴 '감장感狀'을 보면, 각각 수급首級 269명, 55명 체포라는 군공이 명시되어 있고, 그 증명으로 '코鼻'가 도착했다는 것을 밝히고 있다. 또 '코'베기 목록도 첨부되어 있었다.[16]

3. 공주전투(명국삼장비)

정유재란 시기 공주전투에 대해서는 전투 상황을 파악하기 어려워서 이 절의 제목은 부득이 '공주전투(명국삼장비)'로 하였다. 1597년 정유재란이 일어나자 1598년(선조 31) 명군이 다시 조선에 왔다. 병부상서 형개와 경리조선군무 양호의 주도 아래, 마귀가 이끄는 육군과 진린이 이끄는 수군이었다. 명군은 서울에서 3도로 나누어 남진을 개시하였다. 공주에는 제독 유정이 이끄는 13,600명의 서로군이 진입하여 순천 방면으로 남하하였다. 명군은 공주에 주둔하면서 군기를 단속하고 주민을 보살펴서, 일본군의 위협에서도 생업에 종사할 수 있게 하였다. 공주 사람들은 이들의 업적을 기리기 위해 '명국삼장비明國三將碑'를 세웠다.[17]

남원을 함락한 후 일본군 좌우 양군은 각각 전주를 목표로 하였다. 하지만 전주는 수장守將이 도망간 상태라서 고니시 유키나가의 좌군은 싸움없이 8월 19일 전주에 들어갔다. 며칠 후에는 우군도 합류하였다. 여기서 충청도(청국)의 공격, 해안 방어 구축 등 상세한 논의를 하였다. 그 후 모리 히데모토·가토 기요마사·구로다 나가마사 등의 우군 주력은 북진하여 공주 방면으로 향하였다.[18]

---

16) 中野等, 『文祿·慶長の役』, 198~200쪽; 기타지마 만지 지음, 김유성·이민웅 옮김, 『도요토미 히데요시의 조선 침략』, 196~200쪽.
17) 디지털공주문화대전, 「임진왜란」(집필자, 이해준).
18) 中野等, 『文祿·慶長の役』, 200~201쪽.

임진왜란에 참전한 명군과 관련된 곳에는 제단·사단이 세워졌다. 그리고 일부 명군의 경우 공덕비가 세워졌다. 명군의 전승을 기념하는 성격을 띤 비들이었다.[19] 임진왜란 참전 명군과 관련된 주요 금석문 목록이 정리되었다.[20] 이로써 현황을 파악하기가 매우 쉽다. 최근 다시 「임진왜란 참전 명군 비」 현황이 정리되었다.[21] 하지만 〈명국삼장비〉에 대한 정리에서 양자는 약간 차이를 보인다. 〈명국삼장비〉 현황 부분만 발췌하면 다음과 같다.

표 1 명국삼장비 현황 1

명칭	연도	찬자	대상인물	위치(현재 위치)	비고
① 망일사은비	1599	이식	李如松	충청도 공주 (공산성)	충남 유형문화재 36호
② 명유격장군남공종덕비	1599	鄭曇	남방위		
③ 명위관林霽비	1599	이식	林霽		

출전: 우경섭, 「17-18세기 임진왜란 참전 명군에 대한 기억」, 336쪽 〈표 1〉 「임진왜란 참전 명군과 관련된 주요 금석문」에서 발췌.

표 2 명국삼장비 현황 2

명칭	연도	찬자	대상인물	위치	비고
① 망일사은비	1599	이식	李公	충남 공주 (공주산성)	충남 유형문화재 36호 (1972년 지정)
② 유격장남공종덕비	1599	鄭霱	남방위		
③ 위관林濟비	1599	이식	林濟		

출전: 이수경, 「문화재로 본 임진왜란 참전 명군 비 고찰」, 224쪽 〈표-1〉 「임진왜란 참전 명군 비」에서 발췌.

---

19) 이수경, 「문화재로 본 임진왜란 참전 명군 비 고찰」『이순신연구논총』 35, 순천향대 이순신연구소, 2021, 218쪽.
20) 우경섭, 「17-18세기 임진왜란 참전 명군에 대한 기억」『한국학연구』 46, 인하대 한국학연구소, 2017, 336쪽 〈표 1〉.
21) 이수경, 「문화재로 본 임진왜란 참전 명군 비 고찰」, 224쪽 〈표-1〉.

두 표를 비교해 보면, 3개 비에서 대상인물 이여송/이공, 찬자 정제/정습, 임제 한자 표기 林霽/林濟로 각각 차이를 보인다. 〈망일사은비〉의 대상인물인 '이공'은 이름이 없기 때문에 누구인지 알 수 없다. 이여송으로 추정할 수도 있겠지만, 그러면 비문 내용과 상충되는 부분들이 있다.

이 비문을 쓴 송정명도 비문 마지막에 "임진란 때 이여송 공이 제독이었으나, 이곳에는 오지 않았다. 무술년(1598)에는 유정 공이 도독이 되었는데, 이 비에서는 제독 이공이라고만 하고 그 이름은 밝히지 않았으므로 누구인지 알 수 없다. 야사에 이르기를 이방춘이 부총병으로 남쪽으로 내려와 예교의 전투에서 좌협대장이 되었다고 했는데, 혹시 이 사람인지 모르겠다. 혹시 총병을 제독이라고 잘못 쓴 것일까? 아울러 기록하여 훗날 아는 이가 나타나기를 기다린다"라고 하였다.

문화재청 국가문화유산포털에서는, 충남 공주시 금성동 10-2에 위치하는 「명국삼장비」는 1598년(선조 31) 공주에 주둔해 있으면서 주민들을 왜군의 위협으로부터 보호해 준 명나라 세 장수 이공, 임제, 남방위의 업적을 기리기 위해 세운 비라고 하였다. 대상인물을 이여송이 아니라 '이공'이라고 하였다. 「디지털공주문화대전」 〈명국삼장비〉 항목에서도 '이공'으로, 그리고 찬자는 '정습'으로 보았다.[22] 최근 명국삼장비 가운데 〈유격장남공종덕비〉에 대한 상세한 연구가 이루어졌다. 여기서도 찬자는 정습으로 보았다.[23]

필자는 〈표 2〉를 따르고자 한다. 남방위는 전쟁 중에 한시를 모아 『조선시선전집』을 편찬 출간한 인물로도 유명하다.[24] 조선에서 간행된 완질본이 현재 미국 버클리Berkeley대학 도서관에 소장되어 있다.[25]

---

22) 디지털공주문화대전, 「명국삼장비」(집필자, 이해준).
23) 박현규, 「명장 남방위의 조선 활동과 현존 문물 고찰」 『중국학논총』 72, 한국중국문화학회, 2021, 60쪽.
24) 박현규, 「명장 남방위의 조선 활동과 현존 문물 고찰」, 48쪽.
25) 이종묵, 「버클리대학본 남방위의 『조선시선전집』에 대하여」 『문헌과 해석』 39, 문헌과 해석사, 2007; 박현규, 「명장 남방위의 조선 활동과 현존 문물 고찰」, 65쪽.

(行愛都眞寫場野)　　碑ノ却退藤加西小内圍公州公道南濟忠國韓

그림 2 공주 공산성 명국삼장비

The Monument, Katos, Keshu, Korea.　　朝鮮舊跡（忠南公州）加藤小西の記念碑　　（ト2）

그림 3 공주 공산성 명국삼장비

〈그림 2〉 엽서에는 "한국 충청남도 공주공원 내 가토加藤·고니시小西 퇴각의 비"라고 적혀 있다.

같은 엽서가 공주대학교 공주학연구원의 공주학아카이브에 「일제강점기 공산성 명국삼장비 엽서」로 DB화 되어 있다. 이 아카이브 설명을 보면, "일제강점기 공산성 내에 있는 명국삼장비, 즉 유격장 남공 종덕비, 망일사적비, 위관임제비 3개의 비석을 담은 사진엽서다. 명국삼장비는 정유재란이 일어난 1598년 명나라 세 장수 제독 이공, 위관 임제, 유격장 남방위의 업적을 기리기 위해 건립된 것이다. 명의 장군 이제독이 일본인 장수 고니시 유키나가와 가토 기요마사를 추적하는 등의 내용이 담겨 있어, 일제의 시각에서 사진엽서 제목을 '공주산성 고니시가토 퇴각의 비'라고 기재한 것이다"라고 하였다.

〈그림 3〉 엽서에는 "조선 구적舊跡 충남 공주 가토加藤·고니시小西의 기념비"라고 적혀 있다. 비 옆에 있는 사람들만 다르고 비는 같은 모습이다. 다만 가토 기요마사와 고니시 유키나가의 퇴각비/기념비라는 표현만 다를 뿐이다. 엽서에서 왼쪽이 위관임제비, 중앙이 망일사은비, 오른쪽이 유격장남공종덕비다. 〈유격장남공종덕비〉는 박현규가 번역하고 비문 내용에 대해서도 자세하게 분석한 바 있다.[26]

그림 4 공주 공산성 명국삼장비

26) 박현규, 「명장 남방위의 조선 활동과 현존 문물 고찰」, 59~64쪽.

〈그림 4〉엽서에는 "조선 충남 공주산성공원 가토加藤·고니시小西 두 장군의 비"라고 적혀 있다. 엽서 오른쪽 상단에는 "이 비는 가토·고니시가 임진왜란三韓の役에서 고니시 유키나가가 고전한 곳으로, 전쟁이 끝난 뒤 충청남도 관찰사가 기념으로 세웠다"라는 설명이 있다.

1713년(숙종 39) 옛 비에 의거하여 새 비석을 세운 사람은 충청도 관찰사 송정명宋正明이다. 충청남도 관찰사가 기념으로 세운 것이라는 것은 이를 가리키는 것이다. 임진왜란을 '삼한의 역'으로 표현한 점이 주목된다. 진구神功황후의 삼한정벌을 연상하게 한다. 당시의 임진왜란에 대한 인식을 엿볼 수 있는 대목이다.

이 엽서도 공주학아카이브에 「일제강점기 공산성 내 명국삼장비 엽서」로 DB화 되어 있다. 설명에는 "비문에는 명의 장군 이제독이 일본 장수 고니시 유키나가와 가토 기요마사를 추적하는 등의 내용이 수록되어 있는데, 그 내용을 일제의 시각으로 돌려서 엽서 제목을 '공주산성공원 가토고니시 양 장군의 비'라 기술되어 있다. 또한 이러한 까닭에 명국삼장비가 배일사상을 고취시킨다는 명목으로 비석 철거를 운운하기도 했다"라고 하였다.

그림 5 명국삼장비 중 망일사은비

〈그림 5〉엽서는 명국삼장비 가운데 하나인 '망일사은비' 부분이다. 엽서에는 "조선 충청남도 공주산성 가토·고니시 두 장군의 비"라고 적혀 있다. 그리고 〈그림 4〉엽서와 마찬가지로 모리다타마가와당森田玉河堂에서 발행한 것이다. '망일사은'은 '해를 바라보며 은혜를 생각한다'는 뜻으로, 천자의 은혜를 잊지 않는다는 의미다. 현재 국립중앙박물관에는 이 비의 탁본이 소장되어 있다. 엽서는 전체 4면 가운데 1번째 앞면의 탁본이다. 〈망일사은비〉의 원문 내용은 다음과 같다.

望日思恩碑

萬曆壬辰 島夷竊發 連陷我三都 我皇上震怒 命諸將征之 越七年戊戌 再命征之 諸將分道而出 於是 統南兵 出湖南者 實我提督李公 秋到公州 公在癸巳由嶺南 嘗過此州 今其再過 而州乃兩湖要衝之地也 留委官林濟 慰撫百姓 而禁兵擾害 民得安生 又聞州地多虎患 令善捕者捕之 百姓樂枕 公至順天 督諸軍 進陣於曳橋之北僅一里許 或進圍 或邀擊 大小十餘遇戰 斬獲甚多 行長大懼乞和 不許 十一月 賊將沈安道敗死 行長宵遁 清正聞之 棄城而走 海隅悉平於是 公民相告

爲公豎碑於錦江之上 或詢于衆曰 惟茲島夷 越海長駈 連兵七載 流血千里其鋒不可當 而公杖鉞再出 其顏色不動 談笑而制之 爲天子存小邦 全師而還雖周之方召 漢之衛霍 無以加此 其功烈之盛 豈可以區區一州之民所能贊揚也其功盖天下 其名垂竹帛 赫赫照人耳目 何以碑爲也 皆曰 公之功 固如是也 然公愛人之深 待人之厚 自公而前 所未始見也 向者 倭奴纔退 餘民還集 諸軍之過去 以搶奪爲事 人烟一空 此地幾爲丘墟矣 維我公委賢佐 招撫我繁 以生我之父母 然則公之大功 固不待公人而明矣 蒙公之大恩 則惟公人爲最 其可不謀壽其德耶 此碑之所以不可已也 嗚呼 以公人欲贊公之恩德 如摹天地 畵日月固不足以記其萬一 而聊以寄思於一片之石 千載之下 其必有起敬而墮淚 知今日食於斯 衣於斯者 皆公之德也 或曰 然 公豫章人 爲人慷慨 有大節 以智勇聞天下 華夷服其威 遂爲之 銘曰

天子在阼 歲在壬辰 蠢彼島夷 荐食東垠 天子震怒 出師征之 複屯相望 告功不時 越在戊戌 三路分攻 大軍南下 實惟我公 玉節再過 于我公山 撫我民斯 特留差官 金戈一揮 醜類宵遁 公還自南 士馬渾渾 嗟我父老 載笑載喜 安我室家是誰之賜 噫微我公 吾其被髮 欲鋪之德 難得巨筆 有嵬其碑 錦水之東 我公之名 江水無窮

盤詰差官 黃維啓 兼修 成均館進士 李栻 撰

萬曆二十七年 季春 朔日 立

鄕官 李久濠 鄭元卿 崔德隆 李久洶 崔德潤 鄭天卿

庠生 金汝訥 金天縱 張德盖 南大湖 李久河 曹士彬 李天章 鄭鷗 鄭鳳

刻匠 張四 金堅

公州 舊有頌天將三碑 卽提督李公 曁遊擊藍公芳威 委官林公濟也 萬曆丁酉 倭寇再猘 神宗皇帝 命將出征 翌年戊戌 李公過此 林公以褊將撫邑民 藍公則來鎭于茲 並有遺惠 一方賴之 公之人士竪石于錦之南 各紀其功 以頌之 第年紀旣久 字畫刓缺 殆不能辨識 余適按此路 與公人 議改竪而新之 嗚呼 壬辰之禍 幸賴聖天子 赫然威怒 掃蕩凶穢 環東土數千里 保有今日 莫非帝力 碑之額曰 望日思恩 則斯碑也 非惟頌諸公之德 盖不忘天子之恩也 矧今天地變易 冠履倒實 小邦力弱 不能爲上國之藩翰 忠臣義士之腐心灑血 七十年于茲 辛我聖上 念皇朝再造之恩 設壇報祀 大義克明 惟茲數尺之碑 物雖甚微 亦可以想諸公之勤勞 追大朝之威德 則豈可任其剝落於林莽之間哉 峴山之碑 猶謂之墮淚 倘使後人 摩挲乎此碑 慨念於望日思恩之義 則其爲匪風下泉之悲 又奚止峴山之墮淚而已 旣重新舊碑 構屋以覆之 略敍顚末 仍附所感如右云 壬辰之亂 李公如松爲提督 而不到此地 戊戌 則劉公綎爲都督矣 此云提督李公 而不著其名 未知爲誰也 野史云 李公芳春 以副摠兵 南下曳橋之戰 爲左協大將 恐是此人 而或以摠兵 誤稱提督也耶 並書之 以俟知者

崇禎甲申後七十年 八月 日 改竪

忠淸道觀察使 兼巡察使 宋正明 記并書

堤川縣監 李眞儒 篆[27]

이를 번역하면 다음과 같다.

---

27) 서울대 규장각한국학연구원과 국립중앙박물관에는 이 비의 탁본이 소장되어 있다. 이를 참고하였다. 이수경, 「문화재로 본 임진왜란 참전 명군 비 고찰」, 239쪽에는 국립중앙박물관에 소장되어 있는 세 비의 탁본 1면씩이 게재되어 있다.

만력 임진년(1592)에 섬 오랑캐가 외람되게 쳐들어와 우리 삼도三都(한성·개성·평양)를 연달아 함락시키니 우리 황상께서 진노하시어 여러 장수들에게 명하여 정벌하게 했다. 그 7년 뒤인 무술년(1598)에 다시 명하여 정벌하게 하니, 여러 장수가 길을 나누어 출정하였다. 이에 남쪽 병사를 통솔하여 호남으로 나간 이는 실로 우리 제독 이공인데, 가을에 공주에 이르렀다.

공은 계사년(1593)에도 이미 영남을 거쳐 이곳을 지나간 적이 있는데, 지금 다시 이곳을 지나간 것이다. 그런데 공주는 양호(호서·호남)의 요충지다. 위관 임제林濟를 남겨 백성을 위무하고, 군사들이 소란을 피어 백성을 해치는 것을 금지하니 백성들이 안심하고 살 수 있었다.

또 이곳에 호환虎患(호랑이에게 당하는 피해)이 많다는 것을 듣고, 호랑이 잘 잡는 자에게 명하여 호랑이를 잡게 하니 백성들이 편안히 잘 수 있었다. 공이 순천에 이르러 여러 군사들을 독려하고, 나아가 예교曳橋의 북쪽 겨우 1리쯤에 진을 쳤다. 혹 나아가 포위하고, 혹은 맞받아 치면서, 크고 작은 10여 차례 전투에서 죽이거나 사로잡은 자가 매우 많았다. 고니시 유키나가小西行長가 크게 두려워서 화친을 청하였으나 허락하지 않았다.

11월에 적장 시마즈 요시히로島津義弘(沈安道)가 패사敗死하자[실제는 1619년 사망], 유키나가는 밤에 도망가고, 기요마사는 그 소식을 듣고 성을 버리고 도주하니, 바다 끝까지 모두 평안해 졌다. 이에 공주 사람들이 서로 고하면서, 공을 위해 금강 강변에 비를 세우자고 하였다. 여러 사람에게 물어보니,

"이 섬 오랑캐가 바다를 건너 오랫동안 공격하여 전쟁이 7년 동안 계속되어 흐르는 피가 천리에 이르렀다. 적의 예봉을 막을 수 없었는데 공이 두 번이나 출정하여, 그 얼굴색도 변하지 않은 채 담소하면서 적을 제압했다. 천자를 위하여 작은 나라를 보존하고 군대를 온전히 보존하고 돌아갔다. 비록 주나라 방소方김28)나 한나라 위곽衛霍29)이라도 이보다 더 나을 수 없을 것이다. 그 위대

28) 주나라 선왕宣王 때 어진 장수인 방숙方叔과 소호김虎.
29) 한나라 때 흉노를 무찔러 공을 세운 위청衛靑과 곽거병霍去病.

한 공적을 어찌 조그만 한 고을 사람들이 찬양할 수 있겠는가. 그 공은 천하를 덮고 그 이름은 역사서에 기록되어, 빛나게 사람의 이목을 비출 것이니 무엇 때문에 비를 세울 것인가"라고 하였다.

모두 말하기를, "공의 공훈은 진실로 이와 같다. 그런데 공이 백성을 사랑하는 깊이와 백성을 대접하는 후함은 공보다 이전 사람들 중에는 아직 보지 못했다. 지난 번 왜적이 겨우 물러나고, 남은 사람들이 돌아와 모였는데, 여러 군대가 지나가면서 약탈을 일삼으니, 집들이 모두 텅비어 이곳이 거의 폐허가 되었다. 오직 우리 공은 현명한 보좌에게 맡기어 우리 백성들을 불러 위로하고 우리 부모들을 살려주셨다. 그러니 공의 큰 공적은 진실로 공주 사람의 말을 들어보지 않아도 분명하다. 공의 큰 은혜를 입은 것은 오직 공주 사람이 가장 많으니, 그 덕을 오래 간직하도록 도모하지 않겠는가. 이것이 비 건립을 그만둘 수 없는 까닭이다. 아아, 공주 사람들이 공의 은덕을 찬양하고 싶은 것은 천지를 베끼고 일월을 그리는 것과 같아, 진실로 그 만분의 일도 적을 수 없지만, 오로지 이런 생각을 한 조각 돌에 부쳐서 천년 후에도 반드시 공경하는 마음을 일으키고 눈물을 흘리게 하여, 오늘 여기에서 밥 먹고 여기에서 옷 입는 것이 모두 공의 덕임을 알게 할 것이다."라고 하니, 혹자가 그렇다고 말했다.

공은 예장豫章사람이다. 사람됨이 강개하여 큰 절개가 있었다. 지혜와 용기로 천하에 이름을 떨쳐, 천하 모든 사람이 그 위엄에 감복하였다. 마침내 비문을 짓는다. 명銘에 이른다.

천자 보위에 계시니, 해는 임진년이네. 좀벌레 같은 저 섬 오랑캐, 동쪽 땅을 갉아 먹었네.

천자 진노하여, 군대를 보내 정벌하네. 겹겹이 친 진 서로 바라볼 뿐, 승전 소식 더디구나.

무술년(1598)에 이르러, 세 길로 나누어 공격하고, 대군이 남쪽으로 내려가니, 진실로 오직 우리 공뿐이네. 장군 직함을 받아 두 번이나 우리 공주 지나시며, 우리 백성들 이같이 보살피고 특별히 부하를 남겨 주었네. 금창 한 번 휘두

르니 추악한 무리 밤을 타 고망가고, 공이 남쪽에서 돌아오니 군사와 말이 모두 많네. 아아, 우리 어른들 웃으며 기뻐하고, 우리 집안 편히 하였으니 이 누가 내린 것인가. 아아, 우리 공 아니었으면 우리 모두 오랑캐 되었을 것이니, 그 덕을 펼치고자 하나 뛰어난 문장가 얻기 어렵네. 그 비석 우뚝 금강 동쪽에 서있으니, 우리 공 이름 저 강물처럼 무궁하리.

반힐차관 황유계 겸수 성균관진사 이식 지음
만력 27년(1599) 3월 초하루 세움
향관 이구호 정원경 최덕륭 이구순 최덕윤 정천경
상생(교생) 김여눌 김천종 장덕개 남대호 이구하 조사빈 이천장 정언 정봉
각장 장사 김견

공주에는 옛날에 명나라 장수를 칭송하는 세 비가 있었다. 곧 제독 이공 및 유격 남방위 공, 위관 임제 공이다. 만력 정유년(1597)에 왜적이 다시 침범하니, 신종황제가 장수에게 명하여 출정하게 했다. 다음해 무술년(1598)에 이공이 이곳을 지나는데, 임공이 그 비장으로 읍민을 위무했다. 남공은 이곳에 와 주둔했다. 함께 은혜를 베푸니 이곳 사람들이 모두 덕을 입었다. 공주 사람들이 금강 남쪽에 비석을 세워 각각 그 공적을 적어 칭송하였다.

다만 세월이 이미 오래 되어 글자가 닳아 없어져 거의 알아볼 수 없었다. 내가 마침 이곳 안찰사가 되어, 공주 사람과 의논하여 고쳐 세워 새롭게 하고자 했다. 아아, 임진년(1592) 화란 때 다행히 성스러운 천자가 발끈 진노함에 힘입어, 흉악하고 더러운 무리를 소탕하니, 전체 동쪽 땅 수천 리를 오늘날까지 보전한 것은 황제의 힘이 아닌 게 없다. 비 이름을 '망일사은望日思恩'이라 한 것은 이 비가 단지 여러 공公의 덕을 칭송하는 것만 아니라, 대개 천자의 은혜를 잊지 않는다는 것이다. 하물며 지금 천지가 바뀌어 모자와 신발 위치가 바뀌었는데도 작은 나라가 힘이 약해 상국의 울타리가 되지 못하니, 충신 의사들

이 절치부심하여 피를 뿌린 지 70년이 되었다.

다행히 우리 임금이 명나라가 우리나라를 다시 만들어준 은혜를 생각하여, 단을 만들어 은혜에 보답하는 제사를 지내어 대의를 능히 밝혔다. 생각건대 이 몇 척尺의 비는 물건은 비록 작지만 또한 가히 여러 공의 근로를 생각하고 명明의 위덕을 따를 수 있으니, 어찌 숲과 풀밭 사이에 닳아 없어진 채 버려 둘 수 있겠는가. 현산峴山의 비도 오히려 타루墮淚라고 부르는데,[30] 혹시 후세 사람들로 하여금 이 비를 만지면서 '망일사은'의 의리를 분하게 생각하게 한다면 그것은 비풍匪風과 하천下泉의 슬픔[31]이 될 것이니, 또한 어찌 '현산의 타루'에 그칠 뿐이겠는가. 이미 옛 비를 다시 새로 세우고 비각을 만들어 비를 덮고, 그 전말을 대략 적고 이에 위와 같이 느낌을 붙였다.

임진란 때 이여송李如松 공이 제독이나 이곳에는 오지 않았다. 무술년(1598)에 유정劉綎 공이 도독이 되었다. 이 비에서는 '제독 이공'이라고만 하고 그 이름은 밝히지 않아서 누구인지 알 수 없다. 야사에 이르기를 이방춘李芳春 공이 부총병으로 남쪽으로 내려가 예교曳橋전투에서 좌협대장이 되었다고 했는데, 혹시 이 사람인지 모르겠다. 혹시 총병을 제독이라고 잘못 칭한 것일까. 함께 적어서 뒷날 아는 이가 나타나기를 기다린다.

숭정 갑신(1644) 후 70년(1713) 8월에 고쳐 세움.

충청도관찰사 겸 순찰사 송정명이 짓고 아울러 씀. 제천현감 이진유가 전액(전서로 쓴 비 이름)을 씀.

---

30) 진晉나라 양호羊祜(221~278)가 죽자, 그가 10년 넘게 벼슬한 양양襄陽 사람들이 현산에 사당과 비를 세워 그 업적을 기렸다. 사당을 방문하고 비문을 읽은 사람은 눈물을 흘리지 않는 경우가 없어서, 이 비를 '타루비墮淚碑'라 불렀다. 전라남도 여수시에 있는 이순신을 기리는 타루비(보물)도 이 양호의 타루비 고사를 본받은 것이다.

31) 비풍匪風과 하천下泉은 각각 『시경』의 한 편명이다. 나라가 여러 가지 곤경을 겪거나 망한 슬픔을 이르는 말이다.

엽서에서 언급한 명나라 세 장수 가운데, 남방위는 1598년 1월에 조선에 들어왔다. 처음 주둔지는 경기도 남부 지역이며, 이어 충청도 직산으로 옮겨 주둔했다. 그리고 절강병 4천 8백여 명을 거느리고 공주로 옮겨 주둔했다가, 3천 3백 명을 거느리고 남원으로 옮겨 주둔했다. 남방위는 1598년 봄에 공주에 주둔하였다.[32]

명국삼장비는 충청남도 유형문화재로 지정되어 있다. 공산성 공북루 아래에 자리한 1채의 비각 안에 3기의 비가 나란히 서 있다. 이 비는 1599년(선조 32)에 공주 인사들이 세운 것이다. 원래 금강 남쪽 강변에 있었다. 뒷날 홍수로 땅속에 매몰되었다가 숙종 때 다시 찾아내었다. 세월이 오래되어 글자가 많이 마멸되어서 1713년(숙종 39)에 송정명, 임제 등 지역 인사들이 다시 새겨서 쌍수산성(공산산성)으로 옮겨 세웠다. 명국삼장비는 1919년(大正 8) 6월 16일 조선총독부 고적조사위원회가 철거 대상으로 결의하였다. 일제시기에 일본인들이 '왜구' 등 글자를 지우고, 공주읍사무소 뒤뜰에 파묻었다. 광복 후 지역민들이 다시 찾아내어 현 위치에 옮겨 세웠다.[33]

북상하던 일본군 우군은 공주를 경유한 뒤에는 둘로 나누어졌다. 가토 기요마사 등은 동쪽으로 진격하여 청주, 충주를 목표로 하였다. 모리 히데모토·구로다 나가마사 등은 공주 북쪽을 흐르는 금강을 건너서 계속 북상하여 경기도와 가까운 천안을 점령하였다.[34]

---

32) 박현규, 「명장 남방위의 조선 활동과 현존 문물 고찰」, 51~62쪽.
33) 박현규, 「명장 남방위의 조선 활동과 현존 문물 고찰」, 59~60쪽; 이수경, 「문화재로 본 임진왜란 참전 명군 비 고찰」, 236~240쪽.
34) 中野等, 『文禄·慶長の役』, 202쪽.

4. 울산전투(도산성전투)

1) 전투 개관

　1597년 2월 21일자(일본력) 「진립서陣立書」에 보이는 군단 편성은 이 장의 1절에서 〈표 1〉로 정리한 바 있다. 각 군단은 5월 중순에서 6월 상순 사이에 조선 진지에 도착하도록 정해져 있었다. 시마즈 요시히로는 4월 30일 가덕도에 도착하여 아들 타다츠네와 합류하였다. 총대장격인 고바야카와 히데아키는 7월 17일, 조소카베 모토지카나 오타 기즈요시太田一吉는 7월 7일 경 부산에 도착했다. 아사노 요시나가는 7월 20일 서생포성에 도착했다. 이처럼 여러 부대가 조선에 들어간 것은 조금씩 차이가 있었다. 대부분 2월 21일자 발령이 난 지 몇 개월 지나서였다. 이러는 사이에 포진도 약간 변경되어서, 2월 21일자 〈표 1〉 그대로는 아니다.[35) 이 내용은 이 장 1절에서 언급한 바 있다.

　1597년 10월 중순부터 연해지역으로 이동한 일본군 병력은 각각 분담에 따라 월동하는 거점 성곽 공사를 하였다. 울산왜성(도산성) 공사는 가토 기요마사, 아사노 나가요시浅野長慶(요시나가幸長), 오타 가즈요시, 시시도 모토츠구宍戶元續 등의 병력이 담당하였다. 오타 가즈요시가 감독을 맡았다. 울산읍성의 성곽을 무너뜨리고 그 석재를 가져와서 쌓았다.[36)

　11월 말에 명 경략 형개가 군대를 이끌고 서울에 도착했다. 형개는 경리 양호, 제독 마귀 등과 서생포 가토를 주 공격 목표로 삼고, 구원하러 올 부산의 고니시를 견제하기로 하였다. 전체 약 4만 병력을 좌협·중협·우협으로 나누어, 울산을 집중 공격할 태세를 갖추었다. 조·명 연합군이 울산 도산성을 포위

---

35) 中野等, 『文祿·慶長の役』, 192~195쪽.
36) 中野等, 『文祿·慶長の役』, 226~228쪽; 參謀本部 편, 『日本戰史 朝鮮役』, 375쪽; 기타지마 만지 지음, 김유성·이민웅 옮김, 『도요토미 히데요시의 조선 침략』, 221~224쪽.

한 것은 성이 완성되기 전이었다. 공사와 전투의 모습이나 성안에 있는 일본군의 상황은 군 감찰軍目付 오타 가즈요시의 종군 의승醫僧 케이넨의『조선일일기』에 생생하게 기록되어 있다.[37]

1차 도산성전투는 1597년 12월 22일부터 1598년 1월 4일까지 전개되었다. 경리 양호가 이끄는 명군 4만여 명과, 도원수 권율이 이끄는 조선군 5만여 명이 울산으로 진군하였다. 조선군에는 경상좌병사 고언백, 경상좌수사 이운룡, 경상우병사 정기룡 등 여러 장수와 울산 의병들이 참전하였다. 12월 22일 조·명연합군은 도산성(울산왜성)을 포위하고 공격을 시작하였다. 성안의 일본군은 군량이 떨어지고 물이 모자라 사상자가 속출하였다. 하지만 서생포에 주둔한 일본군과 서남방의 일본군이 지원하기 위해 몰려오고, 또 겨울철 큰 비로 병사와 말이 얼어 죽는 등 상황이 연합군에게 불리하게 전개되어, 1월 4일 연합군은 경주로 철수하였다.

2차 전투는 1598년 9월 22일부터 25일까지 전개되었다. 제독 마귀가 이끄는 2만 4000여 명의 명군과, 별장 김응서가 이끄는 5천 500명의 조선군이 9월 21일 경주에서 울산으로 향하였다. 치열한 전투를 한 연합군은 일본군에게 큰 타격을 주고 조선인 포로 1천 100여 명을 구출하였다. 하지만 마귀는 명군이 사천전투에서 패했다는 소식을 듣고 철수하기로 결정했다. 2차례의 전투에도 연합군은 도산성을 함락하지 못하였다. 1598년 8월 히데요시가 죽은 뒤 내려진 철수령에 따라 11월 기요마사는 도산성을 불태우고 서생포왜성으로 물러났다가 부산으로 철수하였다.[38]

---

37) 기타지마 만지 지음, 김유성·이민웅 옮김,『도요토미 히데요시의 조선 침략』, 219~224쪽.
38)『한국민족문화대백과사전』,「도산성전투」(집필자, 김석희); 디지털울산문화대전,「도산성전투」(집필자, 송수환); 기타지마 만지 지음, 김유성·이민웅 옮김,『도요토미 히데요시의 조선 침략』, 224~234쪽; 中野等,『文祿·慶長の役』, 230~240쪽.

2) 울산왜성

　1장에서 '울산성지 엽서'(6매 1조) 봉투를 잠시 언급한 적이 있었다. 울산성
지보존회에서 발행한 것이다. 봉투에는 '가토 기요마사加藤清正, 아사노 요시
나가浅野幸長 정유재란慶長役 농성지. 울산성지보존회'라고 찍힌 스탬프가 있
다. 국립중앙박물관에도 동일한 엽서가 있지만, 스탬프는 찍혀 있지 않다. 동
아대학교 신동규 교수팀이 작업한 〈일제침략기 한국 관련 사진·그림엽서繪葉
書의 수집·분석·해제 및 DB 구축〉에도 울산성지보존회가 발행한 6매 1조 엽
서가 있다. 같은 울산성지보존회에서 발행한 엽서이지만 필자 소장 업시와는
내용에서 상당한 차이가 있다. 두 자료를 비교하면 〈표 3〉과 같다. 단 자료 명
칭은 DB에 공개되어 있는 명칭을 따랐다.

표 3 울산성지보존회 발행 엽서 목록 비교

필자 소장(6매 1조)	신동규 소장(6매 1조)
(봉투) 蔚山城趾繪はかき	(봉투) 加藤清正公譚繪はかき
① 가토 기요마사加藤清正 화상畵像	① 가토 기요마사 공의 용자
② 울산성지蔚山城趾	② 울산 성터
③ 울산성 약도蔚山城の圖	③ 장쾌한 기요마사의 범사냥
④ 울산성지 발굴물	④ 기요마사와 토다 민부의 가신
⑤ 울산 서생성지西生城趾	⑤ 구마모토성
⑥ 아사노 요시나가浅野幸長 화상	⑥ 기요마사가 적의 기를 꺾다

　양자를 비교해 보면, 6장 가운데 2장만 비슷하고 나머지는 각각 다른 엽서
다. 필자 소장 엽서만 소개하기로 한다. 봉투에는 '발행소 울산성지보존회'라고
적혀 있다. 6장 엽서에는 모두 '울산성지보존회 발행'이라고 적혀 있다.

그림 6 가토 기요마사加藤淸正 초상

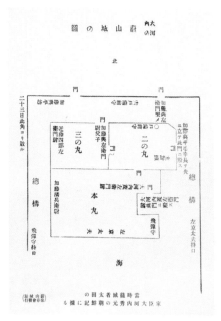

그림 7 울산성 약도

    왼쪽 엽서에는 "가토 기요마사加藤淸正 화상. 교토 간지인勸持院 소장"이라고 적혀 있다. 간지인은 현재 교토부 교토시 시모교구下京區에 있다. 가토 기요마사와 연고 깊은 절이다. 이 엽서와 동일한 엽서가 다른 곳에서도 간행된 것이 있지만, 발행처는 불명이다.

    오른쪽 엽서에는 상단에 "오가와치大河内의 울산성 그림蔚山城の圖", 하단에는 "당시 농성자 오타太田(가즈요시―吉)의 가신 오가와치 히데모토大河内秀元의 『조선기朝鮮記』에 근거한다", 왼쪽 상단에는 "23일 이 모퉁이에서 달아나다"라고 적혀 있다. 그리고 혼마루本丸·니노마루二の丸·산노마루三の丸를 맡은 장수들의 이름이 적혀 있다. 이 울산성 약도는 『울산성지고』에도 수록되어 있다.[39]

---

39) 蔚山城址保存會, 『蔚山城址考』, 蔚山城址保存會, 1930, 15쪽.

長牟野後正淸藤加役の長慶　趾城山蔚
（趾城山蔚
行軍合併）
りあ跡の等入船丸三丸二丸本衛今趾戰の城籠等

그림 8 울산성지

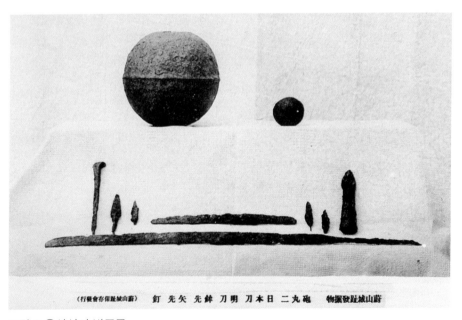

（行軍合保趾城山蔚）　釘　先矢　先鋒　刀明　刀本日　二丸砲　物掘發趾城山蔚

그림 9 울산성지 발굴물

〈그림 8〉 엽서에는 "울산성지. 정유재란慶長の役 때 가토 기요마사·아사노 요시나가浅野幸長 등이 농성한 싸움터. 지금 아직도 혼마루本丸·니노마루二丸·산노마루三丸·후나이리船入 등 터가 남아 있다"라고 적혀 있다. 국립중앙박물관 소장 엽서에는 '울산명소'라는 표현만 더 들어 있다. 동일한 엽서가 후지와라藤原상점에서 발행된 것이 있다. 〈그림 9〉 엽서에는 "울산성지 발굴물. 포환 2, 일본도, 명도, 창끝鉾先, 화살촉, 정"이라고 적혀 있다. 후나이리는 배가 드나드는 곳을 뜻한다. 일제시기에 세웠을 것으로 추정되는 '선입지船入趾'라고 적힌 표석이 발견되었다.[40)

〈그림 10〉 엽서에는 "아사노 요시나가浅野幸長 화상. 후작 아사노 나가고토浅野長勳씨 소장"이라고 적혀 있다. 앞서 언급한 것처럼 요시나가는 울산왜성(도산성) 공사에서 가토 기요마사와 함께 핵심적인 역할을 하였다.

앞서 언급한 것처럼, 1·2차 울산전투(도산성전투)에서 조·명 연합군은 일본군의 저항에 부딪쳐 패배하였다. 울산성지보존회는 울산성지를 영원히 보존하고, 사회에 널리 소개하기 위한 목적으로 설립된 단체다. 1917년 4월 8일 울산성지회로 설립되었다

（行獎會存保趾城山蔚）　像 慶長 幸 野 淺
（藏所氏勳長野淺侯爵侯）

그림 10 아사노 요시나가浅野幸長 초상

가, 1923년 4월 18일 울산성지보존회로 명칭을 바꾸고 조직도 확대하였다.[41) 이 단체가 설립 목적의 취지에 따라 다양한 엽서를 발행한 것이다. 울산성지보

40) 『울산매일』 2008년 3월 3일 「학성공원의 선입지」(집필자, 김진곤).
41) 디지털울산문화대전, 「울산성지보존회」(집필자, 고현우).

존회가 발행한 엽서 가운데는 다른 곳에서 이를 활용하여 발행하기도 한 듯하다.

그림 11 가토 기요마사의 울산성전투

그림 12 가토 기요마사가 아사노 요시나가를 도움

〈그림 11〉 엽서에는 "1597년(慶長 2) 11월 아사노 유키나가浅野行長와 함께 울산에서 농성하면서, 백만 명군에게 포위되어 필사의 전투를 하는 광경"이라고 적혀 있다. 아사노 유키나가浅野行長는 아사노 요시나가浅野幸長의 오기라고 생각한다. 가토 기요마사군을 상징하는 '나무묘법연화경' 깃발도 그려져 있다. 이 엽서는 구마모토熊本성지보존회가 '기요마사淸正공 역사관 엽서'로 발행한 세트 엽서의 하나다(1장 〈그림 19〉 봉투 참조).

〈그림 12〉 엽서에는 "신의. 임진왜란豊太閤の征韓役에서 아사노 요시나가가 울산성에서 적의 대군에 포위되자, 가토 기요마사는 요시나가의 아버지(나가마사長政) 부탁을 중하게 여겨서, 급하게 어려움에 나아가서 그를 구하고 신의를 완수하였다"라고 적혀 있다.

그림 13 울산왜성 가토성지

〈그림 13〉 엽서에는 "울산 대화천(태화강)에서 학성산을 바라보다. 가토 성터加藤城跡", 〈그림 14〉 엽서에는 "학성지鶴城趾. 울산 읍내에서 거리가 15

그림 14 울산왜성 학성지

정町. 정유재란慶長の役 때 가토 기요마사의 일군이 농성 고전한 성터"라고 적혀 있다. 동일한 사진의 다른 엽서에 "학성적鶴城跡. 울산 읍내에서 거리가 15정. 정유재란 고전慶長の苦戰에서 가토 기요마사 일군이 농성을 한 성터"라

고 적혀 있다. 설명만 약간 다를 뿐 같은 내용이다.

　그런데 〈그림 14〉 엽서에 대해서 오타 히데하루는「이 엽서는 울산왜성이 아니라 서생포왜성 사진이다. 울산왜성의 위치 비정이 애매한 시기에 발생된 것이다」라고 하였다.[42] 하지만 다른 서생포왜성 사진과는 비슷하지 않은 부분이 있다. 현재로서는 울산왜성이 더 타당하다고 생각한다. 앞으로 좀더 정확한 검토가 필요한 엽서다.

左涯石き高は圍周りあに上頂の山城　丸本城山蔚　（所名山蔚）
りあ趾池水貯の中城籠及門手搦門手追き築

그림 15 울산왜성 혼마루

　엽서에는 "울산명소 울산성 혼마루本丸. 성 산의 정상에 있고, 주위에는 높은 석애(석벽)를 쌓았다. 오테문追手門·가라메데문搦手門 및 농성 중의 저수지 터 등이 있다"라고 적혀 있다.

　오테문(추수문)은 오테문大手門이라고도 쓴다. 산노마루, 니노마루, 혼마루 등의 구역과 구역이 연결되는 성 입구에 설치한 문이다. 성의 정문을 뜻한다.

---

42) 太田秀春, 『近代の古蹟空間と日朝關係』, 61쪽.

대개는 망루가 딸린 문이다. 가라메테문은 성의 뒤쪽에 있는 후문을 뜻한다. 유사시 성 밖으로 빠져나가는 기능을 하였다. 작은 문으로 망루가 딸린 문은 아니다.

울산왜성은 현재 울산광역시 중구 학성공원 3길 54에 있다. 울산광역시 문화재자료로 지정되어 있다. 학성산 주변이 섬과 같은 모습이어서 '도산성'이라고 불렀다.[43] 그래서 울산전투, 울산왜성전투를 도산성전투라고 부르는 것이다.

3) 서생포왜성

그림 16 울산왜성과 서생포왜성(울산성지와 서생성지)

〈그림 16〉 엽서는 5장 〈그림 10〉과 같은 엽서다. 이 엽서는 울산왜성과 서생포왜성 사진을 함께 수록한 엽서다. 오른쪽이 울산왜성이다. "울산성지. 정

---

43) 디지털울산문화대전, 「울산 왜성」(집필자, 나동욱).

유재란慶長役의 고적으로, 울산 교외 반km에 있다"라고 적혀 있다. 왼쪽이 서생포왜성이다. "서생성지. 정유재란慶長役의 고적으로, 울산 남쪽 6리에 있다"라고 적혀 있다. 울산의 도산성(울산성, 울산왜성) 관련 엽서는 대부분 울산왜성과 서생포왜성이 각각이다.

4) 울산전투와 구마모토 명물 쵸센아메

가토 기요마사의 울산전투와 관련된 과자로 '쵸센아메朝鮮飴'라는 과자가 있다. 이 과자는 일본 구마모토熊本 지역의 이름난 명과名菓다.

그림 17 소노다야園田屋 광고   그림 18 현재의 소노다야 모습 사진

왼쪽은 이 과자로 유명한 소노다야園田屋 관련 엽서이고, 오른쪽은 현재의 소노다야 모습 사진이다. 왼쪽 엽서 아래쪽에는 다음과 같은 광고가 적혀 있다.

"쵸센아메朝鮮飴는 히고肥後(현 구마모토현)의 국산으로서, 옛舊 번주는 매년 6월 초하루에 그것을 장군가에 헌상하는 것을 관례로 한다. 우리 점포는 번의 명령에 따라 한중寒中(소한과 대한 사이)에 그것을 제조하여 번의 '고인신가타御音信方'(선물 담당관리)에 납부하는 것 외에 달리 판매하는 것을 허락하지 않았다. 오직 번사藩士에 한정하고 특히 상납을 신청하고 인가를 승인받아야만 하기 때문에, 쵸센아메는 예부터 소노다야의 쵸센아메인가? 쵸센아메의 소노다야인가?라는 정평이 있다."

쵸센아메는 탄력이 있는 흰색 반투명한 떡모양 과자다. 쵸센아메 전문 과자점인 소노다야의 창업 이래 변함없는 제조법은 다음과 같다. 재료는 찹쌀·물엿·백설탕이다. 유래에 대해서는 여러 설이 있지만, 임진왜란 때 가토 기요마사의 진중陣中 음식으로 한 장생長生 음식이 그 후 쵸센아메로 불리게 되었다는 설이 주류이다. 하지만 소노다야에서는 이 점포를 창업한 개조 소노다 부우에몬園田武右衛門이 임진왜란 이전에 만들었다는 것을 강조하고 있다. 이 외에 임진왜란 때 기요마사가 전했다는 등 반드시 기요마사와 임진왜란이 관련되어 있지만, 분명하지는 않다.[44]

소노다야의 안내서(2006년 11월)에는 "덴쇼天正시대(1573~1591)에 개조 1대 소노다 부우에몬이 처음 만들었다. (중략) 처음에는 히고아메肥後飴나 또는 쵸세이아메長生飴라고 불린 것처럼, 당시 명성주 가토 기요마사공이 특히 애용하고, 이어 역대 번주 호소가와細川공은 매년 금중禁中과 막부幕府에 대한 헌상품으로 정하였다. (중략) 조선이라고 불리게 된 유래는 기요마사공이 임진왜란·정유재란文禄慶長の兩役에 이 아메를 가지고 갔는데, 기후풍토에 맛이 변하지 않아서 장기간의 먹거리로서 보존에 견디는 것에 깊이 감명을 받아, 일본 제일의 보존식으로서 상사賞詞(칭찬하는 말)를 내린 이후, 임진왜란朝鮮役을 기념하여 조선이라고 불리게 되었기 때문에, 조선에서 제법이 전래되었다고 하는 것은 완전히 잘못이다"[45]라고 하였다.

하지만 임진왜란과의 관련성을 강조하기도 한다. 가토는 군사들에게 먹일 비상식량으로 이 쵸센아메를 가지고 바다를 건넜다. 시간이 지나도 상하지 않

---

44) 橋爪伸子, 『地域名菓の誕生』, 思文閣出版, 2018, 111~112쪽; 노성환, 『일본에 남은 임진왜란』, 제이앤씨, 2012(2쇄), 137~138쪽.
45) 橋爪伸子, 『地域名菓の誕生』, 140쪽에서 인용.

으며, 적은 양으로도 충분한 영양을 얻을 수 있고, 무엇보다도 맛있었기 때문이다. 그런 연유로 가토는 임진왜란이 끝나고 '쵸세이아메長生飴'를 음이 같은 '쵸센아메朝鮮飴'라 고쳐 부르기로 했다는 설이 있다. 다른 설은 가토 기요마사가 귀국할 때 조선의 엿 만드는 장인을 데리고 와서 '쵸센아메朝鮮飴'라 불리었다고 한다.[46]

〈그림 18〉 사진은 구마모토현 구마모토시 중앙구 남평정정 6-1에 위치하는 소노다야 건물 사진이다. 사진을 보면, 왼쪽에 '창업천정년간노포創業天正年間老舖 조선이원조원전옥朝鮮飴元祖園田屋', 오른쪽에 '명산名産 조선이원조원전옥朝鮮飴元祖園田屋'이란 간판이 걸려 있다. 덴쇼天正 연간(1573~159?)에 창업된 400년이 넘는 쵸센아메朝鮮飴의 종가 노포임을 과시하고 있다. 구마모토를 대표하는 명과 쵸센아메를 비롯한 다식 과자 등을 생산 판매하고 있다.

5. 도요토미 히데요시의 죽음과 일본군 철수 명령

1598년 8월 18일(일본력) 도요토미 히데요시는 생을 마쳤다. 아직 조선에서는 전쟁이 한창 진행되고 있었다. 히데요시는 죽기 5개월 전인 3월 15일 교토 다이고지醍醐寺 삼보원三寶院 뒤쪽 산기슭에서 화려한 꽃구경 놀이를 하였다. 생의 마지막 꽃놀이는 최후의 환락이었다. 다이고의 산마다 다실을 차려놓고, 궁녀女房 1300명이 동원되었다. 이 꽃놀이에는 공가公家와 무가武家의 금은 상자, 조선의 진기한 보물, 각 지역의 진상품 등 각종 금은보화가 삼보원 문앞에 봉래산처럼 쌓였다고 한다.[47] 히데요시는 이 꽃놀이 이후 병세가 악화되었다.

---

46) 「규슈 백년 명가, 숨은 맛을 말한다 〈6〉 '조선(朝鮮) 엿' 만드는 구마모토 '소노다야(園田屋)'」『부산일보』 2012. 10. 18(김종열).
47) 기타지마 만지 지음, 김유성·이민웅 옮김, 『도요토미 히데요시의 조선 침략』, 237~241쪽.

봄에 시작된 병세가 6월
에 들어 위중하여 음식도
잘 못먹을 정도였다. 그런
상황에서도 조선측에서
사죄를 구하면 용서해 주
겠다는 뜻을 가토 기요마
사에게 전하는 등 전쟁 상
황에 대해서 신경을 쓰고
있었다.

그림 19 조선 정복에 대한 히데요시의 인내

〈그림 19〉엽서에는 "삼한을 정복시키는 태합 히데요시의 인내"라고 적혀
있다.

그림 20 히데요시의 다이고지 꽃구경 놀이

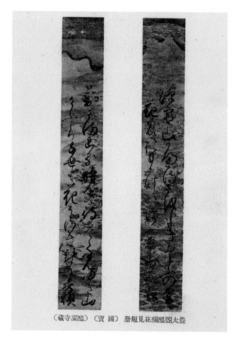

그림 21 히데요시의 다이고지 꽃구경 놀이
화가和歌

〈그림 20〉엽서에는 "도요토미豊公 다이고 꽃구경花見 병풍. 효고현兵庫縣 츠치야 구스구마土屋楠熊 소장. 대례기념 천수각 부흥 특별전람회"라고 적혀 있다. 병풍 가운데 일부 장면이다. 〈그림 21〉엽서에는 "도요토미豊太閤 다이고 꽃구경 단책短册. 국보. 다이고지醍醐寺 소장"이라고 적혀 있다. 꽃구경 놀이를 하면서 읊은 화가和歌다. 이 화가를 모은 단책첩短册帖이 삼보원에 보관되어 있다. 엽서에 '국보'라고 적힌 것은 잘못이고, 국가 지정 중요문화재라고 한다.

도요토미 히데요시는 죽기 직전에 "이슬과 함께 내리고, 이슬과 함께 사라지는 내 일인가. 나니와(오사카)의 일도 꿈 속의 또 꿈이런가"[48]라는 시를 남겼다. 인생은 역시 한바탕의 봄 꿈이었다. 히데요시가 죽을 당시 아들 히데요리秀賴는 5살이었다. 히데요시는 사망 전에 5대로大老와 5봉행奉行을 제도화하였다. 후계자인 어린 히데요리를 돕기 위해서다. 5대로는 최고 협의기관으로 중요 정무를 결재하고, 군사권 등 중요사항은 합의로 결정하도록 하였다. 봉행은 일반 업무의 처리와 집행을 담당하였다.[49] 히데요시가 죽자 그의 죽음은 잠시 비밀로 하고, 5대로는 명군과 강화하여 병력을 철수시킬 것을 결정하였다. 도쿠나가 나가마사德永壽昌·미야기 도요모리宮木豊盛를 조선에 보내어 그런 방침을 알리도록 했다.[50]

48) 국립진주박물관, 『임진왜란』, 82쪽.
49) 笠谷和比古, 『關ケ原合戰』, 29~32쪽; 구태훈, 『일본근세사』, 116쪽.
50) 기타지마 만지 지음, 김유성·이민웅 옮김, 『도요토미 히데요시의 조선 침략』, 237~241쪽; 中野等, 『文祿·慶長の役』, 242~244쪽; 村井章介, 「島津史料로 본 사천전투」『남명학연구』 8, 경상대 남명학연구소, 1998, 198~201쪽.

6. 사천전투, 순천전투

1) 사천전투

1598년 9월의 사천전투와 순천전투, 11월의 노량해전은 임진왜란 최후의 전투다. 사천전투나 순천전투는 아직 히데요시의 죽음 소식을 접하지 못한 상태에서 일어났다. 조·명연합군은 울산 도산성전투를 교훈 삼아, 1598년 종전기에 사로병진四路竝進작전을 단행하였다. 1598년 전쟁 막바지에 울산, 사천, 순천에 주둔하고 있는 일본군을 육군 3방향, 수군 1방향의 4길로 나누어 공격하는 작전이다. 즉, 동로군(마귀)은 울산, 중로군(동일원)은 사천, 서로군(유정)은 순천, 수로군(진린)은 전라도 남해안을 공격하는 작전이다.[51] 사천전투는 1598년 9월 말부터 10월 1일까지 명의 중로 제독 동일원董—元이 이끄는 명군과 경상우병사 정기룡이 이끄는 조선군의 연합군이 사천 구성舊城(읍성)과 시마즈군이 주둔하고 있는 사천왜성(신성, 신채)을 공격하다가 크게 패배한 전투다. 구성(읍성)은 9월 27~30일, 왜성은 10월 1일 전투가 일어났다.[52]

이 전투에서 일본군이 조·명연합군을 죽인 숫자가 38,717명이라고 알려져 있다. 하지만 시마즈군이 하나의 지휘 계통이 아니라 5군단으로 구성되어 있기 때문에 정확한 숫자를 파악하기 어렵다. 이는 과장된 숫자고 최대 1만명 내외로 보는 것이 무난하다고 한다.[53] 명 중로군이 패배한 1번째 원인으로는 중로군 동일원의 전술 능력 부재를 들고 있다. 전투의 패배는 동로군, 서로군, 수로군에게 전의戰意 상실이라는 큰 영향을 주었다. 그리고 왜성에 주둔하는 일

---

51) 제장명, 「정유재란 시기 사천성 전투의 경과와 의미」『이순신연구논총』 33, 순천향대 이순신연구소, 2020, 175~176쪽.
52) 村井章介, 「島津史料로 본 사천전투」, 165~166쪽; 제장명, 「정유재란 시기 사천성 전투의 경과와 의미」, 190~198쪽.
53) 村井章介, 『島津史料로 본 사천전투』, 181~185쪽; 이형석, 『임진전란사』, 1098~1099쪽; 제장명, 「정유재란 시기 사천성 전투의 경과와 의미」, 190~198쪽.

본군을 공격하는 것이 성공하기 어렵다는 인식을 주었다.[54]

아래 사천 관련 5점의 엽서는 모두 진주 이이다飯田사진관에서 발행한 엽서다.

그림 22 사천공원

〈그림 22〉 엽서에는 "조선 경남 사천공원. 정유재란慶長の役 때 사천 구관舊舘 배면 성벽의 일부"라고 적혀 있다.

〈그림 23〉 엽서에는 "조선 경남 사천군 선진공립심상소학교 부근 전경. 이곳은 시마즈신채島津新寨(사천왜성)에서 동쪽으로 약 0.5리 떨어져 있다. 신채(사천왜성)전투 중에서 가장 격전을 치른 유적이다. 아래 도면은 이 전투 때 사용한 포환이다. 시라이시 쯔치오白石槌夫씨 소장"이라고 적혀 있다. 상단의 작은 사진 설명에는 "정유재란慶長の役 때 사용한 포환. 1916년(大正 5) 12월 발

---

54) 제장명, 「정유재란 시기 사천성 전투의 경과와 의미」, 202~204쪽.

굴"이라고 적혀 있다.

〈그림 24〉 엽서에는 "조선 경남. 사천공립심상고등소학교 전경. 1598년(慶長 3) 10월 1일 신채(왜성)에서 패배한 명군이 이 방면의 진주로 향하다 궤멸하여 도주, 시마즈島津군이 추격 급습하여 목을 벤 3,801급. 엎드러진 시체가 겹겹이 쌓여 산천을 메웠다. 아래 도면은 이 전투에서 사용된 화살촉. 이 학교에 보관"이라고 적혀 있다.

그림 23 선진공립심상소학교 부근과 정유재란 때 포환

그림 24 정유재란 사천전투 때의 화살촉

도면 사진 설명에는 "정유재란慶長之役 때 사용한 화살촉. 본부(조선총독부) 학무국 편집과장 문학사 오다 쇼고小田省吾씨 감정. 중국촉, 조선촉, 일본촉. 1916년(大正 5) 12월 사천 읍내 동문 밖 성벽에서 발굴. 사천공립심상소학교 교장 시라이시 쯔치오白石槌夫 발견"이라고 적혀 있다.

〈그림 25〉 엽서에는 "조선 경남 사천군 선진항. 전방의 고지는 정유재란慶長の役 때 시마즈군 사천신채(사천왜성)의 후방 측면. 위의 도면은 신채(왜성)의 천주각 터天主閣趾"라고 적혀 있다. 정상부에 푯말이 서 있는 것을 볼 수 있다. 사천왜성은 중앙부에 천수대天守臺를 갖추었고, 주곽은 모두 석축이며, 검

朝鮮慶南泗川郡船津港
(晉州敞田寫眞館發行)　（上ノ圖ハ所同天主閣址）（前方ノ高地ハ慶長ノ役ニ於ケ島津泗川軍新川泰俊方側面）

그림 25 사천군 선진항

朝鮮慶南船津道路ヨリ泗川新川ヲ望ム（島津義弘其子忠恒ト五千ノ寡兵ヲ以テ茲ニ據リ慶長三年
(晉州敞田寫眞館發行)　十一月一日董一元ノ卒ル明軍二十万ヲ擊破ス左方遙ニ是ルエ本標ハ天主閣址）

그림 26 선진 도로에서 사천왜성(신채)을 바라봄

게 칠한 3층의 천수각(엽서의 천주각)을 올렸다고 한다.[55]

〈그림 26〉 엽서에는 "조선 경남 선진 도로에서 사천신채(왜성)를 바라봄. 시마즈 요시히로와 그 아들 타다츠네忠恒와 5천의 적은 병으로써, 이곳에 근거하여 1598년(慶長 3) 10월 1일 동일원이 이끄는 명군 20만을 격파함. 왼쪽 멀리 보이는 표목은 천주각 터天主閣跡"라고 적혀 있다.

명의 총병 동일원에 대해서는 "전쟁에 임하여 기율을 세우는 데 세 번 다짐하는 경계가 없었고, 적을 가볍게 여기고 굳은 성을 공격하는 데 만전의 계책을 세우지 않아서, 군량과 무기를 모두 도적에게 넘겨주고 말았다"[56]라고 평가하였다.

사천왜성은 1597년 도요토미 히데요시의 지시에 따라 축성되었다. 다른 왜성과 마찬가지로 축성 담당 다이묘와 주둔 다이묘는 달랐다. 모리 요시나리毛利吉成, 조소카베 모토치카, 시마즈 도요히사島津豊久, 나카가와 히데나리中川秀成, 아키즈키 다네나가秋月種長, 다카하시 모토다네高橋元種 등이 축성을 담당했다. 1597년 12월 거의 완성한 성을 시마즈 요시히로에게 인도하였다. 해안선에 접한 구릉지에 위치하며 항구를 가지고 있었다. 천수대를 갖추고 천수각을 올렸다고 한다. 왜성은 고려시대 통양성(통양창성) 터를 이용하여 만들어서, 토루土壘가 이어져 있었다.[57] 사천왜성은 현재 '사천선진리성'으로, 경상남도 문화재자료로 지정되어 있다.

경남문화재연구원은 2003년 5~6월에 사천 선진성공원 주차장 부지(사천시 사천읍 선진리 251, 256-1 일원) 발굴조사를 하였다. 그 결과를 요약하면 다음과 같다. 「소승자총통과 만력통보가 발굴되었다. 총통은 우리나라에서 제작

---

55) 오타 히데하루(太田秀春), 「사천왜성을 통해 본 한일관계: 왜성에서 선진공원으로」 『처음 읽는 정유재란 1597』(국립진주박물관 엮음), 푸른역사, 2019, 333쪽.

56) 『선조실록』 선조 31년(1598) 10월 17일(기사).

57) 오타 히데하루(太田秀春), 「사천왜성을 통해 본 한일관계」, 333~335쪽; 이장희·성대경·신해순, 「임진왜란기 사천전투와 그 전적지 조사」 『군사』 19, 국방부 군사편찬연구소, 1989, 178~179쪽.

된 소승자총통에 비해 비교적 소형인 점 등 이유로 국외에서 제작되었을 가능성도 배제할 수 없다. 특히 총신 안에 탄환 2발이 들어 있었다. 탄환이 들어있는 국내 첫 사례란 점에서 주목된다. 이 두 유물이 출토됨으로써 임진왜란 당시 조명 연합군이 패전한 기록과 일치하며, 조명 연합군 주둔지가 조사지역 주변일 가능성이 높다」.[58]

일제시기에 사천왜성은 공원이 되었다. 만든 주체는 시마즈 요시히로의 자손인 시마즈 공작가였다. 시마즈가는 가문의 역사 편찬에 힘썼다. 사쓰마薩藩사료조사회를 설치하여, 도고 기치타로東鄕吉太郞의『사천신채전첩지위적泗川新寨戰捷之偉蹟』을 간행하였다. 해군중장인 도고 기치타로는 유명한 해군제독 도고 헤이하치로東鄕平八郞의 조카다. 시마즈가는 임진왜란·정유재란 때 선조 업적의 역사를 정리하고 현창하는 작업에 주력하였던 것이다.[59]

1918년 5월 천수대 터에 사천전투를 기념하는 사천신채전첩지비泗川新寨戰捷之碑를 세웠다. 도고 기치타로가 지은 책 앞 부분에는 사천신채전첩지비, 경장역진망자지비慶長役陣亡者之碑, 당병공양탑唐兵供養塔 사진이 수록되어 있다.[60] 사천전투는 칠천량해전, 남원전투, 노량해전과 함께 시마즈 가문의 영광으로 정리되어 갔다.[61] 임진왜란에 출전한 다이묘가 빛나는 전공이 없으면, 처벌과 영지의 몰수가 그들을 기다리고 있기 때문이었다.[62]

히데요시의 죽음 소식을 알리러 온 도쿠나가 나가마사·미야기 도요모리가 사천왜성에 도착한 것은 시마즈군이 승리한 지 1주일 정도 뒤였다. 11월 15일까지 부산에 집결하라는 방침이 전달되었다. 시마즈군은 예정보다 늦게 사천을 벗어나 11월 16·17일 경 홍선도(창선도)로 건너가, 순천에 있는 고니시군이

---

58) 경남문화재원구원,『현장설명회자료』(2004. 6. 30), 10~12쪽.

58) 경남문화재원구원,『현장설명회자료』(2004. 6. 30), 10~12쪽.
59) 오타 히데하루(太田秀春),「사천왜성을 통해 본 한일관계」, 346~352쪽.
60) 東鄕吉太郞,『泗川新寨戰捷之偉蹟』, 서언 11쪽.
61) 제장명,「정유재란 시기 사천성 전투의 경과와 의미」, 202~204쪽.
62) 村井章介,『島津史料로 본 사천전투』, 195~198쪽.

오기를 기다렸다. 하지만 고니시군은 당시 이순신이 이끄는 조선 수군에게 봉쇄되어 있었다. 그래서 시마즈군은 다치바나立花·소宗 등 병력과 다시 서쪽으로 가다가 11월 18일 조·명연합 수군과 충돌하였다. 노량진해전이 일어난 것이다. 전체 시마즈군이 부산에 집결한 것은 11월 22일이다. 이들은 11월 24일 부산을 떠나, 12월 10일 규슈 하카다에 도착하였다.[63]

2) 순천전투

그림 27 순천왜성

엽서에는 '신성포新城浦'라고 하였다. 오른쪽 설명에는 "순천에서 약 2리, 점점인 작은 소나무 섬松島의 경승을 끼고, 4백 년의 옛날을 떠올린다. 정유재란慶長の役 때 고니시 유키나가가 축성한 성지城趾다"라고 적혀 있다. 사진은 야

---

63) 村井章介,『島津史料로 본 사천전투』, 198~201쪽.

시다矢田스튜디오에서 찍은 것이다.

순천왜성은 순천 왜교성倭橋城이라고도 부른다. 전남 순천시 해룡면 신성리 산1에 위치한다. 현재 전라남도 기념물로 지정되어 있다. 기록에는 왜교倭橋, 예교曳橋, 망해대望海臺 등으로 나타난다. 1597년 정유재란 때 우키다 히데이에, 도도 다카토라가 호남을 공격하기 위한 전진기지 겸 최후 방어기지로 삼기 위해, 고니시 유키나가의 주도 아래 1597년 9월부터 축성하여 12월에 완성한 왜성이다.64) 우키다 히데이에 휘하의 고니시 유키나가가 중심이 되어 순천에 주둔하고 있던 여러 장수와 함께 수축한 것을 강조하기도 한다.65) 임진·정유왜란 때 경상도·전라도에 쌓은 현존히는 왜성 가운데 가장 서쪽에 있는, 전라도에서 유일한 왜성이다.

순천성을 둘러싼 고니시군과 조·명 육·수군과의 사투는 고니시 구출작전이 야기한 노량해전과 함께 동아시아 역사상에서 매우 유명한 전투였다.66) 왜교성전투는 1598년 9월 하순부터 11월 19일 노량해전까지의 약 2개월에 걸친 전쟁이다. 이 전투는 임진왜란 최후의 전투이면서 조·명·일 3국군이 모두 참전한 가운데 수륙합동작전을 펼친 정유재란 최대의 격전이었다.67) 왜교성전투라고 불리는 이 전투는 고니시 유키나가의 철수를 막기 위한 전투는 아니고, 조·명 연합군의 사로병진작전의 일환으로 전개된 공성전이며, 고니시 유키나가의 일본군은 히데요시의 수성 명령에 따라 맞서 싸운 수성전의 성격을 가진다고 하였다. 그리고 이 전투와 노량해전은 성격이 다른 전투라서, 두 전투를 연속선

---

64) 디지털순천문화대전, 「순천 왜성」(집필자, 박태홍); 黑田慶一, 「順天城と『征倭紀功 圖卷』」『倭城の研究』2(특집: 小西行長の順天城), 城郭談話會, 1998, 1~2쪽; 최인 선 외, 『순천 왜성의 외성 유적』, 순천대 박물관·순천시, 2001, 9~16쪽; 조원래, 「정유재란기 순천왜성론 재검토」『문화사학』27, 한국문화사학회, 2007.

65) 하태규, 「정유재란기 왜교성전투의 실상과 성격」『전북사학』60, 전북사학회, 2020, 216~217쪽.

66) 黑田慶一, 「順天城と『征倭紀功圖卷』」, 1쪽.

67) 조원래, 「정유재란기 순천왜성론 재검토」, 827쪽.

상에서 이해하는 것은 주의할 필요가 있다고 하였다.[68]

순천왜성에는 고니시 유키나가가 명군을 격퇴한 것을 기념하기 위해, 자연석에 '고니시 유키나가 성터小西行長之城址'라고 새긴 비가 1931년 3월 10일 건립되었다. 비석은 일제시기 조선군 사령관이던 하야시 센주로林銑十郎(제33대 일본 총리)가 글씨를 쓰고, 고니시의 왜교성 주둔을 기념해 천수각에 세운 것이다. 비는 현재 순천 충무사 관리사무실 뒤쪽 마당에 있다고 한다. 광복 후 마을 주민들이 이 비석을 부러뜨렸는데, 해룡면사무소가 역사보존 차원에서 보관해오다가 지금의 자리로 옮겨온 것이다.[69]

7. 일본 수군과 군선

6장의 제목은 정유재란이다. 여기서는 정유재란에 한정되는 것이 아니라 임진왜란 전체와 관련하여 일본 수군과 군선 내용을 정리해 보려고 한다. 다음 8절 「조선 수군과 이순신」과 연결해서 살펴보기 위한 불가피한 배치였다.

1) 일본 수군

임진왜란 개시 때의 일본 수군의 편성을 정리하면 대략 다음 〈표 4〉와 같다.

표 4 일본군 수군 편성

장수	병력	근거지
구키 요시타카九鬼嘉隆	1,500	시마 도바志摩 鳥羽

---

68) 하태규, 「정유재란기 왜교성전투의 실상과 성격」, 238~240쪽.
69) 太田秀春, 『近代の古蹟空間と日朝關係』, 129~130쪽; 「"왜교성을 점령하라" 韓中日 육군-수군 장군들의 대혈투」『동아일보』2017.11.18(안영배 전문기자).

장수	병력	근거지
도도 다카토라藤堂高虎	2,000	기이 고카와紀伊 粉河
와키사카 야스하루脇坂安治	1,500	아와지 스모토淡路 洲本
가토 요시아키加藤嘉明	750	이요 마쓰자키伊予 松崎
구루시마 미치유키來島通之 · 미치후사通總	700	이요 구루시마伊予 來島
칸 미치나가菅達長	250	아와지 이와야淡路 岩屋
구와야마 가즈하루桑山一晴 · 사다하루貞晴	1,000	기이 와카야마紀伊 和歌山
호리우치 우지요시堀内氏善	850	기이 신구우紀伊 新宮
스기와카 우지무네杉若氏宗	650	기이 다나베紀伊 田邊
계	9,200	

출전: 宇田川武久, 『戰國水軍の興亡』, 168~169쪽; 이민웅, 『임진왜란 해전사』, 65쪽.

2) 수군 대장 도도 다카토라藤堂高虎와 구키 요시타카九鬼嘉隆

〈표 4〉 가운데 도도 다카토라, 와키사카 야스하루, 가토 요시아키, 구와야마 가즈하루·사다하루 등은 배당받은 새 영국領國이 수군의 나라이기 때문에 참석했지만, 나머지는 옛부터 해적 출신이었다. 수군의 대다수를 차지하는 것은 노를 젓는 수부水夫였다. 수부는 동력이 없는 범선을 기계적 동작으로 노를 젓는 비인간적인 잡병이었다. 배 위에서 백병전을 하는 동안에도 기계적인 동작을 반복하였다.[70] 군마를 수송하는 마선馬船도 존재하였다.[71] 왜구나 해적 무리가 히데요시 밑에 들어가 그 수군이 되었다. 해적 무리 중에서 임진왜란 때 가장 큰 활동을 한 것은 구키 계열이었다.[72] 도도와 구키는 초상화 엽서가 남아 있다. 여기서는 이 초상화 엽서를 살펴보려고 한다.

〈그림 28〉 엽서는 일본 수군 대장의 한 사람인 도도 다카토라 초상화 엽서

---

70) 笠谷和比古 · 黑田慶一, 『秀吉の野望と誤算』, 43쪽, 96쪽.
71) 笠谷和比古 · 黑田慶一, 『秀吉の野望と誤算』, 96~97쪽.
72) 須藤利一 편, 『船』, 法政大學出版局, 1972(5쇄), 15~17쪽.

다. 엽서에는 "도도 다카토라藤堂高虎
화상. 텐카이天海 승정 찬. 국보. 사이
렌지西蓮寺 소장"이라고 적혀 있다. 오
른쪽 아래에는 '고산공高山公 300년
및 선현제 이가伊賀(현 미에현 이가
시)' 기념 스탬프가 찍혀 있다. 초상화
위쪽에는 승정 텐카이가 지은 찬이 있
다. 찬의 내용은 다음과 같다.

　　權大僧都 高山／一念三千 即自受身
　　／々々々者 出尊形佛／三國傳灯 大僧正
　　天海[73]

그림 28 도도 다카토라 초상

　도도 다카토라의 계명戒名은 한송원도현고산 권대승도寒松院道賢高山權大僧
都이고, 도호道號는 고산高山이다. 「대승정-승정권승정-대승도」 다음의 승려
위계가 권대승도다. 즉 찬의 첫 부분 '권대승도 고산'은 도도 다카토라를 가리
킨다. 마지막 부분은 찬을 쓴 삼국전정 대승정인 텐카이를 가리킨다. 가운데
16자가 찬의 내용이다. "한 생각에 삼천제법이 있으니, 곧 스스로 받은(받아
쓴) 몸이다. 자수신自受身이란 존형尊形에서 벗어난 부처다[74]"는 의미다. 이 찬

---

73) 東京大學 史料編纂所 所蔵 肖像画 模本 데이터베이스(データベース)에 한문으로
　　된 찬이 활자화되어 있다.
74) 이 찬은 일본 천태종의 교조인 전교傳教대사 최징最澄(767~822)의 글 "一念三千
　　即自受用身 自受用身者 出尊形之佛也"에서 나온 말이다. 찬의 '々々々'은 앞의
　　'자수신自受身'을 가리킨다. 자수신은 자수용신自受用身을 줄인 말이다. 자기 스스
　　로(원하는대로) 받아 쓴 몸은 어디에도 구속되지 않는 자유 자재한 몸을 뜻한다.
　　이 찬의 해석과 관련해서는 부산대 언어학과 강은지, 교양교육원 양흥숙 두 분 교
　　수님의 도움을 받았다. 이 지면을 빌려 감사드린다.

을 지은 텐카이는 일본 최초의 대장경 판각을 주도한 인물로도 유명하다. 이와 관련해서는 7장에서 언급하기로 한다.

그림 29 고산공(도도 다카토라) 칼과 투구

　엽서에는 "고산공 대도帶刀 중심과 투구兜"라고 적혀 있다. 고산공 삼백년제 회가 1930년 10월 〈고산공 삼백년제 기념 엽서〉(3매 1세트)로 간행한 것이다. 해제도 첨부되어 있다. 해제에는 "고산공 대도 길이 2척 5촌, 그 중심에 '시비공시야是非共是也'(시/비는 모두 옳은 것이다)는 5글자를 새겼다. 한 마디 짤막한 글로써 공의 기품의 한 단면을 엿볼 수 있다. 안쪽에는 '등당고호대지藤堂高虎帶之'(도도 다카토라가 찬 것)의 6글자를 새겼다. 칼은 공의 투구와 함께 엄존하여, 코잔신사高山神社의 보물로 되었다"라고 하였다. 미에현 쓰시津市에 위치한 이 신사는 도도 다카토라를 제사지내고 있다.

　〈그림 30〉 엽서에는 "구키 요시타카九鬼嘉隆의 화상. 옛 도바번鳥羽藩 번조 구키 요시타카九鬼嘉隆의 상에 찬은 유명한 세이칸淸韓 장로의 자서"라고 적혀

있다. 콘고쇼지金剛證寺 소장품으로 일본 국가 지정 문화재로 지정되어 있다. 찬의 끝부분에는 1607년 11월에 전 도후쿠지東福寺, 후 난젠지南禪寺 주지 분에이 세이칸文英清韓이 찬했다는 기록이 있다.[75]

분에이는 자다. 세이칸清韓은 가토 기요마사의 귀의歸依를 받고, 규슈로 내려가서 임진왜란文祿慶長の役 때 기요마사를 따라 조선에 갔다고 한다. 1600년에 교토 도후쿠지의 227세가 되고, 1604년에 난젠지의 장로가 되었다. 1614년 도요토미 히데요리豊臣秀頼의 청을 받고 호코지方廣寺 종의 명문을 썼다. 명문에 있는 '국가안강國家安康'이란 구절이 도쿠가와 이에야스의 분노를 사서, 오사카의 전투大坂の陣, 그리고 도요토미가家 멸망의 방아쇠를 당긴 것으로 잘 알려져 있다.[76] 이와 관련해서는 7장에서 언급하기로 한다.

그림 30 구키 요시타카 초상

3) 수군 군선, 세키부네와 아다케부네

일본 수군의 배는 조선 수군과 싸우는 전선 기능이 가장 중요하였다. 그리고

---

75) 도쿄대학 사료편찬소 소장 초상화 모본 데이터베이스에 한문으로 된 찬이 활자화되어 있다. 표제는 「九鬼嘉隆画像 文英清韓賛」이다. 끝부분은 "時慶長丁未 仲冬日 前住東福 後住南禪 文英叟清韓 燒香拜讃".

76) 朝日新聞社 편, 『朝日 日本歷史人物事典』, 朝日新聞社, 1994, 1489쪽. 「文英 清韓」(집필자 石井清純).

쓰시마, 이키, 나고야 등 각 지역에서 출발하는 일본군이 타고 오는 운송선이었다. 그리고 임진왜란과 정유재란 동안에 전쟁에 필요한 무기, 말, 군수품 등 전쟁 물자를 수송하는 수송선이었다. 전쟁이 끝나고 조선에서 일본으로 철수할 때도 침략해 올 때와 같은 기능을 하였다.

일본 수군의 대표적 군선은 아다케부네安宅船와 세키부네關船다. 세키부네는 배 모양이 홀죽한 쾌속선이다. 그래서 하야부네早船라고 부른다. 그 가운데 더 작은 배는 고바야부네小早船라고 부른다. 군선은 아다케부네(대형선), 세키부네(중형선), 고바야부네(소형선)로 나눌 수 있다.[77]

조선 수군과 일본 수군의 1번째 해전은 1592년 5월 7일 옥포해전이었다. 이어 같은 날 합포해전, 8일 적진포해전이 있었다. 이 1차 출전의 3번 전투에서 조선 수군이 격파한 일본 군선의 현황을 간단하게 정리하면 다음 〈표 5〉와 같다.

표 5 1592년 5월 조선 수군의 1차 출전의 3번 전투에서 격파한 일본 군선 현황

군선 종류	대선	중선	소선	미상	계	비고
옥포해전(거제 옥포, 7일)	13	6	2	5	26	미상 경상우도 성과
합포해전(웅천 합포, 7일)	4		1		5	
적진포해전(고성 적진포, 8일)	9	2			11	
계	26(26)	8(9)	3(2)	5(7)	42(44)	

출전: 이순신 지음, 최두환 역주, 『충무공 이순신 전집』 3(완역·원문 임진장초), 우석, 1999, 40~51쪽; 有馬成甫, 『朝鮮役水軍史』, 68~74쪽. 괄호 안은 이민웅, 『임진왜란 해전사』, 82쪽 숫자임.

〈표 5〉에서 정리한 것처럼, 이순신의 『임진장초』에서는 왜대선, 왜중선, 왜소선의 3가지로 일본 군선을 구분하였다. 첫 출전한 이순신 함대의 세력은 판

---

77) 笠谷和比古·黒田慶一, 『秀吉の野望と誤算』, 101쪽; 宇田川武久, 『戰國水軍の興亡』, 176~183쪽; 이민웅, 『임진왜란 해전사』, 68쪽.

옥선(전선) 24척, 협선 15척, 포작선 46척이었다. 첫 교전인 옥포해전에 참가한 일본군 수군은 어느 부대이고 어떤 행동을 했는지 일본측 문헌에서는 정확하게 알 수 없다고 한다. 그래서 모리 데루모토나 고바야카와 다카카게의 선수(뱃사공)이거나 또는 선봉행船奉行의 지휘 아래에 있는 운송부대의 일부에 속하는 것은 아닌가 추정하기도 한다.[78]

그림 31 수군 군선 세키부네

엽서에는 "병아리모양 배雛形丸 모형(히나가타마루모형). 임진왜란文祿征韓役 때 군선을 옛 도바번鳥羽藩에서 모조한 것. 카도야 세이자에몬角谷淸左衛門 기증. 초코칸徵古館 진열"이라고 적혀 있다.

토바번은 시마志摩국 토바鳥羽(현재 미에현 토바시) 주변을 영유한 번이다. 도바번의 1대 번주는 앞에서 본 구키 요시타카다. 도바번에서 만든 모형인 점을 고려한다면, 구키 수군의 배가 모델이었다고 생각한다. 초코칸徵古館은 이세伊勢신궁 초코칸을 가리킨다. 이 모형의 군선은 세키부네關船(小安宅船)로 임진왜란에 출동한 군선이다.[79]

---

78) 有馬成甫, 『朝鮮役水軍史』, 72~73쪽.
79) 有馬成甫, 『朝鮮役水軍史』, 198쪽.

그림 32 니혼마루 선수船首 용

그림 33 니혼마루 선수船首 용

〈그림 32〉, 〈그림 33〉 엽서는 니혼마루日本丸의 선수 부분 엽서다. 엽서에 는 "니혼마루 선수 용. 니혼마루는 히데요시太閤의 명에 따라 구키 요시타카가 만든 임진왜란征韓役의 군선이다. 초코칸 진열"이라고 적혀 있다. 용이 잡고 있는 여의주의 위치만 다를 뿐 나머지는 같다.

〈그림 31〉 세키부네와 〈그림 32〉 니혼마루 선수 용은 (이세)신궁사청司廳 소관의 초코칸 농업관에서 발행 '초코칸 엽서' 4집에 수록되어 있다. 4집은 6매 세트 엽서로, 각각 5번·6번 엽서다. 이 2종류의 엽서는 『신궁 징고관 진열품 도록』에 제72도圖로 수록되어 있다. 이 도록의 말미에는 해설이 있다. 해설 내용은 다음과 같다.

제72도 「일본환 선수 용·추형환日本丸船首龍·雛形丸」. 제72도의 니혼마루 선 수 용은 나무에 새긴 것으로 전체 높이 5척 8촌, 길이 1장 8촌, 녹나무樟材로 만들었다. 니혼마루는 1591년(天正 19) 도바鳥羽성주 구키 요시타카가 도요토 미 히데요시豊太閤의 명을 받아 만든 것이다. 임진왜란文祿の朝鮮役에서 위대한 공을 세운 전함으로, 본 물품은 그 뱃머리를 장식하는 조각물이다. 원래는 도 바번에 전해진 것이라고 한다. 용장 구키 요시타카가 수군의 장으로서 스스로 거기에 앉아 타고 대군을 질타하는 모양을 방불하게 하는 것과 동시에, 모모야 마桃山시대의 호굉豪宏한 기풍을 반영하여 흥미를 느낀다.[80]

아래 그림의 병아리형 배 모형은 카도야 세이자에몬角谷淸左衛門씨가 기증한 것이다. 목제에 옻칠을 하였다. 높이는 1척 7촌, 길이는 5척 5촌, 폭은 1척 5촌 이다. 본선과 마찬가지로 임진왜란文祿の役에 종군했던 배다. 뒤에 도바번에 전래된 것이지만, 이 모형은 1854년(嘉永 7) 번의 명령에 따라, 수수두水手頭 나카무라 덴로구中村傳六·가와무라 덴시치河村傳七 두 사람이 4년을 들여 모조 한 것이라고 한다.[81]

80) 神宮徵古館農業館 편, 『神宮徵古館陳列品圖錄』, 神宮徵古館農業館, 1941, 68~69 쪽. 도록은 일본 국립국회도서관 디지털콜렉션에서 원본 파일이 제공되고 있다.
81) 神宮徵古館農業館 편, 『神宮徵古館陳列品圖錄』, 68~69쪽.

海軍館　　　　　　　　日本丸模型

그림 34 니혼마루 모형

〈그림 34〉 엽서에는 "니혼마루日本丸 모형. 해군관"이라고 적혀 있다. 히데요시가 구키에게 니혼마루를 만들 것을 명령했다. 그러므로 니혼마루 모형의 돛에 그린 가문家紋은 구키가 가문이라고 생각한다. 니혼마루는 탁월한 공격력과 방어력으로 전국戰國 수군의 주역을 형성한 아다케부네 가운데 대표적인 배이기[82] 때문에 일찍부터 수군사 연구에서 주목을 받았다.[83]

니혼마루는 구키 요시타카가 이세伊勢에서 새로 만든 오오아다케부네大安宅船이다. 처음 이름은 기슈쿠마루鬼宿丸인데 히데요시가 니혼마루로 바꾸었다고 한다. 이 배와는 다른 모리 데루모토가 만든 니혼마루도 있다. 이 배는

---

82) 須藤利一 편, 『船』, 17쪽.
83) 有馬成甫, 『朝鮮役水軍史』, 190~198쪽에서는 「三 九鬼嘉隆の日本丸」이란 독립된 항목을 설정하여 상세하게 서술하고 있다. 엽서와 동일한 니혼마루와 히나가타마루雛形丸의 사진이 수록되어 있다. 이 책에 따르면 니혼마루는 1/20 모형이다.

1593년 여름에 만든 오오아다케부네로 아수와마루安穗丸라고 불렀다. 그런데 이 배가 나고야名護屋로 돌아왔을 때, 히데요시가 그 활약상에 감탄하여 데루모토에게 주인장을 주었는데, 이때 배 이름을 니혼마루로 바꾸었다고 한다. 그래서 니혼마루 2척이 생긴 것이다.[84]

그림 35 구키공 부산해 선책 그림(도쿄대학 고마바駒場도서관 소장)

위 그림은 '구키공 부산해 선책 그림九鬼公釜山海船柵之圖'이다. 현재 도쿄대학 고마바駒場도서관 소장품이다.[85] 왼쪽 배울타리船柵로 둘러싸인 오른쪽 가운데 큰 배가 니혼마루다.

1592년 7월 10일 현 창원시 진해구 안골포 앞바다에서 해전이 일어났다. 이를 안골포해전이라고 부른다. 한산도해전에서 승리한 조선 수군은 구키 요시타카, 가토 요시아키가 이끄는 일본 정예수군 42척을 공격하여 대승을 거두었다. 이순신의 장계에는 42척을 거의 다 쳐부수었다고 기록되어 있다. 일본학

---

84) 石井謙治, 『和船』 II, 法政大學出版局, 2004(4쇄), 1~2쪽.
85) 「도쿄대학 학술자산 등 아카이브 포털(東京大學學術資産等アーカイブズポータル)」에서 제공하는 이미지 파일이다.

계에는 구키와 가토의 군선 20척을 잃었다고 하여 차이가 있다. 군선 중 대선을 중심으로 20척 이상을 격파했다고 볼 수 있다.[86]

『선조실록』에서는 안골포해전의 상황을 다음과 같이 적고 있다. "(7월) 10일에 안골포에 도착하니 적선 40척이 바다 가운데 벌여 정박하고 있었다. 그 중에 첫째 배는 위에 3층 큰집을 지었고, 둘째 배는 2층집을 지었다. 그 나머지 모든 배들은 물고기 비늘처럼 차례대로 진을 결성하였는데 그 지역이 협착하였다. 아군이 두세 차례 유인하였으나 왜적은 두려워하여 감히 나오지 않았다. 우리 군사들이 들락날락하면서 공격하여 적선을 거의 다 불살라버렸다. 이 전투에서 3진陣이 머리를 벤 것이 2백 50여 급이고 물에 빠져 죽은 자는 그 수효를 다 기록할 수 없으며 잔여 왜적들은 밤을 이용하여 도망하였다."[87] 이 전투에서 구키 배도 돛이 부러지는 타격을 입었다.[88] 위 사료에서 3층 큰집을 지은 1번째 배와 돛이 부러진 구키 배는 니혼마루를 가리킨다고 생각한다.

〈그림 36〉 엽서에는 '부슈武州 하치오지八王子 신쇼인信松院 영보靈寶. 신겐信玄이 창작한 기함旗艦 모형", 〈그림 37〉 엽서에는 "분로쿠文祿시대 군선 모형. 신쇼인 소장"이라고 적혀 있다.

신쇼인은 일본 전국시대의 다이묘인 다케다 신겐武田信玄의 딸 마쓰히나松姬가 연 조동종 사원이다. 현재 도쿄도 하치오지시에 위치한다.

〈그림 38〉 엽서에는 "부

그림 36 신쇼인 소장 아다케부네 모형

86) 디지털창원문화대전, 「안골포 해전(安骨浦海戰)」(집필자, 제장명).
87) 『선조실록』 선조 25(1592) 6월 21일(기유).
88) 有馬成甫, 『朝鮮役水軍史』, 101쪽.

슈武州 하치오지八王子 신쇼인信松院 개기開基 마쓰히나松姬 목상"이라고 적혀 있다. 신쇼인에는 〈그림 36〉, 〈그림 37〉 엽서 사진과 같은 2개의 군선 모형이 전한다. 1596년경 만든 것으로, 현재 도쿄도 지정 유형문화재(공예품)이다. 〈그림 36〉은 아다케부네, 〈그림 37〉은 세키부네다. 세키부네는 히나雛(병아리)형이다. 축척은 25분의 1이다. 아다부네의 크기는 중앙 폭 38㎝, 높이 26㎝, 길이 97㎝ 정도이다. 세키부네의 크기는 중앙 폭 26㎝, 높이 20㎝, 길이 85㎝ 정도라고 한다. 노는 1명이 젓는 작은 노와 2명이 젓는 큰 노가 있다. 아다케부네는 2명이 젓는 큰 노로, 양쪽 합하여 40개, 세키부네는 1명이 젓는 작은 노로, 양쪽 합하여 42개라 한다.[89]

그런데 신쇼인에는 마쓰히나의 오빠 니시나 모리노부仁科盛信(다

그림 37 신쇼인 소장 세키부네 모형

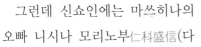

그림 38 신쇼인의 개조 마쓰히나 목상

---

89) 東京都教育庁地域教育支援部, 「東京都文化財情報データベース」〈木製軍船ひな形〉.

케다 신겐의 아들)의 후손인 니시나 마사시仁科資眞의 서장書狀이 있다. 마쓰히나 사망 후 100년이 되는 1714년(正德 4) 12월 16일 작성한 기진(기부) 목록이다. 이 서장에 따르면, 마사시의 선조가 히데요시의 가신이면서 수군의 절대적 권력자인 고바야카와 다카카게에게서 해전의 법을 배워, 임진왜란朝鮮役에서 사용했던 군선의 모형을 만들어, 1600년(慶長 5)에 마쓰히나에게 바쳤다. 그 후 이 모형을 다른 곳으로 가지고 갔다가 다시 1714년에 신쇼인에 바쳤다고 한다. 1911년(明治 44) 영일박람회 때 일본 해군성이 복제품을 만들어 출품했다고도 한다.[90]

일본 '배의 과학관船の科學館'의 『船の科學館 수장자료 목록』1(선박모형, 2013)을 보면, 기원전 5세기부터 20세기까지의 128척의 선박모형 사진이 수록되어 있다. 7번째가 아다카형 군선(16세기 후기, 1/20축적), 8번째가 세키부네형 군선(16세기 후기, 1/20축적)이다. 이 두 군선은 엽서 사진의 배와 동일한 모습이다. 임진왜란 때 활약했던 일본 군선을 대표하는 배라고 생각한다. 안내문에는 "전국시대의 주력 전함 아다케부네. 이 배에는 '다케다히시武田菱'(4개로 나뉜 마름모꼴)의 가문이 들어있지만, 임진·정유왜란文祿·慶長の役에서 가토 기요마사 등이 바다를 건넜던 것도 이 배다"라고 적혀 있다.

일본 해군관의 역사부 진열실에는 다케다 신겐武田信玄 군선 모형, 즉 〈그림 37〉 엽서의 병아리형 군선 모형이 진열되어 있다. 한국콘텐츠진흥원의 문화콘텐츠닷컴 문화원형백과에 임란의 일본배에도 안택선安宅船과 관선關船 항목이 있다. 3D Data를 이용해서 각각 복원된 배의 모습을 볼 수 있다. 돛에 새겨진 문양은 엽서의 문양과 같다. 문양은 다케다 신켄 가문의 가문家紋이다.

임진왜란 초기에 유리한 전선이 전개되면서 히데요시는 스스로 바다를 건너 조선에 갈 것을 표명하였다. 히데요시가 부산에서 서울까지 가는 데는 도다 가츠타카戸田勝隆와 구루시마來島형제가 동원될 예정이었다. 하지만 일본 수군이

---

90) 金山正好,「信松院軍船雛型」『多摩のあゆみ』15, 多摩中央信用金庫, 1979, 70~ 71쪽.

한산도해전, 안골포해전에서 이순신이 이끄는 조선 수군에게 패하면서 히데요시가 조선에 건너가는 것은 보류되고 말았다.[91]

8. 조선 수군진영과 이순신

조선시대에는 전국 8도에 병사와 수사직이 모두 설치되었다. 경상·전라·충청·경기도의 4도를 제외한 나머지 4도는 모두 같은 사람이 겸직하였다. 임진왜란 초기에는 각 도 수사가 독립되어 있었다. 따라서 수사 간의 협조체제로 임무를 수행했다. 전라좌수군의 경우, 1차 출전의 1번째 해전인 옥포해전 (1592. 5. 7), 2차 출전인 당포해전(1592. 6. 2)까지는 경상우수군과 연합하였다. 그리고 당항포해전(1592. 6. 5)부터는 전라우수군도 연합하였다. 이런 협조체제가 지속되다가 1593년 6월부터는 충청수군도 합류하였다. 3도 수군이 모여 활동하게 되니, 지휘체계의 확립이 필요하였다. 수사보다 상위 지휘체계가 요구되어, 1593년 8월부터 삼도 수군을 통합 지휘하는 통제사직이 신설되었다. 이때는 임시직으로 초대 통제사에 전라좌수사 이순신이 임명되었다. 전라좌수사를 본직으로 하면서 통제사를 겸직하는 형태였다. 삼도수군통제사가 설치되면서 각 도 수군을 고르게 포함하는 전투 편성이 되었다.[92]

표 6 임진왜란 발발 당시 삼도 수군 진영과 수사

도	전라도		경상도		총청도
수영	좌수영	우수영	좌수영	우수영	수영
위치	순천 오동진 (현 여수)	해남	동래	거제	보령

---

91) 宇田川武久, 『戰國水軍の興亡』, 183~184쪽.
92) 제장명, 『정유재란 시기 해전과 조선 수군 운용』, 13~22쪽.

도	전라도		경상도		충청도
수사	이순신	이억기	박홍	원균	정걸 (뒤에 임명)

출전: 차문섭, 「진관체제의 확립과 지방군제」, 『한국사』 23(조선 초기의 정치구조), 국사편찬위
원회, 1994, 237~242쪽 〈표 3〉 「진관 편성표」를 참고하여 작성.

1) 여수 전라좌수영

그림 39 여수 진남관 근경

그림 40 여수 진남관 원경

위의 엽서에는 "조선 전남 여수시장의 모습"이라고 적혀 있다. 가운데 큰 기와 건물이 진남관이다. 아래 엽서에는 "임진 정유재란文祿慶長の役 때 이순신의 고전장古戰場 장군도將軍島에서 본 여수후지종고산富士鐘鼓山과 여수시가"라고 적혀 있다. 장군도에서 여수를 본 원경이다.

종고산이란 산 이름에 대해서는 여러 전승이 있다. 종고산은 여수시 동산동·군자동·충무동에 걸쳐 있는 산이다. 임진왜란 때 산이 스스로 울어 국난을 알려주었다 하여 이순신 장군이 종고산이라고 명명했다고 한다.[93] 한산도에서 대승을 거두던 날 이름 없는 이 산이 3일 계속 종소리나 북소리 같은 소리를 내었는데, 이는 대승의 징조라고 하여 대승을 거두고 돌아온 이순신 장군이 이 말을 듣고 종고산이라 이름했다고 한다.[94]

이러한 전승은 일제시기 신문기사에서도 확인된다. "종고산은 여수의 주산이다. 지금부터 300년 전 임진왜란龍蛇之變 때 산이 3일을 울었는데 그 소리가 종소리·북소리 같았다고 한다. 병란이 경천 동지하여, 그때 통제사 이순신이 이 산 위에 공북대拱北臺를 건축하고, 병사들의 활쏘기를 훈련시켰다고 한다"[95]라고 하였다. 하지만 종고산 위에 공북대를 건축한 것은 확인되지 않는다. 종고산과 관련해서는 산 정상에 보효대報效臺를 짓고 은혜에 보답하는 제사를 올렸다고 하는 보효대가 있었다.[96]

여수시 흥국사 의승수군 유물전시관에는 '공북루'라는 편액이 있다. 이 편액에는 '계사년 겨울 수군절도사 서癸巳冬水軍節度使書'라고 써 있다. 계사년이란 간지만 있으므로, 이순신 재직 때인 1593년(계사)으로 보고, 이순신 글씨라고 주장하는 사람도 있다. 하지만 「흥국사 공북루 중수기」에 1893년에 중수했다는 기록이 있다. 즉 1893년(계사) 공북루를 중수하면서 이봉호 수사가 썼다고 한다.[97] 일제시기 『동아일보』 기사에서 언급한 공북대는 이 공북루를 가리키며, 계사년 간지 때문에 이순신과 결부시킨 것이라고 생각한다.

---

93) 디지털여수문화대전, 「종고산」(집필자, 이정훈).
94) 김낙원, 『여수향토사』, 향토문화사, 1962, 111~112쪽; 디지털여수문화대전, 「한산 대첩과 종고산」(집필자, 김준옥).
95) 『동아일보』 1927년 4월 14일(4면) 「산가수려한 호남의 명승(4)」(여수 일기자).
96) 김낙원, 『여수향토사』, 111~112쪽; 「한산대첩과 종고산」(집필자, 김준옥).
97) 디지털여수문화대전, 「흥국사 공북루 편액」(집필자, 진옥).

그림 41 여수 진남관

그림 42 여수 진남관

위의 엽서에는 "조선 전남 여수 객사"라고 적혀 있다. 아래 엽서에는 "진남관. 발전해 가는 여수"라고 적혀 있다. 왼쪽 설명에는 "종고산 기슭 남쪽에 진남관이라 일컫는, 지금부터 약 350년의 옛날, 당시 통제사 이순신이 건설한 것과 관계된다. 정면 60m, 측면 8m 남짓의 장려하고 웅대한 건축물이다. 지금은 니시초西町공립심상소학교로 쓰고 있다"라고 적혀 있다.

진남관은 전라남도 여수시 동문로 11(군자동 472)에 있는 조선후기 전라좌수영의 객사다. 원래 이곳은 이순신이 전라좌수영의 본영으로 삼았던 진해루鎭海樓가 있던 자리다. 정유재란 때 불탄 진해루 터에 1599년(선조 32)에 통제사겸 전라좌수사 이시언이 객사를 건립하였다. 남쪽의 침략을 진압한다는 뜻으로 진남관鎭南館이라고 이름을 지었다. 1716년(숙종 42) 화재로 불탄 것을 1718년(숙종 44) 수사 이제면이 중창하였다. 1911년에는 여수공립보통학교로 사용하였다. 현재 국보로 지정되어 있다. 정면 15칸(54.5m), 측면 5칸(14.0m)이다.[98] 엽서에서 설명한 규모와는 다소 차이가 있다.

『난중일기』를 보면, "(1592년 4월 6일) 진해루로 나가 공무를 본 뒤에 군관들을 시켜 활을 쏘게 했다", "(5월 1일) 진해루에 앉아서 방답첨사, 흥양현감, 녹도만호 등을 불러들였다"[99] 라고 하였다. 이 진해루와 별도로 객사 기록도 있으므로, 진남관 터는 원래 객사가 있던 자리는 아니다.[100]

그림 43 여수 장군도

〈그림 43〉 엽서에는 "조선 16경에 선정된 한려수도의 일부. 여수 후지富士 종고산에서 본 다도해. 임진왜란文祿の役 때 이순신의 옛 전장古戰場 장군도"라

98) 서치상, 「전라좌수영성에 대한 복원적 고찰」『전라좌수영의 역사와 문화』, 순천대박물관·여수시, 1993, 69~70쪽; 디지털여수문화대전, 「여수 진남관」(집필자, 박찬); 제장명, 『충무공 이순신의 흔적을 찾아서』, 해군사관학교 해양연구소, 2018, 68~69쪽.
99) 이순신 지음, 노승석 옮김, 『이순신의 난중일기』, 동아일보사, 2005, 31~36쪽.
100) 서치상, 「전라좌수영성에 대한 복원적 고찰」, 69쪽.

고 적혀 있다.

〈그림 40〉 엽서와 마찬가지로 종고산을 '후지종고산'이라고 표현하고 있다. 종고산이 일본의 대표적 산인 후지산과 닮았다는 뜻에서 후지종고산이라 부른 듯하다. 4장에서 본 엽서에서 가토 기요마사가 두만강 건너편 오랑캐 지역의 산을 '간도후지'라고 이름 지은 것과 같은 의미라고 생각한다.

장군도에는 유명한 장군도성이 있다. 이 성은 조선시대에 수중에 쌓았던 성으로 국내에서는 유일하다. 이 성은 연산군 때 전라좌수영 수군절도사로 부임했던 이량李良이 쌓았다고 알려져 있다.[101]

장군도는 명승지 한려수도 여수 앞바다에 있고 역사적으로도 유명하여 관광 명소가 되었다. 일제시기 한 신문기사에서는 다음과 같이 소개하고 있다. "이 섬은 항구의 앞바다에 있는데 벚꽃 명소로 유명하다. 지금부터 300년 전 정유재란 때 절도사 이량이 수군 6읍 7진의 병졸을 소집하여 수중성을 굴축하고 적선의 왕래를 막았다. 섬 입구에는 장군성이란 석비를 세우고, 섬 위에 벽파정의 건설이 있던 곳이다."[102] 절도사 이량을 정유재란 때로 잘못 소개하고 있다. 이량과 관련된 유적임에도 불구하고 〈그림 43〉처럼 장군도는 당시 이충무공의 전쟁터인 역사적 명소로 많이 알려졌다.[103]

2) 통영 삼도수군통제영

현재 통영시 이름의 유래가 된 삼도수군통제영(통제영, 통영)은 이순신 이후에 설치된 것이므로 이순신과 직접 관련은 없다. 하지만 통제영은 1593년(선조 26) '삼도수군통제사' 직제를 새로 만들어 전라좌수사가 겸임한 데서 비롯

---

101) 송은일, 「조선시대 전라좌수영의 장군도성 축조과정 및 배경과 이량장군」 『역사학 연구』 54, 호남사학회, 2014, 33쪽; 디지털여수문화대전, 「장군도」(집필자, 이정훈).
102) 『동아일보』 1927년 4월 14일(4면) 「산가수려한 호남의 명승(4)」(여수 일기자).
103) 『동아일보』 1939년 4월 13일(7면) 「장군도 벚꽃 만개」.

되었다. 전라좌수사 이순신이 초대 삼도수군통제사를 겸하였다. 삼도수군통제사의 근무처인 통제영은 통제사의 주둔지가 본영이 되었으므로, 임진왜란 중에는 본영지가 유동적이었다. 4대 통제사 이시언이 경상우수사를 겸하면서 경상우수영이 본영 역할을 하였다. 경상우수영이 통제영을 겸하면서 안착된 것은 1604년(선조 37) 6대 통제사 이경준이 고성현 남쪽 50리에 있는 두룡포頭龍浦로 옮긴 뒤부터다. 이경준은 먼저 세병관, 백화당, 정해정 등을 세우고, 본영을 1605년 현 위치로 옮겼다. 삼도수군통제영은 1604년 설치되어 1895년 폐영될 때까지 경상·전라·충청 삼도 수군을 지휘하는 조선 수군의 본영으로 자리잡고 있었다. 현재 경남 통영시 세병로 27(문화동)에 위치한다. 사적으로 지정되어 있다.[104]

(1) 통영 세병관

〈그림 44〉 엽서는 3매가 이어진 '통영항 전경' 엽서 가운데 제일 오른쪽 부분이다. 엽서 오른쪽 상단의 큰 건물이 세병관이다. 〈그림 45〉 엽서에는 "뒷쪽에서 본 한국 통영 전경(2)"라고 적혀 있다.

그림 44 세병관 원경

세병관을 뒤쪽에서 본 모습이다.

통제사 이경준이 두룡포에 통제영을 설치하여 본영으로 삼고 영문營門을 세

---

104) 한국민족문화대백과사전, 「통영삼도수군통제영」(집필자, 강진갑); 제장명, 『충무공 이순신의 흔적을 찾아서』, 해군사관학교 해양연구소, 2018, 164~166쪽; 김현우, 『임진왜란의 흔적』 1(부산·경남), 한국학술정보(주), 2012, 291~293쪽, 「통영 통제영지(세병관)」.

그림 45 세병관

워 이 건물을 중심으로 삼도 수군을 다스리는 영사(營舍)로 사용하였다. 세병관은 1603년 터를 닦기 시작하여 1605년 7월에 완성되었다.[105] 통영 세병관은 현재 경남 통영시 세병로 27(문화동)에 위치한다. 국보로 지정되어 있다.

통제영을 통영 두룡포로 옮기게 된 경위 등을 적은 비가 「통영 두룡포 기사비」다. 6대 통제사였던 이경준이 수군 본영을 이곳에 건설한 것을 기념하기 위해 세운 것이다. 통제영을 두룡포로 옮기게 된 경위 등이 적혀 있다. 1625년(인조 3) 19대 통제사 구인후가 세운 것이다. 현재 경남 통영시 세병로 27(문화동)에 있다. 경상남도 유형문화재로 지정되어 있다.[106]

그림 46 세병관

---

105) 제장명, 『충무공 이순신의 흔적을 찾아서』, 166~167쪽.
106) 문화재청 국가문화유산포털, 「통영 두룡포 기사비」 참조.

〈그림 46〉 엽서에는 "통영 세병관"이라고 적혀 있다.

(2) 통영 충렬사

그림 47 통영 충렬사

그림 48 통영 충렬사

〈그림 47〉 엽서, 〈그림 48〉 엽서 둘 다 "통영 충렬사. 이순신을 제사지낸
다"라고 적혀 있다. 〈그림 47〉 엽서는 충렬사 입구 부분 사진이다. 〈그림 48〉
엽서는 충렬사 원경이다. 본전, 정문, 중문, 외삼문, 주변 민가, 입구 홍살문까
지 충렬사와 그 주변 모습을 다 볼 수 있는 엽서다.

통영 충렬사는 충무공 이순신을 기리기 위해 세워진 사당이다. 이순신의 활
동 무대가 한산도를 중심으로 한 통영 근처였기 때문에, 남해 충렬사와 함께
이곳에 위패를 모시고 제사를 지내게 된 것이다. 1606년(선조 39)에 왕명에 따
라 7대 통제사 이운룡이 창건하였다. 1663년(현종 4)에는 남해 충렬사와 함께
충렬사 사액을 받은 사액 사당이다. 현재 경남 통영시 여황로 251(명정동)에
있다. 사적으로 지정되어 있다.[107]

(3) 태합굴

그림 49 통영 태합굴 운하

〈그림 49〉 엽서에는
"통영 태합굴太閤堀(다이
코보리)운하", 〈그림 50〉
엽서에는 "통영 요시노마
치吉野町 및 통영 태합굴
운하를 바라보다"라고 적
혀 있다. 1934년 9월 15일
진해만요항사령부의 검열
을 마쳤다고 적혀 있으므

로, 1934년 무렵의 모습이라고 생각한다. 1914년 지방제도 개편에 따라, 종전
의 용남군 서면 선동과 동충동의 각 일부와 서충동이 통영군 길야정(요시노마

---

107) 제장명, 『충무공 이순신의 흔적을 찾아서』, 167~170쪽; 문화재청 국가문화유산
    포털, 「통영 충렬사」.

치)으로 바뀌었다.[108] 이
곳은 통제영 때에는 군수
물을 저장하는 창고가 줄
지어 늘어서 있어서 '선창
골'이라 불렀고, 1955년
항남동으로 바뀌었다고
한다.[109]

그림 50 통영 태합굴 운하

일본 오카야마현岡山縣
은 1908년 경남 통영군
도남리에 오카야마촌을 건설하였다.[110] 미륵도에 있는 일본인 이주어촌과 통영
읍을 잇는 길은 바닷길이었다. 1932년에 길이 461m의 해저터널이 만들어지면
서 바닷길을 대신했다. 이 해저터널 이름을 도요토미 히데요시의 관직을 따서
'태합굴太閤堀(다이코보리)'이라고 불렀다. 또 통영반도와 미륵도 사이에 '판데
목'을 넓혀 길이 1,400여m, 수심 3m의 통영운하를 만들기도 했다.[111]

태합굴은 박경리의 소설 『토지』에도 등장한다. 다음과 같이 묘사하고 있다.
「왜국 군선들이 몰리었던 판데목, 어마지두한[112] 왜병들이 손으로 팠다는 판데
목, 사람들은 그곳에 설치한 해저터널을 다이코보리太閤堀リ라 부른다. 그것은
일본의 참패를 상징하는 말이다. 사람들은 우람한 기둥의 세병관이 학교 교실
로 쓰이며 퇴락해 가는 것을 슬퍼한다」.[113]

---

108) 越智唯七, 『신구대조 조선전도부군면리동 명칭일람』, 중앙시장, 1917, 619쪽.
109) 『한산신문』 2017년 6월 2일, 「골목상권 부활을 꿈꾸는 항남동 도깨비 골목과 통
     영중앙전통시장의 상생」(집필자, 최정선).
110) 김수희, 『근대 일본어민의 한국진출과 어업경영』, 경인문화사, 2010, 119~122쪽.
111) 김준, 『섬문화답사기(통영편)』, 보누스, 2020, 169쪽.
112) 놀라워서 정신이 얼떨떨하다는 뜻이다. 임우기 외, 『소설 토지 용어·인물사전』,
     솔출판사, 1997.
113) 박경리, 『토지』 17(5부 1권), 나남, 2011(25쇄), 265~266쪽.

（栫印店商若泉開下）　　　　　　（橋　梁　鑿）堀　閣　大

그림 51 통영 착량교

　엽서에는 "대각굴(태합굴의 오기) 착량교"라고 적혀 있다. 김창숙은 착량교
라는 시에서 "다리는 통영 서문 밖에 있다. 왜군이 충무공에게 몰려서 밤에 이
다리에 굴을 뚫어, 조류를 타고 도망갔다"라고 설명하였다.[114]

　서울대 규장각한국학연구원 소장 『지승』(규15423), 『여지도』(고4709-68),
『해동지도』(고대4709-41)에는 착량교가 다리만 그려져 있다. 『광여도』(고
4790-58)에는 다리가 그려져 있고 '교'라고 적혀 있다. 『통영지도』(규축10513
의2, 1866~1874)와 『1872년 지방지도』(기타99999)에는 다리가 그려져 있고
'착량교'라고, 다리에서 통제영으로 가는 길 오른쪽에는 착량묘 그림과 함께
'착량묘'라고 적혀 있다. 『1872년 지방지도』에서는 그림과 글씨는 '착량교'라고
했지만, 「관방」 설명에서는 '굴량교掘梁橋'라고 하였다. 그리고 「굴량교는 (통

114) 김창숙, 『심산유고』 권1, 시, 「鑿梁橋橋在(착량교 다리에서)」.

제)영의 7리쯤에 있다. 여지승람에 말하기를 "서쪽에 옛 굴량이 있다. 임란 때 충무 이공이 일찍이 왜를 몰아 항에 밀어 넣고, 그 입구를 눌러 막았다. 적세가 매우 궁축하여 산을 파서 길을 내고 도망갔다. 그래서 그대로 칭하여 이름을 삼았다"[115]라고 하였다.

착량교는 통영과 관련된 지도에는 어디나 그려져 있는 중요한 곳이었다. 이순신의 『난중일기』(1592년 6월 4일)에는 우수사(이억기)가 오기를 고대하면서 배회하며 형세를 관망하고 있었다가, 군사를 합치기로 거듭 약속한 뒤에 착포량鑿浦梁에서 밤을 지샜다.[116]라는 기사가 있다. 착량교 옆에 있는 착량묘는 이순신의 위패와 영정을 모시는 사당이다. '착량'은 '파서 길(수로, 다리)을 만들다'라는 뜻이다. 당포해전에서 참패한 왜군들이 쫓겨 달아나다가, 미륵도와 통영반도 사이의 골짜기에 이르러 돌을 파서 길을 만들어 도망한 데서 유래한다고 한다. '판데'로도 부른다. 이순신이 1598년(선조 31) 노량해전에서 전사하자, 1599년 지역민들이 착량한 곳이 내려보이는 언덕 위에 초가를 짓고 제사지낸 것이 시초라고 한다. 현재 경남 통영시 착량길 27(당동)에 있다. 경상남도 기념물로 지정되어 있다.[117]

〈그림 52〉 엽서에는 "경상남도 통영. 운하를 횡단하는 해저도로 출입구", 〈그림 53〉 엽서에는 "경상남도 통영. 해저도로 내

그림 52 통영 해저터널

115) "掘梁橋 在營之西七里許 輿地勝覺云 西有古掘梁者也 壬亂 忠武李公 嘗逐倭納諸港 而扼其口 敵勢甚窮蹙 鑿山通道而遁 故仍稱爲名".
116) 이순신 지음, 노성환 옮김, 『이순신의 난중일기』, 41쪽.
117) 제장명, 『충무공 이순신의 흔적을 찾아서』, 171~172쪽; 김현우, 『임진왜란의 흔적』1(부산·경남), 284~285쪽; 문화재청 국가문화유산포털, 「통영 착량묘」.

부"라고 적혀 있다. 해저 터널 입구 위에는 '용문달양龍門達陽'이라 적혀 있다. 용문(해저터널)으로 '양(남쪽, 미륵도)'에 이른다는 의미인 듯하다.

그림 53 통영 해저터널 내부

3) 노량해전과 이순신의 죽음

앞서 언급한 것처럼 도쿠나가 나가마사·미야기 도요모리가 사천왜성에 도착한 것은 시마즈군이 승리한 1주일 정도 뒤였다. 시마즈군은 예정보다 늦게 사천을 벗어나 순천에 있는 고니시군이 오기를 기다렸지만 오지 않자, 다치바나·소 등 병력과 다시 서쪽으로 가 11월 18일 조·명 연합 수군과 충돌하였다. 노량해전이 일어난 것이다.[118]

노량해전에 참전한 일본함대는 사천의 시마즈 요시히로, 남해의 소 요시토시, 다치바나 무네시게, 부산에 주둔했던 데라자와 마사나리寺澤正成와 다카하시 무네마스高橋純增 등이 거느린 500여 척이었다. 조·명 연합함대는 진린 휘하의 300여 척과 이순신 함대의 80여 척이었다. 이 전투에서 이순신은 일본군의 총탄에 맞아 전사하였다. 송희립에게 "전투가 한창 급하니 절대로 내가 죽은 것을 말하지 마라"는 유언을 남겼다.[119]

1598년 11월 18~19일 일어난 노량해전은 조·명 연합함대가 처음이자 마지

---

118) 村井章介, 『島津史料로 본 사천전투』, 198~201쪽; 하태규, 「정유재란기 왜교성 전투의 실상과 성격」, 238쪽.
119) 이민웅, 『임진왜란 해전사』, 270~273쪽.

막으로 함께 참여한 전투이며, 사로병진작전에서 유일하게 승리한 전투였다. 임진왜란 마지막 전투로서 일본군이 철수할 때 그 퇴로를 막고 공격하면서 전쟁의 마무리를 승리로 장식한 전투였다.[120]

(1) 남해 충렬사 이충무공 묘비

行員村Ⅲ　　MONUMENT OF RISHUNSHI　　碑の使舜李島海南南全

그림 54 남해 충렬사 이충무공 묘비

엽서에는 "전남 남해도 이순사李舜使의 비"라고 적혀 있다. 엽서 사진의 사당은 현재 '남해 충렬사'를 가리킨다. 전남은 경남의 오기이다. 이순사는 '이순신 통제사'를 줄여 쓴 듯하나 오기다. 엽서 사진은 남해 충렬사의 모습이다. 남해 충렬사는 현재 경남 남해군 설천면 노량리 350번지에 있다. 사적으로 지정되어 있다. 이순신 장군의 위패를 모시기 위해 세운 사당이다. '남해 충렬사'라

<hr />

120) 이민웅, 『임진왜란 해전사』, 247쪽, 259쪽, 277쪽.

고 해서 충렬사 앞에 남해를 붙이는 것은 '통영 충렬사'와 구분하기 위해서다. 노량 충렬사라고도 부른다.[121]

1598년(선조 31) 11월 19일 이순신이 노량 앞바다 전투에서 순국하자, 처음 이곳에 유해를 안치하였다. 1663년(현종 4)에 통영 충렬사와 함께 '충렬'이란 사액賜額을 받았다. 비문은 1661년(현종 2) 송시열이 짓고, 송준길이 썼다. 1663년 통제사 박경지와 김시성이 세웠다.[122] 『화방사지』에 1976년에 이 비를 탁본한 사진이 수록되어 있다. 이 탁본을 참고하여 비문 전문을 다시 정리하였다.[123] 이를 보면 다음과 같다.

"統制使 贈諡忠武李公廟碑/ 有明朝鮮國 三道水軍統制使 贈諡忠武李公廟碑

崇祿大夫 議政府右贊成 兼成均館祭酒 宋時烈 撰

正憲大夫 議政府左參贊 兼成均館祭酒 宋浚吉 書

南海之露梁 有廟三間 中設位牌 以祀故忠武李公者也 神宗皇帝 萬曆紀元 倭酋秀吉 弑其君 舉國來寇 公先在北邊 屢立奇功 而人不甚知 辛卯二月 擢授 全羅左水使 公至 則日修戰具 撫循士卒 遂與賊戰 敗之於玉浦 敗之於露梁及 唐浦 敗之於蛇梁 斬其貴將 又敗之於唐項浦 撞破其四十餘船 皆以少擊衆 上 下書褒之 陞其資級 至永登浦敗之 至見乃梁 誘賊敗之 腥血漲海 又戰於安骨 浦 燒其船四十餘 遂進戰於釜山 又破其船百餘艘 遂置陣閑山島 積粟整師 以 爲迎駕龍灣之計 朝廷爲置三道統制使以處之 賊畏甚行間 以愚我諸將 元均又 嫉搆之 朝廷兩信之 公遂被追拷 有大臣言 上亦念公功 只削職 從軍以責効 時

121) 이진이, 『이순신을 찾아 떠난 여행』, 책과함께, 2008, 373쪽; 문화재청 국가문화유산포털, 「남해 충렬사」.
122) 남해충렬사, 『남해충렬사지』, 문성출판사, 2006; 문화재청 국가문화유산포털, 「남해 충렬사」.
123) 효천·김무조 편, 『화방사지』, 화방사, 2006.

母夫人卒 公便道奔哭 卽行曰 吾一心忠孝 到此俱喪矣 軍民擁馬號泣 遠近嗟
惋 元均代爲統制使 爲賊所誘 軍敗走死 而閑山遂陷 賊遂由西海 進陷南原 朝
廷遂以公復爲統制 公以十騎 馳入順天府 稍收亡卒 遂戰於於蘭島 碧波亭 皆
大破之 捷至 上欲陞公崇品 有言公爵秩已高 遂止 止賞將士 天將楊公鎬 亦送
銀段以慰賞 而奏聞天朝 公之名 遂得聞天下 時公猶食素寢苫 上特使[124]諭旨
且送草木之滋 公涕泣勉從 上念公舟師單弱 欲令前却以觀勢 公馳啓曰 臣一去
港 則賊必登岸長驅矣 時天將陳隣 劉綎 水陸來會 公接應有方 俱得歡心 公進
據古今島 募民耕作 以便公私 南民繈屬歸之 賊將行長 亟謀撤歸 求道甚恭 兩
天將中其賄 皆欲許之 公諷刺甚至 行長又遣使于公 遺以銃劍 公以讎賊不可通
使 嚴辭却之 將士勇氣自倍 行長計窮 遂引泗川屯賊以自援 一夕 大星隕海中
軍中畏之 戊戌十一月十九日 公與陳公 迎戰于露梁 賊大挫衄 公忽中丸而絶
陳公被圍急 公從子莞有膽略 不發哭 督戰自如 遂解陳公圍 而行長僅得遁去
旣發喪 我師與天將兩陣 皆號哭 聲殷海中 自南海至牙山 迎柩哭奠 千里不絶
亦有喪之三年者 僧徒處處設齋 皆曰 活我命復我讎者 公也 公內有篤行 貞介
自守 意有不可 雖達官要人 必據義媿屈之 發謀制事 擧無遺策 奮勇決機 前無
堅敵 軍政簡而有法 不妄殺一人 而三軍一志 莫敢違令 至其擧大義斥倭使 使
中賂者顔駐 主和者顙泚 則張忠獻岳武穆 蔑以加矣 以故 當積衰諱兵之餘 遇
天下莫强之敵 大小數十戰 俱以全取勝 蔽遮東南 以基中興之偉烈 至蒙皇上寵
命 錫以印符 則一國之人 雖家尸而戶侑 不爲過矣 況此露梁者 旌纛之所臨 暗
嗯之所被 其精爽之可畏者 固將億萬年不泯 蹴山噴海 風怒雲屯 常有跐馬島
擣江戶之氣 則嚴奉之擧 尤在所先也 舊有廟 牊隘下窄 不足以妥公之靈 故統
制使鄭梡 圃隱先生之耳孫 感公忠義 卽改而新之 又伐大石 以爲牲繫 而因閔
學士鼎重 俾余書其事 文旣粗成 判書洪公命夏以事聞 孝宗大王 亟徵草本 特
賜乙覽 亦豈拊髀頗牧之意歟 只今仙馭上賓 陵栢蕭森 公之毅魄 重亦飮泣於九

---

124) 『송자대전』에서는 使가 아니고 賜다.

原矣 因幷記此 以備始末 俯仰疇昔 爲之抆血也 公諱舜臣 字汝諧 德水人 時
崇禎辛丑十月日也 今上癸卯 賜祠額曰 忠烈 至是而崇報無憾矣

　　　　　　　　　碑役前後相之者 統制使 朴公敬祉 金公是聲也

　　　　　　　　　　　　　是年七月日 追刻"125)

비문을 번역하면 다음과 같다.126)

　"남해의 노량에 삼간三間의 사당이 있으니, 그 안에 위패를 설치하고 고故
이 충무공에게 제사를 올리는 곳이다. 신종황제 만력 기원에 왜추倭酋 수길秀
吉이 그 임금을 시해하고 온 나라의 병력을 일으켜 침략해 왔는데, 공이 먼저
북변에 있을 때 자주 기공奇功을 세웠으나 사람들이 전연 알아주지 않았다. 그
런데 신묘년(1591, 선조 24) 2월에 공을 발탁하여 전라좌수사에 제수하였다.
공은 부임하자마자 날마다 무기를 수리하고 사졸들을 사랑으로 보살폈다. 그
리고 마침내 왜적과 싸워서 옥포에서 패배시키고, 노량 및 당포에서 패배시켰
으며, 사량에서 패배시켜 그들의 귀장貴將을 베었고, 또 당항포에서 패배시켜
그들의 전선 40여 척을 부수었는데, 이것은 모두 적은 수로 많은 무리를 친 것
이다.
　그러자 상이 교서를 내려 칭찬하고 그의 자급을 올려 주었다. 영등포에 와서
도 그들을 패주시키고, 견내량에 이르러서도 왜적을 유인하여 패배시키니, 성

---

125) 『이충무공전서』 권10, 부록 2, 露梁廟碑[文正公宋時烈]; 『송자대전』 권171, 碑,
　　南海露梁忠武李公廟碑를 참조하였다. 단 두 자료 간에도 몇 글자 다른 부분이 있
　　다. 그리고 두 자료와 비문 간에도 몇 글자 다른 부분이 있다. 이 글에서는 탁본
　　을 중심으로 정리하였다. 남해충렬사, 『남해충렬사지』, 116~121쪽과 설천면지
　　편찬위원회, 『설천면지』, 2017, 277~280쪽에도 비의 활자 원문과 번역문이 실
　　려있으나, 원 비문과 다른 글자가 여러 곳 있다.
126) 번역은 한국고전번역원 『송자대전』 南海露梁忠武李公廟碑(남해 노량에 있는 이
　　충무공 묘비) 번역문을 참고하였다.

혈(비린내 나는 피)이 바다에 창일하였다. 또 안골포에서 싸워 그들의 배 40여 척을 불지르고 마침내 부산포에 나아가 싸워서 또 그들의 배 1백여 척을 격파하였다.

그리고 마침내 진영을 한산도에 설치하고는 군량을 비축하고 군사를 정돈하여 어가를 용만龍灣(의주)에서 맞이할 계획을 세웠는데, 조정이 삼도통제사를 새로 설치해서 공을 임명하므로 왜적이 매우 두려워하여 간첩을 놓아서 우리 제장들을 우롱하였고, 원균이 또 공을 시기하여 무함하니, 조정에서 이 두 가지를 믿었으므로 공이 마침내 추고를 받았는데, 대신의 말이 있었고 상도 공의 공을 생각하여, 관직만을 삭탈하고 종군시켜 죽을힘을 다할 것으로 책임지웠다. 그런데 때마침 모부인이 돌아가셔서 가는 길에 분상奔喪하여 통곡하고, 즉시 떠나면서 말하기를, "나의 일편단심은 충과 효뿐인데, 지금에 와서 모두 상실하였다"고 하니, 군민이 말을 둘러싸고 울부짖었고, 원근 사람들이 탄식하고 슬퍼하였다.

한편 원균은 공을 대신하여 통제사가 되었으나 적의 꾐에 빠져 군사가 패하자 달아나다가 죽었고, 한산도는 마침내 적에게 함락되었다. 왜적이 드디어 서해로부터 진격하여 남원을 함락하므로, 조정에서 마침내 공을 다시 통제사로 삼으니, 공이 10기로 달려 순천부에 들어가서 도망한 군졸 약간을 수집하여 마침내 어란도와 벽파정의 싸움에서 모두 적을 대파시켰다. 승첩의 소식이 조정에 이르자, 상이 공에게 높은 품계로 승진시키고자 하니, 공의 관작과 품계가 이미 높다고 말하는 자가 있으므로 드디어 중지하고, 장사들에게만 상을 내렸다. 그리고 명나라 장수 양호도 은자와 비단을 보내어 위로의 상으로 내리고 이어 천조天朝에 아뢰니, 공의 이름이 마침내 천하에 알려지게 되었다. 그때에 공은 아직도 반찬 없는 식사를 하며 거적자리에서 잠을 잤는데, 상이 특별히 유지를 내리고 또 군량 등 군수품을 보내니, 공이 눈물을 흘리며 애써 따랐다. 상이 공의 수군이 고단하고 나약함을 염려하시어 후퇴해서 형세를 관찰하게 하고자 하니, 공이 치계하기를, "신이 한번 이 항港을 떠나면 적이 반드시 상륙하여 승승장구할 것입니다"하였다. 그때에 명나라 장수 진린과 유정이 수로와 육로로 와서 회합했는데, 공이 그들을 접응하는 데 방도가 있어서 모두에게 환심을 얻었다.

그리고 공이 고금도에 나아가 웅거해 있으면서 백성을 모집하여 농사를 경작하게 하되 공사간에 서로 편리하게 하니, 남방의 백성들이 아이를 업고 가족을 거느리고 따라오므로 적장 행장(유키나가)이 급히 철군하여 돌아갈 길을 열어 주기를 요구하되 매우 공손한 태도로 하였다. 그런데 두 천장(진린과 유정)이 그들의 뇌물을 받고 모두 그들의 요구를 허락하고자 하므로 공이 그들을 매우 풍자하였다. 적장 행장(유키나가)이 또 공에게 사신을 보내어 총과 칼을 주자, 공이 원수인 적과 사신을 왕래할 수 없다 하고 엄한 말로 물리치니, 장사들의 용기가 저절로 배나 용솟음쳤다.

적장 행장은 계획이 궁박해지자, 드디어 사천에 주둔한 적을 이끌어 자기를 구원하게 하였다. 하루저녁에는 큰 별이 바다 가운데로 떨어지므로 군중이 두려워하였다. 공이 무술년(1598, 선조 31) 11월 19일에 진공(진린)과 더불어 노량에서 적과 싸워 적을 크게 무찔렀는데, 공이 갑자기 적의 총탄에 맞고 절명하니, 진공이 포위를 당하여 위급하였다. 공의 조카 완은 담력이 있었는데, 발상發喪하지 않고 아무렇지도 않은 듯이 싸움을 독려하여 마침내 진공의 포위를 풀어 주었고 행장은 겨우 도망갈 수 있게 되었다.

이윽고 발상을 하니, 우리 군사와 명나라 장수의 두 진영이 다 부르짖어 통곡하여 그 소리가 바다에 가득하였다. 남해에서 아산에 이르기까지 영구를 맞이하여 통곡하면서 제전을 올리는 백성들이 천 리 길에 끊이지 않았고, 또한 3년 상을 입은 자도 있었다. 승려들은 곳곳에서 재를 설치하고 다들 말하기를, "우리의 목숨을 살려 주고 우리의 원수를 갚아 준 분은 공이시다"라고 하였다.

공은 안으로 독행(독실한 행실)이 있어 곧은 절개를 스스로 지켰고, 뜻에 옳지 못함이 있으면 비록 달관(높은 관직)이나 요인(요직 인물)일지라도 반드시 의를 의거하여 굴복시켰고 꾀를 내어 일을 할 때는 전혀 실책이 없었으며, 용기를 내어 기회를 결단하면 앞에 굳센 대적이 없었다. 군정이 간결하되 법도가 있었고, 한 사람도 망녕되이 죽이지 않으므로 삼군이 한뜻이 되어 감히 군령을 어기는 자가 없었다. 대의를 들어 일본 사신을 물리침에 이르러서는 뇌물을 받은 자로 하여금 얼굴이 붉어지게 하였으며, 화친을 주장한 사람으로 하여금 이마에 진땀을 흘리게 하였으니, 장충헌張忠獻(송나라 張浚)과 악무목岳武穆(송나라 岳飛)도 이보다 더할 수 없었다. 이 때문에 나라가 극도로 쇠약하고 병화가 일어난 때에 천하의 막강한 적을 만나, 크고 작은 수십 번의 싸움에서 모두 전승을 거두어 동남의 적로를 차단하여 국가 중흥의 위대한 공을 세웠고, 황상(명 신종)의 총명을 입어 인부印符를 내려 주기에 이르렀으니, 온 나라의 백성들이 비록 집집마다 신주를 모시고 제향을 올린다 할지라도 지나칠 것이 없다. 더구나 이 노량은 공의 깃발旌纛이 임한 곳이며 호령이 닿은 곳으로, 그 정령의 무서운 기세가 진실로 억만년이 흘러가도 산을 박차고 바다를 내뿜으며, 바람이 성내듯 거세고 구름이 모이듯 웅장하여 항상 대마도(쓰시마)를 짓밟고 강호(에도, 현 도쿄)를 공격할 기세가 없어지지 않을 것이니, 엄히 받들기를 더욱 먼저 해야 할 일이다. 옛날의 사당이 있으나 비좁고 허술해서 공의 신령을 봉안할 수 없으므로 통제사 정익이 포은선생(정몽주)의 이손(현손의 손자)으로, 공의 충의에 감동하여 즉시 이 사당을 고쳐 새롭게 하고, 또 큰 돌을 다듬어 빗돌을 세워 놓고서 학사 민정중을 통하여 나에게 그 사실을 쓰게 하였다. 그리하여 글이 대충 이루어지자, 판서 홍명하가 그 일을 보고하므로, 효종대왕이 급히 초본을 거두어들여 특별히 을람乙覽을 해 주셨으니, 또한 어찌 염파廉頗(조나라 명장)와 이목李牧(조나라 명장)을 그리워했던 뜻이 아니었겠는가. 지금은 효종대왕이 승하하시어 무덤의 잣나무만 쓸쓸할 뿐이니, 공의 굳센 혼백이 거듭 구원에서 슬퍼할 것이다. 이를 여기에 아울러 기록해서 시말을 갖추고 옛일을 생각하면서 피눈물을 닦는다. 공의 이름은 순신, 자는 여해인데, 덕수인이다.

숭정 신축년(1661, 현종 2) 10월 일에 쓴다.

금상(현종) 계묘년(1663)에 사액을 내리시기를 '충렬사'라 하였는데, 이때에 이르러 숭보崇報에 유감이 없게 되었다. 비의 역사를 전후하여 도운 사람은 통제사 박경지와 김시성인데, 이해 7월 일에 추가하여 새겼다.

남해 충렬사와 이충무공 묘비에 대해서는 『효종실록』에도 그 경위가 간단하게 기록되어 있다. 1659년(효종 10)에 "남해의 싸움터에 충무공 이순신의 비를 세웠다"[127]라고 하였다. 『현종실록』에서는 "예조가 아뢰기를, "교리 민유중이 지난번 경연 석상에서 계달하기를 '남해 노량은 곧 고 통제사 이순신이 순절한 곳입니다. 그런데 옛날에 세웠던 사우가 좁고 퇴락하였으므로 정익이 통제사로 있을 때 새로 개축하였습니다. 따라서 특별히 묘액을 내려 절의를 높이고 후인을 권장하는 발판으로 삼는 것이 타당할 듯합니다.' 하자, 상께서 이미 해조로 하여금 거행하게 하셨습니다. 액호와 교서를 예문관으로 하여금 속히 지어 올리게 하소서"하니, 따랐다"라고 하였다.[128] 이런 논의 끝에 '충렬사'라는 사액이 내려진 것이다. 1921년에는 남해군 '노량 충렬사 비각 영구보존회'가 만들어졌다.

(2) 아산 이충무공 묘

엽서에는 "조선 명소. 충청남도 아산군 이순신의 묘"라고 적혀 있다.

아산에 있는 이순신의 묘와 그 옆에 서 있는 묘비다. 비문은 이순신의 5세손인 충민공 이봉상이 이이명에게 부탁하여 1720년(숙종 46)

그림 55 아산 이순신 묘

127) 『효종실록』 효종 10년(1659) 윤3월 28일(무자). "立忠武公李舜臣之碑于南海戰所".
128) 『현종실록』 현종 3년(1662) 2월 2일(병오).

에 지은 것이다. '숭정기원후삼병신이월 일 추각립崇禎紀元後三丙申二月 日追刻立'이라 한 것으로 보아, 1776년(영조 52)에 추가로 기록되어 세운 것을 알 수 있다. 1722년(경종 2) 신임사화로 이이명이 죽었다. 이봉상도 1728년 이인좌의 난으로 죽었다. 이로 인해 비 건립이 늦어져서, 1776년(영조 52)에 가서 세워졌다고 한다. 현재 충남 아산시 음봉면 삼거리 산2-1번지에 있다. 사적으로 지정되어 있다.[129]

엽서 사진의 비문은 3면에 있다.[130]

앞면

贈効忠仗義迪毅恊力宣武功臣 大匡輔國崇祿大夫 議政府左議政 兼領經筵事 德豐府院君 行正憲大夫 全羅左道水軍節度使 兼忠淸全羅慶尙三道水軍統制使 諡忠武 李公舜臣之墓

貞敬夫人 尙州方氏 祔左

뒷면

原任統禦使李君鳳祥謂余曰 吾先祖忠武公墓 在牙山縣羅山負壬之原 墓前舊碣 短且粗 今將改以他石 願得公一言以識之 余曰 公忠貫日月 名滿華夷 若其龍驤 海上 興復王室 則竹帛書之 旂常紀之 戰地處處 立祠與碑 社有俎豆 隧有顯刻 所 以昭功焯德者 已照人耳目 又何以文爲 况東土之人 雖婦孺 皆能知壬辰李統制之 爲忠臣 設使舊石終傾且泐 樵童牧竪 必不忍傷墓前一草 然則石存亡 不足憂也 何必改之 李君曰 昔杜元凱 自爲其功名 尙沉碑于江中 今我後孫 知此石之不可 久 而可無永遠之圖乎 余乃記其言于新石 且告李君曰 襄江猶未爲陵矣 使杜氏更

129) 제장명, 『충무공 이순신의 흔적을 찾아서』, 33~34쪽; 디지털아산문화대전, 「아산 이충무공 묘」(집필자, 김민규); 문화재청 국가문화유산포털, 「아산 이충무공묘」.
130) 비문과 관련해서는 문화재청 현충사 관리소 윤상구 연구사님의 도움을 받았다. 이 지면을 빌려 감사드린다.

襲江漢之勳 名當益久 何待乎石出 永久之圖 不其在是 抑余嘗論 公之大功 實在
於天下 不專在於東國 當倭船之蔽海而西也 不有閑山鳴梁之捷 颶風一踔 直擣遼
廣 皇城必當戒嚴 神宗聖帝 雖欲動天下之兵 以濟我屬國 亦未遑矣 不知當日中州
將相 有見于此 著之信史 以傳于後否 皇朝文獻 已無徵矣 復爲太息而書之 以俟
天下後世之公議云

　皇明萬曆壬辰後一百二十九年庚子 大匡輔國崇祿大夫 行判中樞府事 李頤命
謹識"

　옆면
崇禎紀元後三丙申二月 日追刻立[131]

이이명이 지은 비 뒷면 음기를 번역하면 다음과 같다.

　전임 통어사(통제사) 이봉상군이 내게 일러 말하기를, "우리 선조 충무공 무
덤은 아산현 나산(어라산) 언덕 남향 자리에 있는데, 무덤 앞 옛 비석이 작고
조잡해서 이제 장차 다른 돌로 바꾸려는데, 그대에게서 한 마디 말을 받아 새
기기를 원한다"라고 하였다. 내가 말하기를 "공의 충성은 해와 달을 꿰뚫고,
이름은 온 천하에 가득하다. 저 해상에서 크게 활약하여 나라를 일으켜 회복한
것과 같은 일들은 역사책에 적혀 있고 깃발에 써 있다. 전쟁터 곳곳마다 사당
과 비를 세우니, 사당에선 제사를 지내고 산소 앞엔 비문을 새겼다. 공로를 밝
히고 덕을 빛내려고 한 것은 이미 세상이 다 아는 일이거늘, 구태여 또다시 글
을 지어 무엇하겠는가. 하물며 우리나라 사람은 비록 부녀자나 아이라도 모두
임진왜란 때 이통제사가 충신인 것을 알고 있다. 설사 옛 비석이 마침내 넘어

---

131) 뒷면 비 음기는 『李忠武公全書』권11, 附錄 3, 墓表陰記[判府事 李頤命]와 이이
　　명, 『疎齋集』권14, 묘표, 李忠武公墓表에도 수록되어 있다. 단 두 책 사이에는
　　약간 글자의 차이가 있다. 그리고 비문과 두 책 사이에도 약간 글자의 차이가 있다.

지고 부서진다 해도 나무하는 아이나 소먹이는 아이들이 반드시 무덤 앞에 있는 풀 한 포기라도 훼손하지 않을 것이다. 그러니 비석이 있고 없는 것은 족히 걱정할 것이 없는데 어찌 반드시 바꾸려고 하는가"라고 하였다.

이군이 말하기를, "옛날 두원개杜元凱는 스스로 그 공명을 위해서 오히려 강 속에 비를 가라앉혔는데,[132] 지금 우리 후손들이 이 비석이 오래 갈 수 없음을 알면서도 어찌 영원히 전할 방법을 도모하지 않겠습니까"라고 하였다. 나는 이에 그 말을 새 비에 적기로 하고, 다시 이군에게 고하여 말하기를 "양강襄江이 아직 언덕이 되지 않았는데, 두씨杜氏로 하여금 다시 그 강한江漢(장강과 한수)의 공훈[133]을 잇게 하면 이름이 마땅히 더욱 오래갈 것인데, 어찌 강에서 비석이 나오기를 기다리겠는가. 길이 전하는 계획이 여기에 있는 것은 아니다.

아, 내가 일찍부터 말한 바로는 공의 큰 공은 실상 천하에 있는 것이지, 우리나라에만 그친 것이 아니다. 왜선이 바다를 덮으면서 서쪽으로 올 때 한산과 명량의 승리가 없었다면, 배가 바람을 받아 단번에 달려 바로 요광遼廣(중원)을 공격하여, 북경이 반드시 계엄을 맞을 것이나 신종황제가 비록 천하의 군병을 움직여 우리나라를 구원하고 싶어도, 또한 그럴 겨를이 없을 것이다. 그 당시 중국의 장수와 대신들이 여기에서 본 것이 있어 믿을 수 있는 역사책에 적어서 후세에 전했는지 여부는 알 수 없다. 명나라 문헌은 이미 근거로 삼을 수 없다. 다시 크게 탄식하면서 그 사실을 적어, 천하 후세의 공론을 기다리고자 한다.

---

132) 두원개의 본명은 두예杜預다. 원개는 자다. 진晉나라 사람이다. 『진서』권34, 열전 4, 〈두예열전〉을 보면, "두예는 후세에 이름을 남기기를 좋아했다. 높은 언덕이 골짜기가 되고, 깊은 골짜기가 구릉이 된다고 늘 말하였다. 돌을 새겨 비석 2개를 만들어 그 훈적을 적었다. 하나는 만산만山 밑에 가라앉히고, 하나는 현산峴山 정상에 세웠다. 말하기를 차후에 구릉과 골짜기가 되지 않을 것을 어찌 알겠는가"라고 하였다.
133) 강한지훈江漢之勳은 장강(양자강)과 한수의 공훈으로, 두예가 오나라를 정벌하고, 전쟁이 끝난 후 그곳에 교화를 펼친 공훈을 가리키는 것 같다.

임진년(1592) 후 129년이 되는 경자년(1720)에 대광보국숭록대부 행판중추부사 이이명 삼가 짓다.[134]

(3) 여수 통제이공 수군대첩비

그림 56 여수 이순신 비각(수원광교박물관 소장)

이 엽서는 수원광교박물관 소장 엽서다. 엽서에는 "이순신 비각"이라고 적혀 있다. 이 비각과 관련해서는 『동아일보』의 다음 기사가 주목된다.[135]

이 비가 '여수 통제이공 수군대첩비'다. 현재 전남 여수시 고소3길 13(고소동)에 있다. 보물로 지정되어 있다. 충무공 이순신의 공훈을 기념하기 위하여 건립된 비다. 우리나라 최대 규모의 대첩비다. 비문은 1615년(광해군 7)에 이

---

134) 제장명, 『충무공 이순신의 흔적을 찾아서』, 33~34쪽에도 번역문이 실려 있다.
135) 『동아일보』 1934년 4월 19일(3면)에도 '충무공비각'이란 이름으로 비각 사진이 수록되어 있다. 이날은 「여수지방소개판」 특집으로, 진남관·여수항 등 사진을 비롯한 명소고적이 소개되어 있다.

『동아일보』1931년 6월 2일(1면)

(전략) 충무공 비각은 옛날 좌수영 서문 밖 지금은 여수 시가의 서단에 있습니다. 서남향의 정문과 동쪽으로 협문이 있고, 그 문을 들어가면 비각이 있는데, 비석은 우수영 비석에 지지않게 굉장하고 오성 이항복 찬의 비문이 있습니다.

대원군의 서원철폐 등에 여수의 충민사가 훼철된 뒤로는 이 비각이 이 지방의 주된 충무공 기념물이 되었습니다.

(후략)

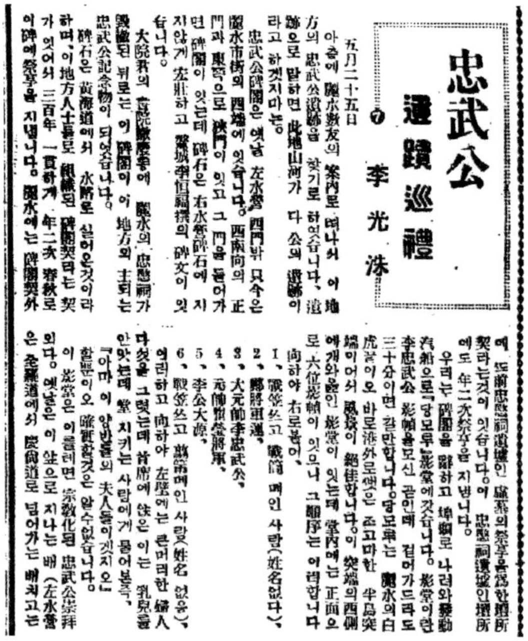

그림 57 이광수, 충무공 유적순례 ⑦(부분)

항복이 지었다. 글씨는 김현성이 썼다. 비 상단에 전서체로 쓴 '통제이공 수군대첩비' 글씨는 김상용이 썼다. 이 비는 1942년 타루비와 함께 행방을 알 수 없다가, 1946년 국립박물관 정원에 묻혀 있던 것을 찾아내어 지금의 자리에 다시 세워졌다고 한다. '전라좌수영 대첩비'라고도 부른다.[136]

비 전문은 다음과 같다.

"統制李公水軍大捷碑

有明朝鮮國 正憲大夫 行全羅左道水軍節度使 兼忠淸全羅慶尙三道水軍統

---

[136] 이 비각과 관련해서는 「일제강점기 말에 사라진 대첩비, 그리고 '복구' [그 존재로 말한다! '통제이공수군대첩비' ④] 오마이뉴스(2019. 2. 26, 오병종 기자)를 참고하였다. 제장명, 『충무공 이순신의 흔적을 찾아서』, 71~72쪽; 문화재청 국가문화유산포털, 「여수 통제이공 수군대첩비」.

制使 贈効忠仗義迪毅恊力宣武功臣 大匡輔國崇祿大夫 議政府左議政 兼領經
筵事 德豐府院君 諡忠武 李公水軍大捷碑銘并序

推忠奮義平難忠勤貞亮竭誠効節協榮扈聖竭忠盡誠同德賛謨佐運衛聖効忠
奮義炳幾翼社奮忠秉義決幾亨難功臣 大匡輔國崇祿大夫 領中樞府事 鰲城府
院君 李恒福 撰

嘉善大夫 同知敦寧府事 金玄成 書

正憲大夫 知敦寧府事 兼五衛都摠府都摠管 金尚容 篆

在昔壬辰 南寇匪茹 連艫泛海 由嶺而湖者 其蔽曰閑山 其界曰露梁 其阨曰
鳴梁 若失閑山 露梁不守 直蹙鳴梁 畿輔搖心矣 疇克有庸 式遏三險越 乃元侯
統制李公 曰君之使 命余視師 臨發有敎曰 故統制使臣李舜臣 其勤王家 捍衛
我 南藩無祿 大命隕墜 予惟寵嘉之 廟宇不立 無以勸忠 汝往欽哉 臣受命而退
稽諸祀典 以死勤事則祀之 能捍大患則祀之 茲惟貞哉 載在故府 追惟亂初 公
職在湖南 官守有限 以國害爲深羞 鄰灾爲己憂 踰南海蹈寇地 玉浦之戰 露梁
之戰 唐浦之戰 栗浦之戰 閑山之戰 安骨之戰 焚燒賊船二百二十餘艘 斬首
五百九十餘級 溺水死者 又不記其數 賊咋不敢近公寨下 因陣閑山 以遏賊衝
至于丁酉 代斲血指 閑山敗沒 於是 舟師敗將奔卒及南土之民 擧咨嗟一口齊聲
曰 李統制若在 豈使此賊窺湖南一步地 朝廷急而求公 再莅前職 公單騎召收
進陣鳴梁 猝遇夜襲 用少致死 以十三新集之艦 當大萬蔽海之寇 破船三十 賈
勇以前 賊遂退遁 戊戌 天朝大發兵來援 水軍提督陣璘 與公合陣 奇公之爲 必
稱李爺而不名 其年冬 賊合勢大來 進至露梁 公自領銳師 先嘗其鋒 天兵夾進
與公掎角 是日鷄鳴 馮夷啓道 蜚廉戢威 四維褰擧 軫乃曉中 兩軍齊作 千帆飛
舞 公先躍入 乘銳崩之 賊乃蟻潰 救死不暇 鼓音未衰 將星沈彩 公於黎明 中
丸而顚 猶戒衆諱言死曰 恐我師熠也 提督聞之 以身投於船者三曰 無可與有爲
矣 天兵亦却肉不食 南民奔走巷哭 操文以祭之 老幼遮道而哭者 所在如一 嗚
呼 若公者 可謂以死勤事能捍大患者非耶 宜其勳爲元臣 爵爲上相 錫之茅土

形圖麟閣 食報無窮 又使英雄永扻危涕 丈夫生世 良足千古 況余受命 職當南
事 敢不良圖 時李統制時言 聞言感激 實主張是 凡軍中將校卒伍飮公之德者
蹈舞上恩 慷慨公死 千羣雀躍 萬斧電翻 不十日而工告訖功 後十五年甲寅 海
西柳節度珩走書來 願以露梁之事載烈垂永 余曰 公之德 在南民者 口碑不朽
公之功 在社稷者 太史有籙 何事於碑 唯其處家 愛恤孤姪 恩若己出 内行之淳
也 在軍數年 大開魚塩 廣設屯田 軍無乏絶 所得戰賞 施下無餘 外行之備也
至於和易之德 果辦之才 刑賞必當之勇 作人如斯 足爲百世聞人 而在公則爲疏
節也可畧也已 銘曰

　在壬辰歲 狂寇不臣 虐始於鄰 列郡瓦裂 迎敵津津 若蹈無人 時維李公 其氣
益振 扼拊海漘 皇者其武 出師牲牲 命虎臣璘 列缺掉幟 玄冥司辰 賊窘而囂
師于陁港 大戰其垠 矢集脩鱗 斃蛇掉尾 毒于公身 不佑于神 露梁殷殷 維水淵
淪 樹此貞珉 後天不墜 公名嶙峋 維永宗禋

萬曆四十三年五月"[137]

위 비문을 번역하면 다음과 같다.
"통제이공 수군대첩비
유명조선국 정헌대부 행전라좌도수군절도사 겸 충청전라경상삼도수군통제
사로 효충장의적의협력선무공신 대광보국숭록대부 의정부좌의정 겸 영경연사
를 추증받은 덕풍부원군 시호 충무 이공의 수군대첩비명 및 서문
추충분의평난충근정량갈성효절협영호성갈충진성동덕찬모좌운위성효충분의
병기익사분충병의결기형난공신 대광보국숭록대부 영중추부사 오성부원군 이
항복 지음.
가선대부 동지돈녕부사 김현성 씀.

---

137) 이항복, 『백사집』 권4, 비명, 「統制使李公露梁碑銘」 참조. 단 이 비의 비문과 『백
　　사집』 비명 사이에는 약간 글자의 차이가 있다. 그리고 번역은 한국고전번역원
　　DB를 참고하였다.

정헌대부 지돈녕부사 겸 오위도총부도총관 김상용 전액 씀.

옛 임진년에 남쪽 왜구가 제 힘을 헤아리지 못하고 전함을 연이어 바다를 건너와 영남을 거쳐 호남으로 향하였다. 그 막은 곳은 한산이고, 그 경계는 노량이고, 그 길목은 명량이다. 만약 한산을 잃고 노량을 지키지 못해 바로 명량을 쳤다면, 경기는 민심이 동요하였을 것이다. 누가 능히 공이 있어 세 곳 험지를 막았나.[138] 곧 원후 통제사 이공이다. 지난날 임금께서 적당한 사신이 없자, 나에게 명하여 군대를 시찰하게 했다. 출발할 때 하교하기를 "고故 통제사 이순신은 왕가에 충성을 다하여 나를 방위했는데, 남쪽 변방이 복이 없어 불행히 목숨을 잃었으니, 내가 오직 가상히 여기는 바이다. 묘우를 세우지 않으면 충절을 권장할 수 없으니, 그대가 가서 공경히 수행하라."고 하였다.

신이 명을 받고 물러나서, 제사 규정을 살펴보니, "죽음으로 나랏일에 힘썼으면 제사지내 주고, 능히 큰 환난을 막았으면 제사지내 준다."고 하였다. 이 오직 정당하구나. 고부故府에 실려 있으니. 미루어 생각해보니 임진란 초에 공의 직무는 호남에 있었다. 직무의 책임에 한계가 있지만, 나라의 피해를 깊은 수치로 여기고, 이웃 고을의 재난을 자기의 근심으로 삼아, 남해를 넘어 적진으로 쳐들어 갔다. 옥포전투, 노량전투, 당포전투, 율포전투, 한산전투, 안골전투에서 적선 220여 척을 불태우고, 적병 590여 명을 참수하였다. 물에 빠져 죽은 자는 그 수를 다 적을 수 없었다. 적들은 필사적으로 큰소리만 치면서 감히 공의 요새 밑에 접근하지 못하였다. 이 때문에 한산에 진을 쳐서 적의 충돌을 막았다.

정유년(1597)에 무능한 장수가 통제사를 대신하자[139] 한산이 패몰敗沒하였다. 이에 수군의 패장과 달아난 군졸 및 남쪽 지방 백성들이 모두 탄식하면서

---

138) 비문에는 式遏三隘越, 『백사집』에는 式遏三越이라 되어 있다.
139) 대착혈지代齚血指는 대신한 서툰 목수가 나무를 깎다가 자기 손에 피를 나게 했다는 뜻.

이구동성으로 말하기를 "이 통제사가 만약 그대로 있었다면 어찌 이 적들로 하여금 호남의 한 발자국 땅도 엿보게 하였겠는가."라고 하였다. 조정에서 다급하여 공을 찾아서 다시 전직을 임명하였다. 공이 단기로 군졸들을 불러모아서 명량으로 나가 진을 쳤다. 갑자기 밤중에 습격을 받아, 소수 군졸로 필사전을 하였다. 새로 모은 13척 전함으로 바다를 가득 메운 수많은 적을 상대하여, 적선 30척을 깨뜨리고 용맹을 다하여 전진하니, 적이 마침내 물러나 도망쳤다.

무술년(1598)에 천조(명)에서 크게 군사를 보내어 구원할 때, 수군제독 진린이 공과 더불어 진영을 합쳤는데, 공의 하는 일을 특별히 여겨, 반드시 공을 '이야李爺'라고 부르고 이름을 부르지 않았다. 그해 겨울에는 적들이 합세하여 크게 진격해 와서 노량에 이르렀다. 공이 스스로 날랜 군사를 이끌고, 먼저 그 선봉과 맞붙고, 명나라 군대가 협공을 해 와서, 공의 군대와 앞뒤에서 적을 견제하였다.

이날 닭이 울 무렵, 물의 신이 길을 인도하고 바람의 신이 위세를 그치니, 사방에 운무가 모두 걷히었다. 그러자 곧 새벽 중반이 되어 양쪽 군대가 일제히 일어나서 천개 돛이 날아 춤추는 가운데, 공이 맨 먼저 뛰어 들어가 예리한 기운을 타고 적진을 무너뜨리니, 적들이 이에 개미처럼 흩어져 목숨을 구하기에 겨를이 없었다. 북소리가 잦아들기도 전에 장성將星이 빛을 감추더니, 공이 동틀 무렵에 총탄에 맞아 쓰러졌다. 오히려 여러 사람들에게 경계하여 자신의 죽음을 말하지 못하게 하면서 말하기를 "우리 군사들의 사기가 꺾일까 두렵다."고 하였다. 제독이 그 소식을 듣고 자기 몸을 세 번이나 배에 던지면서 말하기를 "함께 일을 할 사람이 없게 되었다."고 하였다. 명나라 군사들 또한 고기를 물리치고 먹지 않았으며, 남쪽 백성들은 뛰어다니면서 길에서 통곡하고 글을 지어 제사지냈다. 늙은이와 어린이가 길을 막고 통곡하는 것은 어디에서나 마찬가지였다.

아아, 공과 같은 이는 죽음으로써 나라 일에 힘쓰고 능히 큰 환난을 막은 사람이라고 말할 만하지 않겠는가? 마땅히 그 공훈은 원신原臣으로 삼고, 작위는 상상上相으로 삼아, 모토茅土를 하사하고, 초상을 그려 기린각에 걸고, 보답을 받는 것은 영원토록 해야 한다. 또한 영웅들로 하여금 길이 위체危涕(마음에 근심이 되어 흘리는 눈물)를 닦게 하였으니, 장부가 세상에 태어나 참으로 천고에 족하다고 할 만하다. 하물며 나는 왕명을 받아 남쪽 일을 맡았으니, 감히 좋은 계책을 쓰지 않겠는가.

이때 통제사 이시언이 말을 듣고 감격하여 실제로 이 일을 주장하였는데, 일찍이 공의 덕을 입었던 모든 군중의 장교와 병졸들이 임금의 은혜에 몹시 감격하고, 공의 죽음을 매우 슬피 여겨, 일천 무리들이 참새처럼 날뛰고, 만개 도끼가 번개처럼 번득이어, 일을 시작한 지 열흘도 안 되어 공사가 마무리 되었다.

그로부터 15년 후 갑인년(1614)에 해서절도사 유형이 급히 편지를 보내와 노량의 일에 대해 그 공적을 기록해서 영원히 후세에 전하기를 원한다고 하였다. 그래서 나는 이렇게 말하였다.

공의 덕은 남쪽 백성에게 있으니 구비로써 전하여 썩지 않을 것이고, 공의 공이 사직에 있는 것은 태사太史가 책에 기록하였으니, 어찌 비에 힘쓸 필요가 있겠는가. 다만 집에 있을 때 홀로된 조카를 사랑하여 돌보아서 은혜가 자기 자식과 같으니, 이것은 내행內行의 순박함이다. 수년 동안 군중에 있을 때, 어염 이익을 크게 개척하고 둔전을 널리 설치하여 군대 물자가 끊어짐이 없게 했고, 전공으로 받은 상은 남김없이 아랫사람에게 나누어주니, 이것은 외행外行의 구비됨이다. 온화하고 대범한 덕과 과단성 있게 일을 처리하는 재능과, 상벌을 공평하게 집행하는 용기에 이르러서는, 사람됨이 이 정도면 백세의 명성 높은 사람에 되기에 충분하지만, 공에게는 하찮은 일일 뿐이니 생략하는 것이 좋겠다. 다음과 같이 명한다.

지난 임진년에, 미친 왜구가 역심을 품고, 이웃 조선을 침학하기 시작했네. 여러 고을이 산산이 무너져, 수 많은 적을 맞아 싸움에, 마치 무인지경을 밟듯 했는데, 이때 오직 이공만은, 그 용기를 더욱 떨쳐, 바닷가를 지키셨네. 황제는 그 무위를 떨쳐, 많은 군대를 보내면서, 용맹한 신하 진린을 장수로 임명하였네. 번갯불은 깃발을 흔들고, 바다의 신은 시각을 맡아 도우니, 적들이 곤궁하여 허둥지둥하였네. 길목 지키는 항구에 군대를 주둔시키고, 그 지경에서 큰 싸움을 벌일 제, 화살은 뱀에게로 집중되었네. 죽은 뱀이 꼬리를 흔들어서, 공의 몸에 독을 뿌리는데, 신의 도움을 받지 못하였네. 노량에는 대포 소리 요란하고, 물은 오직 깊은데, 공의 비석 우뚝하게 서서, 오직 제사를 길이 받으리."

만력 43년(1615, 광해군 7) 5월"

이항복이 비문을 지은 것은 1615년이지만 이 비를 세운 것은 1620년이다. 그것은 비의 경위를 적은 '동령소갈'이 있기 때문이다. 이 비는 1620년(광해군 12)에 세웠는데, 여수 통제이공 수군대첩비와 타루비의 건립 경위를 적은 비다.[140]

---

140) 제장명, 『충무공 이순신의 흔적을 찾아서』, 74쪽.

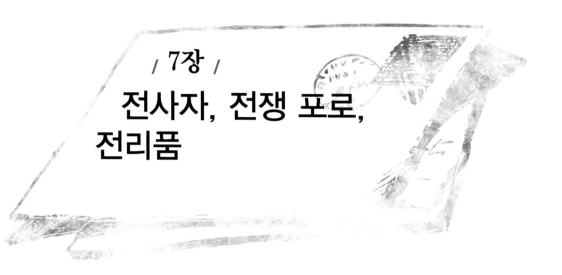

/ 7장 /
전사자, 전쟁 포로, 전리품

　7년 동안의 전쟁에서 가장 큰 피해 받은 것은 사람의 피해다. 전쟁에 직접 참여한 조선·명·일본 세 나라의 군인은 물론이고, 전쟁의 무대가 된 조선 민들의 피해가 컸다. 사망은 물론 부상도 많았다. 일본군은 진격 때보다 철수 때 더 많은 사람을 죽였다. 사망자뿐 아니라 전쟁 포로도[1] 많았다. 특히 여자나 아이들을 잡아가서 노비로 부리거나 포루투갈 상인에게 팔기도 하였다. 정유재란 때 참여했던 케이넨慶念은 전쟁 일기인 『조선일일기朝鮮日々記』에서 전쟁의 참혹상을 잘 묘사하고 있다. 몇 가지 사례만 보면 다음과 같다.

　① (1597년) 8월 16일. 남원성 안의 사람들은 남녀노소 할 것 없이 모두 죽여서 생포한 사람이 없다. 그러나 일부는 돈으로 목숨을 건진 사람도 있

---

1) '전쟁 포로'는 임진왜란에 참전한 군인뿐 아니라 피로인(민간인)까지를 포함한 일반적 명칭으로 사용하였다.

었다.

② 11월 12일. 조선인의 목을 잘라서 네거리에 세워놓도록 만든다.

③ 11월 19일. 일본에서 온갖 상인들이 왔는데, 그 중에 사람을 사고 파는 자도 있다. 본진本陣 뒤에 따라다니면서, 남녀노소 할 것 없이 사서 줄로 목을 묶어 앞으로 몰고 간다. 잘 걸어가지 못하면 뒤에서 지팡이로 몰아붙여 두들겨 패는 모습이 지옥의 아방阿防이라는 사자가 죄인을 잡아들이는 것과 같을 것이다. 사람을 사서 마치 원숭이 목에 줄을 매어 걸어다니는 것처럼, 소나 말을 끌게 하고 짐을 들리는 등, 다루는 정도가 너무 지나쳐 너무 불쌍해서 볼 수 없을 정도다.[2]

　

인적 피해의 수는 정확하지 않다. 전쟁으로 학살되거나 질병·굶주림 등으로 사망한 조선인은 100만~150만 명 정도, 코와 귀를 베인 조선인은 적어도 10만 명, 일본에 끌여간 전쟁 포로는 9만~14만 명 정도라고 한다.[3] 이러한 수치는 어디까지나 추정치다. 자료마다 수치가 다르기 때문에 통계 수치를 파악하기 어렵다. 그럼에도 불구하고 임진왜란·정유재란 때의 인명 피해를 계량적으로 분석한 연구에서는, 코베기 자료 등으로 분석한 사망자 45만 명 이상과 피로인을 40만 명 이상으로 추정하여, 전체 인명 피해의 규모를 85만 명 이상으로 보고, 100만 명 이상이란 피해는 실제에 매우 근사하다고 하였다.[4]

2) 케이넨(慶念) 지음, 신용태 옮김, 『임진왜란 종군기』, 66쪽, 114쪽, 121~122쪽.
3) 정재정, 『교토에서 본 한일통사』, 132쪽.
4) 최호균, 「임진·정유왜란기 인명 피해에 대한 계량적 연구」『국사관논총』 89, 국사편찬위원회, 2000, 55쪽.

1. 전사자

1) 이총(귀무덤)·비총(코무덤)

1592년 초겨울 강원도 춘천전투에서는 70여 명을 포획하여 왼쪽 귀와 코를 베어 나고야名護屋에 보냈다. 머리 대신 귀나 코를 벤 것이다. 정유재란 때의

코베기와는 성격이 달랐다.[5] 정유재란 때는 어린 아이까지도 남기지 않고 모조리 베어, 코를 매일 소금에 절이는 상황이었다. 이런 무자비한 코베기는 전공이 되어, 무사들은 포상으로 영지를 받았다. 이런 의미까지 포함한 코베기는 남원전투 때부터 시작되었다.[6]

그림 1 교토 이총(귀무덤)

전투에서 획득한 코를 일본에 보내면 히데요시는 대장들에게 감장感狀 (감사장)을 주었다. 깃카와 히로이에吉川廣家군과 시마즈 요시히로島津義弘

그림 2 교토 이총(귀무덤)

5) 최호균, 「임진·정유왜란기 인명 피해에 대한 계량적 연구」, 37~38쪽.
6) 北島万次, 『朝鮮日々記·高麗日記』, そしえて, 1985(2쇄), 306쪽; 최호균, 「임진·정유왜란기 인명 피해에 대한 계량적 연구」, 38쪽.

군이 각각 4만 명 정도로 특히 많았다.[7)]

〈그림 1〉 엽서에는 "경京 명승 백경의 내. 대불大佛 이총耳塚", 〈그림 2〉 엽서에는 "교토 대불 이총. 임진왜란豊太公征韓 때, 적의 머리가 수 만에 이르는데, 귀로써 그것을 대신해 소금에 절여서 보내어, 이곳에 매장하고 무덤을 만들었다"라고 적혀 있다.

그림 3 교토 이총(귀무덤)

〈그림 3〉 엽서는 〈그림 2〉 엽서와 설명이 비슷하지만 약간 차이가 있다. 엽서에는 "교토 대불 이총. 임진왜란豊人閤征韓 때, 적의 머리가 수 만에 이르는데 귀로써 그것을 대신해서 소금에 절여서 보내어, 이곳에 매장하고 무덤을 만들었다. 대불 주조 때에 체내體內에 흙을 쌓아올려서 '온미츠카御身塚(신총)'라고 칭한 것을 후세에 이총(귀무덤)이라고 했다는 전설이 있다"라고 적혀 있다. 귀무덤(이총)은 코무덤(비총)이라고도 부른다. 이 엽서를 보면 처음에는 '몸무덤身塚'이라 불렀다는 것이다.

1597년 9월 28일(조선력 29일) 히데요시는 외교업무의 브레인brain 세이쇼 조타이西笑承兌를 공양 도사導師로 삼아, 교토 호코지方廣寺 앞에 코무덤을 만들고 시아귀施餓鬼 법회[8)]를 열었다. 조타이는 비문에 '히데요시는 원수라는 생각을 갖지 않는다. 자애하고 불쌍히 여기는 마음이 깊다'라고 쓰고, 명·조선의 전사자들에게 자비로운 마음으로 애도하였다. 하지만 잘린 코는 대부분 비전

---

7) 최호균, 「임진·정유왜란기 인명 피해에 대한 계량적 연구」, 37~38쪽.
8) 굶주린 귀신이나 연고자가 없는 망령에게 음식을 바치는 법회.

투원인 민중·노약자·부녀자 것이었다. 코무덤 시아귀법회는 허구의 공양이었다.[9]

〈그림 1~3〉 3종의 이총(귀무덤) 엽서를 보면, 모두 제목이 '교토 대불이총'이다. 대불은 「대불 자체, 대불이 있는 대불전, 대불전이 있는 호코지」를 가리킨다. 호코지의 별칭이 대불전이다. '나라奈良 대불'과 구분하여 '교토 대불'이라 부른다.

히데요시는 나라 도다이지東大寺 대불을 모방하여, 1595년에 대불전과 목제 금칠 대불을 조성하였다. 이 대불은 1596년 교토 후시미 지진으로 파손되었다. 히데요시가 죽은 후 아들 히데요리秀賴가 아버지의 유지를 이어, 1599년 모구지키 오우고木食應其에게 명하여 동제 대불 주조를 시도했지만, 1602년 완성 직전에 화재가 나서 대불과 대불전이 소실되었다. 오우고應其는 이시다 미쓰나리石田三成가 고려 대장경을 임진왜란 때 조선에서 전리품으로 가져와서, 곤고보지金剛峯寺에 기진한 내용을 알 수 있는 편액의 기문을 쓴 승려로도 유명하다. 이에 대해서는 뒤에서 다시 언급하려고 한다.

그 후 동제 대불과 대불전이 1612년 도쿠가와 이에야스의 권유로 완성되었다. 이처럼 교토 대불의 조성은 수난의 역사였다. 도요쿠니豊國신사는 1598년 히데요시가 사망한 지 1년 뒤인 1599년에 히데요시를 제신으로 모시기 위해 창건한 신사다. 이에 대해서는 8장에서 언급하려고 한다. 신사와 절은 나란히 있고, 그 앞에 귀무덤이 있다. 귀무덤은 히데요시가 세운 절인 호코지(대불전)와 죽어서 신이 된 도요쿠니신사 앞에 조성되어 있다. 귀무덤이 히데요시의 전리품이기 때문이다.[10]

〈그림 4〉 엽서에는 "1613년 주조. 1614년 4월 16일에 종 공양. 1614년(기원 2273, 황기 2273) 도요토미 히데요리豊臣秀賴가 건립" 등의 내용이 적혀 있다.

---

9) 北島万次, 『朝鮮日々記·高麗日記』,; 307~308쪽; 기타지마 만지 지음, 김문자·손승철 엮음, 『北島万次, 임진왜란연구의 재조명』, 258쪽.
10) 노성환, 『일본에 남은 임진왜란』, 39쪽.

그림 4 교토 호코지 대종   그림 5 교토 호코지 종 명문

〈그림 5〉 엽서에는 "교토 대불 호코지 종명鐘銘"이라고 적혀 있다. 종명 왼쪽 설명을 보면, "오른쪽에 쓴 「국가안강國家安康 군신풍락君臣豐樂」의 명銘에 의해, 도요토미씨가 멸망한 원인이 되어, 도쿠가와막부 300년 동안은 종을 치는 것을 정지했다"라고 적혀 있다.

이 명문은 앞서 언급한 것처럼 난젠지 장로 분에이 세이칸이 지은 것이다. 1614년 4월 16일 범종이 완성되고 건물과 대불도 완성되어, 8월 3일에는 대불 개안 공양식이 거행될 예정이었다. 그러나 이에야스는 종에 새긴 문구를 트집 잡았다.[11] 이른바 '문자옥文字獄'(문자 때문에 벌을 받는 일, 필화사건), 즉 '호코지 종명鍾銘 사건'이 일어난 것이다.

엽서의 설명처럼 종 명문 가운데 '국가안강 군신풍락'의 8글자가 문제를 일으켰다. 즉 '국가안강'에서 가/강(이에야스의 이름)이 떨어져 있고, '군신풍락'은 풍신豐臣(히데요시의 성)의 번영을 뜻한다고 모함한 것이다. 도쿠가와 이에야스는 이 모함을 받아들여 대불전과 대불의 낙성 경축 법요를 중지시켰다.[12]

---

11) 노성환, 『일본에 남은 임진왜란』, 22~23쪽.
12) 정재정, 『교토에서 본 한일통사』, 132쪽. 그리고 "히데요시에게 코와 귀가 잘린 조선인의 원혼이 도요토미가를 멸망으로 이끌지 않았나 생각하곤 했다"라고 답사한

귀무덤은 일본에 여러 곳이 있다. 가장 잘 알려진 것은 도요쿠니신사 앞에 있는, 엽서 사진의 무덤이다. 무덤에는 1898년(明治 31)에 5층탑으로 된 기념비가 세워졌다. 이것이 '이총수영공양비耳塚修營供養碑'다. 비를 세울 때, 임진왜란 때 참여했던 영주의 자손들이 대거 참여하였다. 특히 건립을 주도했던 도요쿠니회豊國會 회장은 구로다 나가마사의 후예인 구로다 나가나리黒田長成였다.[13]

귀무덤은 도쿠가와 정권이 들어선 이후 정치적 도구가 되었다. 1607년부터 파견된 회답겸쇄환사나 통신사에게 귀무덤 참배를 강요하였다. 일본의 무위武威를 과시하기 위해서다. 일본은 대불전(호코지)에서 접대하는 것을 상례화하려고 하였다. 조선 사행원은 이에 강하게 저항하였다. 귀무덤을 둘러싸고 두 나라의 역사인식이 충돌하였다.[14]

2) 고야산 임진왜란朝鮮陣·高麗陣 비

〈그림 6〉 엽서에는 "고야산 조선진의 비", 〈그림 7〉 엽서에는 "고야산 조선진 비. 일본 기념비의 최초다. 임진왜란豊太閤朝鮮征伐 때 전사한 적·아군味方들의 군령群靈을 제사지낸다. 시마즈공 건립"이라고 적혀 있다. 이 비는 임진왜란과 관련된 단편 기록류에 삽화로도 실려있다.[15]

〈그림 8〉 엽서에는 "고야산 조선진 비. 시마즈후侯가 건립. 적과 아군을 평등 무차별한 것은 박애의 마음이 이때 이미 그 단서를 나타낸 것을 알 수 있다"

느낌을 적고 있다.

13) 琴秉洞,「秀吉の耳塚構造の意圖とその思想的系譜-「耳塚」造營とその役割-」『秀吉·耳塚·四百年』(金洪圭 편저), 雄山閣出版, 1998, 85~86쪽; 이재범,「왜 조선인의 코를 잘라갔는가」『한일관계 2천년 보이는 역사, 보이지 않는 역사』(근세)(한일관계사학회 편), 경인문화사, 2006, 91~101쪽; 노성환,『일본에 남은 임진왜란』, 17~42쪽; 정재정,『교토에서 본 한일통사』, 130~134쪽; 김광옥,『변혁기의 일본과 조선』, 인문사, 2011, 488~493쪽.
14) 정재정,『교토에서 본 한일통사』, 134쪽; 노성환,『일본에 남은 임진왜란』, 38~39쪽.
15) 최관,『일본과 임진왜란』, 52~53쪽.

그림 6 고야산 조선진 비

그림 7 고야산 조선진 비

그림 8 고야산 조선진 비

라고 적혀 있다. 이 비의 원문을 보면 다음과 같다. 비 탁본이 가고시마鹿兒島 현립도서관에 소장되어 있다.[16) 비문 판독에 큰 도움이 되었다.

高野山 敵味方 鬪死者 供養碑

慶長二年八月十五日 於全羅道南原表 大明國軍兵數千騎 被討捕之內 至當手前四百二卄人伐果畢 同十月朔日 於慶尙衞泗川表 大明人八萬余兵擊亡畢 爲高麗國在陣之間 敵味方鬪死軍兵 皆令入佛道也 右於度々戰場 味方士卒 當弓箭刀杖被討者 三千余人 海陸之間 橫死病死之輩 具難記矣

慶長第四己亥歲 六月 上澣 薩州嶋津兵庫頭 藤原朝臣義弘 同子息 少將 忠恒建之

"〈고야산 적·아군 전사자 공양비〉. 1597년(慶長 2, 정유) 8월 15일 전라도 남원에서, 명나라 군병 수천 기騎를 토포하는 가운데 자신의 군대(시마즈군)가 420명을 죽였다. 같은 해 10월 초하룻날 경상도 사천에서 명군 8만여 명을 공격해 죽였다. 조선국 전쟁터에서 죽은 적군과 아군 모두가 불도에 들어가길 바란다. 위 여러 전쟁터에서 우리 군사로서 화살·칼·몽둥이에 죽은 자가 3천여 명이고, 바다와 육지에서 횡사·병사한 사람은 갖추어 기록하기 어렵다.

1599년(경장 4, 기해) 6월 상순

사쓰마번주 효고노카미 후지와라노아손 시마즈 요시히로와 아들 소장 타다츠네 세움"[17)

이 비는 1599년 6월에 사쓰마번주인 시마즈 요시히로 부자가 세운 것이다. 1597년 정유재란 때 남원전투와 사천전투에서 죽은 조선군·명군·일본군의 영혼을 기리기(공양하기) 위해 세운 것이다. 비문을 보면 공양 대상자는 3유형이

---

16) 佐賀縣立名護屋城博物館 편, 『秀吉と文祿·慶長の役』, 71쪽에 수록되어 있다.

17) 박현규, 「정유재란 남원성 전투 순절자의 무덤과 제향 연구」『일본연구』32, 고려대 글로벌일본연구원, 2019, 288쪽에도 비문과 번역문이 수록되어 있다.

다. 첫째, 1597년 8월 15일(조선력 16일) 남원전투에서 살육된 420명, 둘째, 1597년 10월 1일 사천전투에서 전사한 8만여 명의 명군, 셋째, 정유재란 때 전사한 3천여 명과 셀 수 없이 많은 횡사자·병사자다.[18] 하지만 사천전투에서의 8만여 명은 과장된 숫자이고, 일본측 자료에서는 38,717명으로 보는 것이 일반적이다.[19]

이 비는 현재 일본 와카야마현 고야산 오쿠노인奧の院·奧之院 참배길에 위치한다. '고려진 적미방 전사자 공양비高麗陣敵味方戰死者供養碑'란 이름으로 와카야마현 문화재로 지정되어 있다. 문화재 설명문에는「적군와 아군 전사자의 영령을 공양하기 위해 세운 것이기 때문에, 일본 무사도 박애정신의 발로를 알 수 있다」고 강조하고 있다. 이 점은 엽서 설명 내용과 동일하다.

일본 중·근세에서는 전쟁이 끝난 후에 아군과 적군 전사자 모두를 공양하는 관행이 있었다. 이런 공양은 필수불가결한 통과의례로 인식되었다. 불교식 자비심을 배경으로 거행된 것이라고 보았다. 원수와 근친은 평등하다는 '원친怨親 평등'이라는 불교용어가 원용되었다. 고려진공양비나 이총은 그 대표적인 사례의 하나로 거론되어 왔다.[20] 시마즈군은 다른 일본군과 1598년 11월 노량해전을 끝으로 일본에 돌아왔다. 시마즈는 돌아온 후 전사자 공양에 착수하였다. 1599년 봄 피안(춘분 전후 1주일) 때 임진왜란 전사자를 위한 불사를 하였다. 이어 1599년 6월 비를 세웠다.[21]

1598년 12월, 많은 희생을 낳은 임진왜란이 종료되었다. 2차례의 출병에 참가한 시마즈 요시히로는 귀국한 후에, 자신의 전장戰場(남원과 사천)에서 죽은 명(조선) 병과 일본 병의 보리菩提를 애도하기 위해, 이 공양비를 건립한 것이다.

---

18) 박현규,「정유재란 남원성 전투 순절자의 무덤과 제향 연구」, 288쪽.
19) 村井章介,『島津史料로 본 사천전투』, 181~185쪽.
20) 이세연,「고려진공양비의 유전-〈피아전사자공양〉=원친평등〉설에 대한 비판적 검토」『동양사학연구』120, 동양사학회, 2012, 307쪽.
21) 이세연,「고려진공양비의 유전」, 313쪽.

2. 전쟁 포로

전쟁 포로의 참혹상에 대해서는 앞에서 언급한 케이넨의 『조선일일기』에 잘 묘사되어 있다. 앞에서 정리한 것처럼, 일본군 내에는 전투병력 외에 따로 특수임무를 띤 문화전담 6부가 있었는데, 그 가운데는 포로부도 있었다. 6부 가운데는 도공陶工·직공織工 등 각종 기술자(장인)를 잡아가는 공예부가 따로 조직되어 있었다. 많은 포로가 일본으로 건너갔고 그들 가운데는 유럽으로 팔려 간 사람도 있었다.

1) 여대남(니치요상인日遙上人)

그림 9 니치요상인 찬 기요마사 초상과 만다라

엽서에는 "오와리尾張 나카무라中村 도요토미豊太公 및 가토 기요마사 유물"이라고 적혀 있다. 오와리 나카무라는 현재 아이치현 나고야시 나카무라구 또는 나카무라정町에 해당한다. 이곳은 히데요시와 기요마사의 고향이다. 그래서 두 사람 관련 유물이 많이 남아 있다. 이와 관련해서는 8장에서 언급하려고 한다.

이 엽서는 5점의 족자를 1장의 엽서에 넣은 것이다. 사진 상태가 좋지 않아 내용을 판독하기가 쉽지 않다. 제일 오른쪽 글씨는 '천만대자재천신天滿大自在天神'이다. 천만대자재천신은 9세기 후반에 활동한 스가와라 미치자네菅原道眞를 신격화한 이름이다. 미치자네는 903년 2월에 다자이후大宰府에서 세상을 떠났는데, 사후 신격화되었다. 천신 신앙의 대상으로 덴만궁天滿宮의 주재신이 되었다. 학문의 신, 문학의 신, 서도의 신, 역신疫神, 뇌신雷神, 농업의 신 등 다양한 신으로 제사를 지낸다.[22] 현재 교토시 죠교上京구에 있는 기타노덴만궁의 사전祀殿은 히데요시의 유명에 따라 1607년에 아들 히데요리秀賴가 세운 것이다. 이 글씨는 이와 관련이 있다고 생각한다. 2번째는 기요마사의 초상화다. 초상에는 '정지원전 영운일승대거사 초상淨池院殿永運日乘大居士肖像'이라고 적혀 있다. 초상에 적힌 긴 호칭은 기요마사의 계명戒名이다.

이 엽서에서 주목하고 싶은 것은 3번째, 4번째 사진이다. 4번째 사진도 기요마사 초상이다. 초상의 위에는 '나무묘법연화경'이 적혀 있다. 양쪽 글씨는 육안으로 판독하기 쉽지 않다. 이 초상화는 아이치현의 현 지정 문화재다. 문화재 설명에 따르면 양쪽 글씨는 각각 '전 비주태수 정지원전 일승대거사前肥州太守淨池院殿日乘大居士', '우시경장제십육신해 임종하순사 일요于時慶長第十六辛亥林鐘下旬四日遙'이다.[23] 이 초상화는 1611년(慶長 16 신해) 6월(林鐘) 24일(하순 4일) 니치요日遙가 찬을 썼다는 것이다. 그런데 1611년 6월 24일은

---

22) 阿部猛, 『菅原道眞』(역사신서 15), 敎育社, 1979, 221~232쪽.
23) 文化財ナビ愛知, 「愛知縣の國·縣指定文化財と國の登錄文化財」, 〈絹本著色加藤清正画像(慶長十六年日遥賛) 附 日遥筆大曼陀羅1幅〉(인터넷 참조). 古川元也, 「日輪をあらわす長鳥帽子形兜について」『神奈川縣立博物館研究報告−人文科學−』29, 神奈川縣立歷史博物館, 2003, 5쪽. 단 문화재 설명에서는 于時가 아니라 干時, 이 논문에서는 肥州가 아니라 肥前으로 필자와 1글자씩 다르다.

기요마사가 죽은 날이다. 사망 당일 초상화에 찬을 쓴 것이다.

그런데 아이치현의 지정된 문화재 이름에는 초상화와 함께 니치요가 그린 만다라曼茶羅 1폭이 첨부되어 있다. 이 만다라가 엽서 가운데 있는 사진이라고 생각한다. 초상화와 만다라는 아이치현 나고야시 나카무라구 나카무라정에 있는 묘교지妙行寺에 소장되어 있다. 엽서 설명문에는 니치요日遙에 대한 언급이 전혀 없다. 하지만 엽서 속에는 니치요가 찬한 기요마사 초상화와 그가 그린 대만다라가 숨어 있었다.

니치요는 니치요상인日遙上人, 고려상인으로 불린다. 구마모토 발성산發星山 혼묘지本妙寺의 3세 주지다. 이 절에 관해서는 8장에서 언급하려고 한다. 속명은 여대남余大男이다. 현 경상남도 하동군 양보면 출신으로, 임진왜란 때 13세로 포로가 되어 일본에 왔다. 전쟁 포로가 기요마사의 보리사인 혼묘지의 3세 주지가 된 것이다.

게다가 1620년 5월 7일 아버지 여천갑이 아들 여대남에게 쓴 편지, 같은 해 10월 3일 아들 여대갑이 아버지 여희수(여천갑)에게 쓴 답장 등도 남아 있다. 아버지 여천갑도 일본에 포로로 끌려 왔다가, 1601년에 귀국할 수 있었다. 1601년 일본인 도요토미 시게아키豊臣重明가 조선에 귀순할 뜻을 전하는 글을 보냈다. 그가 보낸 글은 『선조실록』에 수록되어 있다. 그 글에는 귀순을 받아주면, 포로 수백 명을 데리고 귀순하겠다면서, 그의 마음을 여수희(여희수)·강사준·강천추 등을 통해 아뢴다고 하였다. 이 여수희가 바로 여대남의 아버지다. 또 아버지가 아들에게 보낸 편지에는 1607년 회답겸쇄환사가 일본에 갔다가 아들의 생존 소식을 들었다는 내용까지 포함되어 있다.[24]

이런 드라마틱한 여대남(니치요상인)의 삶은 일찍부터 주목을 끌었다. 그래서 마츠다 코는 '일본 교화에 큰 공을 세운 조선 출신자'로,[25] 나이토 슌포는

---

24) 『선조실록』 선조 34년(1601) 6월 11일. 노성환, 『임란포로, 끌려간 사람들의 이야기』, 박문사, 2016(2쇄), 232~237쪽.
25) 松田甲, 「本妙寺日遙上人」『日鮮史話』 1, 原書房, 1976(복각, 원본 1927).

'빨리 융합동화된 대표적인 종교인'으로 니치요상인(여대남)을 주목하였다.[26] 여대남의 삶은 2003년 2월 15일 KBS1 역사스페셜에서 〈역사 발굴 어느 임란 포로의 비밀편지〉로 방영되어 주목을 받았다.[27] 게다가 혼묘지에는 사명당 유정 관련 유물이 상당수 남아 있고, 전쟁 포로 김환의 무덤도 있다. 그래서 사명당과 더불어 여대남(니치요상인)이 주목을 받고 있다.[28] 김환에 관해서는 8장에서 살펴보려고 한다.

그리고 전쟁 포로들이 일본에서 누구와 서로 교류하며, 어떤 정보를 교환하는가, 또 일본에 간 사절들이 포로와 어떤 정보를 어떤 방법으로 교환하는가 등 정보 교류의 관점에서 여대남을 주목하기도 하였다.[29]

2) 이삼평李參平

그림 10 아리타 도조 이삼평 비

〈그림 10〉 엽서에는 "아리타정有田町 도조陶祖 이삼평李三平 비", 〈그림 11〉 엽서에는 "도조 이삼평李參平 비"라고 적혀 있다. 비석에는 "도조 이삼평李參平 비"라고 적혀 있다.

공주 금강에 살던 이삼평은 도공으로 활동하다

26) 內藤雋輔,『文祿慶長役における被擄人の硏究』, 東京大學出版會, 1976, 298~310쪽.
27) 노성환,『임란포로, 끌려간 사람들의 이야기』, 229~230쪽.
28) 余信鎬,「壬亂被虜, 日遙上人」『四溟堂 松雲大師』(송운대사현창회 편), 海鳥社, 2012.
29) 민덕기,「임진왜란에 납치된 조선인과 정보의 교류」『사학연구』74, 한국사학회, 2004, 196~197쪽.

가 1596년 사가佐賀번 번
주 나베시마 나오시게鍋
島直茂가 조선에서 철군할
때, 다른 도공과 함께 포
로로 잡혀갔다. 이삼평은
일본의 가라쓰唐津에 도
착, 오기小城군 다쿠多久
촌에 살면서 가나가에金
ヶ江라는 성씨로 귀화하

그림 11 아리타 도조 이삼평 비

였다. 1615~1624년에 마쓰우라松浦군 아리타향에 머물렀는데, 1616년 근처의
이즈미산泉山에서 고령토를 발견하였다. 이삼평은 시라카와텐구白川天狗 계곡
부근에 이주하여 가마를 만들고 처음으로 순백 자기를 만드는 데 성공하였다.
이때부터 자기질 도자기가 만들어지기 시작했다. 이곳에서 만든 도자기는 아
리타야키有田燒라고 불렸다. 도자기는 10 여km 떨어진 이마리伊萬里 항구를
통해 일본 전역과 유럽으로 퍼져 나갔다. 아리타 도자기는 이 항구의 이름을
따서 이마리야키伊萬里燒라고도 불린다.[30]

〈그림 12〉 엽서에는 "아
리타정有田町 도잔陶山신
사"라고 적혀 있다. 신사
는 1658년 8월에 세워졌
다. 원래는 이마리의 가미
노하라神之原 하치만八幡
궁에서 주제신 오진應神
왕의 영을 옮겨 신사를 세

그림 12 아리타 도잔陶山신사

30) 디지털공주문화대전, 「이삼평」(집필자, 이재황).

웠다. 1917년 아리타 요업 300주년을 맞아 이삼평을 도조로 추앙하고, 신사에
는 사가번 초대 번주로 아리타 도자산업에 결정적 공헌을 한 나베시마 나오시
게와 도조 이삼평을 오진 왕과 함께 모시면서 신사 이름을 도잔신사로 바꾸었
다. 신사 위쪽 능선에 '도조 이삼평 비'가 있다.[31] 임진왜란 때 가토 기요마사와
함께 2군 주력으로 조선을 침략한 무장 나베시마 나오시게와 전쟁 포로 이삼
평이 같은 신사에 함께 모셔진 것이다.

　이삼평은 일본 사료에서는 '리 산페三兵衛'로 나온다. 그가 1653년에 사가번
에 제출한 문서에 따르면, 고향 금강도金江島에서 이름을 따서 성을 가네가에
金ヶ江로 바꾸고 이름을 산페三兵衛로 바꾸었다는 것이다. 고향 금강은 충청도
공주로 보는 것이 일반적이지만, 경상도 김해가 출신지라는 설도 있다.[32]

　충남 공주군 반포면 학봉리 '이삼평 공원'에 2017년 7월, 공주시·(사)한국도
자기문화협회·이삼평연구회가 공동으로 '일본자기시조 이삼평공 기념비'를 세
웠다. 원래는 1990년 10월 (사)한국도자문화진흥협회와 일본의 아리타정이 공
동으로 충남 공주군 반포면 온천리에 세운 것이다.[33] 비문에 따르면 국도확장
공사 때문에 '이삼평 공원'을 새로 조성하고 이전한 것이다. 비문에는 "공주가
고향인 이삼평李參平(?~1665)은 조선의 도공으로 정유재란 때 일본에 건너가
게 되어 1616년 아리타의 동쪽 이즈미산泉山에서 백자광을 발견하고, 일본 최
초의 백자기 생산에 성공하여 일본자기의 시조로 추앙받는 인물이다. 일본 아
리타에서는 1917년 이삼평이 가마를 연 300주년을 기념해 공의 신위를 모신
도잔陶山신사에 비를 세웠다"는 등의 내용이 적혀 있다.

---

31) 유홍준, 『나의 문화유산답사기』(일본편1 규슈), 창비, 2014(초판 11쇄), 135쪽.
32) 정성일, 「또칠이와 이삼평(이참평)」『한일관계 2천년 보이는 역사, 보이지 않는 역
　　사(근세)』(한일관계사학회 편), 경인문화사, 2006, 247~248쪽.
33) 정성일, 「또칠이와 이삼평(이참평)」, 249쪽.

3) 이전직李全直

매계 이전직이 지은 부모 관련 글인 '부모장父母狀' 엽서다. 엽서에는 "매계 이전직 글씨. 도쇼궁東照宮 소장 보물"이라고 적혀 있다. 도쇼궁은 도치기栃木현 닛코日光에 있는 도쿠가와 이에야스德川家康의 사당(신사)이다. 1636년 건립되었다.

이전직은 이진영李眞榮(李一恕, 1571~1633)의 아들이다. 이진영은 임진왜란 때, 곽재우를 따라 의령·합천·창녕 등지에서 의병활동을 하다가, 1593년(2차 진주성전투) 23세 때 아사노 요시나가淺野幸長의 포로가 되어 오사카로 끌려왔다. 오사카를

그림 13 매계 이전직의 부모장父母狀

거쳐 기슈紀州(和歌山)의 가이젠지海善寺 부근에 데라코야寺子屋(에도시대 서민교육기관)를 차려 조선의 유학을 가르쳤다. 기슈번 초대 번주 도쿠가와 요리노부德川賴宣의 시강侍講으로 번 유학 발전과 정치에 기여하였다. 아들 매계 이전직李全直(1617~1682)은 부친과 번 유학자 나가다 젠사이永田善齊에게서 유학을 배운 후, 2대 번주 도쿠가와 마쓰사다德川光貞의 스승이 되었다.

1655년 통신사행(정사 조형) 때 종사관인 남용익南龍翼의 사행록인『부상록』과『문견별록』을 보면, 이전직에 관한 내용이 수록되어 있다. 아버지는 경상도 영산 사람으로, 계사년(1593) 23세로 포로가 되었다고 한다. 불행하게도 병오년(1606) 포로 쇄환 인원에 포함되지 못하여, 일본인 여성과 결혼해서 자신과 동생 입탁立卓을 낳았다고 한다. 사람됨이 순박하고 후중하며 다소 시율을 알

고 글씨와 그림도 꽤 정밀하다고 하였다.[34)]

　엽서 상단은 일본어로, 하단은 한문으로 적혀 있다. 상단 일본어는 매계 이전직이 쓴 유명한 '부모장父母狀'이다. 글씨를 보면 일본 초서에 '변체 가나'도 섞여 있다. 이를 탈초하면 다음과 같다.

　"父母に孝行に 法度を守り 遍[へ]りくたり 奢ら須[す]して 面々家職を勤 正直を本とすること 誰も存たる事なれとも 弥能相心得候様に 常に無油斷下へ敎可申聞者也 子 正月 日"([ ]는 필자가 넣은 것임. 한자는 음을 빌려 온 것임)

　"부모에게 효행하고, 법도를 지키며, 겸손하고 사치하지 않으며, 각자 가업에 힘쓰고, 정직을 근본으로 하는 것은 누구나 생각하고 있지만, 확실하게 알고 있도록 평소 빈틈없이 가르치고 알려주어야 한다. 경자(1660) 1월 일"

　부모장은 기슈번 초대 번주 도쿠가와 요리노부가 1660년에 이전직에게 명하여 짓도록 한 것이다. 하단은 도쿠가와 요리노부의 효유를 받아, '부모장'을 지은 경위를 간략하게 적은 것이다. 내용은 다음과 같다.

　"我君庚子敎喩 使民知方之要 經籍所載 不過如此 民物變俗 化德宜哉 或請書之 嘉而輒涉筆 于梅谿假隱 所以應焉 李全直 拜"

　"우리 주군(도쿠가와 요리노부德川賴宣)이 경자년(1660)에 교유하여 민으로 하여금 방법의 요체를 알게 했다. 경전에 기재된 것은 이같은 것에 불과하다. 백성이 풍속을 바꾸는 것은 덕행으로 감화하는 것이 마땅하다. 글을 써 달라고 청하니, 훌륭하게 여기고 즉시 붓을 들었다. 매계 가은에서 응하는 바이다. 이전직 절하다"

---

34) 남용익, 『부상록』(회사록, 회답서계, 마도 양승)에서는 아버지가 23세에, 『문견별록』(인물)에서는 22세에 포로가 되었다고 한다. 1606년 쇄환은 1607년 회답겸쇄환사(정사 여우길) 때를 가리킨다고 생각한다.

한편 이 부모장은 다르게 쓰여진 것도 있어서 주의를 요한다.[35] 창녕군 영산면 연지 못가에는 1992년 11월에 세운 '일서 이공 진영 매계 부자 현창비'가 서 있다. 와가야마시 가이젠지海善寺(와카야마현 와카야마시 도우쵸정 1-1) 본당 앞에는 '부모장'을 적은 '이매계공 현창기념지비李梅溪公顯彰記念之碑'가 1977년에 세워졌다. 사찰 경내에는 이진영과 이전직의 묘가 있다. 묘비에는 「조선국이씨 진영지묘」, 「이매계공지묘」라고 적혀 있다. 1998년 7월, 합천이씨종친회와 와카야마시가 공동으로 오카岡공원에 '이진영 매계 현창비李眞榮梅溪顯彰碑'를 세웠다. 이 비에도 '부모장'이 적혀 있다.[36]

4) 항왜 사야가金忠善

전쟁 포로가 된 자는 조선 사람만 아니다. 일본군 가운데도 항복한 사람이 있었다. 항복한 일본군을 '항왜降倭'라고 불렀다. 대표적인 사람의 한 명은 사야가沙也可다. 가토 기요마사의 2군은 4월 18일 부산포에 상륙하여 경상도의 양산-언양-경주 방면으로 군사를 이끌었다. 경주판관 박의장은 이를 보고 도망했다. 이 무렵쯤 사야가란 이름을 가진 가토의 선봉장이 조선 동토 예의의 풍속, 중화 문물의 발전을 흠모하여, 히데요시의 출병(침략)에 정당한 대의大義가 없다고 판단하고, 휘하 군사 3천을 이끌고 경상병사 박진에게 복속하였다.[37]

정유재란 때인 1597년 11월 일본군이 운봉-함양-산음-의령으로 진격하여

---

35) 松田甲, 「紀州德川家の大儒李梅溪」 『조선』 145호, 1927(복각 『日鮮史話』 2, 原書房, 1976, 9쪽 및 첫부분 수록 사진)에 〈이매계가 쓴 부모장〉 글씨가 수록되어 있다. 엽서와 내용에서 약간 차이가 있다. 매계 이전직에 대해서는 이 논문을 참고하였다.
36) 김충식, 「와카야마 유학의 비조 이진영 부자」 『신동아』 10월호, 2005 참조.
37) 北島万次, 『豐臣秀吉の朝鮮侵略』, 41쪽; 기타지마 만지 지음, 김유성·이민웅 옮김, 『도요토미 히데요시의 조선 침략』, 47쪽.

정진鼎津 나루에서 전투가 있었다. 이때 김응서金應瑞 군대가 항왜와 함께, 명군, 이정李瀞 군대와 합세하여 싸웠다. 이 전투에서 첨지 사야가沙也加는 일본군 1명을 목베어 죽였다.[38] 이러한 전공 등으로 인해 사야가는 김충선金忠善이란 이름을 하사받았다. 본관은 김해이고, 호는 모하당慕夏堂이다. 그 후 이괄의 난, 병자호란 때도 큰 공을 세웠다.

1900년대 이후 일본학자들은 사야가의 실존 여부와 문집『모하당집』에 의문을 제기하였다. 가장 대표적인 역사가는 시데하라 타이라幣原坦, 나이토 도라지로內藤虎次郎(코난湖南), 아오야기 쓰나타로靑柳綱太郎 등이다. 일본에 그런 변절자는 없으며, 『모하당집』은 위조된 것이며, 김충선은 매국노란 것이다.[39] 이들은 투항한 '사야가＝김충선'의 존재를 인정하지 않았다.

사야가의 존재를 인정하면서 본격적인 연구를 한 대표적인 연구자는 나카무라 히데다카中村榮孝다. 그는 『선조실록』의 '항왜 첨지 사야가(降倭僉知沙也加)', 『승정원일기』의 '항왜 영장 김충선(降倭領將金忠善)'[40], '항왜장 김충선(降倭將金忠善)'[41] 등을 통해, 상세한 사적이 전하는 것을 알았다. 그래서 1933년 1월 25일, 우록동에 있는 김충선 후손의 집을 방문하여 관계사료를 조사하였다. 그는 김충선 외 많은 항왜 자료를 찾아내어, 사야가＝김충선의 실재 여부는 의심할 나위가 없다고 결론지었다.[42] 1933년은 사야가＝김충선 연구의 획기적 전환점이 된 시기였다.

항왜 영장 김충선의 사람됨은 대담하고 용맹함이 보통 사람보다 훨씬 뛰어날 뿐만 아니라 성품 또한 공손하고 삼갔다.[43] 김충선과 그 후손들은 현 대구

---

38)『선조실록』선조 30년(1597) 11월 22일(기유).
39) 기타지마 만지 지음, 김유성·이민웅 옮김, 『도요토미 히데요시의 조선 침략』, 2쪽.
40)『승정원일기』인조 6년(1628) 4월 23일(갑인).
41)『승정원일기』인조 6년(1628) 2월 2일(기사).
42) 中村榮孝,「慕夏堂金忠善に關する史料に就いて」『청구학총』12, 청구학회, 1933; 「朝鮮役の降倭將金忠善-その文集と傳記の成立-」『日鮮關係史の研究』(중).
43)『승정원일기』인조 6년(1628) 4월 23일(갑인).

광역시 달성군 가창면 우록리에 정착하여 집성촌을 이루면서 살았다. 김충선은 통정대부 장춘점의 딸과 결혼하였다. 현존하는 대구부 호적대장 가운데 가장 빠른 1681년 호적대장을 보면, 대구부 수남면 우륵리(현 가창면 우록리)에 김충선의 두 아들인 김경원金敬元(절충장군 행호분위상장군)과 김경신金敬信(전 사과)이 각각 주호로 등재되어 있다. 이 호적대장에 기재된 아버지 김충선의 직역은 '정헌대부 행동지중추부사'였다.[44] 항왜 사야가=김충선은 그 아들대

에는 이미 호적에 '절충장군 행호분위상장군' 등 직역을 가진 주호로 등재되어 있을 정도로 조선에 뿌리를 내리고 있었다.

〈그림 14〉 엽서에는 "지금부터 300여 년 전 가토 기요마사의 부하로서 조선에 건너간 일본인의 후손 일족. 앞줄의 일본인은 그 탐험가다. 거주지 경상북도 팔조치八助峙", 〈그림 15〉 엽서에는 "사진 속의 한인은 300여 년을 경과한 가토 기요마사의 후손遺子孫孫 일족. 거주지 대구 부근 팔조치"라고 적혀 있다.

그림 14 사야가의 후손들

그림 15 사야가의 후손들

---

44) 양홍숙, 「조선후기 항왜의 존재 양상과 정착−대구시 우록리 김충선의 후손 사례를 중심으로−」『대구사학』122, 대구사학회, 2016, 52~63쪽.

두 사진엽서는 같은 상점에서 발행한 것이고, 사진도 같다. 하지만 한쪽은 가토 기요마사 부하의 후손이고, 다른 한쪽은 가토 기요마사의 후손이라고 설명한 점이 다르다. 가토 기요마사의 부하는 사야가(김충선)를 가리킨다.

그림 16 사야가의 후손들 (엽서 소장자 미상)

〈그림 16〉 엽서는 필자가 소장하고 있는 엽서가 아니다. 필자 소장의 앞 두 엽서와 같은 사진이다. 사진 하단 설명은 〈그림 15〉 엽서와 동일하다. 다만 괄호 안의 설명에 '현주지 경상북도 우록동'이란 부분이 다르다. 사진은 동일하지만 세 엽서의 설명 표현은 조금씩 다르다. 팔조치와 우록동은 같은 곳이고, 녹동鹿洞서원이 있는 곳이다.

3. 전리품

일본군은 강화 협상이 이루어지면서 귀국했을 때나, 정유재란 이후 전쟁이 완전히 끝나고 귀국할 때 다양한 많은 유물을 약탈하여 갔다. 그 안에는 식물들도 포함되어 있다. 단편적인 것들이지만, 엽서에 담긴 내용을 중심으로 살펴보려고 한다.

1) 갑옷·마구·식물·탑·불상

(1) 갑옷과 마구

그림 17 고니시 유키나가의 전리품, 조선 갑옷

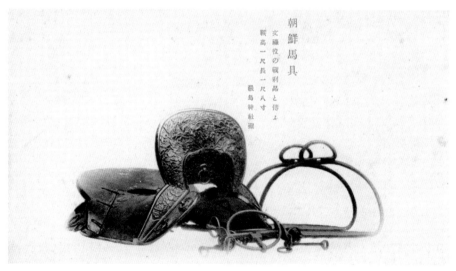

그림 18 조선 마구

〈그림 17〉 엽서에는 "관동청 박물관 진열품 (우) 조선갑주 고니시 유키나가 小西行長 노획품"이라고 적혀 있다. 이 엽서는 관동청박물관에서 '박물관 진열품 엽서'로 발행한 세트 엽서의 하나다.

관동청은 일본이 외지 관동주에 세운 통치기관이다. 1905년 일본 천황 직속 기관인 관동총독부로 설치되었다가, 1906년 관동도독부, 1919년 관동청, 1934년 관동주청으로 개편되었다. 관동청박물관은 랴오닝遼寧성 다렌大連시 뤼순旅順에 있었다. 1916년 관동도독부 만몽물산관으로 건립되었다가, 1918년 관동도독부박물관, 1919년 관동청박물관, 1934년 뤼순旅順박물관으로 개칭되었다. 고니시 유키나가가 노획한 이 갑옷이 관동청박물관에 소장된 경위나, 다른 노획품의 소장 여부는 알 수 없다.

〈그림 18〉 엽서에는 "조선 마구馬具. 임진왜란文祿役의 전리품이라고 전한다. 안장의 높이는 1척, 길이는 1척 5촌. 이쓰쿠시마嚴島신사 소장"이라고 적혀 있다. '히로시마 상고회廣島尙古會'가 발행한 엽서다.

(2) 소철과 매화

그림 19 고타쿠지廣澤寺의 소철蘇鐵

〈그림 19〉 엽서에는 "마쓰우라가타松浦潟 명물. 나고야名護屋 고타쿠지廣澤寺 도요토미豊公가 애용한 소철蘇鐵"이라고 적혀 있다. 고타쿠지는 사가현 카라츠시 친제이정鎭西町 나고야에 있는 절이다.

임진왜란 때 일본군의 전진기지였던 사가현 나고야성에 간 히데요시는 이 지역 영주의 여동생인 히로코廣子를 측실로 맞이하였다. 이때 그녀의 이름을 히로사와노쯔보네廣澤局로

바꾸었다. 히데요시는 총
애하는 측실을 위해 1597년
에 그곳에 고타쿠지를 세
웠다. 이 절 정원에는 수령
400년 정도된 큰 소철이
있는데, 직접 심은 것이라
고 전한다. 히데요시가 평
소 무척 아끼던 이 오래되
고 큰 소철은 가토 기요마

그림 20 즈이간지瑞巖寺 뜰앞 매화

사가 조선에서 가지고 온 것이라고 전한다. 1924년에 일본 내무성에서 천연기
념물로 지정하였다.[45]

〈그림 20〉 엽서는 마쓰시마松島 즈이간지瑞巖寺에서 발행한 〈마쓰시마 즈이
간지 보물 엽서〉 세트의 1장이다. 엽서에는 "리쿠젠陸前 마쓰시마. 즈이간지
뜰앞 조선에서 가지고 돌아온 팔방八房 매화"라고 적혀 있다.

센다이仙台번 초대 번주 다테 마사무네伊達政宗가 가지고 온 것이다. 그는
1592년 제1차 조선 침략의 군 편성에서는 벗어나서 나고야名護屋에 있었다.
1593년 아사노 나가마사淺野長政·요시나가幸長 부자의 원군이 보내질 때, 아
사노 요시나가와 함께 조선으로 향하여 4월 13일 부산에 도착했다. 4월 21일
울산에서 전투에 참여했다. 6월 21~29일의 2차 진주성전투에 참여했다. 9월
11일 부산을 출항, 9월 18일 나고야에 도착했다. 그가 조선에 머문 기간은 반
년에 불과했다.[46]

---

45) 노성환, 『일본에 남은 임진왜란』, 176~178쪽; 사가현 관광정보 포털사이트 「廣澤
   寺のソテツ(소철)」 참조.
46) 太田秀春, 『朝鮮の役と日朝城郭史の研究』, 121~123쪽. 다테 마사무네의 동향은
   124쪽 표에 잘 정리되어 있다. 동향 날짜는 진주성전투를 제외하고는 일본력
   이다.

다테 마사무네는 조선에서 매화 한 그루를 가지고 1595년 센다이로 돌아왔다고 한다. 진주에서 매화를 가지고 와서 센다이에 심은 것이 현재 전하는 것이다. 매화는 미야기宮城현 미야기군 마쓰시마정松島町에 위치한 즈이간지에 2그루, 미야기현 센다이시 와카바야시若林구에 있는 와카바야시형무소와 센다이시 아오바靑葉구에 있는 니시西공원에 몇 그루 남아 있다. 즈이간지에 있는 매화가 유명하다. 마사무네는 처음에는 자신이 거주하는 센다이성에 매화를 심었다. 후에 거처를 와카바야시성으로 옮겼을 때, 매화도 옮겨 심었다고 한다. 와카바야시성 자리에 뒤에 형무소가 들어서면서 형무소 정원에 있게 된 것이다. 매화는 용이 엎드려 땅에 누워있는 모습이라고 해서 '와룡매'라고 부른다.

그림 21 다테 마사무네 상

즈이간지의 와룡매는 2그루가 있는데, 홍매와 백매라고 부른다. 백매는 용이 하늘로 올라가는 모습이라 '노보리류', 홍매는 내려오는 모습이라 '오리류'라고도 부른다.[47] 가토 기요마사의 거성居城인 규슈 구마모토에도 한국에서 이식한 와룡매가 있다고 한다.[48]

엽서에는 "마쓰시마 즈이간지 다테 마사무네 상"이라고 적혀 있다. 〈그림 20〉 매화 엽서와 같은 세트 엽서의 1장이다. 최근 간행된 즈이간지 매화 엽서에는 "즈이간지 정원에 있는 와룡팔방臥龍八房의 매화. 다테 마나무네가 조선에서 가지고 돌아온 홍매·백매

47) 柳田知怒夫, 「政宗と臥龍梅」『韓來文化の後榮(중)』(金正柱 편), 한국자료연구소, 1962, 98~103쪽; 노성환, 『일본에 남은 임진왜란』, 172~175쪽; 성해준, 「일본 속의 한국문화-미야기현(宮城縣)을 중심으로-」『일본어문학』 32, 일본어문학회, 2006, 522~523쪽; 정재정, 『교토에서 본 한일통사』, 144~145쪽.
48) 柳田知怒夫, 「政宗と臥龍梅」, 107쪽.

의 2그루가 있다. 와룡 야쯔부사八房의 매화라고 하고, 꽃은 8겹重 핀다. 용매, 팔방매, 와룡팔방매라고 불린다"라고 적혀 있다.

(3) 탑

겐로쿠엔兼六園은 이시가와石川현 가나자와金澤시에 있는 일본 정원이다. 일본 국가 특별명승으로 지정되어 있다.

그림 22 겐로쿠엔 해석탑

〈그림 22〉엽서에는 "가나자와 겐로쿠공원 해석탑海石塔. 임진왜란豊太閤朝鮮役에서 획득하여 번조藩祖에게 선물한 것"이라고 적혀 있다.

〈그림 23〉엽서에는 "표지瓢池(표주박 모양 연못)의 중주中洲에 있는 해석탑은 높이 4m여, 6층으로 석질石質 고송古鬆, 히데요시가 정한征韓의 토산으로서 마에다 도시이에前田利家에게 선물한 것"이라고 적혀 있다. 마에다는 가가

View of Kaisekito pagoda, Kenrokuen.

그림 23 겐로쿠엔 해석탑

加賀번 번조이며, 도요토미 정권의 5대로大老의 한 사람이다. 그는 임진왜란 때 직접 조선에 가지 않았지만, 약 3개월 동안 나고야에 있었다. 1593년에는 조선에 건너가라는 명령을 받았지만, 명과의 강화 교섭이 진행되면서 결국은 가지 않았다.

엽서에서 보는 것처럼 이 탑은 '해석탑'이라고 부른다. 탑의 돌 일부가 해중海中에서 채취한 벌레먹은 돌이라는 데서 유래한 것이다. 겐로쿠엔 연못 안에 있는 작은 섬에 있다. 이시카와현 가나자와시의 겐로쿠엔, 오카야마현 오카야마시의 고라쿠엔後樂園, 이바라기현 미토시의 가이라쿠엔偕樂園을 흔히 일본의 '3대 정원'이라고 부른다.

이 탑은 임진왜란 때 가토 기요마사가 가져가서 히데요시에게 바치고, 히데요시가 다시 마에다 도시이에에게 선물한 것이라고 전한다. 한편 3대 번주인 마에다 도시츠네前田利常가 만들었다는 설도 있다. 도시츠네는 도시이에의 4남이다.

이 탑은 백제 6층 석탑으로 원래는 경복궁 안 법당 앞에 있던 것인데, 가토 기요마사가 가지고 간 것이며, 궁궐 안 법당 앞에 있던 백제 6층 석탑은 우리나라에서 유일한 것으로 보는 견해도 있다.[49] 하지만 그 경위에 대해서는 정확

---

49) 김문길, 『임진왜란은 문화전쟁이다』, 혜안, 1995, 153~156쪽.

하지 않다고 생각한다.

가토 기요마사가 가지고 간 전리품 탑 가운데는 다른 탑도 있다.

<그림 24> 엽서에는 "가토 기요마사가 조선에서 지참한 탑. 도기제로서 현재 오사카 계행사階行社에 보존되어 있다"라고 적혀 있다. 계행사는 해행사偕行社의 오기다. 해행은 『시경』에 나오는 글귀다. '함께 간다', '함께 군에 간다'는 뜻이다. 왕이 군을 일으키면 나도 함께 간다는 뜻이다. 가이고샤偕行社는 옛 일본 육군 장교들의 친목과 군사연구를 목적으로 1877년에 창립된 단체다. 이 탑은 가토 기요마사의 전리품이라고는 하지만, 원래 어디에 있던 탑인지는 알 수 없다.

陶製ニシ子目下大阪滯行社ニ保存ス
THE TAWER CAPTWRED BY KATOFROM KOREA
加藤清正朝鮮ヨリ持参ノ塔

그림 24 전리품 탑

(4) 불상

다이도쿠지는 교토시 키타구 무라사키노다이도쿠지정紫野大德寺町에 있는 절이다.

<그림 25> 엽서는 교토 다이도쿠지大德寺의 2층으로 된 산문山門이다. 2층

（特別保護建造物）　　　大德寺山門

그림 25 교토 다이도쿠지 산문

그림 26 교토 다이도쿠지 16나한상

에 '금모각金毛閣'이란 현판이 걸려 있다. 〈그림 26〉 엽서에는 "다이도쿠지 산문 누상樓上 16나한상"이라고 적혀 있다. '본조 무쌍선원 자야대덕사 인本朝無雙禪苑 紫野大德寺印'이란 도장이 찍혀 있다.

〈그림 25〉 엽서 현판 글씨에서 볼 수 있듯이, 2층의 문루는 '금모각'이라 부른다. 문루 안의 벽 가장자리에는 16구의 목조 나한상이 있다. 이 나한상은 고려시대 작품으로 법주사에 있던 것인데, 임진왜란 때 가토 기요마사가 약탈해 가서 기증한 것이라고 한다.[50] 2층에는 다인茶人 센 리큐千利休의 목상도 안치되어 있다. 2층 문루로 된 산문은 센 리큐가 세운 것이다.[51]

〈그림 27〉 엽서에는 "다이도쿠지 산문 리큐 입상"이라고 적혀 있다. 설태雪駄(눈 올 때 신는 신발)를 신고 있는 상이다. 센 리큐는 일본 다도를

그림 27 다이도쿠지 센 리큐 목상

---

50) 존 카터 코벨 지음, 김유경 편역, 『일본에 남은 한국미술』, 글을 읽다, 2008, 300~306쪽.
51) 존 카터 코벨 지음, 김유경 편역, 『일본에 남은 한국미술』, 306쪽.

정립·완성하여 다조茶祖로 불린다. 오다 노부나가와 도요토미 히데요시에게 봉사하여 다도에 관한 일을 맡아 보았다. 하지만 히데요시와 충돌하여 1591년 할복 자살하였다. 일본에서의 차문화 유행은 임진왜란을 흔히 '도자기 전쟁'이라 부르게 만들었다. 다도 책임자御茶頭로 신임이 두터운 리큐가 할복명령을 받은 것은 산문 위의 금모각에 자신의 목상(엽서 사진)을 세운 무례를 범하고, 또 차도구의 감정에 사곡私曲(부정)이 있었다는 때문이다. 하지만 이것은 처벌하기 위한 구실이고, 실제는 히데요시의 규투閨鬪(부인 싸움)를 둘러싼 싸움 때문이라고 한다. 히데요시의 정실인 '기타노만도코로北政所파'와 측실인 '요도도노淀殿파'의 권력 다툼에서 전자의 지지를 받고 있던 리큐가 후자에 의해 처단되었다는 것이다.[52]

다이도쿠지에는 유명한 고려시대 수월관음도가 소장되어 있다. 화면 하단 관음상의 발 언저리 아래쪽에 관음을 향해 다가가는 공양인물군상의 행렬이 배치된 독특한 도상이다. 고려후기 수월관음도는 40여 점 알려져 있는데, 다이도쿠지 수월관음도는 최고 작품의 하나로 알려져 있다.[53] 다이도쿠지에는 수월관음도(일본에서는 양류관음도라 부름) 3점 등 적어도 6점의 고려 불화가 소장되어 있다고 한다. 다이도쿠지 료코인龍光院 정원에는 임진왜란 때 가져왔다고 전하는 고려 석등이 존재한다.[54]

다이도쿠지에는 오다 노부나가와 도요토미 히데요시의 초상화도 소장되어 있다. 〈그림 28〉, 〈그림 29〉 엽서에는 각각 "오다 노부나가 초상. 다이도쿠지 장", "도요토미 히데요시 초상. 다이도쿠지 장"이라고 적혀 있다. 센 리규 목조 입상, 오다 노부나가 초상, 도요토미 히데요시 초상의 3장 엽서는 「무라사키노 다이도쿠지紫野大德寺 소장 보물」 세트 엽서의 일부다.

---

52) 二木謙一, 「三成と淀殿―太閤傘下の閨鬪」『石田三成のすべて』(安藤英男 편), 新人物往來社, 1999(4쇄), 113쪽.
53) 박은경, 『조선 전기 불화 연구』, 시공아트, 2008, 226~227쪽.
54) 존 카터 코벨 지음, 김유경 편역, 『일본에 남은 한국미술』, 303쪽.

그림 28 오다 노부나가 초상화   그림 29 도요토미 히데요시 초상화

2) 종鐘

　임진왜란의 특징을 문화전쟁,[55] 도자기전쟁·서적전쟁·활자전쟁[56] 등 문화
적 관점에서 파악하기도 하였다. 임진왜란 때 일본군 내에는 전투병력 외에 따
로 특수임무를 띤 문화전담 6부, 즉 도서부, 공예부, 포로부, 금속부, 보물부,
축부畜部를 두었다. 6부의 임무는 다음과 같다.

---

55) 김문길, 『임진왜란은 문화전쟁이다』.
56) 최관, 『일본과 임진왜란』, 28쪽.

표 1 일본군 특수임무 부대 6부와 그 임무 [57]

부대 명칭	임무
도서부	전적류
공예부	자기류를 비롯한 각종 공예품 및 목공 · 직공織工 · 토공 등 공장(기술자)의 납치
포로부	젊은 남녀의 납치
금속부	병기, 금속예술품
보물부	금은 보화, 진기한 물품
축부	가축 포획

임진왜란 때는 대장경 · 불화 · 불상 · 종 등 많은 불교 유물이 전리품으로 일본에 건너갔다. 여기서는 종에 대해서 살펴보려고 한다. 가능한 시대순으로, 임진왜란 때 가져간 것으로 언급되고 있는 것을 중심으로 정리하였다. 하지만 이 가운데는 임진왜란 때의 전리품이 아니라는 견해도 있다. 연구자들 사이에 의견의 차이를 보이는 것도 있다.

(1) 조구신사 통일신라 종

조구常宮신사는 현재 후쿠이현 쓰루가敦賀시 조구에 있는 신사다.

〈그림 38〉 엽서에는 "쓰루가敦賀 조구常宮신사. 국보의 고종古鐘"이라고 적혀 있다. 이 엽서는 신사와 종이 둘 다 있는 엽서다. 필자는 소장하고 있지 않지만 "조구신사 국보 본방(일본) 최고最古의 종", 또는 "국보의 종. 쓰루가 조구신사 소장"이라고 적힌, 종 사진만 있는 두 종류의 엽서도 있다.

이 종에는 "태화 7년 3월 일 청주연지사(太和七年三月日菁州蓮池寺)"라는 글이 적혀 있다. 태화 7년은 신라 흥덕왕 8년(833)에 해당한다. 청주는 현재 경남남도 진주시 지역으로 본다. 따라서 833년(흥덕왕 8, 태화 7)에 주조되어

---

57) 최영희, 「일본의 침구」, 『한국사』 12, 국사편찬위원회, 1978, 324~325쪽; 김강식, 『문화교섭으로 본 임진왜란』, 선인, 2014, 74~75쪽.

그림 30 조구신사 통일신라 종

연지사에 바쳐진 종으로, 임진왜란 때 약탈된 종으로 추정하고 있다.

일본에 있는 종 중에서 제작연대가 확인되는 가장 오래된 종이므로, 에도江
戶시대부터 많은 사람들의 주목을 끈 종이다.[58] 신사 쪽 설명에 따르면, 임진
왜란 때 출병했다가 귀국한 오타니 요시츠구大谷吉繼(타카吉隆)가 노획품으로
가지고 와, 1593년 2월 29일 신사에 바쳤다고 한다.[59]

오타니 요시츠구는 도요토미 히데요시의 가신으로, 쓰루가성주였다. 임진왜
란 당시 선발대 장수들을 독려하기 위하여 파견된 봉행奉行의 한 사람이다.[60]
봉행은 주군의 명령을 받아 다른 이를 지휘하고 업무를 집행하는 무가의 직임
이다. 1592년 6월 도요토미 히데요시가 조선에 건너가는 것이 연기되자, 그를

---

58) 坪井良平, 『朝鮮鐘』, 角川書店, 1974, 53쪽.
59) 염영하, 『한국의 종』, 서울대학교출판부, 1994(초판 3쇄), 119쪽; 곽동해 글·안장
    헌 사진, 『범종』, 한길아트, 2006, 290쪽.
60) 곽동해 글·안장헌 사진, 『범종』, 290쪽.

대신하여 이시다 미쓰나리石田三成·오타니 요시츠구·마시타 나가모리增田長盛가 조선봉행으로 파견되었다. 이 3명의 봉행은 1592년 8월 총대장 우키다 히데히에宇喜多秀家와 함께 조선에 주둔하고 있던 다이묘를 서울로 모아 명군의 공세에 대한 대책을 마련하기 위한 군사회의를 열었다.[61]

한국 범종 연구의 선구자였던 쓰보이 료헤이坪井良平는 다치바나 난케이橘南谿가 "도요토미 때 오타니 형부刑部가 이 지역을 다스리고 있을 때, 조선국에서 빼앗아 와서 종을 이 신궁에 바쳤다"고 한 것을 인용하면서, 임진왜란 때 전리품이었다는 설도 있다고 했다. 하지만 후지다 료사쿠藤田亮策는 쓰루가가 예부터 요항要港이고, 조구신사는 뱃사람의 신앙의 중심지이므로, 임진왜란 이전에 해적들이 가져왔다고 볼 수도 있다고 하였다.[62]

이 종의 유래와 관련된 가장 오래된 기록은 1661년의 「종루당동찰鐘樓堂棟札」이다. 이에 의하면 고려(조선)를 정벌하고 돌아올 때, 형부소보少輔 오타니 요시츠구가 가지고 왔다고 했다. 그리고 1718년 필사된 「조구본기常宮本紀」에도 고려진高麗陣(임진왜란) 때 형부소보 오타니 요시츠구가 기진한 것이라고 했다. 이 종과 관련된 여러 기문記文을 상세히 분석한 하마다 고사쿠浜田耕策는 이런 사료를 볼 수 없었던 후지다 료사쿠가 1597년(慶長 2)보다 이전에 해적들이 가져왔을 가능성을 추측하지만, 신사에 전하는 유래담이 사실에 보다 가까운 전승으로 볼 수 있다고 하였다.[63] 쓰루가시 문화진흥과의 문화재 안내(みんなの文化財 27회 국보 조선종)에는 "16세기 말 경 쓰루가영주 오타니 요시츠구가 도요토미 히데요시의 명령을 받아 조구신사에 기진한 것이라고 하지만, 그 이전에 왜구가 가져온 것이라는 설도 있다"라고 하였다.

---

61) 北島万次 지음, 김문자·손승철 엮음, 『北島万次, 임진왜란연구의 재조명』, 246쪽.
62) 藤田亮策, 「靑丘遺文」『朝鮮學論考』, 藤田先生記念事業會, 1963, 223쪽; 坪井良平, 『朝鮮鐘』, 53쪽.
63) 濱田耕策, 「新羅鐘銘の再檢討(1)－敦賀市·常宮神社所藏の「鐘の記」と菁州蓮池寺鐘」『史淵』129, 九州大學 文學部, 1992, 128쪽.

(2) 우사신궁 통일신라 종

우사宇佐신궁은 현재 오이타현 우사시에 있는 신사다.

두 엽서 다 세트 엽서의 하나다. 〈그림 31〉 엽서는 우사신궁에서 발행한 「우사노이베쯔미야코宇佐乃伊邊津都」(寶物の卷), 〈그림 32〉 엽서는 우사신궁청에서 발행한 「관폐대사 우사신궁 보물엽서」란 세트 엽서다. 〈그림 31〉 엽서에는 "우사宇佐신궁 보물", 〈그림 32〉 엽서에는 "국보 죠선종. 관폐대사 우사신궁 보물"이라고 적혀 있다. 같은 종의 다른 각도 사진이다. 왼쪽 엽서에는 비천상, 오른쪽 엽서에는 명문이 뚜렷이 보인다.

신라시대 명문이 있는 종의 최후를 장식하는 종이다. 명문 첫부분에 "천복 4년 갑자(904) 2월 20일 송산촌 대사에서 종을 만들다(天復四年甲子二月卄日 松山村 大寺 鍾成)"라는 글이 있다. 후지다 료사쿠가 명문을 판독한 바 있다.[64]

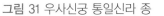

그림 31 우사신궁 통일신라 종

그림 32 우사신궁 통일신라 종

---

64) 藤田亮策, 「靑丘遺文」, 230~232쪽; 坪井良平, 『朝鮮鐘』, 57~59쪽.

종은 904년(신라 효공왕 8)에 만들었으며, 송산촌 대사의 종이다. 이 종이 일본으로 간 유래는 분명하지 않다.[65] 임진왜란 때 약탈한 것으로 보는 견해도 있다.[66] 하지만 임진왜란 때의 전리품인지 여부는 분명하지 않다.

(3) 쇼렌지 고려 종

쇼렌지照蓮寺는 현재 히로시마현 다케하라竹原시에 있는 절이다.

그림 33 쇼렌지 고려 종

〈그림 33〉 엽서에는 "아키安藝 다케하라竹原 명승. 쇼렌지照蓮寺 (국보 고려종)"이라고 적혀 있다. 전면에 쇼렌지의 모습이, 왼쪽에 고려 종의 모습이 배치되어 있다.

〈그림 34〉 엽서에는 "국보 고려종, 다카하라 쇼렌지 소장. 고바야카와 다카

---

65) 염영하, 『한국의 종』, 121~123쪽.
66) 조중화, 『다시 쓰는 임진왜란사』, 학민사, 1996, 345쪽; 전경목, 「임진왜란으로 말미암은 문화재 피해 상황」『임진왜란과 한일관계』(한일관계사연구논집 편찬위원회 편), 경인문화사, 2005, 460쪽; 김강식, 『문화교섭으로 본 임진왜란』, 90쪽.

國寶高堀鐘　竹原照蓮寺藏　(小早川隆景分捕品)

그림 34 쇼렌지 고려 종

카게小早川隆景 분포품分捕品"이라고 적혀 있다. 분포품은 노획품을 뜻한다. 이 종에는 "준풍 4년 계해 9월 18일 고미현서원(峻豊四年癸亥九月 十八日 高弥縣西院)"이란 글이 적혀 있다. 준풍 4년은 963년(광종 4)이다. 고미현은 전라남도 영암군 고미현이다. 서원은 절 이름인지 분명하지 않다.[67]

쓰보이 료헤이는 이 종의 전래는 분명하지 않다고 하였다.[68] 후지다 료사쿠는 다케하라시는 예부터 해적들의 근거지였기 때문에, 이들이 배에 실어와서 기진한 것인지, 영주와의 관계 때문인지 분명하지 않다고 하였다.[69] 즉 다케하라시는 예부터 일본 해적의 근거지였으므로, 이들이 약탈한 것을 사찰에 바쳤을 것으로 추정하였다.[70]

이 종의 유래에 대해서는 2가지가 있다고 정리한 연구도 있다. ① 세토나이카이瀬戸内海를 통한 조선과의 무역에서 구입한 것, ② 임진왜란 때 가져온 전리품 설이다. 전자인 무역품 설의 가능성도 부정할 수는 없지만, 후자인 전리품 설의 가능성이 더 높다고 보고 있다. 고바야카와 다카카게가 임진왜란 때 가지고 와서, 어릴 때 공부했던 이 절에 기증했다고 전한다.[71] 엽서에 고바야

---

67) 坪井良平, 『朝鮮鐘』, 80~81쪽.
68) 坪井良平, 『朝鮮鐘』, 80쪽.
69) 藤田亮策, 「高麗鐘の銘文」 『朝鮮學論考』, 153쪽; 坪井良平, 『朝鮮鐘』, 80쪽.
70) 염영하, 『한국의 종』, 186쪽.
71) 李恩和, 「廣島縣所在の高麗鐘について」 『예술연구』 16, 廣島藝術學會, 2003, 63~64쪽.

카와 다카카게의 분포품이라고 적혀 있는 것은 2번째 설을 뒷받침하고 있다.

(4) 텐린지 고려 종

텐린지天倫寺는 시마네현 마쓰에松江시에 있는 절이다.

엽서에는 "마쓰에 텐린지 고종古鐘 국보"라고 적혀 있다. 이 종에는 "고려국 동경내東京內 회진사廻眞寺 불제자 (중략) 신해 4월 8일 기記"라는 글이 적혀 있다. 동경은 경주, 신해는 1011년(현종 2), 4월 8일은 석가탄신일이다.[72] 글에 따르면, 1011년 (현종 2, 신해)에 경주 회진사 승려들이 국가인민의 안녕과 편안을 기원하기 위해 만든 것이다.[73]

이 종의 전래 유래에 대해, 후지다 료사쿠는 임진왜란文祿の役의 전리품

Old bell of Tenrinji, Matsuye (寶岡) 鐘古寺倫天　江松

그림 35 텐린지 고려 종

이라는 속전俗傳(세속에 전해오는 말)이 믿어지고 있지만, 절 인근에 있는 타기田儀촌의 『타기田儀연혁사』에 근거하여, 일본 메이도쿠明德 연간 (1390~1394)에 히데세키秀關 화상이 조선에 가서 가져온 것이라고 하였다.[74] 염영하는 쓰보이 료헤이를 인용하면서, 임진왜란 때 약탈한 것을 이 사찰에 기탁하여 금일에 전해지고 있다고 하였다.[75] 하지만 쓰보이 료헤이는 임진왜란 (조선역)의 분포품(노획품)이라고 전해왔지만, 후지다 료사쿠의 고증에 의해

72) 藤田亮策, 「高麗鐘の銘文」, 156~160쪽.
73) 염영하, 『한국의 종』, 188쪽.
74) 藤田亮策, 「高麗鐘の銘文」, 157쪽.
75) 염영하, 『한국의 종』, 188쪽.

그것이 와전이라는 것이 판명되었다[76]고 하였다. 임진왜란 때의 전리품인지, 14세기 말에 히데세키 화상이 조선에서 가져온 것인지 여부는 분명하지 않다.

(5) 오노에신사 고려 종

오노에尾上신사는 효고현 가코가와加古川시에 있는 신사다. 엽서에는 "국보 오노에신사의 종"이라고 적혀 있다.

그림 36 오노에신사 고려 종

이 종은 고려 전기 종으로, 1011년(현종 2) 전후에 주조된 것으로 추정한다. 신사 사기社記로 발행된 종의 유래기에 따르면, 1468년(應仁 2) 일본 내의 해적들의 탈취로 일본에 운반해 오던 도중 폭풍으로 바다에 빠졌다가, 뒷날 어부

---

76) 坪井良平,『朝鮮鐘』, 82쪽.

의 그물에 걸렸다고 한다.[77] 하지만 임진왜란 때 약탈한 것으로 보는 견해도 있다.[78] 고려 말로 보는 것이 더 타당하다고 생각한다.

(6) 후도인 고려 종

후도인不動院은 히로시마현 히로시마시에 있는 절이다. 후도인은 원래 안코쿠지安國寺라고 칭했다. 일본 분로쿠(文祿, 1592~95) 연간에 주지 에케이惠瓊가 이 절을 히로시마 시내로 옮긴 후, 옛 처舊妻의 호를 후도인이라고 하였다고 한다.[79]

그림 37 후도인 고려 종　　　　　그림 38 후도인 고려종

---

77) 坪井良平, 『朝鮮鐘』, 108쪽; 염영하, 『한국의 종』, 204쪽.
78) 조중화, 『다시 쓰는 임진왜란사』, 340~343쪽; 전경목, 「임진왜란으로 말미암은 문화재 피해 상황」, 459쪽; 김강식, 『문화교섭으로 본 임진왜란』, 90쪽.
79) 坪井良平, 『朝鮮鐘』, 112쪽.

〈그림 37〉엽서에는 "히로시마 후도인 종루 및 국보 조선 고종古鐘"이라고 적혀 있다. 〈그림 38〉엽서는 히로시마 상고회尙古會에서 발행한 것이다. 엽서에는 "국보 조선 고종. 후도인 소장. 후도인은 히로시마시의 북쪽 몇 리 정도 떨어진 아키군 우시다牛田촌에 있다. 옛날에는 안코쿠지라고 불렀다. 이 종은 임진왜란文祿征韓の役 때, 승려 에케이惠瓊의 전리품이라고 한다. 높이는 2자 7촌 쯤, 구경은 2자 1촌 남짓, 용두 높이는 9촌 쯤"이라고 적혀 있다.

에케이는 흔히 안코쿠지 에케이安國寺惠瓊라고 부른다. 그는 임제종 승려로 무장이면서 외교승이었다. 안코쿠지 에케이는 주지로 있었던 절 이름에서 유래한 것이다. 이 종은 임진왜란 때 조선에서 가지고 온 것으로 전하는 고려 초의 명품 종이다. 종에는 '신상보살信相菩薩'이란 글이 적혀 있다.[80] 안코쿠지 에케이는 임진왜란 때 고바야카와 다카카게가 이끄는 6군에 속하였다. 전라도 공략을 담당하였다. 충청도 금산전투에도 참전하였다.

이 종의 유래에 관해서는 임진왜란 때 에케이가 조선에서 목재와 종을 가지고 왔다는 의견만 전하고 있다. 실제 누문樓門의 2층 계단 부분에 '조선목 문록 삼(朝鮮木 文祿三)'이라 새긴 글이 4군데 있다고 한다.[81] 분로쿠 3년은 1594년이다. 일제시기 간행된 한 사진 자료집에서는 임진왜란文祿征韓役 때의 전리품이라고 하였다.[82] 쓰보이 료헤이도 이 절의 종루에 걸린 종은 에케이가 임진왜란征韓役 때 조선에서 가져온 것이라고 전해진다고 하였다.[83]

이 종과 함께 안코쿠지와 관련해서 주목되는 것은 히로시마현 후쿠야마福山시 토모초우시로지鞆町後地에 있는 안코쿠지安國寺 소장의 고려 불화 1점이다. 이 절은 후도인과는 다른 절이지만 에케이가 재흥한 절이다. 이 절에 소장되어 있는 불화 하단에는 '미타삼장탱화彌陀三藏幀畵'란 묵서가 있다. 삼장보살도는

---

80) 坪井良平, 『朝鮮鐘』, 113쪽.
81) 李恩和, 「廣島縣所在の高麗鐘について」, 65쪽.
82) 石井淸, 『朝鮮鐘寫眞集』, 고고학회, 1910.
83) 坪井良平, 『朝鮮鐘』, 112쪽; 염영하, 『한국의 종』, 207쪽.

중앙의 천장보살과 왼쪽(향 우측)의 지지보살, 오른쪽(향 좌측)의 지장보살로 구성된 세 보살을 주축으로 하면서, 보살 주위에 여러 권속을 거느린 도상이다. 이 불화는 삼장보살도는 아니고 중앙의 천장보살도 작품이다. 화기에 따르면 1583년(萬曆 11) 5월에 전라도 담양부 용귀산 반야암에서 제작하여 봉안된 것이다.[84] 이 불화가 반야암에서 만들어진 후 같은 절에 봉안된 것인지 다른 절에 봉안된 것인지는 현재로선 알 수 없지만, 일단 전라도 담양부에 주목하고 싶다. 1592년 7월에 고바야카와 다카카게와 안코쿠지 에케이는 전라도를 집중 공략하였다.[85] 에케이는 이 전라도 공략 때 불화를 약탈한 후 일본에 가져가서, 자신이 다시 일으킨 후쿠야마시 안코쿠지에 안치한 것이 아닌가 추측해 본다. 고 신기수 선생은 에케이가 약탈한 것으로 단정하였다.[86]

히로시마현 사에키佐伯군 미야지마宮島정에 있는 호쥬인寶壽院에는 조선불화 약사삼존도가 소장되어 있다. 1565년 제작된 이 불화는 당시 400점 불화가 동시에 제작 발원된 것의 하나다. 불화는 목재 주자廚子 안에 안치되어 있었다. 주자 뒷면에는 161자의 긴 글이 새겨져 있다. 글은 이 절에 안치할 때 새긴 것이다. 이 글에 한정하면 임진왜란 때 히데요시의 측근들이 약탈해서 기증했다고 한다.[87] 이 절에 기증한 히데요시 측근이 누구인지는 알 수 없다. 임진왜란 전리품이라는 전래 경위가 적혀 있는 점에 주목하고 싶다. 이처럼 엽서로는 간행되지 않았지만, 많은 불교 유물들이 전리품으로 일본에 건너간 것이 확인되고 있다.

---

84) 박은경, 「일본소재 한국불화 유례(遺例): 安國寺藏 천장보살도」『고고역사학지』 16, 동아대 박물관, 2000, 577~582쪽.
85) 中村榮孝, 『日鮮關係史の研究』(중), 312~318쪽.
86) 『동아일보』 1992년 6월 26일(금) 6면.
87) 박은경, 「조선전기의 기념비적인 사방사불화―일본 寶壽院 소장 〈약사삼존도〉를 중심으로」『미술사논단』 7, 한국미술연구소, 1998, 111~113쪽;『조선 전기 불화 연구』, 424~425쪽. 이 자료를 알려주신 동아대학교 고고미술사학과 박은경 교수님께 이 지면을 빌려 감사드린다.

(7) 슛세키지 고려 종

숫세키지出石寺는 에히메현 오즈大洲시에 있는 절이다. 긴잔숫세키지金山出石寺라고도 부른다. 종은 이 절의 호마당護摩堂에 걸려 있다. 1941년 사찰 화재 때 땅에 떨어져 음통이 파손되었다고 한다.[88] 아래 엽서 사진에 보이는 건물이 호마당이고, 걸려있는 작은 종이 고려 종이다.

그림 39 숫세키지 고려 종

엽서에는 "이요伊豫 긴잔숫세키지金山出石寺 호마당護摩堂"이라고 적혀 있다. 쓰보이 료헤이는 이 종은 용궁에서 헌상했다는 전설이 있지만, 일설에는 도도 다카토라藤堂高虎가 기진한 것이라고 하였으며, 왜구가 가져왔다는 설도

---

88) 坪井良平, 『朝鮮鐘』, 117쪽; 염영하, 『한국의 종』, 212쪽.

있지만 분명하지 않다고 하였다.[89]

오즈大洲는 임진왜란 때는 오츠大津라고 불렸다. 영주 도다 가츠타카戶田勝隆는 임진왜란 때는 후쿠시마 마사노리福島正則의 5군에 편성되어 있었다. 그는 조선에서 사망하였다. 뒤를 이은 영주 이케다 히데우지池田秀氏의 부친 이케다 히데오池田秀雄는 진도 앞바다에서 사망하였다. 히데우지를 이어 영주가 된 도도 다카토라藤堂高虎는 정유재란 때 수군을 이끌고 가서 칠천량해전, 남원전투, 명량해전 등에 참가했다. 강항姜沆은 이순신 휘하에 들어가려고 배를 타고 가던 중 논잠포 앞바다에서 다카토라 군대에게 잡혀, 2년 정도 오즈에서 억류생활을 하였다. 1599년 교토의 후시미로 이송된 후, 1600년 석방되어 귀국하였다.

1599년 이 절의 승려 카이게이快慶가 쓴 『일본고려호전기日本高麗鳹戰記』에 의하면, 다카토라가 조선에 출전하기 전에 이 절에 올라가 전승戰勝을 기원해서, 그 결과 당도해전(칠천량해전)에서 승리했는데, 모두 관음보살을 신앙했기 때문이라고 한다. 이 절은 강항과도 인연을 맺었다. 강항의 『간양록』에는 '호인好仁'이라는 승려와의 교류 내용이 기록되어 있다.[90] 강항과 교류한 호인은 이름이 아니라 고승을 뜻하는 법인法印으로, 숫세키지 5대 승려인 카이게이로 보고 있다. 다카토라는 조선에서 가지고 온 종만 아니라 불상과 불화도 봉납했다고 한다. 불화와 불상의 소재는 정확히 알 수 없고, 종만 남아 있는 것이다.[91]

---

89) 坪井良平, 『朝鮮鐘』, 119쪽.
90) 강항, 『간양록』「적중 봉소(賊中封疏)」〈난리를 겪은 사적[涉亂事迹]〉. 노성환은 호인好仁을 법인法印의 오기로 보고 있다. 內藤雋輔, 『文祿慶長役における被擄人の研究』, 19~20쪽 참조.
91) 강항과 숫세키지에 관해서는 노성환, 『임란포로, 끌려간 사람들의 이야기』, 348~353쪽 참조.

(8) 만다라지 종

만다라지曼陀羅寺는 아이치현 코난江南시에 있는 절이다. 〈그림 40〉 엽서에
는 "조선종 만다라지 소장. 나고야온고회名古屋溫故會"라고 적혀 있다. 나고야
온고회에서 발행한 '만다라지 엽서'(12매 1세트)에 포함되어 있는 엽서다. 이
종에는 '갑오甲午 5월 일 일륜사日輪寺' 등 글이 있다. 갑오년은 1234년(고종
21)으로 추정하고 있다.[92]

그림 40 만다라지 고려 종

그림 41 만다라지 고려 종

〈그림 41〉 엽서에는 "만다라지 보물. 용궁에서 출현한 반종半鐘"이라고 적혀
있다. 반종에 대해서 쓰보이 료헤이는 『오와리尾張 명소 도회』의 만다라지 보

---

92) 坪井良平, 『朝鮮鐘』, 164쪽; 염영하, 『한국의 종』, 354쪽; 藤田亮策, 「高麗鐘の銘
文」, 187~189쪽.

물조에 '오노에형尾上型 반종'이라고 기록한 것이 있지만, 오랫동안 식자들이 주의한 바가 없었는데, 다이쇼大正 말년(1920년대 전반)에 나고야온고회 사람들에 의해 점점 일반적으로 알게 되었다고 하였다.[93] 〈그림 41〉 엽서의 간행 주체는 알 수 없다. 그런데 나고야온고회에서 발행한 〈그림 40〉 엽서에서는 '반종'이라 하지 않고 '조선종'이라고 적혀 있다.

(9) 다이간지 고려 종

다이간지大願寺는 히로시마현 하츠카이치卄日市시에 있는 절이다. 일본 3대 명소의 하나인 이쓰구시마嚴島신사 바로 옆에 있다. 다이간지 고려 종 엽서를 필자는 소장하고 있지 않다. 일본 히로시마현립문서관에 소장되어 있는 엽서를 이미지 파일로 보았다.[94] 실물이 없기 때문에 엽서에 적힌 종에 관한 설명을 정확하게 읽을 수 없어서, 일부 내용은 생략하였다. 엽서에는 "옛 한국 종古韓鐘 임진왜란文祿役 때의 절리품竊利品이라고 한다. 높이는 8촌 5푼, 구경은 7촌 3푼이다. 원효암 소종元曉庵小鐘이란 명이 있다. 다이간지 소장"이라고 적혀 있다. 염영하는 이 종에 대해, 종 앞에는 아무런 설명 없이 「도요토미 히데요시 기진 조선종」이라는 팻말이 세워져 있어서, 임진왜란 때 한국에서 가져간 약탈품으로 추정되며, 종의 측면 아래쪽에 '원효암 소종'이란 음각 5자가 있다고 하였다.[95]

이 절에서 간행한 「이쓰구시마嚴島 벤자이텐辨才天 다이간지大願寺」란 조그만 안내서를 보면, "고려국 반종 태합 히데요시의 조선정벌 때의 전리품을 당사에 헌납하였다. 원효사란 명이 있다. 유명하다"라고 소개하고 있다. 쓰보이 료헤이는 이 절에서는 임진왜란文祿征韓役 때의 전리품으로 소개하고 있지만, 다이간지의 승려 손카이尊海가 1539년(天文 8) 윤6월 8일, 서울에 왔다가 다

93) 坪井良平,『朝鮮鐘』, 163~164쪽.
94) 히로시마현립문서관 소장DB 유물·사료(卄日市市) 참조.
95) 염영하,『한국의 종』, 362쪽.

음해 1540년 봄 야마구치山口에 도착하였기 때문에, 손카이가 가지고 돌아왔다는 것도 충분히 생각해 볼 수 있다고 하였다.[96]

(10) 사이다이지 칸온인觀音院 고려 종

사이다이지西大寺는 오카야마현 오카야마시에 있는 절이다. 이 종은 명문이 없는 종이다. 956년 전후에 만든 종으로 추정하고 있다.[97]

그림 42 사이다이지 고려 종

그림 43 사이다이지 고려 종

〈그림 42〉 엽서에는 "대범종 국보 비젠備前 사이다이지 석문"이라고 적혀 있다. "메이지明治 40년 (1907) 구 정월 14일 방문 기념" 스탬프가 찍혀 있다. 〈그림 43〉 엽서에는 "사이다이지 명승 석문 내벽에는 라이산 료賴山陽 필적을 새겼다. 개조 안류 상인安隆上人이 스오周防 (현 야마구치)에서 귀항하는 도중에 용신에게서 얻었다고 운운하는 것이 전한다"라고 적혀 있다.

고려 종은 원래는 석문에 있었는데, 메이지시대 (1868~1912) 때 종루로

---

96) 坪井良平, 『朝鮮鐘』, 198쪽.
97) 坪井良平, 『朝鮮鐘』, 101~102쪽; 염영하, 『한국의 종』, 201쪽.

옮겼다고 한다. 정월 1~3일 '복을 부르는 종'으로서 이 종을 쳤다고 한다. 이 종은 임진왜란 때 가져간 것으로 추측하는 설이 있다.[98] 하지만 무로마치 시대 (1336~1573)에 왜구들이 한국에서 가져왔다고 하는 것이 유력하다는 설도 있다.[99] 시기가 앞선 종이지만, 일본으로 전래된 경위에 대한 설명이 단편적이라서 순서를 제일 뒤로 돌렸다.

3) 책과 활자(인쇄술)

앞서 살펴본 도쿠토미 소호德富蘇峰는 임진왜란 때 여러 무장들은 책장사라도 시작할 생각인가 할 정도로 모두가 책을 가지고 왔고, 그것을 늘어놓으면 간다神田 진보초神保町의 책방이 몇 개나 생길 정도라고 하였다.[100] '임진왜란은 문화전쟁이다'나 '임진왜란은 활자전쟁이었나'[101]라는 제목처럼, 임진왜란 때 일본군이 전리품으로 가져간 책과 활자는 많았다. 교토 오산五山 승려들을 종군시켜 가치있는 서적을 약탈한 것 등을 들어, 임진왜란이 문화전쟁인 점을 강조하기도 하였다.[102] 임진왜란이 조선에는 비극이었으나 일본으로서는 자국의 문화를 발전시키는 일대 행운이었으며, '책의 제노사이드'[103]라고 강조하기도 하였다. 앞에서 정리한 것처럼, 임진왜란 때 일본군 내에는 전투병력 외에 따로 특수임무를 띤 문화전담 6부를 두었는데, 도서부도 있었다.[104]

임진왜란 때 조선을 침략한 무장들 중에는 '문화 다이묘'들도 있었다. 특히

98) 김문길, 『임진왜란은 문화전쟁이다』, 138~139쪽.
99) 염영하, 『한국의 종』, 200~201쪽.
100) 德富猪一郎, 『修史餘課』, 民友社, 1931, 314쪽; 최관, 『일본과 임진왜란』, 29쪽.
101) 한인섭, 「임진왜란은 활자전쟁이었나」『프린팅코리아』 75, 대한인쇄문화협회, 2008.
102) 김문길, 『임진왜란은 문화전쟁이다』, 166~169쪽.
103) 강명관, 『조선시대 책과 지식의 역사』, 천년의상상, 2014(초판 2쇄), 537쪽, 29쪽.
104) 최영희, 「일본의 침구」, 324~325쪽; 김강식, 『문화교섭으로 본 임진왜란』, 74~75쪽.

이들은 아주 많은 문물을 가지고 일본으로 돌아갔다. 심지어 조선의 활자인쇄술 기계 한 벌—式을 가지고 간 무장도 있다.[105]

(1) 전리품으로 가져간 책

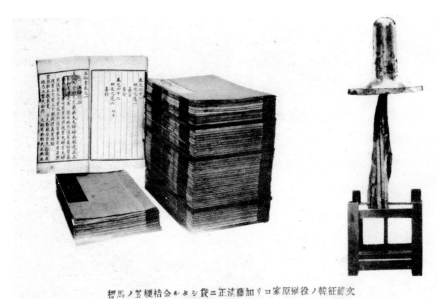

書倫五ルス得テ二國韓シリア贈寄リョ氏同テシト禮謝其及
槢馬ノ笠梗桔命ルタシ貸二正清藤加リョ家原榊役ノ韓征祿文

그림 44 전리품 책 오륜서

엽서에는 "임진왜란文祿征韓の役 때, 사카키바라가榊原家가 가토 기요마사에게 빌려준 금 길경桔梗 모자의 마표馬標와 그 사례로서 기요마사가 기증한 한국에서 획득한 오륜서五倫書"라고 적혀 있다. 가토 기요마사가 전리품으로『오륜서』를 가져갔다는 것이다.

엽서 왼쪽 책에 보면 권수제卷首題에 '오륜서 권지일五倫書卷之一'이 보인다. 그리고 그 옆에는 '광운지보廣運之寶'라는 어보가 찍혀 있다. "성지聖旨에 광운

---

105) 川瀨一馬,『入門講話 日本出版文化史』, 日本エディタースクール出版部, 1983, 10쪽.

지보가 찍혀 있으니, 그것은 황제의 명인 것이 분명하다"[106]고 한 것처럼, '광운지보'는 명나라 황제들이 사용한 어보로서, 명나라의 문서나 책에 찍었다.[107]

『오륜서』는 1447년 명나라 정통제(영종)의 칙명으로 편찬된 책이다. 일본에서는 1668년에 간행되었다.[108] 이 책은 15세기 후반에 조선에 들어왔다. 1469년에 흠차태감 최안·정동·심회 등이 황제가 별도로 하사하는 『오륜서』·『오경대전』·『성리대전』·『사서』 등을 가지고 왔다.[109] 1480년에는 주문사 어세겸이 북경에서 돌아오면서 『문한류선』·『오륜서』·『율조소의』·『국자통지』 등을 가지고 왔다.[110] '광운지보'라는 명 황제 어보가 찍힌 귀중한 책 『오륜서』를 가토 기요마사가 전리품으로 가져 갔고, 이 책이 다시 1668년에 일본에서 간행된 것이다.

아이치현 나고야시에 있는 고쇼지興正寺는 고야산 진언종 계통 절이다. 오와리尾張 도쿠가와가의 기원사로 번영해서, '오와리 고야高野'라고도 불린다. 이 절에는 '당회석가존唐繪釋迦尊'이란 불화가 있다. 조선에서는 '영산회상도'라 불린다. 이 불화는 조선 왕궁의 어느 방에 걸린 것인데, 가토 기요마사가 가져가서, 뒤에 이에야스의 소유가 되었다는 전승이 있다고 한다.[111] 전승이라서 정확한 전래 경로는 알 수가 없다. 이처럼 가토 기요마사도 책·불화 등 다양한 문화재를 전리품으로 약탈한 것을 알 수 있다.

〈그림 45〉 엽서에 있는 여러 종류의 사진 가운데 대장경이 포함되어 있다. 사진에서 (1)이 '조선판 일체장경一切藏經'이다. 일본에서는 대장경을 '일체장경(일체경)'이라 부른다. 설명문에는 "셋츠노카미攝津守 고니시 유키나가가 조선

---

106) 『성종실록』 성종 18(1487) 6월 14일(임오).
107) 조계영, 「조선시대 『역대군감』·『역대신감』의 수용 양상과 특징」 『규장각』 38, 서울대 규장각한국학연구원, 2011, 48쪽.
108) 『한국민족문화대백과』, 「오륜서(五倫書)」.
109) 『예종실록』 예종 1년(1469) 윤2월 7일(임술).
110) 『성종실록』 성종 11년(1480) 4월 12일(임술).
111) 楠戸義昭, 「略奪していった人, 物と朝鮮文化について」 『秀吉·耳塚·四百年』(金洪圭 편저,), 雄山閣出版, 1998, 139~140쪽.

그림 45 전리품 책 대장경(일체경)

에서 가지고 돌아와서 바친 것"이라고 적혀 있다.

  엽서에 보면 "국폐중사인 키비츠吉備津신사의 보물"이라고 적혀 있다. 이 신사는 오카야마현 오카야마시에 위치한다. 오오키비츠히코노미고토大吉備津彦命를 주신으로 모시는 신사다. 『고려판일체경』은 현재 현 지정 중요문화재(유형문화재)로 지정되어 있다.

(2) 우키다 히데이에와 양안원 장서

  임진왜란은 1593년 고착상태가 되면서 화친 논의가 이루어졌다. 이로 인해 1593년에 귀국하면서 일본 장수들은 많은 문물을 약탈해 갔다. 이때 일본에 조선본이 많이 유입되었다. 조선본을 가지고 간 장수 가운데 대표적인 사람이 우키다 히데이에浮田秀家다. 그는 임진왜란 때 8군 대장으로 참여한 우키다 히데이에宇喜多秀家다. 우키다는 4장에서 본 '벽제관 전적 엽서'에 들어 있는 〈벽제관 전투 경과도〉에도 이름이 기록되어 있다.

우키다 히데이에는 도요토미가 5대로五大老의 한 사람이다. 그는 1600년 9월에 일어난 세키가하라전투에서 서군으로 참전하였다. 이 전투에서 패배하여 하치조지마八丈島에 유배되어 죽었다. 세키가하라전투에 대해서는 9장에서 서술하기로 한다. 아래 엽서는 하치조지마에 있는 우키다 히데이에 무덤이다.

그림 46 우키다 히데이에 무덤

〈그림 46〉 엽서에는 "하치조지마 오오가고무라大賀鄕村 우키다 히데이에 무덤"이라고 적혀 있다. 필자는 소장하고 있지 않지만, "도요토미 히데요시 공의 중신 우키다 히데이에 향鄕의 묘 하지조지마"라고 적힌 엽서도 있다.

우키다 히데이에는 부인의 난치병을 치료해 준 데 대한 감사로, 양안원養安院(요안인)으로부터 조선본을 가지고 돌아오라는 부탁을 받고, 몇 척이나 되는 배에 싣고 돌아왔다는 것이 에도시대 수필 등에 전하고 있다. 전승되는 이야기지만 그가 많은 책을 가지고 돌아와 양안원에 기증한 것은 틀림없는 사실이다. 양안원 장서인이 찍힌 조선본은 메이지유신 이후에 매각되어, 일본의 여러 문고에 많이 소장되어 있다. 일본에 남아있는 조선본 가운데 임진왜란 이전에 건너간 책은 매우 적은 숫자다.[112]

교토대학 후지가와富士川문고에는 '양안원장서'란 장서인이 찍힌 책들이 있다. 후지가와 문고는 『일본의학사』[113]로 유명한 후지가와 유우富士川游 문고다.

---

112) 川瀨一馬, 『日本における書籍蒐藏の歷史』, 吉川弘文館, 2019, 47~48쪽.
113) 富士川游, 『日本醫學史』, 日新書院, 1941; 富士川游 著, 박경·이상권 공역, 『일본

'양안원장서'의 주인은 마나세 쇼린曲直瀨正琳이다. 원호는 양안원이다. 고요제이後陽成 천황을 치료하고 양안원이란 칭호를 받았다. 그는 도요토미 히데요시와 도쿠가와 이에야스의 시의侍醫를 맡을 정도로 유명한 의사다. 때문에 의서에도 관심이 많았다.[114]

    양안원 장서의 근간을 이루는 것은 조선본이다. 조선에 전해진 중국본도 있다. 임진왜란 때 조선에서 가져온 것은 배 수 척, 상자 수십, 수레 몇 대, 수 천 권으로 운운하는 수량이다. 쇼린이 의사이기 때문에 의약서 및 그 관련 서적이 많고, 사서류는 적다. 이 책들은 도요토미 히데요시나 우키다 히데이에가 쇼린에게 기증한 것이다. 우키다 부인이 괴질로 고생하여 여러 의사에게 치료했으나 효험이 없었는데, 쇼린이 진맥을 하고 약을 투여하자 곧 나았다고 한다. 그래서 히데요시가 사례로 금의와 금은을 주고, 조선에서 가지고 온 몇 수레 분량의 책을 모두 주었다고 한다.[115]

    16세기에 활동한 임언국任彦國이 지은 우리나라 최초의 외과전문 의서인 『치종지남治腫指南』도 이때 양안원에 들어간 것으로 본다. 『치종치남』에 찍힌 여러 장서인 가운데 '양안원장서', '양안'이란 장서인도 있다.[116]

    신숙주가 편찬한 『해동제국기』 판본 가운데 일본에 남아있는 고판본의 하나가 유명한 도쿄대학 사료편찬소 소장본이다. 일본에서 간행된 역주본에는 영인본이 수록되어 있다. 표지 이면에는 1512년(正德 7) 3월에 홍문관 교리 홍언필洪彦弼에게 지급한 내사기內賜記가 있는 것으로도 유명하다. 이 책 본문 첫

    의학사』, 법인문화사, 2006.
114) 박영민, 「한국고문헌의 유통과 지식의 전파—일본 교토대학 소재 한국고문헌을 중심으로」『한문학논집』 58, 근역한문학회, 2021, 399~402쪽; 富士川游 著, 박경·이상권 공역, 『일본의학서』, 326~327쪽.
115) 三木榮, 「養安院藏書中の朝鮮医書」『조선학보』 1, 朝鮮學會, 1951, 263~266쪽; 김태준, 『임진란과 조선문화의 동점』, 한국연구원, 1977, 141~145쪽.
116) 박상영, 안상우, 「『치종지남』의 여러판본을 통해 살펴본 전존 경위 연구」『한국의사학회지』 21-1, 한국의사학회, 2008, 55쪽.

면에 '양안원장서'라는 장서인이 있다.[117] 홍언필의 아들 홍섬洪暹(호 忍齋)의 '인재 홍섬忍齋洪暹'이란 도장도 찍혀 있다. 이『해동제국기』는 '간다본神田本'이다. 이 책은 홍언필·홍섬 → 우키다 히데이에 → 마나세 쇼린 → 간다 다카히라神田孝平(1830~1898) → 도쿄대학 사료편찬소의 경로를 거쳐 현재에 이른다.[118]『해동제국기』역주자인 다나카 다케오는 이런 경로를 언급하면서, 책의 전래 계통이 가장 명확하기 때문에 역주 저본으로 삼았다고 밝히고 있다.[119]

이마니시 류는 도쿠가와 시대에는 일본에『삼국유사』간본 2부가 존재했는데, 모두 임진왜란文祿慶長の役 때 획득한 것으로, 하나는 가토 기요마사가 가져가서 비슈尾州(오와리)의 도쿠가와가에 비장하였으며, 다른 하나는 우키다 히데이에가 가져가서 마나세 쇼린 소장이 되어 양안원 장서인이 찍히고, 메이지유신 이후에 남작 간다 다카히라가 소장하였는데, 1926년 당시까지는 간다가에 있었다. 이것이 이른바 '간다본神田本'이다.[120]

(3) 고야산 대장경(일체경)

조선본을 가지고 돌아간 것은 단지 우키다 히데이에에 한정된 것은 아니다. 우키다 히데이에가 양안원과의 관계로 유명하게 되었지만, 전술한 후도인 고려 종에서 언급한 안코쿠지 에케이 등도 책을 많이 가지고 돌아간 대표적인 한 사람이다.[121] 에케이는 세키가하라전투 때 서군이었다. 서군의 패배로 그의 책

---

117) 신숙주 저, 田中健夫 역주,『海東諸國紀』, 岩波書店, 1992(2쇄), 300~301쪽.
118) 中村榮孝,『日鮮關係史の硏究』(상), 吉川弘文館, 1965, 340쪽.
119) 신숙주 저, 田中健夫 역주,『海東諸國紀』, 419~421쪽.
120) 今西龍,「正德刊本三國遺事に就て」『高麗及李朝史硏究』, 國書刊行會, 1974, 106쪽. 논문이 처음 간행된 것은 1926년이다. 남권희,『삼국유사』제판본의 서지적 분석,『한국고대사연구』79, 한국고대사학회, 2015, 236쪽.
121) 이쓰구시마嚴島신사에 소장되어 있는 에케이의 서간에 따르면, 도요토미 히데요시가 임진왜란 때 먼저 서적 내전內典과 외전外典 및 보물을 배에 실으라고 명령했다고 한다. 辻善之助,『增訂 海外交通史話』, 내외서적주식회사, 1942(5판), 401~403쪽.

은 도쿠가와 이에야스가 몰수하였다. 이에야스의 스루가駿河문고 중의 상당수를 차지하게 되었다.[122]

서지학자 카와세 카즈마는 조선과의 관계는 모든 일에 가토 기요마사가 결부되어 있다고 전해지지만, 실제로는 고니시 유키나가 등 문인파 여러 장수도 책을 많이 가져왔으며, 모리毛利·시마즈島津 등도 가지고 왔다고 하였다.[123] 카즈마는 이시다 미쓰나리가 고려판 일체경을 고야산高野山에 기진하였는데, 이것은 임진왜란 때 조선에서 가져온 것이라고 보았다.[124]

고야산에는 진언종 총본산인 콩고부지金剛峯寺가 있다. 고야산 영보관靈寶館 홈페이지의 「고야산과 문화재」에 소개된 〈고야산의 지정건조물〉 가운데 '오쿠노인교죠奧院經藏'란 건물이 있다. 1599년(慶長 4)에 건립된 건물로 중요문화재(현 지정)로 지정되어 있다. 건물 정면에는 이시다 미쓰나리와 관련된 현판이 걸려 있다. 어머니의 명복을 빌기 위해 '오구노인'에 경장經藏(經堂)을 짓고 일체경을 봉납한다는 내용이다(〈그림 47〉 참조).[125] 경장 건물 안에는 8각형의 회전식 윤장輪藏이 있다. 이 윤장 안에 고려판 대장경(일체경) 판본 6,027첩帖, 사본 258첩 합계 6,285첩이 봉납되어 있다고 한다.

지금의 나고야에 해당하는 옛 오와리번에서 1624년 고미즈노오後水尾천황에게 32종 한 세트의 책을 빌려준 적이 있다. 이 책은 '황실에게 빌려 드린 서적

---

122) 川瀨一馬, 『日本における書籍蒐藏の歷史』, 51~52쪽.

123) 川瀨一馬, 『日本における書籍蒐藏の歷史』, 52쪽.

124) 川瀨一馬, 『日本における書籍蒐藏の歷史』, 52쪽; 楠戸義昭, 「略奪していった人, 物と朝鮮文化について」, 140쪽.

125) 원문은 "當輪藏造營同 一切經奉納之 近江國坂田郡 石田治部小輔 藤原朝臣三成 爲悲母菩提也"이다. 이를 번역하면 다음과 같다. "윤장을 조영하는 것과 함께 일체경을 봉납한다. 오미국 사카다군의 치부소보 후지와라노아손 이시다 미쓰나리가 자비로운 어머니 보리菩提를 위함이다". 이 편액의 뒷면에는 모쿠지키 오우고 木食應其가 쓴 기문이 있다. "本願 木食興山上人深覺房應其 金剛峯寺奧院經藏之 銘 慶長四己亥年 三月二十一日 記之"라고 하여, "흥산상인(尊號) 심각방(房號) 모쿠지키 오우고가 콩고부지 오쿠노인교죠의 명문을 1599년 3월 21일 적는다"는 뜻이다.

의 메모'를 통해 알 수 있다. 도쿠가와 이에야스는 9번째 아들 요시나오義直에게 나고야번주를 시키고, 책을 비롯한 중요한 유품을 물려 주었다. 이것이 지금의 나고야 시립 호소蓬左문고의 모태가 되었다. 가토 기요마사가 임진왜란 중에 조선에서 가져간 책들을 도쿠가와에게 바쳤는데, 이 책이 도쿠가와 장서의 중심이 되었다. 『삼국유사』도 여기에 들어있다. 32종 가운데는 임진왜란 때 일본군이 빼앗아 간 조선 책이 3분의 1 이상을 차지하였다. 세키가하라전투에서 승리하여 새로운 막부를 연 정이대장군 도쿠가와 이에야스에게 지방 번주들은 다투어 선물을 바쳤다. 이에야스가 책에 관심이 많다는 사실을 알고 조선에서 가져온 책을 적극 가져왔다. 가토 기요마사는 대표적인 인물이다. 조선에서 철군하는 일본군이 승리하지 못한 군대의 전리품으로 불상, 그림, 도자기 등 많은 물품을 가져갔다. 이들 못지 않은 물품이 책이며, 책은 중요한 전리품이었다.126)

그림 47 오쿠노인교죠奧院經藏 편액 사진

(4) 가토 기요마사의 일본지도 동경과 목활자

앞에서 가토 기요마사가 가져간 『오륜서』 관련 엽서를 본 바가 있다. 서지학자 카와세 카즈마가 언급한 것처럼, 조선과 관계되는 일에 가장 많이 관련된 장수는 가토 기요마사다. 그가 가져간 책 외에 목활자에 대해서는 직접 관련된 엽서는 아직 확인할 수 없었다. 하지만 그가 기타노北野신사에 바친 일본지도가 그려진 아래 동경 엽서에서 그 단서를 찾을 수 있다. 물론 이 동경은 전리품은 아니다. 기타노신사는 지금은 기타노텐만궁北野天滿宮이라고 부른다. 교토

126) 고운기 『도쿠가와가 사랑한 책』, 현암사, 2011(2쇄), 38쪽, 157~168쪽. 호소문고에 대해서는 천혜봉, 『일본 봉좌문고 한국전적』, 지식산업사, 2003 참조.

부 교토시에 있는 신사다.

그림 48 일본지도 동경 (받침대 포함)

그림 49 일본지도 동경

〈그림 48〉 엽서는 기타노北野신사에 소장되어 있는 동경이다. 엽서에는 "기타노신사 보물. 가토 기요마사가 기부한 큰 거울(대경) 뒷면(이면)"이라고 적혀 있다. 거울과 거울대(받침)가 함께 있는 엽서다.

〈그림 49〉 엽서는 세트 엽서의 일부다. 봉투에는 "기타노신사 엽서(보물 1)"이라고 적혀 있다. 관폐중사 기타노신사가 발행하였다. 엽서에는 "관폐중사 기타노신사 보물. 가토 기요마사가 봉납한 일본지도 대경. 덴카이치天下— 키세 죠아미木瀬

浄阿彌 작. 직경 3척 1촌 9푼"이라고 적혀 있다. 기타노덴만궁 소장품이다. 교토의 경사鏡師(거울 만드는 장인) 키세 죠아미(?~1618)가 만든 것이다.

그림 50 일본지도 동경　　　　그림 51 일본지도 동경(3대경) 설명문(사진)

〈그림 50〉 엽서와 사진의 봉투에는 '일본지도 삼대경三大鏡'이라고 적혀 있다. 관폐중사 기타노신사에서 발행한 3매 세트 엽서다. 엽서에는 "일본지도 대경. 가토 기요마사 봉납"이라고 적혀 있다. 3매 가운데 나머지 2매는 설명문 내용처럼, 일본의 서쪽과 북쪽 지도로 다른 내용의 엽서다.

이 세트 엽서에는 각각의 설명이 있다. 〈그림 50〉 엽서에 대해서는 〈그림 51〉 설명문에서 "일본지도 대경. 가토 기요마사가 조선 분포分捕(노획)의 목활자와 함께 봉납한 것으로, 경사는 덴카이치 키세 죠아미木瀬浄阿彌. 이면의 일본지도는 본방(일본) 고지도의 하나로 인정되고 있다. 4유四乳에 도라지(길경) 문양, 그 위에 도요토미씨의 오동나무桐 문양이 있다"라고 하였다.

설명문에 적힌 것처럼, 조선에서 노획한 목활자와 일본에서 만든 이 일본지도가 그려진 큰 구리 거울을 함께 기타노신사에 바친 것이 주목된다. 이 동경과 관련해서는, 에도시대 후기 히로시마번사 라이 미치나頼舜燾(호 사이신采眞, 1791~1850)가 1838년(天保 9, 무술) 5월에 거울 탁본을 만들고, 찬을 쓴 작품이 현재 남아 있다. 거울 탁본보다 찬의 내용에 주목하고 싶다. 일부를 인용하면 다음과 같다.

"이것은 가토 기요마사가 가진 거울을 탁본한 것이다. 가토씨가 조선을 정벌하러 갈 때, 기타노신묘(신사)에 기도하고 개선가를 드높일 것을 맹세했는데, 조선에서 돌아올 때 신고神庫에 거울을 봉납하고 그 총호寵護(은혜와 보호)와 영요榮耀(영광)에 감사드렸다. (하략) 1838년(天保 9, 무술) 여름 5월 사이신타우가 오사카 나가시마 관아에서 쓰다.(是加藤淸正所持鏡肖摺本也 加藤氏之征朝鮮 禱北野神廟 以誓維揚凱歌 東歸之日 納之神庫 謝其寵護榮耀 (하략) 天保九年戊戌 夏五月 采眞燾 書于大阪中島廨舍)"[127]

이 찬에 따르면, 임진왜란 때 가토 기요마사는 기타노신사에 가서 승리를 맹세하고, 전쟁이 끝나고 돌아왔을 때 무사히 귀환한 것에 감사하면서 이 거울을 신사에 바쳤다는 것이다. 엽서 설명문 내용처럼, 이때 전리품으로 가져온 조선 목활자도 함께 바쳤던 것이다.

2) 조선에서 가져간 활자와 일본 출판의 발달

(1) 약탈된 활자와 인쇄술
가토 기요마사가 서울(한성)에 들어갔을 때 교서관에서 구리로 만든 각형으

---

127) 야후재팬, 誠之館展示品 賴采眞書 賛幅「日本地圖鏡拓本」참조. 단, 번역은 필자
　　가 한 것임.

로 글자가 새겨진 것을 발견하고, 전부 구마모토성으로 가져왔다고 한다. 하지만 활자를 가지고 온 것이 고니시 유키나가라고 추정하는 연구도 있다.[128] 또한 우키다 히데이에가 한성에 들어갔을 때 남산 기슭에 있는 훈도방의 주자서와 경복궁 안의 교서관 주자소를 급습하여 동활자·진유활자 대부분과 인쇄기구 등을 약탈해서 전리품으로 히데요시에게 바쳤는데, 히데요시가 다시 1593년 9월에 고요제이천황에게 바쳤다고 한다.[129] 이처럼 가토 기요마사, 고니시 유키나가, 우키다 히데이에 가운데 누가 주도적인 역할을 하였는지는 정확하게 알 수가 없다.

활자 인쇄에 의해 일본 근세 전기 출판의 서막이 열렸다. 활자 인쇄의 기술은 서양과 조선에서 거의 동시에 전해졌다. 조선의 기술은 임진왜란 때 조선에서 가지고 온 것이다. 처음에는 조정을 중심으로 활자를 사용하여 인쇄를 하였다. 이것을 '칙판勅版'이라고 한다. 또 이 기술에 의해 인쇄된 서적을 '고활자판'이라고 부른다. 이것은 17세기 중엽까지 성행하였다.[130]

〈그림 52〉 사진은 중국 송나라 때 황견黃堅이 편찬한 『권학문』이다. 책의 내용은 학문을 권장하는 중국의 시문을 모은 것이다. 고요제이천황이 출판한 '게이초칙판慶長勅版'이라 불리는 고활자판 최초의 것으로, 목활자를 사용하였다. 임진왜란 때 조선에서 일본으로 동활자인본이나 동활자가 전래되어, 이에 따라 활자에 의한 인쇄가 성행하였다. 책 권말의 간기에는 조선의 인쇄법에 의한 것임을 밝히고 있다.[131]

---

128) 정하미, 「17세기 활자인쇄의 일본적 변용에 대하여」 『일본역사연구』 10, 일본사학회, 1999, 160쪽.

129) 이준걸, 『조선시대 일본과 서적교류 연구』, 홍익재, 1986, 215쪽; 楠戸義昭, 「略奪していった人, 物と朝鮮文化について」, 139쪽.

130) 入口敦志, 「江戸の出版文化について-近世初期を中心に」(일본고전적강습회 자료, 2019년 1월 23일).

131) 江戸東京博物館·東洋文庫 편, 『世界のなかの江戸·日本』, 江戸東京博物館·東洋文庫, 1994, 12쪽. 사진은 이 도록에서 인용한 것이다.

본문에 보면 "命工每一梓 鏤一字 碁布之一版 印之 此法出朝鮮 甚無不便 因茲 摸寫此書 慶長 2年(1597) 8月 下澣(하순)"이라고 적혀 있다. "공인에게 명하여 한 판목版木마다 한 글자씩 새기고 그것을 한 판에 바둑돌처럼 펼쳐서 그

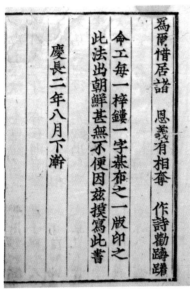

것을 인쇄한다. 이 법은 조선에서 나왔는데 아주 불편함이 없다. 이로 인해 이 책을 모사한다(찍는다). 경장 2년 8월 하순"이란 뜻이다. 조선에서 온 활자 인쇄법이 매우 편리하여, 이 인쇄법으로 간행한 것을 밝히고 있다.[132]

이 간기 내용에 대해서는 다양한 해석이 존재한다. 현존하는 일본 고활자본과 고활자는 조선의 활자 및 판본과 형태가 완전히 일치하지 않아, 일본 고활자본이 조선의 인쇄 기법이 아니라 키리스탄(크리스천)판의 기법에 의한 것이라는 설이 대두되었다는 것이다.[133]

그림 52 게이초慶長칙판 『권학문』 부분 사진

(2) 고활자판 고문효경古文孝經

일본에서는 1593년 고요제이천황의 칙명에 따라 간행된 『고문효경』을 중심으로 약 반세기에 걸쳐 활자 인쇄가 집중적으로 이루어졌다. 이때 제작된 활자본을 막부 말기의 목활자본과 구분하여 고활자판 또는 고활자본이라고 부른

132) 이근우 외, 『전근대 한일관계사』, 334~335쪽; 한인섭, 「임진왜란은 활자전쟁이었나」, 131쪽; 이재정, 「조선 활자 인쇄술이 일본 고활자본 인쇄에 미친 영향」『동북아역사논총』 46, 동북아역사재단, 2014, 155~156쪽.
133) 이런 이견에 대한 검토는 이재정, 「조선 활자 인쇄술이 일본 고활자본 인쇄에 미친 영향」을 참고하기 바람.

다. 이 고활자본 인쇄는 조선에서 기원했다는 것이 통설이다.[134]

그림 53 아시카가학교 소장 고진본

　엽서에는 "고진본古珍本"이라고 적혀 있다. 이 엽서는 아시카가학교유적도서관에서 발행한 8매 세트 엽서의 하나다. 사진 속의 책들은 『상서정의』, 『예기정의』, 『문선』, 『논의의소』 등이다. 『문선』에는 '가나자와金澤문고'란 장서인이 있다. 중앙 아래쪽 표제가 보이는 책이 『고문효경』이다.

　1593년에 도요토미 히데요시는 조선에서 가져간 동활자·인쇄용구·책 등을 고요제이천황에게 바쳤다. 천황은 로쿠죠 아리히로六條有廣·니시도인 도키요시西洞院時慶 등에게 명하여 같은 해 윤9월 교토에서 조선에서 가져간 동활자·인쇄용구와 조선의 방법으로 개판을 시작하여 11월에 『고문효경』을 간행하였다. 이를 '분로쿠칙판文祿勅版'이라 부른다. 하지만 이 동활자로 찍은 『고문효

---

134) 이재정, 「조선 활자 인쇄술이 일본 고활자본 인쇄에 미친 영향」, 151쪽.

경』과 동활자는 현존하지 않는다. 고요제이천황이 1597~1603년에 대형 목활자로 10종의 책을 간행하였다. 이를 '게이초慶長칙판'이라 부른다. 앞에서 본 권학문은 1597년 게이초칙판이다. 『고문효경』은 1599년 게이초칙판이다.[135]

『고문효경』은 그 뒤에도 간행되었기 때문에, 엽서에 보이는 『고문효경』의 판본은 정확히 알 수 없다. 도치기栃木현 아시카가시 「아시카가 시내의 문화재」 사이트에는 「아시카가학교 구초본舊鈔本」 4종 19책이 소개되어 있다. 여기에 『고문효경』도 포함되어 있다. "무로마치 중엽 이후의 사본으로 역사적으로 유명한 아시카가본足利本"이라고 하였다. 엽서 사진 속의 『고문효경』은 이 책일 가능성이 있다.

그림 54 아시카가학교 교문

〈그림 54〉엽서는 아시카가학교 모습이다. 아시카가학교는 현 도치기현 아시카가시에 있다. 일본에서 가장 오래된 학교이며, 귀중한 고전적을 많이 소장한 도서관으로 유명하다. 도쿠가와 이에야스의 많은 보호를 받았다. 일본 국가 지정 사적이다. 교문에는 '학교'라는 현판이 걸려 있다. '학교' 두 글자만 쓴 것이 이채롭다.

엽서에는 "학교문"이라고 적혀 있다. 교문에는 '학교'라고 쓴 현판이 걸려 있다. 아시카가학교의 장서인 '야지국학野之國學'이라는 도장이 찍혀 있다.

---

135) 조형진, 「일본 칙판 고활자의 인쇄기술 연구」 『서지학연구』 54, 한국서지학회, 2013, 107~110쪽.

(3) 스루가판 군서치요

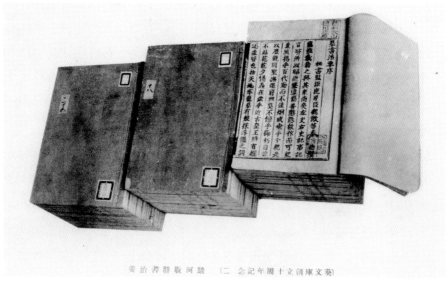

그림 55 스루가판(동활자) 군서치요(1616)

　엽서에는 "아오이葵문고 창립 10주년 기념(2). 스루가판駿河版 군서치요群書治要"라고 적혀 있다. 『군서치요』는 중국 당나라 때 위징(580~643) 등이 편찬한 책이다. 책 내용은 중국 고문헌 속에서 정치에 참고가 되는 부분을 발췌하여 편집한 것이다. 도쿠가와 이에야스는 1599년부터 1605년까지 후시미 엔코지圓光寺에서 목활자로 자신이 필요로 하는 책 『육도』, 『삼략』, 『정관정요』 등 8종 책을 간행하였다. 이것이 '후시미판伏見版'이다. 그리고 말년에 슨푸駿府에 은거하면서 동활자로 『대장경일람집大藏經一覽集』(1615년 간행)을 간행하고 이어 『군서치요』를 간행하려고 하였다. 이것이 '스루가판駿河版'이다. 하지만 『군서치요』를 완성하기 전에 이에야스(1543~1616)는 갑자기 사망하였다.[136] 때문

---

136) 川瀨一馬, 『入門講話 日本出版文化史』, 154~155쪽; 조형진, 「일본 駿河版 및 紀州版 고활자의 인쇄기술 연구」 『서지학연구』 60, 한국서지학회, 2014, 77쪽.

에 '스루가판' 동활자 인쇄사업은 더 이상 발전할 수 없고, 2종에 그칠 뿐이었다. 이처럼 드물게 동활자로 인쇄된 책의 하나가 바로 『군서치요』다.[137] 〈그림 55〉 엽서의 책이 바로 동활자로 간행된 『군서치요』다.

스루가판 활자에 대해서는 2가지 전해지는 말이 있다. 하나는 가토 기요마사가 조선에서 가져와 고요제이천황에게 바쳤는데, 이것을 이에야스가 빌려 사용했다는 것이다. 다른 하나는 기요마사의 둘째 딸이 스루가 영주인 이에야스의 아들 요리노부賴宣에게 시집갈 때 가지고 간 것이다.[138]

도쿠가와 이에야스는 1605년 하야시 라잔林羅山을 유신儒臣으로 삼았다. 이것이 도쿠가와가 학자를 정식으로 등용한 시초다. 유학이 막부에서 관학으로 시행되는 효시였다. 하야시 라잔에게 명하여 슨푸성 안에 문고를 만들었다. 이것이 '스루가문고'다. 스루가문고 장서의 대부분은 조선 책이었다. 스루가문고의 책은 이에야스의 유명에 따라 4곳으로 나누어졌다. 4곳은 에도성의 후지미테이富士見亭문고와 이에야스의 세 아들인 '고산케御三家'다. 고산케는 오와리번, 기이紀伊번, 미토水戶번을 가리킨다. 오와리번은 이에야스의 9째 아들 요시나오義直, 기이번은 10째 아들 요리노부賴宣, 미토번은 11째 아들 요리후사賴房가 시조이다. 후지미테이문고는 1602년 에도성 후지미테이에 가나자와문고 책을 옮겨 설치한 문고다. 뒤에 스루가문고 책도 수장하였다. 1639년 모미지산紅葉山으로 옮겨서 모미지야마문고라고 불린다. 후지미테이문고는 궁내청 서릉부書陵部와 내각문고로, 내각문고는 다시 국립공문서관으로 전승되어 갔다. 오와리문고는 호소蓬左문고, 기이문고는 난키南葵문고를 거쳐 도쿄대학 중앙도서관, 미토문고는 쇼코칸彰考館문고로 전승되어 갔다.[139]

---

137) 川瀨一馬, 『入門講話 日本出版文化史』, 154~155쪽; 江戸東京博物館·東洋文庫 편, 『世界のなかの江戸·日本』, 15쪽. 이 도록 15쪽 「도 21 군서치요」와 川瀨一馬, 『入門講話 日本出版文化史』, 155쪽 「도 31 駿河版(銅活字) 群書治要」에 『군서치요』 권1 주역 첫쪽의 사진이 수록되어 있다.
138) 손보기, 「임진왜란과 일본의 활자 인쇄술」 『애산학보』 5, 애산학회, 1987, 27쪽.
139) 이준걸, 『조선시대 일본과 서적교류 연구』, 182~189쪽.

〈그림 55〉 엽서 스루가판(동활자) 『군서치요』의 1페이지를 보면, 위쪽에 '구와카야마 도쿠가와씨장舊和歌山 德川氏藏', 아래쪽에 '난키문고南葵文庫'란 장서인이 있다.

1619년 도쿠가와 요리노부에 의해 기슈 와카야마로 옮겨진 스루가판 동활자는 1846년 기슈판 『군서치요』간행에 사용되었다. 1868년 메이지유신 이후 기슈가紀州家가 도쿄로 이주한 뒤, 스루가판 동활자와 부속용구는 스

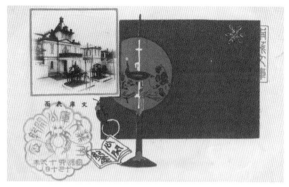

그림 56 난키문고

루가판 『군서치요』와 함께 1898년 기슈번주였던 도쿠가와 요리미치德川賴倫의 도쿄 자택에 개설한 사설 도서관 난키문고에 보관되었다.[140] 〈그림 55〉 엽서 장서 도장은 이런 『군서치요』의 소장 경로를 잘 보여주고 있다.

〈그림 56〉 엽서에는 "문고 표면(앞면)"이라고 적혀 있다. '난키문고 공개 기념. 1908년(明治 41) 10월 10일'이란 스탬프가 찍혀 있다.

〈그림 57〉 엽서는 책 주인이 책에 찍는 도장인 장서인을 모아둔 '장서인보'다. 엽서에는 "장서인보 아오이葵문고 창립 10주년 기

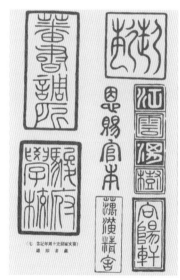

그림 57 장서 인보印譜

---

140) 조형진, 「일본 駿河版 및 紀州版 고활자의 인쇄기술 연구」, 76~77쪽.

념(7)"이라고 적혀 있다. 이 엽서와 〈그림 55〉『군서치요』 엽서는 시즈오카현립 아오이문고가 1933년(昭和 8) 11월 1일 발행한 〈창립 10주년 기념 엽서〉(7매 1세트)다. 엽서 적힌 (2), (7)이란 번호는 7매 세트 가운데 일련 번호를 가리킨다.

엽서 봉투 안쪽에는 〈기념엽서 설명〉이 적혀 있다. 설명에 따르면 스루가판 『군서치요』는 1616년(元和 2) 도쿠가와 이에야스의 명을 받고, 하야시 도슌林道春(羅山) 등이 동활자를 사용하여 슨푸에서 개판한 것"이라고 하였다. 〈그림 57〉 장서인보 가운데 1번째 장서인은 '어본御本'이다. 설명에 따르면 비슈尾州(尾張)가에 지급된 도쿠가와 이에야스의 스루가문고 장서에 찍은 것이다.

강운위수江雲渭樹는 하야시 라잔林羅山(이름 信까·道春), 향양헌向陽軒은 그의 아들인 하야시 슌사이林春齋(이름 又三郎·春勝)의 장서인이다. 은사관본恩賜官本은 하야시 슌사이가 4대 장군 도쿠가와 이에쓰나德川家綱에게서 받은 책에 찍은 도장이다. 나머지 인보는 각각 우황정사藕潢精舍, 번서조소蕃書調所, 슨푸駿府학교란 장서인이다.

(4) 텐카이天海판 대장경과 슈존宗存판 대장경

그림 58 텐카이판 대장경 발문(1637)

이 엽서는 텐카이天海판 대장경 관련 엽서다. 엽서에는 "일본 최초의 조조彫造 대장경 발문"이라고 적혀 있다. 텐카이판은 승정僧正 텐카이가 3대 장군 도쿠가와 이에미쓰德川家光의 후원을 받고, 칸에이지寬永寺에서 개판한 대장경(일체경)이다. 도에이산東叡山판, 칸에이지판 등으로도 불린다. 일본 최초의 대장경 완각이다. 1637년(寬永 14)에 착수하여 1648년(慶安 1)에 완성하였다. 텐카이는 완성을 보지 못하고 죽었다.[141] 텐카이판 대장경은 에도 우에노上野 도에 이산 칸에이지를 거점으로 목활자로 간행되었다. 주요 저본은 남송의 사계思溪 판이고, 원의 항주杭州판과 명의 만력萬曆판으로 일부를 보완하였다.[142]

따라서 텐카이판 대장경은 임진왜란 때 전리품으로 가져간 고려대장경과 직접 관련성은 없다. 하지만 6장에서 언급한 것처럼, 텐카이는 도도 다카토라藤堂高虎 초상화에 찬을 쓴 인물이다. 임진왜란 때 가져간 고려대장경이나 활자 등 조선의 인쇄문화가 텐카이판 대장경 탄생에 일정한 영향을 주었다고도 볼 수 있다.

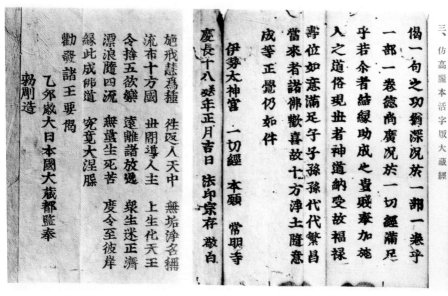

그림 59 슈존판 대장경 간기(1615)

---

141) 川瀬一馬, 『入門講話 日本出版文化史』, 1983, 158쪽에는 「도 33 天海版 一切經 金七十論(古活) (권말·권수)」 사진이 수록되어 있다. 권말 부분은 엽서 부분과 똑같다.

142) 조형진, 「일본 宗存版 고활자의 인쇄기술 연구」 『서지학연구』 70, 한국서지학회, 2017, 123쪽; 박상국, 「대장도감과 고려판대장경」 『한국사』 21(고려 후기의 사상과 문화), 국사편찬위원회, 1996, 28쪽.

〈그림 59〉는 슈존宗存판 대장경 관련 엽서다. 엽서에는 "3, 고려본을 모방한 활자판 대장경(三, 仿高麗本活字版大藏經)"이라고 적혀 있다. 이 엽서는 〈제6회 대장회大藏會 엽서〉(4매 1세트)의 일부다. 숫자 3은 4매 중 3번째란 뜻이다. 오른쪽 사진 끝 부분(엽서 중간)에는 "게이초慶長 18년 계축(1613) 정월 길일 법인法印 슈존宗存 경백敬白"이라고 적혀 있다. 그리고 왼쪽 사진 끝 부분에는 "을묘세(1615) 대일본국 대장도감 봉칙奉勅 조조彫造"라고 적혀 있다.

불교행사인 대장회는 매년 주제를 정하여 경전의 전시 관람을 개최했다. 1920년 제6회 대장회에서는 슈존 관련 자료 23점이 한꺼번에 전시되면서 슈존판 대장경의 존재가 처음으로 인식되게 되었다.[143] 이 6회 대장회 때 4매의 엽서를 만든 것이다.

세트 엽서 봉투의 뒷면에는 4장 엽서에 대한 간단한 설명이 있다. 이를 보면 "텐카이 승정이 일찍이 활자를 이용하여 대장경을 개판한 것은 사람들이 아는 바이지만, 그보다 앞서 슈존이라는 사람도 또한 활자판 대장경의 대성을 기도한 적이 있는데, 본 그림은 경본經本과 원문願文의 일부다"라고 하였다. 엽서에 고려본을 모방했다라고 쓴 부분이 주목된다. 위 엽서 설명처럼, 일본에서는 최초의 대장경 개판이 텐카이판 대장경으로 알고 있었지만, 6회 대장회로 그보다 24년 전에 슈존이 대장경을 개판한 것이 명확하게 되었다는 것이다.[144]

위에서 언급한 "일본국 대장도감이 칙명을 받아 조조함(大日本國大藏都監奉勅彫造)"이라고 한 것처럼, 슈존판은 관판官版 성격을 띠고 있다. 슈존은 일본 인쇄발달사에서 목활자를 제작하여 『일체경』(대장경) 간행을 발원하고 많은 불경을 간행한 중요한 인물이다. 슈존판은 교토 조묘지常明寺 승려 슈존이 교토 기타노北野 교오도經王堂에서 1613~1624년 12년간, 목활자로 인쇄한 140종

---

143) 馬場久幸, 「日本近代佛教と大藏會—大藏會が佛教研究に果した役割—」 『불교학보』 59, 동국대 불교문화연구원, 2011, 248쪽.
144) 馬場久幸, 「日本近代佛教と大藏會」, 248~249쪽.

판본을 가리킨다. 그래서 '기타노교오도판', '조묘지판'이라고도 한다.[145]

　슈존판 가운데 가장 시기가 빠른 것은 1613년으로, 1월의 『일체경개판권진장一切經開版勸進狀』과 9월의 『대장목록大藏目錄』이 그것이다. 전자는 『일체경』 발원문, 후자는 『일체경』 총목록이다. 〈그림 59〉 엽서 오른쪽 부분이 『일체경개판권진장』의 간기 부분이다. 슈존은 개인 신분으로 직접 목활자를 제작하고 1613년 1월에는 간행 작업에 착수하였다. 그런데 1614년부터 1617년까지 '갑인세'(1614), '을묘세'(1615), '정사세'(1617) 등 간지년이 있는 판본에는 슈존의 이름 대신에 '봉칙奉勅'이라고 해서, 천황의 명을 받든 것을 명시하였다.[146] 엽서 사진 왼쪽 부분 간기의 '을묘세'와 그 이하 부분은 이를 가리킨다.

---

145) 馬場久幸, 「日本近代佛敎と大藏會」, 249쪽; 바바 히사유키(馬場久幸), 「일본 근세의 대장경간행과 슈존(宗存)」『원불교사상과종교문화』 63, 원광대 원불교사상연구원, 2015, 306~307쪽; 조형진, 「일본 宗存版 고활자의 인쇄기술 연구」, 117~119쪽; 박상국, 「대장도감과 고려판대장경」, 28쪽.
146) 조형진, 「일본 宗存版 고활자의 인쇄기술 연구」, 121~122쪽.

8장

신이 된 사람들

이 장에서는 신사에 모셔진 도요토미 히데요시(1537~1598), 가토 기요마사 (1562~1611), 구로다 요시타카(1546~1604)·나가마사(1568~1623) 부자, 오무라 요시아키大村喜前(1569~1616)에 한정하여 살펴보려고 한다. 9장 제목은 「세키가하라전투와 에도막부 탄생」인데, 이 장에서 언급할 히데요시를 제외한 4명은 세키가하라전투 때 살아있고, 전투에도 직접 관여한 사람이다. 9장에서는 세키가하라전투와 에도막부를 같이 묶고, 8장에서는 도요토미 히데요시와 묶다 보니, 죽어서 신이 된 내용을 먼저 정리하는 셈이 되었다.

1. 오무라 요시아키

오무라 요시아키는 히젠肥前국 오무라大村번 초대 번주다. 오무라 스미타다

大村純忠(1533~1587)의 장남이다. 3장에서 살펴본 것처럼, 오무라 요시아키와 아버지 오무라 스미타다는 크리스천다이묘였다. 요시아키는 뒷날 배교(기교)하였다. 요시아키는 임진왜란 때 고니시 유키나가의 1군 소속으로, 평양전투, 충주전투, 순천전투 등에 참여하였다. 세키가하라전투 때는 고니시와 다른 동군 소속이었다.

그림 1 오무라신사

그림 2 오무라신사 요시아키 유덕비

〈그림 1〉 엽서에는 "나가사키현 오무라신사", 〈그림 2〉 엽서에는 "나가사키현 오무라. 오무라신사 요시아키 동상"이라고 적혀 있다. 오무라大村신사는 나가사키현 오무라시, 옛 오무라번 쿠시마玖島성의 혼마루本丸 터에 있는 신사다. 초대 번주를 비롯한 역대 번주들을 모시는 신사다. 오무라 요시아키는 쿠시마성을 쌓은 초대 번주이며, 오무라 가문의 중조다. 〈그림 2〉 엽서에는 요시아키 동상이라고 적혀 있지만, 이 동상은 오무라번 마지막 번주인 12대 오무라 스미히로(1830~1882)의 동상이다.

동상 좌대에는 '오무라 스미히로공大村純熙公'이라고 적혀 있다. 동상 대좌에는 1981년 5월 1일(길일) '오무라 스미히로공 동상 복원의 회'가 적은 오무라 스미히로와 그의 동상 연혁이 있다. 이에 따르면 동상은 1903년(明治 36)에 건립되었다가, 1944년(昭和 19) 태평양전쟁(원문 대동아전쟁)에 군비 징용을 당해 철거되었다. 1980년 봄 재건 논의가 일어나, 재건되었다. 동상 왼쪽에 보이는 큰 비가 오무라 요시아키 유덕비다. 1982년 2월 오무라시교육위원회가 세운 '중조 오무라 요시아키 유덕비' 안내문에 따르면, 비는 1915년에 건립되었다. 비에는 '중조 오무라 요시아키공 유덕비中祖大村喜前公遺德碑'라고 적혀 있다.

이 엽서는 에미야惠美屋상점에서 발행한 것이다. 단순 실수일 수 있지만, 중조 요시아키를 높이기 위해 12대 번주 스미히로 대신 1대 번주 요시아키의 동상이라고 적었을 수도 있다.

2. 구로다 요시타카·나가마사 부자

구로다 요시타카黑田孝高는 조스이如水, 칸베에官兵衛라고도 부른다. 4장에서 본 것처럼, 요시타카·나가마사 부자는 전진기지 나고야성 축성에서 중요한 역할을 하였다. 구로다 나가마사는 3군 대장으로 참전하였다. 일본군의 조선 8도 경략 분담에서는 황해도(녹국)를 맡았다. 나가마사는 평양전투, 벽제관전투, 행주산성전투, 2차 진주성전투, 황석산성전투, 직산전투, 1차 울산전투 등 임진왜란·정유재란 때 각종 중요한 전투에 참여하였다. 20대 후반의 젊은 나이에 전선의 제1선에서 야전 사령관으로 크게 활동하였다. 이에 비해 40대 후반인 그의 아버지 요시타카(조스이)는 임진왜란 때는 총대장 우키다 히데이에, 정유재란 때는 고바야카와 히데아키의 군감軍監(軍師)으로서, 참모 겸 군정관의 임무를 맡았다.[1] 세키가하라전투에서는 부자가 다 동군에 가담하였다. 요시타카는 세키가하라전투 바로 직전에 오토모 요시무네大友吉統(義統)의 항복을

---

[1] 貫井正之, 「朝鮮役と黑田父子」『黑田如水のすべて』(安藤英男 편), 新人物往來社, 1992, 91쪽.

받아내는 등 활약을 하였다.[2] 오토모 요시무네는 임진왜란 때는 나가마사가 이끄는 3군 소속이었으나, 세키가하라전투에서는 서군으로 서로 적이었다.

그림 3 후쿠오카 데루모신사

그림 4 후쿠오카 데루모신사

2) 池内昭一, 「關ヶ原合戰と如水」『黑田如水のすべて』, 100~107쪽.

〈그림 3〉 엽서에는 "후쿠오카 명소 니시西공원. 구 번주 구로다 조스이와 나가마사를 제사지내는 데루모光雲신사", 〈그림 4〉 엽서에는 "후쿠오카 명소 데루모신사. 구 번주 구로다黑田가를 제사지낸다. 니시공원에 있다"라고 적혀 있다.

데루모신사는 현재 후쿠오카현 후쿠오카시 주오中央구 니시공원에 있는 신사다. 후쿠오카번 번조藩祖 구로다 조스이(요시타카)와 후쿠오카번 초대 번주인 아들 구로다 나가마사를 제사지내는 신사다. 신사의 이름은 조스이의 법명 '용광원전龍光院殿'과 나가마사의 법명 '흥운원전興雲院殿'에서 각 '광'과 '운' 1자씩을 따서 이름을 지은 것이다. 니시공원이 있는 곳은 원래 아라쯔산荒津山 또는 아라도산荒戸山이라고 불렸다. 이곳에 긴류지金龍寺라는 절이 있었다. 후쿠오카번 2대 번주 구로다 타다유키黑田忠之(1602~1654) 때, 이 산에 도쿠가와 이에야스를 제사지내는 도쇼궁東照宮이 건립되었다. 그래서 긴류지는 현 위치인 후쿠오카시 주오구 이마카와今川로 옮겨졌다. 1868년 메이지유신으로 에도 막부가 무너지면서 도쇼궁의 의의도 희박해지고 참배객도 끊어졌다. 1907년 도쇼궁 터에 데루모신사가 건립되었다.[3]

3. 가토 기요마사

가토 기요마사와 도요토미 히데요시는 같은 고향 사람이다. 임진왜란에 참전한 많은 일본군 대장 가운데 가장 선봉에 선 사람은 육상전에서는 고니시 유키나가와 가토 기요마사, 해상전에서는 구키 요시타카를 흔히 들고 있다.[4] 특히 가토 기요마사는 가장 대표적이었다. 가토 기요마사(1562~1611)는 구마모토현 지역에서는 '세이쇼고사마淸正公樣'라고 하여 2중 경어로 부를 정도로 숭배하는 인물이다. 현 각 지역에는 가토신사를 건립하는 등 신앙의 대상이 되었

---

3) 후쿠오카시 홈페이지 참조.
4) 박형무, 『임진왜란과 조선 그리스도교 전사』, 17쪽.

다. '토목의 신'으로 현창하였다.[5] 구마모토 본성은 물론 7곳의 지성을 쌓고, 조카마치城下町 건설이나 각종 관개·치수공사를 했기 때문이다. 1810년(文化 7) 구마모토의 혼묘지本妙寺 본당 재흥에 따라 개최된 '200회 원기遠忌' 무렵에 기요마사신앙의 유행과 신격화가 조짐을 보이다가, 1812년(文化 9) 200년기忌가 시점이 되었다.[6]

근대에 들어와 도요토미 현창에 대한 전환점이 된 것은 1894년 청일전쟁이었다.[7] 이런 양상은 가토에게도 마찬가지였다. 1894년 청일전쟁과 1904년 러일전쟁에서 승리를 기원하면서, 무운장구武運長久하는 군신으로서 기요마사상이 구축되어 갔다. 이런 전시 상황 속에서 가토 기요마사 300회기回忌를 몇 년 앞 둔 1909년(明治 42) 3월 11일 기요마사는 종3위에 추증되었다. 이것은 기요마사가 받은 가장 고위 품계였다(5장 〈그림 16〉 엽서 참조).

1) 구마모토熊本 가토신사

〈그림 5〉, 〈그림 6〉 엽서에는 "구마모토 백경. 기요마사를 제사지내는 니시키야마錦山 가토신사"라고 적혀 있다. 신사는 현재 구마모토현 구마모토시 주오구 혼마루

그림 5 구마모토 가토신사

5) 岩本稅·水野公壽 편, 『トピッタスで讀む 熊本の歷史』, 葦書房, 1997(3쇄), 80~81쪽.
6) 岩本稅·水野公壽 편, 『トピッタスで讀む 熊本の歷史』, 80~81쪽; 花岡興史, 「加藤 清正信仰と土木工事」『菊陽町文化財調査報告』6, 菊陽町敎育委員會, 2016, 192쪽.
7) 內田匠, 「近代日本における豊臣秀吉觀の變遷」『政治學硏究』59, 慶應義塾大學 法學部 政治學科ゼミナール委員会, 2018, 5쪽.

2-1(구마모토 성내)에 있
다. 1871년 구마모토 성 혼
마루와 우토야구라宇土櫓
사이에 니시키야마錦山신
사로 건립되었다. 1874년
구마모토시 교정京町으로
옮겼다. 1962년 현 위치로
다시 옮겼다.[8] 주제신은
가토 기요마사, 배신陪臣

그림 6 구마모토 가토신사

은 오키 가네요시大木兼能와 김환金宦이다.[9] 배신은 주제신을 돕는 신이다. 이
신사는 토목건축이나 승운에 도움이 된다고 한다.

2) 구마모토 혼묘지

〈그림 7〉 엽서는 혼묘
지에서 가토를 제사지내
는 정전인 본묘本廟 모습
이다. 엽서에는 "히고 혼
묘지 기요마사 본묘本廟"
라고 적혀 있다. 〈그림 8〉
엽서 왼쪽에는 "순사 조
선인 김관 묘", 오른쪽에
는 "순사 오키토사大木土

그림 7 혼묘지 가토 기요마사 본묘

8) 구마모토시 관광가이드 사이트 참조.
9) 노성환, 『임란포로, 일본의 신이 되다』, 민속원, 2014, 137~157쪽 「구마모토의 신
    이 된 김환」.

그림 8 김환 묘와 오키 가네요시 묘

佐 묘"라고 적혀 있다. 김환의 비문은 '조선인 김환 묘朝鮮人金宦墓'다. '오키토사大木土佐'는 토사노카미土佐守 오키를 가리킨다. 오키는 오키 가네요시大木兼能다. 비문의 글씨는 '오키 토사 후지와라 가네요시 묘大木土佐藤原兼能墓'다.

〈그림 7〉, 〈그림 8〉 혼묘지 엽서는 세트 엽서다. 엽서 봉투에는 "히고 혼묘지肥後本妙寺. 홋쇼산 장판發星山 藏版. 부록 연혁개요"라고 적혀 있다. '홋쇼산'은 혼묘지의 산호山號다. 부록 『히고 혼묘지 연혁개요』를 보면 기요마사는 1611년 6월 24일 죽었다. 기요마사가 죽자 토사 영주 오키 가네요시는 다음날, 6월 25일 자살했다. 김환은 6년 뒤 1617년, 기요마사가 죽은 날(6월 24일) 자살했다.[10]

1611년 가토 기요마사가 죽은 후 그의 유언에 따라 혼묘지 죠치묘淨池廟에 기요마사 상을 두었다. 혼묘지에 임진왜란 관련 많은 유물이 있다는 것은 앞에서 언급한 바 있다. '발성산'이란 산호를 쓴 족자 형태의 묵서가 있다. 글씨는 송운대사 유정이 쓴 것으로 보았지만, 최근에는 홍호연이 쓴 것으로 보는 시각이 강하다.[11]

김환에 관해서는 여러 가지 견해가 있다. 포로 설과 임해군과 순화군을 모시는 궁중 관리 설, 석공 설, 본명은 양보감 설, 김감 설 등이다. 기요마사 신앙

---

10) 鹽出孝潤, 『肥後本妙寺沿革槪要』, 肥後本妙寺事務所, 1940, 2~5쪽.
11) 지미령, 「일본 혼묘지소장 사명당 유정 관련 유물에 관한 일고찰」, 275~288쪽; 松雲大師顯彰會 편, 『四溟堂 松雲大師』, 海鳥社, 2012, 78쪽에 수록된 '발성산' 사진에는 홍호연이 쓴 것으로 되어 있다.

의 대상인 기요마사는 처음부터 가토신사에 모신 것은 아니다. 메이지정부는 1871년 신불분리령을 실시했다. 이에 따라 기요마사에 대한 불교적 신앙은 혼묘지가, 신도적 신앙은 성안의 니시키야마錦山신사가 주관하였다. 오키 가네요시와 김환이 자살하자, 기요마사만 모시는 신사에 두 사람이 배신으로 합사되었다. 니시키야마신사는 1909년 가토신사로 이름을 바꾸었다.[12] 김환은 자살 후 바로 신앙의 대상이나 신이 된 것이 아니라, 200년이 지난 막부 말기에 콜레라虎狼狸가 유행하자, 호랑이 퇴치 전설을 가진 기요마사와 호랑이와 관련 있는 조선인 김환이 콜레라를 퇴치해 줄 것을 기대하면서 니시기야마신사에 모시게 되었다는 견해도 있다.[13]

그림 9 김환 묘 사진

묘비에 적힌 김환을 '김관'으로 보고, 김+양보감에서 본명은 김양보이고, 김해 사람으로 보는 견해도 있다.[14]

3) 부산 가토신사

〈그림 10〉, 〈그림 11〉 엽서에는 "부산 용두산에서 기요마사신사와 목도(지금 부산 영도)를 바라보다"라고 적혀 있다. 신사가 있는 작은 언덕 같은 산이

---

12) 노성환, 『임란포로, 일본의 신이 되다』, 137~157쪽; 지미령, 「일본 혼묘지소장 사명당 유정 관련 유물에 관한 일고찰」, 275~288쪽.
13) 지미령, 「일본 혼묘지소장 사명당 유정 관련 유물에 관한 일고찰」, 277~278쪽.
14) 김문길, 『일본속의 가야문화』, 가락국사적개발연구원, 2003, 170~173쪽.

THE KIYOMASA SHRINE, FUSAN.

(釜山與竹堂護行)　　　　　　　　　　　釜山朧頭山ヨリ清正公祠及牧之島ナ望ム

그림 10 부산 용미산 가토신사

THE VIEW OF MAKINOSHIMA FROM RIUTOZAN

No. 27　　　　　　　釜山朧頭山ヨリ清正公祠及牧之島ナ望ム　（釜山名所）

그림 11 부산 용미산 가토신사

용미산龍尾山이다. 일본인들은 이 산을 요부사키산呼崎山이라고도 불렀다. 조선측 자료에는 동암東巖·동산東山이라고 불렀다. 초량왜관이 있던 시대에도 가토신사는 존재하였다. 두모포왜관 때도 있었는지 여부는 분명하지 않다.

1678년 지금의 용두산공원 일대에 초량왜관이 설치될 때, 용미산(동암)에 타마다레玉垂신사가 설치되었다. 이 신사의 제신은 다케시우치 노스쿠네武內宿禰다. 그 후 1819년에 가토 기요마사가 합사되었다. 메이지 초년에는 용두산 중턱에 있던 아사히나朝比奈신사가 쇠락하여 합쳐졌다. 1878년 타마다레신사는 화재로 소실되었다. 이에 부산의 일본인 유지들이 1890년 일부 수리를 하고 1894년 거류지신사로 개칭하였다가, 1899년 용미산신사로 확정되었다.[15] 가토 기요마사가 주신은 아니지만, 합사되어 있으므로 용미산신사, 가토신사라고 불렀다.

그림 12 부산부청과 영도대교

---

15) 김승, 「개항 이후 1910년대 용두산 신사와 용미산 신사의 조성과 변화 과정」『지역과 역사』20, 부경역사연구소, 2007; 디지털부산문화대전, 「용미산 신사」(집필자, 배병욱).

〈그림 12〉 엽서에는 "도시의 이름 높은 용두산공원의 구릉에 부산부청이 서 있다. 그 주변은 번화한 곳이다. 먼 쪽에 보이는 것이 유명한 기교奇橋(신기한 다리) 개폐교開閉橋다"라고 적혀 있다.

가토신사가 있던 용미산(동산) 일대에 1932년 간선도로 공사와 1934~1935년 착평공사를 통해 1936년 부산부청이 건립되었다. 또 이곳과 바다 건너 영도를 연결하기 위한 영도대교 공사가 1932년 4월 20일 착공, 1934년 11월 23일 준 공되었다. 이에 따라 용미산이 사라졌다. 용미산이 사라지면서 가토신사도 사

그림 13 부산 용미산신사

그림 14 부산 용미산신사

라졌다. 가토신사는 지금의 부산 용두산공원에 있던 용두산신사 옆으로 옮겨졌다.[16]

〈그림 13〉 엽서에는 "부산명소 용미산", 〈그림 14〉 엽서에는 "부산 용미산신사"라고 적혀 있다. 〈그림 13〉 엽서는 바다쪽에서 용미산신사(가토신사)를 본 것이다. 왼쪽 작은 산(언덕)에 있는 기와 건물이 신사다. 〈그림 14〉 엽서는 1934년 용두산신사 옆으로 옮긴 용미산신사의 모습니다. 옮긴 후에도 여전히 가토 기요마사

---

16) 부산박물관 학예연구실, 『사진엽서, 부산의 근대를 이야기하다』, 102쪽; 디지털부 산문화대전, 「용미산 신사」(집필자, 배병욱).

를 신으로 제사지냈다고 생각한다.

4) 경성(서울) 가토신사

가토신사는 1914년 경성부 용산 원효로에, 1934년에 용산구 신계동에 세워졌다. 주제신主祭神은 가토 기요마사다. 임진왜란 때 기요마사가 용산에 주둔한 사실에 근거하여 조선에 대한 우월의 상징으로 신사를 세운 것이다.[17] 가토신사에는 가토 기요마사뿐 아니라 임진왜란 때 포로로 잡힌 임해군·순화군, 가토의 통역을 지냈다는 김관金官도 함께 배향되어 있었다.[18] 이 김관은 앞서본 김환과 같은 사람이다. 김환은 가토의 포로가 되어 일본에 잡혀갔다가, 토목공사 등 여러 가지 공을 세우고, 또 가토가 죽자 자살하면서 죽어서도 가토를 모시는 배신이 된 것이다. 임진왜란 때 전쟁포로로 일본에 잡혀 갔던 김환은 일제시기에 가토와 함께 신이 되어 고국, 식민지 조선·경성으로 다시 돌아온 것이다.

5) 가토 기요마사 구리비

엽서에는 "나고야 서쪽 교외 나카무라中村 묘교지妙行寺 내 가토 기요마사 구리비"라고 적혀 있다. 비문에 적힌 비 이름은 '가토 히고후 구리비加藤肥後侯舊里碑'다. 묘교지는 아이치현 나고야시 나카무라구 나카무라정에 있는 절이다. 절이 있는 곳이 가토 기요마사가 태어난 곳이다. 절의 경내에 이

그림 15 가토 기요마사 구리비舊里碑

17) 문혜진, 『경성신사를 거닐다』, 민속원, 2019, 138쪽.
18) 이순우, 「가토신사, 당고개에 터를 잡은 왜군장수의 추모공간」〈식민지 비망록 55〉(2020년 2월 20일), 민족문제연구소에서 인용.

비가 있다.

비문 내용에는 임진왜란 때의 활약상도 포함되어 있다. 가토가 선봉에 서서 경상도를 쳐서 함락하고, 왕경을 취하고, 왕자를 함경북도까지 추격하여 포로로 삼고, 여진을 쳐서 그 성을 불태우고, 임진을 습격하고, 안강·진주를 격파하고, 울산전투에서 500명 군사로 명군의 대군을 격파하고, 가토가 주관하는 곳에서는 상대가 모두 놀라 달아나면서 "귀장군鬼將軍이 왔다"라고 말했다. 여러 포로들에게 은혜를 베풀어 풀어주면, 울며 감사하면서 "공의 자비는 부처와 같다. 만약 저버리면 사람이 아니다"라고 말했다.

가토가 후侯에서 신神으로 된 지 이미 200년이 되었으므로, 읍로邑老가 전하는 것을 대략 적어서 비에 새긴다고 하였다. 이 비는 1810년(文化 7) 건립되었다. 원래는 다른 곳에 있었으나, 1870년 묘교지 경내로 이전되었다.

6) 나고야 가토 기요마사·도요토미 히데요시 동상

그림 16 가토 기요마사 동상(나카무라공원)　그림 17 도요토미 히데요시 동상(나카무라공원)

〈그림 16〉 엽서에는 "가토 기요마사 동상. 나카무라공원", 〈그림 17〉 엽서에는 "도요토미 히데요시 동상. 나카무라공원"이라고 적혀 있다. 앞에서 언급한 '나카무라中村명소 엽서'라는 세트 엽서의 일부다. 히데요시와 기요마사는 같은 고향 사람이다. 임진왜란을 상징하는 가장 대표적인 두 사람이 죽어서도 같은 공원에서 만나고 있다.

4. 도요토미 히데요시

1) 초상화

〈그림 18〉 엽서에는 "도요토미 화상豊公畵像 난가화상南化和尙 찬. 아이치현 묘고지妙興寺 소장"이라고 적혀 있다. 이 엽서에는 "Portrait of Toyotomi Hideyoshi, with Eulogy by Priest Nange"(난가화상 찬 도요토미 히데요시의 초상화)라고 영어 설명이 있다. 오사카시가 발행한 엽서다. 상단에 쓴 찬은 왼쪽에서 오른쪽으로 읽는다. 원문을 탈초·번역하면 다음과 같다.

그림 18 도요토미 히데요시 초상화

"馬上定天下 功如安漢家 一回任關白 九族列淸華 豊國威靈無可比 高於泰重於畢 咄

慶長庚子 季夏吉辰 前花園住山 虛白道人 謹贊"(마상에서 천하를 평정하니, 공이 한가漢家(한나라)를 안정시킨 것과 같네. 한번 관백을 맡자 구족이 청화淸華의 반열에 올랐네. 풍국豊國의 위령은 비할 바 없으니, 태산보다 높고 화악華嶽(화산)보다 무겁다. 아아. 게이초 경자년(慶長 5, 1600) 6월 초하루, 전 화원주산 허백도인 삼가 찬함)[19]

현재 남아있는 히데요시의 많은 초상화 가운데 가장 유명한 것의 하나는 교토 고다이지高台寺에 소장된 초상화다. 이 초상화는 히데요시가 죽은 1598년 (慶長 3) 8월 18일 당일 쓴 찬이 있다. 찬을 지은 사람은 난가 겐코南化玄興 다.[20] 난가 겐코는 교토 묘신지妙心寺 58세로, 별호는 허백虛白이다. 엽서 초상화의 찬을 쓴 '허백도인'은 난가 겐코다. 그래서 엽서 설명에 난가화상 찬이라고 한 것이다. 즉 고다이지 소장 초상화의 찬을 지은 난가 겐코가 약 2년 뒤인 1600년 6월에 묘고지 소장 초상화의 찬을 지은 것이다.

2) 풍국대명신·마리지존천

1598년 8월 히데요시가 죽은 후, 다음해 1599년에 고요제이後陽成천황은 히데요시에게 '풍국대명신'이란 신호神號를 추증하였다. 히데요시는 신으로서 제사를 지내게 되었다. 히데요시가 죽은 후부터 에도시대 초기에 걸쳐서, 다이묘나 사사寺社에 의해 주로 참배용으로 히데요시의 화상이 많이 제작되었다.[21]

---

19) 齋藤夏來,「秀吉の畫像贊」『禪學研究』86, 禪學研究會, 2008, 135~136쪽에 원문과 일본어 번역문이 수록되어 있다. 谷信一,「豊太閤畫像論」『美術研究』8-8, 미술연구소, 1939, 283쪽 주 9)에도 원문이 수록되어 있다. 이를 참고하였다. 띄어쓰기는 필자가 한 것이다.
20) 大阪城天守閣 편,『秀吉の貌-變遷するイメージ』, 大阪城天守閣特別事業委員會, 2005, 2~3쪽.
21) 佐賀縣立名護屋城博物館,『秀吉と文祿·慶長の役』, 8쪽.

〈그림 19〉 엽서 상단에는 고요제이천황이 친필로 써서 편액을 내렸다고 적혀 있다. 하단에는 "별격관폐사 도요쿠니신사"라고 적혀 있다. 편액 크기는 길이 6척 1촌, 폭 3척 9촌 5푼이다. 이 편액은 도요쿠니신사 당문唐門 앞에 있는 도리이鳥居에 걸려 있다. 이 편액 글씨와 동일한 것은 아니지만 고요제이천황이 써 준 '풍국대명신' 글씨가 교토 고다이지高臺寺에 소장되어 있다.22)

그림 19 도요쿠니신사 풍국대명신 편액

〈그림 20〉 엽서의 오른쪽 사진에는 큰 글씨로 풍국대명신豊國大明神, 작은 글씨로 히데요리秀賴 8세, 설명에는 "도요토미 히데

그림 20 풍국대명신 신호神號

그림 21 마리지존천

22) 藤井巨石, 『豊公偉蹟』, 太閤會出版部, 1931, 「宸筆=豊國大明神 京都 高臺寺 藏」.

요리豊臣秀賴 글씨. 도요쿠니 신호神號"라고 적혀 있다. 교토의 다이고지醍醐寺 소장이다.

1598년 8월 18일 히데요시가 죽었을 때 아들 히데요리(1593~1615)의 나이는 5살이다. 히데요리 8세라는 서명이 있기 때문에, 1601년에 쓴 것이다. 하지만 8세를 1600년으로 보기도 한다.[23] 1살 차이가 나는 것은 나이 계산법 때문이다. 히데요시의 차남이며 유일한 혈통인 히데요리는 1615년 6월 오사카전투 때, 어머니 요도도노淀殿와 함께 자결하였다. 이에 대해서는 9장에서 언급하려고 한다. 히데요리가 쓴 '풍국대명신' 글씨는 여러 점 있다. 각 지역에서 히데요시의 화상·목상 등과 함께 제사 대상이 되었다.[24] 히데요리가 쓴 '풍국대명신'이란 신호는 대부분 8~11세(1600~1603)에 쓴 것이 현재 남아 있다.[25]

〈그림 21〉 엽서에서 큰 글씨는 마리지존천摩利支尊天, 작은 글씨는 히데요리秀賴 9세, 아래 설명에는 "마리지천摩利支天 명호. 도요토미 히데요리 글씨, 시가滋賀현 고노미야胡宮신사 소장"이라고 적혀 있다. 마리치Marici는 마리지摩利支, 또는 마리지천摩利支天이라고 한다. 불교에서 늘 해 앞에 있으면서 어떤 목적을 이루기 위한 신통력을 가진 천신이다. 불교 신이지만 강력한 힘으로 위험에서 몸을 보호해준다고 믿었다. 특히 일본 전국시대 무장 모리 모토나리毛利元就(고바야카와 다카카게의 아버지)는 군 깃발에 '귀명마리지존천왕歸命摩利支尊天王'이라는 글귀가 적혀 있었다. '마리지천왕에게 귀의한다', '마리지천왕을 믿고 따른다'는 뜻이다. 이처럼 마리지천은 전국시대에 대표적인 '군신'으로 인식되었다. 마리지천의 범자(산스크리스트어)를 투구 장식으로 하는 무장도 많았다. 히데요시가 죽은 후 군신·천신인 '마리지존천'으로 숭배한 것이다.

---

23) 市立長浜城歴史博物館, 『神になった秀吉』, 市立長浜城歴史博物館, 2004, 82쪽. 이 책에서는 8세를 1600년으로 보고, 10세를 1602년으로 보았다.
24) 大阪城天守閣 편, 『秀吉と桃山文化』, 201쪽.
25) 市立長浜城歴史博物館, 『神になった秀吉』, 84쪽.

3) 도요쿠니신사

(1) 교토 도요쿠니신사

(特別保護建造物)　門唐　社神國豐　社幣官格別

그림 22 교토 도요쿠니신사 당문

景　全　　廟　國　豐

그림 23 교토 도요쿠니묘 전경

〈그림 22〉 엽서에는 "별격관폐사 도요쿠니신사 당문唐門", 〈그림 23〉 엽서에는 "도요쿠니묘豊國廟 전경"이라고 적혀 있다. 히데요시의 묘묘廟墓는 1898년에 아미타봉의 산 정상에 재건되었다. 〈그림 23〉 엽서의 도요쿠니묘가 그것이다. 계단 위를 올라 정상부에 사당과 무덤이 있다. 〈그림 22〉 엽서는 신사의 당문이다. 화려한 모모야마桃山시대 건축물로, 메이지 시대에 도요쿠니신사를 재건하면서 본전 정문으로 이축된 것이다.[26]

그림 24 교토 도요쿠니신사 도리이와 당문

그림 25 교토 도요쿠니신사 원경

〈그림 24〉 엽서에는 "교토 도요쿠니신사"라고 적혀 있다. 당문 앞 도리이에 '풍국대명신' 편액이 걸려 있는 것을 볼 수 있다. 〈그림 25〉 엽서에는 "교토 도요쿠니신사. 이 신사는 도요토미 히데요시의 영혼을 제사지낸다. 1598년 히데요시가 죽어 아미타봉에 묻히자, 다음해 1599년에 고요제이천황이 칙명으로 '풍국대명신'이란 신호를 내렸다. 그 유해를 묻으면서 사묘祀廟를 창건하였다. 1873년 별격관폐사의 반열에 올랐다"라고 적혀 있다.

히데요시가 1598년 8월 18일 죽자, 교토 호코지方廣寺 대불전에 부속하는

26) 津田三郎, 「秀吉の死 豊國大明神となる」 『神になった秀吉』, 30~36쪽.

도요쿠니사가 조영되어, 신으로 제사지냈다. 도요쿠니사 건설은 히데요시가 죽자 바로 착수되었다. 1598년 9월 15일 땅의 신에게 제사지내는 지진제地鎮祭, 16일에는 기둥을 세우는 입주식을 하였다. 공사가 일단 완성된 것은 1599년 3월 무렵이고, 4월에는 신령을 옮기는 천궁의식을 하였다. 공사에 소요된 시간은 겨우 반년 정도였다.[27]

도요쿠니사는 도요토미씨의 씨신인 동시에 도요토미씨가 지배하는 나라의 국가신으로서 창출된 것이다. 따라서 '도요쿠니'는 도요토미씨가 지배하는 나라라는 이미지다.[28] 하지만 7장에서 언급한 것처럼 1614년 '호코지 종명 사건'이 일어나고, 1615년 '오사카 여름전투'로 도요토미가문이 멸망하자, 도쿠가와 이에야스에 의해 도요쿠니사는 폐지되고 풍국대명신은 호코지 내로 옮겨졌다. 그런데 1868년 메이지정부가 탄생된 이후, 정부에 의해 히데요시는 공신으로 찬양되고, 도요쿠니신사가 재건되었다. 그 후에도 대외 팽창정책 속에서 인기를 얻고, 풍국대명신은 복권되어 갔다.[29]

일본의 신사는 대체로 각각 등급이 있다. 시조신을 모시는 이세伊勢신궁은 등급이 없다. 등급은 관폐사와 국폐사로 구분한다. 폐幣는 신에게 바치는 예물이다. 관폐사는 일본 황실(궁내성)에서, 국폐사는 일본 정부에서 유지비를 지원했다. 그리고 다시 각각 대·중·소 3등분을 하여, 관폐대사·국폐대사, 관폐중사·국폐중사, 관폐소사·국폐소사 6등급으로 나눈다. 이와 별도로 별격관폐사가 있다. 이것은 1872년에 신설한 것으로, 관폐소사에 준한다. 별격관폐사는 나라에 큰 공을 세운 사람을 주된 신으로 모시는 신사 중에서 선별되었다. 도요쿠니신사는 1873년 별격관폐사가 되었다. 엽서에 '별격관폐사'라고 적힌

---

27) 三鬼淸一郎,「豊國社の造營に關する一考察」『名古屋大學文學部研究論集(史學)』 33, 名古屋大學 文學部, 1992, 195~198쪽.
28) 堀新·井上泰至,『秀吉の虛像と實像』, 370쪽.
29) 久世奈歐,「近世期京都における豊國大明神の展開」『比較都市史研究』34-2. 比較都市史研究會, 2015, 12쪽 및 25쪽.

것이 이를 말한다. 일제시기 조선에서 관폐대사는 조선신궁 하나뿐이다. 관폐소사는 8곳이었다.

그림 26 교토 도요쿠니신사 정면

그림 27 교토 도요쿠니신사 철등롱

〈그림 26〉 엽서에는 "교토 도요쿠니신사. 별격관폐사로서 도요토미 히데요시를 제사 지낸다. 정면의 당문은 모모야마성桃山城에서 옮겨 온 것이다. 조각이 볼 만해서 국보가 되었다. 신사 앞의 철등롱은 장인工 요지로與次郎가 만든 것이다"라고 적혀 있다. 당문은 후시미성에서 옮겨 온 것이다, 잉어가 폭포를 오르는(등룡) 무늬 등 화려한 조각으로 유명하다. 니시혼간지西本願寺, 다이도쿠지大德寺의 당문과 함께 '국보의 모모야마 세 당문'의 하나라고 한다.

〈그림 27〉엽서에는 "운룡雲龍문양 철등롱. 1600년(慶長 5, 경자) 8월 18일 천하제일 가마장 요지로與二郞가 만들었다. 도요쿠니신사 소장"이라고 적혀 있다. 히데요시 2주기 날 신사에 봉납된 것이다. 등롱을 만든 장인 요지로與二郞는 쓰지 요지로辻與次郞이다. 그는 16세기 후반에서 17세기 초에 활동한 주물사, 가마장이다. '덴카이치 요지로天下一與次郞'로 불린다. 히데요시와도 친한 인물이고, 센리큐千利休의 차가마茶釜를 만든 인물로도 유명하다. 철등롱은 지금은 도요쿠니신사 보물관에 있다.

1599년 교토에 도요쿠니신사가 설립된 후, 이를 본받아 전국 곳곳에 도요쿠니신사(도요쿠니샤)가 설치되었다.[30]

(2) 오사카 도요쿠니신사

O 7   Toyokuni Shrine Nakanoshima. Osaka.   社神國豊嶋ノ中阪大

그림 28 오사카 나가노시마 도요쿠니신사

---

30) 津田三郞, 「秀吉の死 豊國大明神となる」, 38쪽.

그림 29 오사카 나가노시마 도요쿠니신사

〈그림 28〉 엽서에는 "오사카 나가노시마 도요쿠니신사", 〈그림 29〉 엽서에
는 "나가노시마 도요쿠니신사"라고 적혀있다. 〈그림 28〉 엽서는 도요쿠니신사
입구에 있는 큰 도리이鳥居 모습이다. 〈그림 29〉 엽서는 왼쪽 상단에 있는 것
이 도요쿠니신사다.

오사카 도요쿠니신사는 교토 도요쿠니신사의 별사別社로서 1879년 11월 창
건되었다. 1912년 11월 나가노시마에서 오사카중앙공회당 자리로 이전했고,
다시 1961년 오사카성 안으로 이전하였다. 1921년 12월 별사가 폐지되고 독립
된 오사카의 부사府社가 되었다. 정부가 도요쿠니신사의 복원을 지시한 이후
교토와 오사카는 도요토미 히데요시 기념에서 주도권 쟁탈을 하고 있었다. 부
신사의 승격은 오사카로서는 경사스러운 일이었다.[31] 신사 경내에는 도요토미
豊公의 구리로 만든 입상과 가토 기요마사가 조선에서 가지고 와서 도요토미에

---

31) 김광옥, 『변혁기의 일본과 조선』, 504쪽.

게 바쳤다는 석등롱이 있다.[32) 나가노시마에 있는 도요토미의 동상에 대해서는 〈책을 맺으며〉에서 언급하려고 한다.

(3) 나고야 도요쿠니신사

그림 30 나고야 도요쿠니신사

엽서에는 "위업을 그리워하며. 도요쿠니신사, 시내 나카무라中村에 있다. 도요토미 히데요시가 고고孤孤한 소리를 낸 곳으로, 최근 건립된 신사다. 도요토미豊太閤의 위업을 그리워하는 사람은 반드시 방문해야 할 곳이다. 또 부근에는 태합의 동상이 있다. 나고야名古屋 경관"이라고 적혀 있다. 작은 타원형이 히데요시 동상이다. 신사는 히데요시 고향인 나고야 나카야마공원에 있다. 이 공원에는 앞서 본 기요마사와 히데요시의 동상을 비롯하여, 두 사람과 관련된

---

32) 藤井巨石,『豊公偉蹟』,「大阪 豊國神社」.

많은 유물들이 있다. 그 유물들은 다양한 형태의 엽서로 발행되었다.

(4) 나가하마 도요쿠니신사

Hoko Shrine Nagahama Omi.　　社 神 國 豊 濱長江近

그림 31 나가하마 도요쿠니신사

엽서에는 "오미 나가하마近江長浜 도요쿠니신사"라고 적혀 있다. 1599년 4월
에 조영된 교토 도요쿠니사의 영향을 받아서, 1600년 8월 18일 히데요시의 기
일에 맞추어 나가하마 도요쿠니사가 완공되었다. '풍국대명신'이라 칭해진 도
요쿠니사의 신상神像은 카노 에이도쿠狩野英德(1543~1590)가 그린 히데요시
초상을 조각한 것이라고 전한다.[33]

---

33) 太田浩司, 「湖北·長浜での秀吉信仰」『神になった秀吉』, 市立長浜城歷史博物館,
　　2004, 97~98쪽.

9장
세키가하라전투와
에도막부 탄생

1. 세키가하라전투

　도요토미 히데요시(1537~1598)는 아들 복이 없었다. 오십이 넘은 나이인 1588년 5월, 측실 요도도노淀殿에게서 늦둥이 츠루마쓰鶴松가 태어났다. 안타깝게도 츠루마쓰는 1591년 8월, 3살 때 죽었다. 히데요시는 1591년 12월에 조카 히데쓰구秀久에게 관백을 물려주고, 자신은 태합이 되어 자유로운 입장에서 규슈 나고야성에서 조선 침략 작전을 지휘하였다. 1593년 8월, 요도도노에게서 둘째 히데요리秀賴가 태어났다. 이미 관백직을 물려주고 후계자로 삼으려고 했던 조카 히데쓰구와 친아들 히데요리 사이에 미묘한 후계자 계승 문제가 일어났다. 1595년 7월 모반 협의를 씌워 히데쓰구를 고야산으로 추방하고, 관백 등 관직을 삭탈하였다. 그리고 후쿠시마 마사노리福島正則 등을 보내 할복을 명하였다. 히데쓰구의 할복에 이어 8월에는 자녀·처첩 등 30여 명을 교토에서

처형하였다.[1]

(間の裁自公次秀白關臣豐)　間 の 柳　寺 峰 剛 金　山 野 高
그림 1 도요토미 히데쓰구가 할복한 방

엽서에는 "고야산 콘고부지金剛峰寺 야나기노마柳の間. 관백 도요토미 히데쓰구가 자살한 방自裁の間"이라고 적혀 있다.

1598년 8월 도요토미 히데요시가 사망하였다. 당시 아들 히데요리는 5살이었다. 히데요시는 사망 조금 전에 5대로大老와 5봉행奉行을 제도화하였다. 후계자인 어린 히데요리를 돕기 위해서다. 5대로는 최고 협의기관으로 중요 정무를 결재하고, 군사권 등 중요 사항은 합의로 결정하였다. 봉행은 일반 업무의 처리와 집행을 담당하였다.[2] 5대로 마에다 도시이에前田利家는 1599년 윤 3월 사망하여, 아들 마에다 도시나가前田利長로 이었다. 세키가하라전투 직전의 5대로와 5봉행을 정리하면 다음과 같다.

1) 笠谷和比古, 『關ヶ原合戰』, 27~29쪽; 岡田正人, 「豊臣秀吉年譜」 290~296쪽.
2) 笠谷和比古, 『關ヶ原合戰』, 29~32쪽; 구태훈, 『일본근세사』, 116쪽.

표 1 5대로와 5봉행

5대로	5봉행
도쿠가와 이에야스德川家康 (동)	아사노 나가마사淺野長政 (동)
마에다 도시나가前田利長 (동)	마에다 겐이前田玄以
우키다 히데이에宇喜多秀家 (서)	이시다 미쓰나리石田三成 (서)
모리 데루모토毛利輝元 (서)	나츠카 마사이에長束正家
우에스기 가게카쓰上杉景勝 (서)	마시타 나가모리增田長盛 (서)

출전: 笠谷和比古·黑田慶一, 『秀吉の野望と誤算』, 223쪽. 1599년 7월 시점. 괄호 안의 동군, 서군 표시는 필자가 넣은 것임.

1599년 1월이 되면서 5대로·5봉행 내부의 대립이 점점 표면화하였다. 이시다 미쓰나리·고니시 유키나가 등 이른바 문리파文吏派와 가토 기요마사·후쿠시마 마사노리 등 무단파武斷派의 갈등이 심해졌다. 이들은 임진왜란의 작전·보급·논공행상·강화문제 등과 이에 따른 전략의 시비에서부터 이미 대립하고 있었다.[3]

1599년 윤3월 3일 마에다 도시이에가 사망하였다. 이날 밤 가토 기요마사, 아사노 나가마사, 하치스카 이에마사蜂須賀家政, 후쿠시마 마사노리, 도도 다카토라, 구로다 나가마사, 호소가와 타다오키細川忠興, 이 7명의 유력 무장이 이시다 미쓰나리를 습격하는 사건이 발생했다. 이 사건으로 미쓰나리는 목숨은 건졌지만 사실상 실각하였다. 도시이에가 사망하고 미쓰나리가 실각하자 도쿠가와 이에야스가 사실상 권력을 독점하게 되었다.[4]

실각한 미쓰나리는 재기의 기회를 노리고 있었다. 그에게 기회가 찾아왔다. 5대로 우에스기 가게카쓰가 이에야스에게 반기를 들었다. 가게카쓰는 자신의 거성居城 아이즈會津를 보수하는 등 방어태세를 정비하였다. 1600년 6월 이에야스는 5만여 대군을 이끌고 아이즈정벌에 나섰다. 아이즈정벌은 세키가하라

---

3) 笠谷和比古, 『關ケ原合戰』, 33~34쪽; 구태훈, 『일본근세사』, 116쪽.
4) 笠谷和比古, 『關ケ原合戰』, 44~48쪽; 구태훈, 『일본근세사』, 116~117쪽.

전투 서막을 예고하였다. 7월에 미쓰나리는 이에야스가 히데요시의 유언을 어겼다고 규탄하고, 5대로 모리 데루모토를 맹주로 거병하였다. 이에야스는 9월 14일 전략회의를 열고 오사카로 주력군이 진격할 것을 결정하였다. 은밀히 미쓰나리에게 호응하여 참전한 고바야카와 히데아키小早川秀秋, 깃카와 히로이에吉川廣家 등과 접촉하여 내응 약속을 받았다. 이에야스 주력군이 오사카로 진격한다는 소식을 들은 미쓰나리는 9월 14일 밤에서 15일 새벽까지 세키가하라에 진을 쳤다. 전투는 9월 15일 아침에 시작되었다. 이에야스가 중심이 된 군대를 동군, 미쓰나리가 중심이 된 군대를 서군이라 부른다.5) 전투에 참전한 동군과 서군을 정리하면 대략 다음과 같다.

표 2 세키가하라전투에 참전한 동군과 서군의 주요 다이묘

서군	동군
이시다 미쓰나리石田三成	도쿠가와 이에야스德川家康
모리 데루모토毛利輝元	유키 히데야스結城秀康
우키다 히데이에宇喜多秀家	아사노 나가마사淺野長政
시마즈 요시히사島津義久	후쿠시마 마사노리福島正則
고니시 유키나가小西行長	이케다 테루마사池田輝政
오다 히데노부織田秀信	하치스카 이에마사蜂須賀家政
구키 요시타카九鬼嘉隆	도도 다카토라藤堂高虎
마시타 나가모리增田長盛	나카가와 히데시게中川秀成
조소카베 모리치카長宗我部盛親	가토 기요마사加藤清正
안코쿠지 에케이安國寺惠瓊	이토 스케타가伊東祐兵
아키즈키 다네나가秋月種長	다테 마사무네伊達政宗
우에스기 가게카쓰上杉景勝	모가미 요시아키最上義光
사다케 요시노부佐竹義宣	사나다 노부유키眞田信幸
사나다 마사유키眞田昌幸	호리 히데하루堀秀治

5) 이상은 구태훈, 『일본근세사』, 117~120쪽을 요약한 것이다.

서군	동군
니와 나가시게丹羽長重	마에다 도시나가前田利長
다치바나 무네시게立花宗茂	호소카와 유사이細川幽齋
	가토 요시아키加藤嘉明
	구로다 요시타카黑田孝高
	▲와키사카 야스하루脇坂安治
	▲깃카와 히로이에吉川廣家
	▲고바야카와 히데아키小早川秀秋
	▲나베시마 나오시게鍋島直茂

출전: 笠谷和比古·黑田慶一, 『秀吉の野望と誤算』, 230쪽. ▲는 서군에서 동군으로 바뀐 자.

이들 가운데 절반 이상은 임진왜란·정유재란 때 직접 조선에 참전했거나, 히데요시군에 편성된 인물이다. 이에야스와 미쓰나리가 각각 지휘하는 동군 10만여 명, 서군 8만여 명의 대회전大會戰은 1600년 9월 15일 오전 8시 경에 세키가하라에서 시작되어, 오후 2시경 동군의 승리로 대세가 기울고, 4시경에는 최후까지 싸우던 서군도 거의 전멸하였다. 각각 10만 명 가까운 대군이 싸운 전투가 반나절 만에 동군 승리로 끝난 데는 원래 서군이던 고바야카와 히데아키 등의 내응 힘이 컸다. 규슈·호쿠리쿠北陸·도호쿠東北 등 각 지역에서 일어난 동·서 여러 다이묘의 전투도 세키가하라전투 결과가 전해지면서 종식되었다.[6]

〈그림 2〉 엽서에는 "이에야스家康가 다테 마사무네伊達政宗에게 보낸 세키가하라의 첩보捷報. 세키가하라전역關ヶ原戰役 3백년 기념"이라고 적혀 있다. '첩보'는 흐려서 판독하기 어렵지만, 이렇게 읽었다. 엽서 사진 속 첩보 문서 끝부분에 '9월 16일 이에야스家康(수결) 오사키소장 님大崎少將殿'이라고 적혀 있다. 오사키소장은 다테 마사무네를 가리킨다. 9월 15일 다음날인 16일 바로

---

6) 荒野泰典 편, 『江戸幕府と東アジア』(日本の時代史 14), 吉川弘文館, 2003, 48쪽; 구태훈, 『일본근세사』, 120~121쪽.

그림 2 세키가하라 첩보捷報(승전보)

그림 3 세키가하라 고전장古戰場 엽서 봉투

그림 4 도쿠가와 이에야스 검곡처

승전을 알린 것이다. 다테마사무네 연보에는 9월 그믐 세키가하라 승보勝報가 도착했다고 적혀 있다.[7]

〈그림 4〉엽서는〈그림 3〉에 적힌 것처럼, 세키가하라전쟁 300년을 맞아 기념으로 발행된 '세키가하라 고전장' 기념엽서다. 도쿄 일본엽서구락부(클럽)에서 기념 당일 3매 1조로 발행한 것이다. 가격은 1조에 15전이다. 봉투 뒷면 목차에는 3매의 제목이 적혀 있다. ① 고전장 중앙 이에야스 진기進旗 검수처檢首處, ② 동서 양군 4만여 급의 수총首塚, ③ 서군 장將 오타니 요시타카大谷吉隆(요시츠구吉繼)의 묘이다. 앞면에는 히비야 겐이치日比野建一의 촬영 및 해설이라

---

7) 紫桃正隆,「伊達政宗年譜」『伊達政宗のすべて』(高橋富雄 편), 新人物往來社, 1984, 249쪽.

고 적혀 있다. 안쪽에는 3매 엽서에 대한 히비야 겐이치의 설명이 적혀 있다. '세키가하라전역 3백년제기념. 1906년(明治 39) 10월 14일. 세키가하라합전고 지古址보존회'란 스탬프가 찍혀 있다. 발행목적, 발행처, 발행일, 가격, 봉투, 엽서, 설명 등 기념엽서 발행의 거의 모든 요소를 잘 갖춘 엽서라고 생각한다.

<그림 4> 엽서는 3매 가운데 ①에 해당한다. 엽서에는 "고전장 중앙 이에야스 진기 검괵처檢馘處"라고 적혀 있다. 사진 중앙에 보이는 푯말에는 '상궤장 도쿠가와 이에야스 진기 검괵처(床几場 德川家康進旗檢馘處)라고 적혀 있다. 이에야스가 서군 전사자 머리 수를 조사한 곳이다. 상궤장은 이에야스가 앉자 있던 곳이란 뜻이다. 반나절 전투에 8천명 정도가 죽었다고 한다.

그림 5 세키가하라전투 진영도

그림 6 세키가하라전투에서 명령하는 도쿠가와 이에야스

<그림 5> 엽서의 지도에는 '세키가하라합전의 진영도'라고 적혀 있다. 엽서 뒷면을 보면, 세키가하라고지古趾보존회가 발행한 것이다. 또한 '세키가하라 기념 3백년제 39-1-12' 스탬프가 찍혀 있다. 1906년(明治 39) 1월 12일 스탬프다. <그림 6> 엽서에는 "도쿠가와 이에야스가 세키가하라대전에서 다테 마사무네伊達政宗를 불러 진용을 보이고 국國에 가서 우에스기 가게카쓰上杉景勝를 막으라고 함"이라고 적

혀 있다.

앞서 언급한 것처럼, 실각한 미쓰나리가 이에야스에 대한 반격을 가하게 된 계기는 5대로 우에스기 가게카쓰가 반기를 든 때문이고, 1600년 5월 이에야스는 가게카쓰를 정벌하는 명령을 내렸다. 가게카쓰는 7월에 동군에 가담했던 다테 마사무네나 모가미 요시아키最上義光 등과 싸웠다. 9월 14일 모가미 요시아키는 자신의 영지에서 가게카쓰의 장수 나오에 가네쓰구直江兼續를 침공할 것을 보고하고, 15일 다테군이 가세할 것을 요청했다.[8] 엽서는 이런 상황을 보여주고 있다.

그림 7 세키가하라전투 상황

그림 8 다케나가 시게가도에게 보낸 도쿠가와 이에야스 서장

〈그림 7〉 엽서는 구마모토성지보존회가 발행한 「기요마사 역사관 엽서」인 세트 엽서의 1장이다. 엽서에는 "세키가하라합전 때 가토 기요마사가 고니시 유키나가의 우토성宇土城을 공격하여 그 성문을 열게 되자, 성병城兵을 위로하는 광경"이라고 적혀 있다. 우토성은 구마모토에 있는 고니시 유시나가의 성이다. 따라서 고니시 진지를 공격한다는 이미지라고 생각한다.

〈그림 8〉 엽서는 나고야

8) 紫桃正隆, 「伊達政宗年譜」, 248~249쪽.

사담회名古屋史談會가 1923년 2월 발행한 「사적史蹟 엽서 세키가하라」의 4매 세트 엽서의 1장이다. 엽서에 '일'이라고 적힌 것은 4매 가운데 1번째라는 번호다. 엽서에는 "도쿠가와 이에야스德川家康 문서"라고 적혀 있다. 문서 원문을 보면 "小西攝津守召捕給候 被入精段祝着之至候 猶期後音候 恐々謹言 九月十九日 家康(서명) 竹中丹後守殿"이다. 1600년 9월 19일 이에야스가 다케나가竹中 단고노카미丹後守에게 보낸 서장이다. 다케나가는 다케나가 시게가도竹中重門다. 원문을 번역하면 "셋츠노카미攝津守 고니시 유키나가를 체포하셨는데, 정성을 다한 것에 매우 축하드립니다. 또 뒤에 들려올 이야기에 기대하겠습니다. 9월 19일 이에야스. 단고노카미 다케나가 님께"라는 뜻이다.

이 문서는 세키가하라정關ヶ原町역사민속학습관에 전시되어 있다. '고니시 소포 감장小西召捕感狀'이라고도 부른다. 1600년 9월 15일 세키가하라전투 때 패배한 유키나가는 이부키伊吹산 속에서 체포되어 시게가도에게 인도되었다. 9월 19일 유키나가를 이에야스쪽에 끌고 갔다. 이에 이에야스는 시게가도에게 당일 바로 감사장을 보낸 것이다. 시게가도는 처음에는 서군을 원조했다가, 이이 나오마사井伊直政의 중개에 따라 동군으로 갈아탔다.

그림 9 다케나가 시게가도·구로다 나가마사 진소

〈그림 9〉 엽서에는 "마루야마丸山 도쿠가와군이 횃불을 든 곳. 구로다 나가마사·다케나가 시게가도 진소. 세키가하라고전장"이라고 적혀 있다.

그림 10 후와 고관

〈그림 10〉 엽서에는 "대목호大木戸(큰 성문) 후와不破의 고관古關"이라고 적혀 있다. 보통 '후와노세키不破關'라고 부르는 고대 관소關所다. 후와노세키는 현재 기후현 후와군 세키가하라정에 있다. 오른쪽 설명에는 "세키가하라의 니시하치정西八町 나가센도中山道 오아사마츠오大字松尾에 있다. 덴무天武천황 하코호白鳳 원년(673)에 처음으로 설치된 관소 터다. 세키가하라전투 때 동서 양군의 창궐을 매듭지은 것도 또한 이곳이다"라고 적혀 있다. '세키가하라 고전장 유람기념' 스탬프가 찍혀 있다.

일본 고대 왕위 계승을 둘러싸고 일어난 내란인 '임신壬申의 난'(672)의 이듬해인 673년에 덴무천황의 명에 따라 기내 지역을 지키기 위해, 후와노세키, 스스가노세키鈴鹿關, 아라치노세키愛發關의 세 관소를 설치하였다. 후와노세키는 이 고대 세 관소의 하나다. 고대의 역사적인 '후와관'이 세키가하라전투의 전장이 되었다.

그림 11 세키가하라합전 전사자 머리무덤首塚

그림 12 세키가하라합전 전사자 몸통무덤胴塚

〈그림 11〉 엽서에는 "후쿠이福井 세키가하라합전 전사자 수급총"이라고 적혀 있다. 사진 왼쪽 푯말에 적힌 것과도 같다. 오른쪽 설명에는 "홋고쿠가도北國街道와 옛 철도선로 사이인 후쿠이에 있는데, 세키가하라전투 때 동군 때문에 참살당한 적의 머리 4만여 급을 묻은 곳으로, 그 위치는 지금의 소학교 뒤쪽이다. 높이 6척, 폭 4척 여 석비가 있다"라고 적혀 있다. 오른쪽 석비는 수급분비首級墳碑라고도 부른다. 1817년에 세운 것이다. "도쿠가와 이에야스가 동국東國에서 세력을 확대시켜 나갔기 때문에, 도요토미정권이 불리하다고 본 이시다 미쓰나리가 거병을 하였다. 1600년 9월 세키가하라에서 두 세력이 격돌하였지만, 미쓰나리측이 대패하였다. 이에야스는 동서 2곳에 수총을 만들어 머리나 유해를 묻었다. 도요토미 때문에 희생된 사람을 묻어 장사지내는 것은 인의人義에 후하고, 이에야스의 가르침(교훈)이 태평 세상을 가져온 것을 말한다"는 요지의 내용이 적혀 있다고 한다.

사진 비석은 동서 두 무덤 가운데 동수총東首塚에 해당한다. 동수총은 주로 머리를, 서수총은 머리가 없는 몸통을 묻었다. 그래서 서수총은 동총胴塚이라 부른다. 〈그림 12〉 엽서가 동총이다. 엽서에는 "시바노우치柴ノ内 동총. 세키가하라합전 전사자 무덤. 세키가하라 고전장"이라고 적혀 있다. 세기가하라정 시바노우치에 있다. 동수총과 서수총은 모두 앞에서 언급한 당시 이 지역 영주였던 다케나가 시게가도가 만든 것이다.

그림 13 세키가하라전투 시마즈 요시히로 진소陣所

〈그림 13〉 엽서에는 "고이케小池 간다神田 시마즈 요시히로島津義弘 진소 옛 터古址"라고 적혀 있다. 오른쪽 설명에서는 "세키가하라전투 때 효고노가시라兵庫頭 시마즈 요시히로의 진영을 둔 곳이다. 홋고쿠가

도北國街道에서 약 30칸 남쪽으로 들어간 곳이다. 요시히로는 가고시마鹿兒島의 성주로서, 서군이 패배한 후 요시히사義久에게 그 봉토를 물려주었다"라고 적혀 있다.

세키가하라전투에서 도망간 서군 여러 장수들에 대한 체포가 이어졌다. 고시니 유키나가, 이시다 미쓰나리, 안코쿠지 에케이가 일주일 정도 만에 체포되었다. 세 사람은 10월 1일 교토에서 처형되었다. 마시타 나가모리, 모리 데루모토, 우키다 히데이에는 유배를 갔다. 최후까지 남았던 것은 시마즈씨 처분 문제였다. 시마즈 요시히로는 영지로 돌아가 칩거하면서 공손의 뜻을 표하였다. 아들 타다츠네忠恒와 형 요시히사義久는 사죄하고 강화의 길을 찾았지만, 해결은 쉽지 않았다. 시마즈측은 무비武備와 공손恭遜의 양면으로 버텼다. 이에야스측과 시마즈측은 근본적 해결을 하지 못한 채 서로 대치 상태로 2년을 보냈다. 그러다가 후쿠시마 마사노리의 도움을 받아 시마즈 타다츠네가 1602년 12월 말 후시미성에서 이에야스를 만나면서 문제가 타결되었다.[9]

1600년 9월에 일어난 세키가하라합전은 도요토미 정권의 정치적 모순의 총결산이며, 히데요시가 구축한 정치체제를 해체시키고, 새로운 도쿠가와 막번체제 정치시스템을 형성하여 간 획기적인 사건이었다.[10] 오다 노부나가, 도요토미 히데요시, 도쿠가와 이에야스, 3명의 천하인 가운데 최후의 승자는 도쿠가와 이에야스였다.

---

9) 笠谷和比古, 『關ヶ原合戰』, 161~165쪽.
10) 笠谷和比古, 『關ヶ原合戰』, 1쪽; 笠谷和比古·黑田慶一, 『秀吉の野望と誤算』, 222쪽.

2. 에도막부의 탄생

1) 세키가하라전투 전후 처리와 논공행상

세키가하라전투로 서군이 패배하면서 서군에 속한 다이묘들의 영지는 몰수되거나 감봉·전봉轉封되었다. 이시다 미쓰나리(19만 석), 우키다 히데이에(57만 석), 고니시 유키나가(20만 석), 조소카베 모리치카(22만 석), 다치바나 무네시게(13만 석) 등 90가문을 멸망시키고, 생산량 440만 석의 영지를 몰수하였다. 또 모리 데루모토 120만 → 36만 석, 사다케 요시노부 54만 → 34만 석, 우에스기 가게카쓰 120만 → 30만 석 등으로 다이묘의 영지를 삭감하여, 220만 석 정도를 몰수하였다. 몰수한 660만 석은 일본 전국 총생산량의 3분의 1을 넘는 숫자였다.[11]

몰수한 660만 석은 먼저 도쿠가와씨의 직할지로 편입시키고, 다음은 논공행상을 하였다. 마에다 도시나가는 83만 → 120만 석, 다테 마사무네는 58만 → 75만 석, 모가미 요시아키는 28만 → 57만 석, 가토 요시아키는 10 → 20만석으로 가봉加封하여 영지가 늘었다. 그 밖에 구로다 나가마사(나가쓰中津 18만 → 후쿠오카 52만 석), 후쿠시마 마사노리(기요쓰淸州 20만 → 히로시마 50만 석), 아사노 요시나가(고후甲府 22만 → 와카야마 40만 석), 호소가와 타다오키(미야즈宮津 17만 → 고쿠라小倉 37만 석) 등 대부분의 다이묘는 영지를 늘이면서 다른 곳에 주는 전봉轉封을 하였다.[12]

〈그림 14〉 엽서는 도쿠가와미술관에서 발행한 세트 엽서의 일부다. 엽서에는 "도쿠가와 이에야스가 미가와三河시대에 사용했던 곰털熊毛을 심고, 흑사黑絲로 으르는 갑옷"이라고 적혀 있다. 엽서 사진은 흑백이다. 원래 갑옷은 진흑

---

11) 구태훈, 『일본근세사』, 122~123쪽; 笠谷和比古, 『關ケ原合戰』, 168~174쪽.
12) 구태훈, 『일본근세사』, 122~123쪽.

그림 14 도쿠가와 이에야스 갑옷

그림 15 도쿠가와 이에야스 투구와 진패陣貝

색 전신에 얼굴 부분만 진홍색을 선명하게 한 특징을 보이는 것으로 유명하다.

〈그림 15〉 엽서는 츠루가오카 하치만궁鶴岡八幡宮 사무소社務所에서 발행한
세트 엽서의 일부다. 엽서에는 "가마쿠라 국폐중사 츠루가오카 하치만궁 보물.
이에야스의 투구와 진패陣貝. 갑옷은 도쿠가와 이에야스가 오사카진大阪陣에서
사용한 것으로, 후에 미토 미쓰쿠니水戸光國가 본 궁에 봉납한 것. 진패는 도쿠
가와 이에야스가 세키가하라진關原陣에서 사용한 것"이라고 적혀 있다.

2) 정이대장군 취임

도쿠가와 이에야스가 독자적 정권을 수립하기 위해서는 천황에게서 정이대
장군 임명을 받는 것이 필요했다. 정이대장군(쇼군)은 무가의 동량棟梁만 오를
수 있었다. 정이대장군에게는 다이묘를 전쟁에 동원하고 지휘할 수 있는 권한

이 주어졌다. 정이대장군은 미나모토씨源氏가 아니면 안 되는 전통이 있었다.[13] 정이대장군(쇼군)의 기원은 8세기로 올라가지만, 막부의 수장을 의미하는 관직으로 일컬어진 것은 가마쿠라막부를 연 미나모토노 요리토모源賴朝가 1192년 정이대장군에 임명되면서부터다.

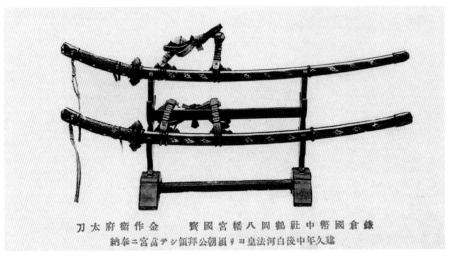

그림 16 가마쿠라막부 1대 장군 미나모토노 요리토모 칼太刀

이 엽서는 5장에서 언급한 소슈 가마쿠라 츠루가오카 하치만궁 보물 엽서의 하나다. 츠루가오카 하치만궁은 미나모토노 요리토모源賴朝 관련 신사다. 엽서에는 "가마쿠라 국폐중사 츠루가오카 하지만궁 보물. 금으로 만든(장식한)金作 위부位府 칼太刀. 겐규(建久, 1190-1198) 연간에 고시라가와법황後白河法皇(법황은 출가한 상황, 상황은 양위한 천황)으로부터 요리토모賴朝가 받아서 본 궁(하치만궁)에 봉납"이라고 적혀 있다.

겐규 연간에 있었던 가장 중요한 사건은 1192년(建久 3) 미나모토노 요리토모가 가마쿠라鎌倉막부를 연 일이다. 요리토모는 1192년 7월에서 1199년 1월

13) 구태훈, 『일본근세사』, 122~124쪽; 荒野泰典 편, 『江戸幕府と東アジア』, 2003, 49쪽.

까지 재임하였다. 고시라가와천황은 1155년 11월부터 1155년 12월까지 천황에 재임하였다. 겐규 연간은 천황직을 양위하고 출가했기 때문에 '법황'이라 하였다. 다만 그는 요리토모가 정이대장군이 되기 전에 죽었고, 칼을 준 시기도 1190–1198년 사이의 언제인지 정확하게 알 수가 없다. 하지만 이 칼을 받은 후 멀지 않은 시점에 정이대장군이 된 것 같다. 아무튼 요리토모를 상징하는 칼인 것만은 틀림없다.

〈그림 17〉 엽서에는 "슈젠지修禪寺 온 천장. 미나모토씨源氏의 고적古跡. 요리이에賴家 8대의 비"라고 적혀 있다. 비석에는 '정이대장군좌征夷大將軍左 미나모토노 요리이에源賴家 존령尊靈 1204년(元久 원년) 즉卽チ 7월 18일'이라고 적혀 있다. 시즈오카현 이즈伊豆시 슈젠지에 무덤이 있다. 요리이에는 이즈 슈젠지에 유배되었다가 암살당했다. 1204년 7월 18일은 그가 죽은 날이다. 1199년 아버지 요리토모가 죽자 좌중장左中將이 되었다. 관위가 좌위문독左衛門督, 정이대장군이었으므로 '정이대장군좌'라고 쓴 것 같다. 가마쿠라막부 2대 장군으로, 1202년 7월부터 1203년 9월까지 재임했다.

그림 17 가마쿠라막부 2대 장군 미나모토노 요리이에 묘

정이대장군이 막부를 개설하여 독자적인 정권을 구축하는 권한을 가진 것은 가마쿠라·무로마치室町의 두 막부에 의해, 그 전통과 선례가 형성되어 있었다.[14] 정이대장군에 취임한 것은 이런 정통성과 역사성을 계승하는 것이었다.

---

14) 笠谷和比古, 『關ヶ原合戰』, 181쪽.

도쿠가와 이에야스의 원래 성씨는 마쓰다이라씨松平氏였다. 따라서 이에야스는 가문의 격을 높이는 등 노력을 하여 정이대장군이 되기 위한 조건을 만들었다. 1603년 2월 도쿠가와 이에야스는 후시미성에서 고요제이後陽成 천황으로부터 '장군 선하宣下'를 받았다. 이에야스는 종일위從一位 우대신右大臣 정이대장군이 되었다.[15] 마침내 도쿠가와 이에야스는 무가의 정점에서 에도江戸막부(도쿠가와막부)를 열었다. 그것은 새로운 에도시대의 시작이었다.

3) 조선과의 관계 개선

도쿠가와 이에야스는 히데요시 정권 안의 반대파를 타도하고, 천하의 정권을 사실상 수중에 넣었다. 이것은 아직 히데요시의 유지를 받은 히데요리의 '후견' 입장에서 이루어진 것이다. 후견인 입장을 벗어나 여러 다이묘는 물론 조정·공가公家·사사寺社 및 그 밖의 여러 세력 등 천하에 자신이 지배하는 정당성을 과시하는 것이 당면한 과제였다. 정당성은 국내만 아니라 국제적으로 인정받아야 했다. 국제적 인정을 받기 위해 이에야스는 이용가능한 모든 루트를 통해 일·명강화를 실현시키려고 노력하였다.[16]

이에야스는 1603년 쇼군에 취임하자마자 전국 다이묘에게 에도성과 시가지 건설을 명령하였다. 1605년 전국 각지에 검지檢地(토지조사) 결과를 기록한 대장을 제출하도록 하여, 히데요시의 뒤를 이은 정통성을 지닌 지배자임을 분명히 하였다. 내정은 쇼군의 권력을 강화하고, 외정은 주로 조선과의 관계를 정상화하는 방향으로 추진하였다.[17]

조선과의 관계는 사명당 송운대사가 전한 말에서도 잘 나타난다. 송운대사는 이에야스의 뜻을 전하며 말하기를 "나는 임진壬辰에 관동關東에 있었다. 일

---

15) 구태훈, 『일본근세사』, 124~125쪽.
16) 荒野泰典 편, 『江戸幕府と東アジア』, 48쪽.
17) 구태훈, 『일본근세사』, 125쪽.

찍이 병사兵事에 관여한 적도 없다. 조선과 나는 진실로 원수같은 원한이 없다. 더불어 통화通和(화친)하기를 청한다. 연유를 갖추어 자문咨文으로 요동무진遼東撫鎭 각 아문에 보고해 주시오"[18]라고 하였다.

1604년(선조 37) 조선 조정은 사명당 유정을 손문욱과 함께 일본에 보냈다. 사명대사는 공식사행으로 일본에 간 것은 아니다. 당시는 아직 공식 사행을 파견할 상황은 아니었다. 하지만 사명대사는 공식 사행이 아님에도 조정의 의도에 따라 공식적인 '사행'을 수행하였다. 8월에 쓰시마에 도착한 이들은 3~4개월간 머문 뒤 12월 말에 교토에 들어가 혼포지本法寺에서 머물렀다. 1605년 3월 후미시성에서 이에야스를 만났다. 이에야스는 임진왜란에 직접 관여하지 않은 명분을 내걸고, 조선도 히데요시가 아닌 이에야스가 국권을 잡았기 때문에 국교 재개의 명분을 세울 수 있었다.[19]

4) 2대 장군 히데타다와 슨푸 오고쇼大御所정치

1603년 2월 쇼군에 취임한 이에야스는 갑자기 1605년 4월 쇼군직을 아들 히데타다에게 물려주었다. 이제 막 시작한 막부의 여러 가지 정책 입안과 실행을 위해서는 정권 기반을 굳건하게 하는 것이 필요했다. 불과 2년 만에 3남 히데타다秀忠에게 물려준 것은 쇼군직은 도쿠가와씨가 세습하는 것임을 천하에 선언한 것이다. 동시에 그것을 기정사실화한 정치적 행위였다.[20]

---

18) 『고사촬요』(규장각한국학연구원 소장, 一簀古貴327.51-Eo1ga) 권상, 만력 32년 갑진(1604) 7월 "致家康意日 我於壬辰在關東 不曾干預兵事 朝鮮與我 實無讐怨 請與通和 具由咨報于遼東撫鎭各衙門". 田中健夫·田代和生 校訂, 『朝鮮通交大紀』, 名著出版, 1976, 154쪽; 나카오 히로시(仲尾宏) 지음, 유종현 옮김, 『조선통신사 이야기』, 한울, 2017(초판 2쇄), 49쪽.
19) 채상식, 「사명대사의 일본행과 이에 대한 양국의 태도」 『한국민족문화』 27, 부산대 한국민족문화연구소, 2006, 146~147쪽.
20) 구태훈, 『일본근세사』, 127쪽.

그림 18 2대 장군 도쿠가와
　　　히데타다 초상(현대
　　　엽서)

〈그림 18〉 엽서는 최근 만든 엽서다. 이에야스의 아들 히데타다의 초상화다. 그림은 교토시에 있는 콘카이코묘지金戒光明寺에 소장되어 있다. 쇼군직에서 물러난 이에야스는 에도성을 물려주고 슨푸駿府로 은거하면서, '오고쇼大御所'라고 칭하였다. 관직 규제에서 자유로운 입장에서 전국 지배나 외교·무역 등을 담당하였다. 이리하여 정치의 중심이 후시미에서 슨푸로 옮겨졌다.[21]

〈그림 19〉 엽서에는 "시즈오카靜岡 슨푸성지駿府城趾"라고 적혀 있다. 에도의 2대 쇼군 히데타다를 중심으로 하는 집단은 막부 행정기구를 정비하고, 슨푸의 이에야스를 중심으로 하는 집단은 유력 다이묘를 억압하는 역할을 하였다. 이런 2두정치는 정국이 불안했기 때문이다. 정치의 중심축은 슨푸 오고쇼에 있었다.[22] 이를 오고쇼정치라고 부른다.

그림 19 슨푸성터駿府城趾

21) 荒野泰典 편, 『江戸幕府と東アジア』, 50쪽.
22) 구태훈, 『일본근세사』, 127쪽.

그림 20 정이대장군 도쿠가와 이에야스 서장   **그림 21** 도쿠가와 이에야스 초상

〈그림 20〉 엽서는 관폐대사 히에日枝신사 사무소에서 발행한 세트 엽서의 1장이다. 2번째 사진에는 "정이대장군 도쿠가와 이에야스 주인朱印", 3번째 사진에는 "정이대장군 도쿠가와 이에미쓰德川家光 주인"이라고 적혀 있다. 하지만 이에야스 주인장의 날짜는 1591년(天正 19) 11월이다. 아직 이에야스가 정이대장군이 되기 전 서장이다. 3대 쇼군 이에미쓰 주인장의 날짜는 1635년(寬永 12) 6월 17일이다. 이에미쓰는 1623년 7월~1651년 4월 재임하였다. 재임 당시의 서장이다.

〈그림 21〉 엽서에는 "도쿄부東京府 요세이칸養正館 국사회화관 벽화. (46) 도쿠가와 이에야스 에도성. 오타 기이치太田義一 필"이라고 적혀 있다. 오타 기이치(1891~1937)가 그린 초상화다. 1933년 12월 23일에 황태자(뒷날의 아키히토천황)가 태어나자, 이를 기리는 기념사업의 하나로, 도쿄부에서는 "국사를

통해 웅대한 조국肇國정신을 체득하고 일본정신을 연성시키고자" 청소년 수양 도장의 창건을 기획하였다. 그 결과로 1937년 12월에 '도쿄부 양정관'이 준공 되었다. 이곳 본관에는 회화진열실이 마련되었다. 일본사에서 77개 화제畫題 를 선정하여, 일본화 45점과 서양화 32점 벽화가 상설 전시되었다. 70번째 그 림이 나가토치 히데타永地秀太(1873~1942)가 그린 「한국병합」이다.[23] 엽서에 적힌 (46)은 46번째 그림이라는 뜻이다.

5) 오사카전투와 도요토미가의 종말

7장에서 언급한 것처럼, 도쿠가와 이에야스는 히데요리의 명으로 만든 호코 지 대종에 적힌 글자를 트집잡는 '호코지 종명方廣寺鐘銘 사건'을 1614년에 일 으켰다. 히데요리는 사자를 보내 문구를 해명하였다. 하지만 이에야스는 히데 요리가 다른 곳으로 옮기든지, 요도도노를 인질로 에도에 보내든지 둘 중 하나 를 택하라고 요구하였다. 히데요리가 교섭을 중단하자, 이에야스는 오사카 정 벌을 명령하였다.[24] 오사카 정벌은 1614년 오사카 겨울 전투大坂冬の陣와 1615년 오사카 여름 전투大坂夏の陣의 2차례로 행해졌다. '오사카의 진大坂の陣'이라고 불린다.

도요토미 히데요리와 어머니 요도도노는 자살하였다. 이에야스는 오사카성 에서 농성한 자를 찾아 처형하였다. 약 5천 명의 목이 교토로 통하는 길에 매 달렸다.[25]

〈그림 22〉 엽서 아래쪽의 왼쪽 사진에는 "오사카전투大阪陣 용사의 머리 해 골髑髏"이라고 적혀 있다. 오른쪽 사진에는 "요도기미淀君(淀殿)가 사랑하던

---

23) 민족문제연구소, 「명치신궁 성덕기념 회화관에 걸린 '한국병합' 벽화그림」(집필자 이순우).
24) 구태훈, 『일본근세사』, 129쪽.
25) 구태훈, 『일본근세사』, 130쪽.

유물遺愛인 차솥茶釜"이라
고 적혀 있다. 요도기미는
히데요리의 어머니 요도
도노다. 현재 오사카공원
안에는 도요토미 히데요
리와 요도도노 등이 자살
한 곳('豊臣秀賴 淀殿ら自
刃の地')이라는 비가 서 있
다. 자살한 위치는 정확하
지 않다.

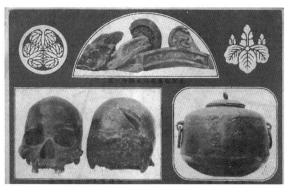

그림 22 오사카전투 전사자

〈그림 23〉 엽서에는 "도요토미 히
데요시豊太閤 봉납 탑. 히데요리 봉
납 악구鰐口"라고 적혀 있다. '시운산
부츠니치에린서紫雲山 佛日慧林書'란
스탬프가 찍혀 있다. 악구는 불가에
서 쓰는 평평한 둥근 종이다. 히데요
시가 1598년 사망 전에 어린 아들 히
데요리를 보좌하기 위해 5대로·5봉
행을 두었지만, 끝내 5대로의 한 사
람인 도쿠가와 이에야스에 의해 죽고
말았다. 1598년 당시 히데요리는 5살
이었다. 17년 뒤인 1615년 히데요리
는 22살로 어머니와 함께 세상을 떠
났다. 히데요시와 히데요리가 엽서에

그림 23 도요토미 히데요시·히데요리 봉납물

있는 두 물건을 바치면서 빌었던 소원은 이런 삶은 아니었을 것이다.

히데요리는 도요토미 히데요시 만년의 아들로 태어난 운명 때문에 언젠가는 멸망하지 않으면 안 되는 비극의 주인공이었다. 그것은 역사의 필연이었다.[26] 1603년 에도막부(도쿠가와막부)가 들어선 지 10여 년 만인 1615년 도요토미씨는 종말을 고하였다. 도쿠가와 이에야스도 도요토미씨 멸망이라는 숙원을 해결하고, 다음해 1616년 4월 사망하였다.[27]

---

26) 森田恭二, 『豊臣秀賴』, 和泉書院, 2005, 140쪽.
27) 구태훈, 『일본근세사』, 130쪽.

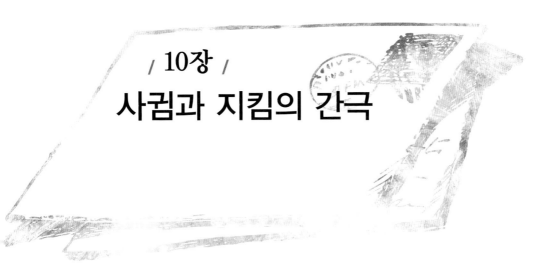

/ 10장 /
사귐과 지킴의 간극

1. 왜관과 통신사

　임진왜란이 끝나고 난 이후 17세기에서 1876년 조일수호조규(강화도조약)에 의해 부산이 개항되기까지, 조선후기 조·일 관계는 왜관과 통신사의 두 축으로 전개되었다. 임진왜란의 후유증 때문에 전쟁에 대한 위협·불안감으로 늘 경계의 끈을 늦추지는 않았다. 하지만 270년 동안 평화는 지속되었다. 한 번도 전쟁이 일어나지 않았다.

　7년 동안의 대전쟁인 임진왜란이 끝난 지 불과 3년도 안되어, 1601년 부산의 절영도에 왜관이 설치되었다. 이 절영도왜관은 1601년부터 1607년까지 존속하였다.[1] 이 왜관은 영도구 대평동과 남항동 서남단 일대로, 임진왜란 당시

1) 양흥숙, 『조선후기 동래 지역과 지역민 동향—왜관 교류를 중심으로—』, 부산대 사학과 박사학위논문, 2009, 13~15쪽.

사쓰마번 시마즈 요시히로 휘하의 수군들이 군선을 정박시키기 위하여 해안의 모래톱을 파서 정박지로 만들어 사용했던 해안이다. 흔히 '사쓰마보리薩摩堀'라고 부르는 곳이다. 이 일대는 개항 후 일본인이 경영하는 작은 조선소들이 들어섰다.[2] 한국 최초의 근대 조선소는 다나카 와카지로田中若次郎와 아들 키요시淸가 설립·운영한 다나카조선소로 보고 있다. 부산시 영도구 절영로 82(남항동 2) 대평초등학교 교정에는 반류회가 1989년 11월 7일 세운 '한국근대조선 발상유적지'라는 비가 있다.[3]

그림 1 절영도왜관 터와 초량왜관 터

2) 김재승, 「절영도왜관의 존속기간과 그 위치」『동서사학』 6·7, 한국동서사학회, 2000, 88~89쪽.
3) 이가연, 「영도, 근대 조선업의 발상지」『원도심 역사의 발자취를 찾아서』, 부산광역시 문화유산과, 2020, 359~361쪽.

그림 2 영도 주갑

〈그림 1〉 엽서에는 "부산항 경景", 〈그림 2〉 엽서에는 "부산 마키노시마牧之島 주갑州岬을 바라보다"라고 적혀 있다. 〈그림 1〉 엽서에서 가운데 있는 산이 용두산이다. 그 뒤쪽에 가토신사가 있는 용미산이 약간 보인다. 바다 건너가 영도다. 영도 오른쪽을 보면 땅이 가늘게 원을 그리고 가운데가 마치 호수같이 보이는 곳이 있다. 그곳이 '주갑'이라고 부르는 곳이다. 〈그림 2〉 엽서는 '주갑'에 있는 공장 건물들만 보이는 모습이다.

이 주갑이란 곳이 임진왜란 때 시마즈 요시히로가 인공적으로 파서 바닷물을 끌어들여 만든 사쓰마보리薩摩堀다.[4] 주갑洲岬으로도 쓴다. 바람을 피할 수 있는 포구라는 뜻으로 대풍포待風浦(大風浦)라고 부른다. 대풍포 일대는 일제시기에 매축되었다. '영도 대풍포 매축지'란 비가 서 있다.[5] 엽서에서는 아직

---

4) 부산부 내무과, 『부산』(개항 50년 특집호), 부산부, 1926, 75쪽.
5) 이가연, 「영도, 근대 조선업의 발상지」, 351~354쪽.

사쓰마보리란 표현을 확인하지 못했지만, 한말 자료인『동래항안』,『내부거래 안』,『탁지부거래안』등에 보인다. 일제시기『부산일보』등에는 '사쓰마보리薩 摩堀' 관련 기사가 종종 등장한다. 1930년 3월 8일 도쿄東京교통사에서 발행한 「대일본직업명세도」〈부산부〉를 보면 영선정에 '사쓰마보리薩摩堀'라고 표기되 어 있다.[6]

절영도왜관은 영도 섬에 있기 때문에 좋은 여건이 아니었다. 조·일 관계가 점점 정상화 길로 가면서 두 나라 모두 불편하게 생각했다. 국교가 곧 재개되 는데, 일본 사절이 머물면 섬에 유폐시킨다는 오해를 살 수 있다고도 생각했 다. 그래서 부산진 서쪽 5리 쯤에 있는, 지금의 부산광역시 동구청 부근으로 왜관을 옮겼다. 섬에서 육지로 옮긴 것이다. 이 왜관이 두모포왜관이다. 이 왜 관은 1607년부터 1678년까지 70년 정도 존속했다.[7]

館 古 在 　　　 纂 氏 庫 兵 江 之 津 故

그림 3 쓰노에 효고(쓰에 효고) 비(고관)

6) 부경근대사료연구소,『부산 근대지도 모음집』, 부산광역시립중앙도서관, 2012.
7) 양흥숙,『조선후기 동래 지역과 지역민 동향』, 15~17쪽.

〈그림 3〉 엽서에는 "고故 쓰노에 효고津之江兵庫 묘 고관에 있다在古館"라고 적혀 있다. 고관(두모포왜관)에 있는 쓰노에 효고(쓰에 효고津江兵庫) 묘비다. 두모포왜관은 1678년 용두산공원 일대로 옮겨 갔다. 이 왜관이 초량왜관이다. 이 왜관은 1678년부터 1876년 개항까지 200년 정도 존속했다. 신관인 초량왜관에 대해서, 두모포왜관을 고관·구관이라 부른다. 초량왜관으로 왜관이 옮기기까지 8차례나 쓰시마에서 사절을 보내 협상하였다. 조선에서 왜관 이전을 허락한 데는 여러 가지 이유가 있지만, 1671년 6차 사절로 온 쓰에 효고가 교섭 과정에서 1671년 12월 동래부에서 갑자기 사망한 것도 중요한 계기의 하나였다.[8] 〈그림 3〉 엽서에 대해서는 필자가 이미 소개한 바가 있다.[9]

그림 4 초량왜관 연대청(연향대청)
'동래부사접왜사도'(부분)

〈그림 1〉 엽서의 용두산공원 오른쪽에 보면 큰 기와집 2채가 보인다. 그리고 바닷가 쪽 기와집 옆에 우뚝 솟은 건물이 보인다. 기와집 2채와 우뚝 솟은 건물이 초량왜관 서관 3대청이다. 3대청 가운데 2곳은 아직 남아 있고, 1채는 무너지고 새 건물이 들어선 것을 볼 수 있다. 〈그림 1〉 엽서는 절영도왜관 터와 초량왜관의 남은 건물을 엽서 1장에서 볼 수 있는 엽서다.

〈그림 4〉, 〈그림 5〉 엽서는 19세기 전반에 그려진 '동래부사접왜사도'의 일부다. 〈그림 4〉 엽서에는 "부산왜관 연대청 다례도",

8) 윤용출, 「17세기 중엽 두모포 왜관의 이전 교섭」『한국민족문화』13, 부산대 한국민족문화연구소, 1999; 장순순, 『조선시대 왜관변천사 연구』, 전북대 사학과 박사학위논문, 2001; 다시로 가즈이 지음, 정성일 옮김, 『왜관』, 논형, 2005.
9) 김동철, 「기억과 표상으로서의 왜관, 津江兵庫 추모비의 건립과 고관공원의 조성」『한국민족문화』31, 부산대 한국민족문화연구소, 2008.

그림 5 초량왜관 설문 '동래부사접
왜사도'(부분)

그림 6 독사회 12회 대회 기념엽서
봉투(1921)

〈그림 5〉 엽서에는 "동래부사 일행 부산왜관 도착도"라고 적혀 있다. 두 엽서 모두 경성 쓰카하라 류타로塚原龍太郎 소장품이다. 쓰카하라 류타로는 통감부, 조선총독부 소속 관리였다. 두 엽서에 대해서는 필자가 이미 소개한 바 있다.10)

엽서 봉투에는 "1921년(大正 10) 12월 3일. 제12회 대회 기념엽서. 교토京都제국대학 문학부 독사회"라고 적혀 있다. 1921년 12월 3일 교토대학 학생회 집회장에서 열린 '독사회 12회 창립기념 대회' 개회 기념엽서로 발행된 엽서다. 이 대회 때 〈일선교통日鮮交通에 관한 진귀한 회화〉가 진열 전시되었다. 독사회가 진열품 가운데 일부를 기념엽서로 만들어 나누어 준 것이 이들 엽서다.11)

독사회 12회 대회의 그림 전람회에는 동래부사접왜사도뿐 아니라, 신 다츠우마進辰馬, 와타나베 모리쿠니渡邊守國 소장의 통신사 그림도 전시되었다. 이 그림의 일부도 기념엽서로 만들었다. 〈그림 7〉, 〈그림 8〉 엽서가 그것이다.12)

〈그림 7〉 엽서에는 "조선신사 에도江戸등성 행렬도. 경성 신 다츠우마", 〈그림 8〉 엽

10) 김동철, 「동래부사접왜사도'의 기초적 연구」『역사와 세계』 37, 효원사학회, 2010.
11) 김동철, 「동래부사접왜사도'의 기초적 연구」, 86쪽.
12) 김동철, 「동래부사접왜사도'의 기초적 연구」, 86~87쪽.

서에는 "조선인 곡마도. 야마시로 요도山城淀(현 교토시 후시미구) 와타나베

그림 7 통신사 행렬도

그림 8 통신사 마상재도

모리쿠니 소장"이라고 적혀 있다. 현재 국립중앙박물관 소장품 가운데 「조선통신사행렬도」가 있다. 표지 제목은 「한국사신입황성행진도韓國使臣入皇城行陣圖」이다. 유리건판이다. 서울 신 다츠우마 소장으로 1928년 촬영한 것이다. 촬영자는 다노 시치노스케田野七之助, 조사자는 후지다 료사쿠藤田亮策다. 엽서와 동일한 작품이다.

『재한성공지구주인在韓成功之九州人』이란 책에는 한국에서 성공한 규슈인 후쿠다 소베福田增兵衛·야마구치 다베에山口太兵衛 등 17명이 수록되어 있다. 신 다츠우마도 포함되어 있다. 한국 제일의 잡화상으로 서적상으로 크게 성공했다고 평하고 있다.[13] 〈그림 8〉 엽서의 소장자인 와타나베 모리쿠니에 대해서는 소장자 정보를 확인할 수 없었다.

통신사는 1607년부터 1811년까지 12차례 일본에 갔다. 9장에서 언급한 사명당 일행이 1605년 4월 귀국할 때, 이들을 호행한 다치바나 도모마사橘智正는 거듭 강화의 조속한 타결을 요청하였다. 하지만 조선 조정은 사명당이 도쿠가와 이에야스를 만났을 때, 이에야스가 강화 관련 어떤 서계도 보내지 않았기 때문에 쓰시마의 강화요청은 이에야스가 원하는 것이 아니라 쓰시마가 자체 이익을 위한 것으로 보았다.[14]

조선은 일본의 강화를 원칙적으로 허락하면서도 신중하게 대처하는 방안을 정하였다. 그래서 ① 이에야스가 먼저 국서를 보낼 것, ② 임진왜란 때 선릉宣陵·정릉靖陵을 파헤친 범인(범릉적)을 잡아 보낼 것, 이 2가지를 강화조건으로 내걸었다. 2가지 조건은 1606년 8월 전계신 등을 파견하여 쓰시마에 전하였다. 1606년 11월 다치바나 도모마사는 이에야스의 국서와 범릉적 2명을 데리고 왔다. 국서를 지참하고 온 임진왜란 이후 최초의 일본국왕사였다. 조선은 가짜인 것을 알았지만 수용하였다. 국교 재개를 위한 정치적 명분을 확보하기 위해서였다. 조선은 2가지 조건의 진위 여부와 상관없이, 사절 파견에 응하지

---

13) 高橋刀川, 『在韓成功之九州人』, 虎與號書店, 1908, 127~135쪽.
14) 손승철, 『조선시대 한일관계사 연구』, 경인문화사, 2006, 112쪽.

않을 수 없었다. 1607년 여우길을 정사로 하는 사행이 파견되었다. 사행 명칭은 통신사가 아니고 '회답겸쇄환사'였다. 임진왜란의 후유증으로 '통신사'라 부를만큼 믿음이 없었기 때문이다. 12차 사행에서 앞 3차는 회답겸쇄환사, 1636년 이후의 9차는 통신사였다.[15]

이처럼 1607년 회답겸쇄환사 파견은 믿음의 산물은 아니었다. 그것은 어디까지나 타협의 산물이었다. 이러한 타협은 조선 조정, 일본 막부, 쓰시마 번주 3자가 공존하기 위한 일종의 '공동선'이었다. 통신사가 파견될 때마다 양국의 실무자가 규모·의례 등을 확인하고 문제가 있으면 협상·조절하였다.[16] '통신'은 양국 사이에서 늘 유동하는 존재로서, '만들어진 통신'이었다. 통신사가 한시적·제한적·명분적인 교류라면, 왜관은 항시적·구체적·실리적 교류였다. 동래(부산)는 왜관의 도시, 통신사의 도시였다.[17]

2. 두 얼굴의 도시, 동래

동래는 임진왜란 첫 전투의 도시다. 일본의 침략에 대비하는 남쪽 변방 제일선의 도시다. 왜관이 설치되고, 통신사가 왕래해도 일본의 침략에 대한 경계의 끈을 놓지 않았다. 동래는 종3품 도호부사가 지방관(수령)으로 파견되는 도호부지만, 남쪽 변방을 지키는 국방 요충지므로 정3품 당상관이 파견되었다. 동래부는 1655년(효종 6) 경주진관에서 벗어나 독자적으로 군대를 지휘하는 '독

---

15) 손승철, 『조선시대 한일관계사 연구』, 118~125쪽; 양흥숙, 「17세기 전반 회답겸쇄환사의 파견과 경제적 의미」 『항도부산』 21, 부산시사편찬위원회, 2005, 137~145쪽; 김문자, 「임진왜란 이후 조·일간의 국내사정과 통신사 파견-회답겸쇄환사파견을 중심으로-」 『항도부산』 38, 2019, 46~55쪽.
16) 양흥숙·김동철 외, 「대마도 역지통신과 역관, 그 '의례적' 관계와 '은밀한' 교류의 간극」 『한일관계사연구』 50, 한일관계사학회, 2015.
17) 김동철, 「통신사와 부산」 『조선시대 통신사와 부산』, 부산박물관, 2015, 218쪽.

진'이 되었다. 이런 동래부의 위상은 동헌의 바깥 대문에 걸린 '동래독진대아문'이란 편액에 잘 나타난다.[18] 아래 동래부 관련 엽서는 필자가 이미 소개한 바 있다.[19]

그림 9 동래부 동헌 외대문

〈그림 9〉 엽서에는 "동래 온천 금강원 입구의 '독진대아문'과 석비", 〈그림 10〉 엽서에는 "조선 동래 온천 금강원 입구"라고 적혀 있다. 엽서에 보이는 문이 동래부 동헌 앞에 있는 동헌 바깥대문(외대문)이다. 1932~1933년 무렵에 동래 금강원으로 옮겼다.[20]

그림 10 동래부 동헌 외대문

이 문에는 '동래독진대아문'이란 편액이 걸려 있다. 또 문의 양쪽에는 '교린연향선위사交隣宴享宣慰司', '진변병마절제영鎭邊兵馬節制營'이란 현판이 걸려 있다. 전자는 일본과의 성신외교를 담당하는, 후자는 일본의 침략을 막고 국방을 지키는 기관이라는 뜻이다. 교린/진변은 친구/적으로 전혀 다른 개념

---

18) 김동철, 「부산, 조선시대 국방·외교·무역의 중심지가 되다」『시대별로 한눈에 보는 부산역사산책』, 부산광역시, 2020.
19) 김동철, 「동래읍성과 관아 건물 관련 엽서 자료」.
20) 김동철, 「동래읍성과 관아 건물 관련 엽서 자료」, 498~504쪽.

이다. 두 가지 다른 개념의 대상국은 일본 하나다. 동래부가 이런 상반된 임무를 맡는 것은 임진왜란의 후유증 때문이다. 일본을 친구이면서 적으로 보는 모순된 인식의 틈새가 컸다. 흔히 쓰고 있는 '가깝고도 먼 나라, 일본'이란 표현과도 흡사하다.

그림 11 동래읍성 남문

〈그림 11〉 엽서에는 "조선 동래부 옛성舊城 세병문洗兵門"이라고 적혀 있다. 동래읍성의 남문 모습이다. 앞에 있는 문이 세병문, 뒤에 있는 문이 주조문이다. 주조문의 문루 이름은 무우루無憂樓다. 동래부읍성은 임진왜란 당시의 모습은 아니다. 1728년(영조 4) 일어난 이인좌의 난(戊申亂) 이후 국내 정변 등을 막기 위해 1731년에 크게 증축한 읍성문이다.

〈그림 12〉 엽서에는 "동래명소 세병문", 〈그림 13〉 엽서에는 "동래부 성문"이라고 적혀 있다. 동래읍성 남문의 앞쪽 문인 세병문을 성 바깥쪽에는 본 모습과, 뒤쪽 문인 주조문(무우루)을 성 안쪽에서 본 모습이다. 문에는 각각 '세병문'과 '무우루'라는 현판이 걸려 있다.

(吳竹堂發行)　　　THE SENPEI GATE.　　　門 兵 洗　所名來東

그림 12 동래읍성 남문 세병문

The Gate Toraifu.　　門 城 府 萊 東

그림 13 동래읍성 남문 무우루(주조문)

'세병'과 관련해서는 당나라 시인 두보杜甫의 시 〈세병마행洗兵馬行〉에 나오는 "안득장사만천하安得壯士挽天河 정세갑병장불용淨洗甲兵長不用(어찌 장사를 얻어 은하수를 끌어 당겨, 갑병을 깨끗이 씻어 길이 쓰지 말려나)"란 시가 유명하다. 즉 '세병'은 전쟁을 끝낸다는 뜻이다. 동래읍성 남문 앞에 있는 '세병교'나, 앞서 본 통영 '세병관'의 이름도 같은 뜻이다. 남문 이름인 세병문의 '세병'이 되면, '무우' 즉 전쟁에 대한 우려가 없어진다는 것이다. 이런 동래읍성 남문의 이름은 국방의 도시 동래부를 책임지는 동래부사의 가장 중요한 임무였다.

현재 남아있는 독립된 『동래부읍지』 가운데 가장 오래된 것은 1740년 『동래부지』다. 이 책에는 당시 동래부사인 박사창(1739.8~1741.1 재임)이 1740년(영조 16) 12월 15일 쓴 서문이 있다. 서문 마지막 부분만 인용해 본다. "뒷날 혹 불행한 때를 당하였을 때, 성곽이 견고하지 못했다든가 군사가 나약함을 근심하지 말고, 우리의 융비(군비)를 수리하고, 우리의 의렬義烈을 분기시켜서, 성을 지키기를 월천月川과 같이 하고, 첩보(승전보)를 아뢰기를 충무공과 같이 하여, 성이 함락된 옛 치욕을 쾌히 설욕함으로써 적을 섬멸하는 위훈을 세우기를 깊이 바라는 바이다."[21]

이 책은 동래부사 박사창이 왜관 내 일본인의 난동을 엄정히 다스리고, 만약의 경우에 대비하기 위하여 관방의 방어 태세를 보완하려는 의도에서 편찬한 것이다.[22] 임진왜란의 치욕을 씻고, 일본군을 섬멸하는 공을 세우기를 바란다는 대목으로 서문을 마무리 하였다. 임진왜란 때 동래성이 함락된 지 약 150년이 지나고, '성신 교린'이 동래부사의 중요한 임무인데도 불구하고, 그날에 대한 치욕과 분노를 기억·기록한 것이다.

---

21) 동래구지편찬위원회, 『동래부지』(부록), 부산광역시 동래구, 1995, 6~7쪽.
22) 디지털부산문화대전, 「동래부지」(집필자, 윤용출).

3. 메이지정부 수립과 교린관계의 종언

조선이 일본을 바라보는 기본적인 시선은 왜노倭奴(왜놈)나 도이島夷(섬 오랑캐)였다. 임진왜란 이후 명이 망하면서 중국=중화는 사라지고, 조선=소중화=동화東華로 대체되었다. 통신사가 일본에 갔을 때 남긴 작품 속에는 '동화'라는 표기가 종종 있다. 조선중화주의·동화주의 인식을 잘 볼 수 있다. 1763년 통신사행(정사 조엄) 때 제술관인 남옥南玉은 8월 20~22일 3일 동안 동래에 머물렀다. 8월 21일은 동래부사 송상현이 순절한 곳을 둘러보고, 22일에는 충렬사를 참배하고 〈동래부순절도〉, 〈부산진순절도〉를 관람하면서, 임진왜란의 기억을 회상하였다.[23] '성신 교린', 평화의 상징으로 일본에 가는 통신사행이 출발지 동래(부산)에서 임진왜란을 기억하면서 어떤 생각을 하였을까. 이처럼 임진왜란 이후 전개된 평화의 이면에는 늘 전쟁이 숨어 있었다. 평화와 전쟁은 마치 동전의 양면과도 같았다. 전쟁은 없었지만 그것은 늘 불안한 평화였다.

통신사가 쇼군이 있는 에도에 간 것은 1763년 통신사행이 마지막이다(1764년 에도 도착). 그 다음 1811년 통신사행으로 끝이 났다. 마지막 통신사는 정상적인 통신사는 아니었다. 규모도 축소되고 쓰시마까지만 간 예외적이고 변질된 통신사였다. 양국은 변질된 형태라도 '통신사'라는 의례적인 외교관계를 유지하고 싶어했다. 왜관과 통신사란 두 축으로 유지되던 조·일 관계는 1811년 이후에는 왜관이란 한 축만으로 유지되었다. 한 축이 없는 상태에서 원만한 관계를 유지하는 것은 무리였다. 1868년 메이지정부가 탄생하자 조·일 관계의 모순은 곧 파탄에 빠졌다.

〈그림 14〉 엽서는 에도막부의 8대 쇼군 도쿠가와 요시무네德川吉宗, 14대 쇼군 도쿠가와 이에모치德川家茂, 15대 쇼군 도쿠가와 요시노부德川慶喜의 초상이다. 15대가 마지막 쇼군이다.

---

23) 김동철, 「통신사와 부산」, 221쪽.

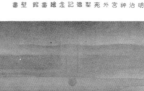

그림 14 에도막부의 쇼군들　　　그림 15 왕정 복고

　　1866년 12월 도쿠가와 요시노부가 교토에서 15대 쇼군으로 취임하였다. 막부는 지금까지의 쓰시마를 통한 조선과의 외교 관계가 아니라, 직접 조선과의 외교 관계를 수립하려고 하였다. 쓰시마번도 막부에 끊임없이 원조를 요구하면서 그대로 희생당하지 않으려고 노력하였다.[24] 〈그림 15〉는 왕정복고 엽서다. 왕정복고는 1868년 메이지유신에 의해 막부를 중심으로 하는 무가정치를 폐지하고 군주정체로 돌아가는 정치전환을 뜻한다.

　　1866년 사쓰마薩摩번과 조슈長州번은 도쿠가와 막부를 토벌할 목적으로 삿조薩長동맹을 체결하였다. 1867년 1월 메이지천황이 14세로 즉위하였다. 정치 주도권은 토막파討幕派가 장악하였다. 이들은 왕정복고를 선언하고 천황을 중

24) 현명철, 『19세기 후반의 대마주와 한일관계』, 국학자료원, 2015(초판 3쇄), 167~
　　180쪽.

심으로 하는 신정부를 수립하였다. 쇼군 도쿠가와 요시노부는 1868년 1월, 막부 직속 군대, 아이즈會津번과 구와나桑名번 군대를 교토에 보내, 사쓰마번과 조슈번 중심의 신정부군과 도바鳥羽와 후시미伏見에서 싸웠다. 보신戊辰전쟁이 시작되었다. 전쟁은 신정부군 승리로 끝났다. 1868년 4월 신정부군은 에도성을 접수하였다. 신정부군이 에도성에 입성하자, 구막부 해군 부총재 에노모토 다케아키榎本武揚는 홋카이도로 도망갔다. 신정부군은 홋카이도에서 이들과 격전하였다. 1868년 5월, 에노모토가 항복하면서 보신전쟁은 끝났다. 신정부군에 의한 일본 국내 통일이 이루어졌다.[25)]

그림 16 메이지천황. 교토에서 도쿄(에도)로

〈그림 16〉 엽서 왼쪽은 에도성 니시마루 오테문大手門 니주바시二重橋 모습이다. 오른쪽은 메이지천황이 동쪽, 즉 교토에서 새로운 수도 도쿄(에도)로 가는 모습이다.

25) 구태훈, 『일본 근세·근현대사』, 재팬리서치21, 2008, 256~265쪽.

그림 17 메이지천황의 에도 입성

〈그림 17〉 엽서에는 "1868년(明治 원년) 10월 13일 동쪽으로 행차하여 에도성江戸城에 도착하는 진경. 호리카와 코잔堀川光山 작"이라고 적혀 있다. 봉투에는 '메이지 원년 10월 13일 천황폐하 에도성 안착 진경'이라고 적혀 있다. 엽서 봉투에 적힌 설명에 따르면 행렬에 2,350명이 동원되었다고 한다. 호리카와(1857~?)는 일본 메이지, 다이쇼시대의 도예가, 건축장식가다.

에도성 공격을 앞둔 1868년 3월, 메이지천황은 신정부 방침 5개조를 천지신명에게 서약하였다. 내용을 보면 천황이 국가의 중심임을 천명한 것이다. 1868년 7월에는 수도를 교토에서 에도江戸로 옮겼다. 그리고 에도를 도쿄로 변경하였다. 9월에는 연호를 메이지明治로 하고, 1세 1원一世一元제를 채택하였다. 10월에는 에도성을 황거皇居로 정하였다. 12월에는 서양 열강이 신정부를 유일한 정부로 승인하였다. 이런 일련의 정치·사회적 대변혁인 메이지유신을 추진하였다. 신정부는 명실상부한 왕정복고를 실현하기 위해 제정일치를 선언하였다. 천황의 신격화도 진행되었다. 1871년 7월, 명실상부한 통일국가를 이룬다는 취지에서 폐번치현을 단행하였다.[26](〈그림 18〉 엽서 참조).

1868년 메이지유신에 의해 천황을 정점으로 하는 메이지정부라는 근대 국민국가가 탄생하였다. 쇼군을 중심으로 하는 막번제 체제와 천황을 중심으로 하

---

26) 구태훈, 『일본 근세·근현대사』, 265~269쪽.

明治神宮外苑聖徳記念絵画館壁画

[20]
廃藩置県
小松宮熾仁親王　　　鍋島閑叟
(農廣代議)　　明治四年七月十四日

그림 18 폐번치현

는 근대국가 체제는 다른 정치체제
다. 따라서 조선과 일본의 관계도 변
할 수밖에 없었다.

　아직 조선과의 외교를 직접 맡을
능력이 없다고 판단한 메이지정부는
쓰시마번주 소 요시사토宗義達에게
조·일통교를 종전대로 가역家役으로
정하고, 왕정복고를 알리도록 지시하
였다. 소 요시사토 명의의 서계書契
에는 왕정복고를 알리는 내용만이 아
니었다. 지금까지 유지해 온 조·일
교린체제를 전면 부정하는 것이었다.
조선은 종전의 교린체제를 고수하면
서, 서계 내용 수정을 요구하였다.
교섭에 진전이 없자 메이지정부는 1870년 5월 요시사토의 직함을 회수하고,
외무성 관리를 파견하여 직접 교섭에 나섰다. 1871년 폐번치현으로 쓰시마번
을 배제한 외교정책이 더욱 강화되었다. 1872년 외무성 관리 사가라 마사키相
良正樹와 왜관 관수 후카미 마사카게深見正景가 동래부사 정현덕과의 면담을
요구하면서 동래부에 진입하는 소요, 즉 난출을 단행하였다.[27]

　조선정부는 왜관 난출 책임을 물어 관수 직무를 정지시켰다. 난출은 양국 관
계를 더욱 악화시켰다. 메이지정부는 1872년 5월 왜관을 '초량공관'으로 부르
고, 왜관 업무를 외무성 소관으로 이관하였다. 1872년 9월 '왜관 접수' 권한을
받은 외무대승 하나부사 요시모토花房義質는 군함 가스가호春日丸와 기선 유코
호有功丸를 거느리고 왜관에 도착하였다. 조선측에 통고없이 왜관을 접수하였

27) 장순순, 「초량왜관의 폐쇄와 일본 조계화 과정」『일본사상』7, 한국일본사상사학
　회, 2004, 117~122쪽.

그림 19 하나부사 요시모토 초상(사진 가운데, 뒷날 일본적십자사 부사장 때, 러일전쟁
　　　구호 기념)

다. 그리고 관수 마사카게를 외무성 직속 관사館司에 임명하였다. 〈그림 19〉는
뒷날 하나부사 요시모토의 초상 사진엽서다.

　　에도막부는 1868년 메이지정부가 성립하면서 종말을 고하였다. 메이지정부
가 탄생한 지 10년도 되지 않아, 1875년 운요호雲揚號사건이 일어났다. 이듬해
1876년 조선과 일본은 강화도에서 조일수호조규(강화도조약)를 체결하였다.
조선측 대표는 신헌, 일본측 대표는 구로다 기요타카黑田淸隆였다. 〈그림 20〉
엽서에는 "개척장관 구로다 기요타카 백작"이라고 적혀 있다.

　　구로다 기요타카는 1874년 8월 개척장관이 되어 홋카이도北海道 개발에 힘
썼다. 1875년(고종 12) 특명전권대사로 부사 이노우에 가오루井上馨와 함께 조
선에 와서 '운요호사건'을 빌미로 수호 통상을 강요하였다. 1876년 2월 전권변
리대사로 조일수호조규를 체결하였다.

　　1868년 메이지정부가 탄생되기 전까지는 에도막부의 시대였다. 이 시대에는

伯爵淸田黑 官長拓開

그림 20 구로다 기요타카 초상

조선과 일본은 임진왜란의 후유증을 극복하면서, 평화의 시대를 유지해 갔다. 물론 그것은 불안정한 평화였다. 조일 수호조규가 체결되면서 왜관도 종말을 고하였다. 그리고 불안정한 채 지속된 평화의 시대도 끝이 났다. 다시 무력의 시대, 제국의 시대가 엄습하여 왔다.

/ 책을 맺으며 /

〈책을 내면서〉 첫 문장에서 1910년 8월 29일 밤 초대 총독 데라우치 마사다케가 고바야카와 다카카게·가토 기요마사·고니시 유키나가를 불러낸 것을 언급하였다. 당시 통감부 외사국장(외무부장) 고마쓰 미도리小松綠는 도요토미 히데요시를 불러냈다. "태합을 지하에서 깨워서 보여주고 싶구나, 고려의 산 높이 올라가는 히노마루(일장기)를(太閤を地下より起し見せばなや 高麗やま高く登る日の丸)"[1]이라고. 1910년 5월 3대 통감에 임명된 데라우치는 내각 동의 아래 비밀조직 '병합준비위원회'를 조직하였다. 의장은 시바타 가몬柴田家門이지만 실무책임자는 구라치 데츠키치倉地鐵吉와 고마쓰 미도리였다.[2] 1910년 8월 4일과 8일 심야에 이완용의 비서 이인직은 동경정치학교 스승인 고마쓰를 찾아가서 한일합방을 위한 밀담을 나누었다. 8월 22일 데라우치 마사다케와 이완용이 병합조약을 조인하였다. 체결은 비밀에 부쳐 8월 29일 발표되었다. 그날 대한제국은 소멸되었다.[3]

고마쓰는 8월 22일 병합조약으로 개벽 이래, 적어도 진구정한神功征韓 이래

1) 小松綠, 『明治外交秘話』, 千倉書房, 1936, 482쪽; 太田秀春, 『近代の古蹟空間と日朝關係』, 59쪽; 內田匠, 「近代日本における豐臣秀吉觀の變遷」, 9쪽; 김정기, 『미의 나라 조선』, 69쪽.
2) 한성민, 「일본정부의 '한국병합' 실행계획 수립 과정-「구라치 안」과 「아키야마 안」의 비교를 중심으로-」『일본역사연구』 47, 일본사학회, 2018, 161쪽.
3) 와다 하루키 지음, 남상구·조윤수 옮김, 『한국병합 110년만의 진실』, 지식산업사, 2020, 15~16쪽, 87~88쪽; 함태영, 「이인직의 현실 인식과 그 모순-관비유학 이전 행적과 『都新聞』 소재 글들을 중심으로-」『현대소설연구』 30, 한국현대소설학회, 2006, 10~11쪽; 박종인, 『땅의 역사』 4, 상상출판, 2021, 271~272쪽.

의 현안이 해결되었다고 강조하였다.[4] 이처럼 고마쓰는 일본의 조선 강점에 진력한 인물이다. 데라우치가 임진왜란에 직접 참전한 세 무장을 불러낸 것에 비해, 고마쓰는 도요토미를 불러낸 것이 흥미롭다. 당시 일본에서 도요토미는 해외침략(진출)의 영웅으로 자리잡고 있었다.

1장에서 현재 학계에서 통용되고 있는 임진왜란의 용어를 정리한 바 있다. 이 책에서 인용한 엽서에 적힌 임진왜란에 대한 표현은 실로 다양하다. 엽서에 적힌 한자 용어 그대로 정리하면 대략 다음과 같다.

「임진의 역, 문록역, 문록의 역, 문록경장의 역, 경장역, 경장의 역, 경장의 고전苦戰, 조선역, 조선진, 풍태합 조선역, 조선 정벌, 조선국 정벌, 삼한 정벌, 삼한의 역, 문록정한의 역, 문록정한역, 정한역, 풍태합의 정한역, 풍태합

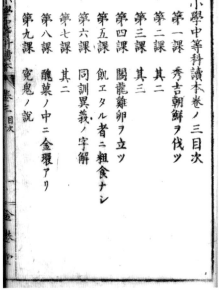

그림 1 『소학중등과독본』(권3, 內田嘉一 편, 1884) 표지 사진

그림 2 『소학중등과독본』(권3) 목차 사진

---

4) 小松綠, 『明治外交秘話』, 481쪽.

정한, 풍태공 정한, 풍공 정한, 수길 정한, 당입唐入」 등이다.

'문록·경장의 역'과 같은 일반적인 표현도 많지만, '조선(삼한) 정벌'이나 '정한' 표현이 많다는 것을 특징으로 들 수 있다. 이런 명칭은 임진왜란에 대한 당시 일본의 일반적인 시선·인식이 반영된 것이다. 이런 인식은 엽서라는 근대 통신매체를 통해 더욱더 확산되어 갔다고 본다.

삼한 정벌, 조선 정벌이란 임진왜란에 대한 인식은 19세기 말 이후 보편적인 인식으로 자리 잡아갔으며, 특히 청일전쟁 직후에는 일본의 어린 세대에게 도요토미 히데요시는 친숙한 영웅으로 받아들여졌다.[5]

〈그림 1〉 사진은 『소학중등과독본』(권3) 표제다. 표제는 소학독본이다. 이 책은 1884년 간행된 책이다. 전체 33과로 편성되어 있다. 〈그림 2〉 사진은 책 목차의 일부다. 목차 제목을 보면 제1과는 〈히데요시 조선을 정벌하다(秀吉朝

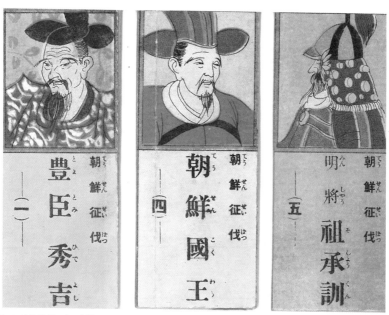

그림 3 조선정벌 카드(왼쪽부터 도요토미 히데요시. 조선국왕. 명 장수 조승훈)

5) 김광옥, 『변혁기의 일본과 조선』, 477~487쪽.

鮮ヲ伐ツ》〉이다.[6] 첫 시작이 조선 정벌이다. 1~3과가 모두 조선 정벌이다. 전체 33과 가운데 유일하게 세 과로 편성되어 있다. 이 책에서 가장 비중있는 부분이다.

〈그림 3〉은 어린이용 놀이 카드 일부다. 카드에 (1), (4), (5)란 번호가 표시되어 있다. 번호는 일련 번호가 아니고 묶음 번호다. 몇 번까지 있으며, 같은 번호가 몇 장인지 알 수 없다. 필자 소장에 한정하면, (1)과 (4)는 최하 10장이다. (1)에는 도쿠가와 이에야스, (4)에는 히데요시의 측실 요도기미淀君도 포함되어 있다. 일본 역사와 관련된 인물을 그린 카드다. 3장의 카드에는 모두 '조선정벌'이라고 적혀 있다. 임진왜란 관련 인물이 이들 외에 얼마나 있는지도

그림 4 하카다 기온 야마카사(장식 가마)

알 수 없다. 이 카드에 한정한다면 일본, 조선, 명 세 나라 인물이 다 포함되어 있다. 임진왜란과 관련하여 카드 3장 모두 '조선정벌'이라고 적혀 있는 점이 흥미롭다.

〈그림 4〉는 하카다 기온祇園 축제인 야마카사山笠 엽서다. 엽서 설명 위쪽에는 "(앞) 풍공초진훈豊公初陣勳 (뒤) 무용진삼한武勇振三韓", 아래쪽에는 "하카다기온 3번 야마카사. 고후쿠정吳服町류 시모이치쇼우지下市小路"라고 적혀 있다. 축제의 문구에 도요토미豊公와 '삼한정벌' 관련 표현이 등장한다. 이 축제는 원래 역병 퇴치를 기원하는 축제로 1241년 시작되었

---

6) 內田嘉一, 『小學中等科讀本』(권3), 金港堂(발매소), 1884.

다. 2016년 12월에는 '유네스코 무형문화유산'으로 등록될 정도로 유명한 축제다.

　기온 야마카사는 7월 1일부터 15일까지 남성만 참가하는 후쿠오카시 하카다구의 대축제다. 하카다의 총진수總鎭守 쿠시다櫛田신사에 야마카사를 바친다. 기온 야마카사는 '류流'라고 불리는 인근 10개 전후의 정町(동)이 만든 조직으로 운영되었다. 에도시대부터 일제시기까지 이 축제에 정식 참가할 수 있는 '류'는 히가시정류東町流·고후쿠정류吳服町流·니시정류西町流 등 7개로 고정되어 있었다.[7] 엽서의 '3번'은 7개류 가운데 3번째 순서라는 뜻이다. 순서는 7개류가 매년 순번이 하나씩 올라가는 것이 원칙이다. 현재 고후쿠정류는 존재하지 않는다. 히가시류東流에 속한다. 시모이치쇼우지는 정町의 이름이다.

　일본 전국시대에 하카다는 대명 무역의 기지로 다이묘와 호족들이 쟁탈하는 요충지였다. 1587년 3월 도요토미 히데요시는 직접 규슈로 출진하여, 5월에 시마즈 요시히로의 항복을 받으면서 규슈를 평정하였다.[8] 이를 규슈정벌, 규슈평정이라 부른다.

　엽서 사진 야마카사의 앞쪽에는 '도요토미豊公 첫 출진의 위훈(공훈)', 뒤쪽에는 '무용이 삼한에 떨치네'라고 적혀 있다. 전자는 1587년 규슈정벌, 후자는 1592년 임진왜란을 뜻한다고 생각한다. 일제시기에 일본을 대표하는 축제인 기온 야마카세에 이런 문구가 걸려있는 것이 주목된다. 임진왜란(삼한·조선정벌)은 이런 축제를 통해서도 재현되었다. 필자가 가지고 있는 1969년 '하카다 야마카사' 세트 엽서에는 이런 표현은 없다. 이런 내용이 언제까지 사용되었는지 여부는 알 수 없다.

　임진왜란은 1909년 9월 실시된 일본군의 '남한대토벌작전'에도 투영되어 있다. 〈임시한국파견대의 남한토벌 실시보고의 건〉이란 문건의 일부를 인용하면 다음과 같다.

---

7) 宇野功一, 「近代博多における個別町の社會構造と祇園山笠經營」『국립역사민속박물관연구보고』125, 국립역사민속박물관, 2006, 1쪽.
8) 구태훈, 『일본근세사』, 79~80쪽.

"전라남북도의 한국인은 청일·러일전쟁에서 1번도 우리 군대의 활동을 목격한 바 없었기 때문에 아직도 그 진가를 모르고, 임진년(임진왜란)의 옛날 '文祿の昔'을 몽상하여 일본인을 멸시하는 풍조가 있다. 그러므로 이번에 단호하게 대토벌을 결행하고 파견대의 전력을 기울여, 전라남도의 산야를 유린해서 적도賊徒를 하나도 남김없이 근절하고, 남추南陬·북육北陸·산간·도서의 한국인에 이르기까지 황군皇軍의 엄숙함과 용감한 무위에 경탄하고 전율케 하여, 일본 역사상의 근본적인 명예회복을 해야만 한다."[9]

한국 제일의 곡창지대인 전라남북도가 의병 때문에 쌀 반출에 방해가 되자 이들을 소탕하여 경제침략의 길을 트는 것이 남한대토벌작전 원래의 목적이다. 하지만 이 때문만 아니었다. 임진왜란 때 이순신이 이끄는 수군과 육상의 의병 때문에 전라남도를 공략하지 못했다. 따라서 이번 기회에 일본군의 위력을 보여줌으로써, 역사상(임진왜란)의 명예회복을 하는 것이 2번째 목표였다.[10] 이 작전을 수행한 임시한국파견대는 『남한폭도대토벌 기념사진첩』도 만들었다.[11] 이 사진첩에는 〈임진왜란文祿ノ役 때 일본군이 고전한 만마관萬馬關〉, 〈우수영 임진왜란文祿ノ役에서 이순신 대첩비의 위치〉, 〈진주 촉석루 밑의 암벽〉, 〈남강에서 진주 촉석루를 바라봄〉, 〈명양(명량)해전에서의 이순신의 송덕비〉 등 임진왜란 관련 사진이 들어 있다.[12]

이처럼 1909년 남한대토벌작전은 1592년 임진왜란과 맞닿아 있었다. 임진

---

9) 金正明 편, 『조선독립운동』 I(민족주의운동편), 原書房, 1967, 84~85쪽; 강재언, 「의병전쟁의 발전」『한국사』 43(국권회복운동), 국사편찬위원회, 1999, 503쪽; 홍순권, 『한말 호남지역 의병운동사 연구』, 서울대학교출판부, 1994, 136쪽.
10) 강재언, 「의병전쟁의 발전」, 503쪽.
11) 山本誠陽 편집겸발행, 『남한폭도대토벌 기념사진첩』, 東京印刷株式會社(인쇄소), 1910. 표지에 '임시한국파견대 조제調製'라고 적혀 있다. 이 사진첩은 영남대학교 민족문화연구소가 『남한의병투쟁사진첩』(1988)으로 간행하였다.
12) 박종인, 『땅의 역사』 3, 상상출판, 2021, 191~193쪽.

왜란 때 정복하지 못한 전라도를 초토화 하는, 일본식 명예회복 전쟁이었다. 남한대토벌작전이 있은 다음해 1910년 대한제국은 일본에 강점되었다. 강점의 주역 데라우치와 고마쓰는 승전을 자축하면서 마음껏 임진왜란을 다시 불러낸 것이다.

메이지정부 수립 이후 도요토미 히데요시·임진왜란에 대한 인식과 현창사업은 찬양 일변도만은 아니었다. '다이쇼大正 데모크라시democracy'로 대표되는 자유주의 풍조의 출현과 맑스주의 확산으로 메이지시기의 예찬 풍조는 사라지고, 조선출병(침략)은 실패한 것으로 보는 견해가 큰 비중을 차지했다.[13] 이처럼 시기에 따른 변화는 있지만, 전반적인 기조는 고양과 현창이었다. 다이쇼시기(1912. 7~1926. 12)지만 1925년은 교토와 오사카가 히데요시의 열기에 빠진 시기다. 1923년 열릴 예정이었던, 도요쿠니신사가 별격관폐신사가 된 50주년 행사가 1925년 열렸다. 1925년 열린 '대오사카기념박람회'에서는 오사카 발전의 가장 큰 공로자로 히데요시를 내세웠다.[14] 메이지시기에도 교토와 오사카는 히데요시를 현창하기 위한 '유치전쟁'을 벌이기도 하였다.[15] 이런 두 도시의 주도권 쟁탈전은 1920년대에도 마찬가지였다.[16]

이런 현창사업의 일환으로 곳곳에 도요토미 히데요시나 가토 기요마사 등 임진왜란 관련 인물의 동상이 들어섰다. 8장에서 언급한 두

그림 5 도요토미 히데요시 동상 오사카 나가노시마

13) 內田匠, 「近代日本における豐臣秀吉觀の變遷」, 11쪽.
14) 김광옥, 『변혁기의 일본과 조선』, 503~304쪽.
15) 內田匠, 「近代日本における豐臣秀吉觀の變遷」, 5쪽.
16) 김광옥, 『변혁기의 일본과 조선』, 504쪽.

사람의 고향 나고야의 나카무라공원에 선 동상은 그 대표적인 예다.

〈그림 5〉 엽서에는 "오사카 나가노시마 태합 히데요시의 동상"이라고 적혀 있다. 옆에 있는 사람들과 비교하면 동상 높이를 추측하게 한다. 8장에서 나가 노시마에 있는 도요쿠니신사에 대해 언급하였다. 이 동상은 도요쿠니신사가 있는 나가노시마에 1903년 설치되었다. 러일전쟁 1년 전이다. 일본은 1941년 8월 '금속류 회수령'을 공포하였다. 일본 본국은 9월 1일부터, 조선·대만·사할 린·남양군도는 10월 1일부터 시행되었다. 1942년 5월에는 '금속류 회수령'에 따라 강제양도명령이 발동되었다. 이 회수령은 1943년 8월 전면 개정되었다. 1945년 2월에는 알루미늄도 포함되었다. 태평양전쟁에 필요한 무기 등을 만들 기 위해서였다. 금속류 회수령으로 이 동상은 1943년 철거되었다.

그림 6 가토 기요마사 동상 구마모토현 구 마모토시 혼묘지   그림 7 도요토미 히데요시 동상 아이치현 이치노미야시 이치노미야중학교

〈그림 6〉 엽서에는 "히고肥後 혼묘지本妙寺 기요마사 대동상. 전체 높이 57척 남짓"이라고 적혀 있다. 엽서 설명에 따르면 신장, 대좌, 군기를 합치면 70여 척이나 된다. 동상에는 기요마사의 상징물인 편겸창, 긴모자, 나무묘법연화경이 적힌 군기 3가지를 다 갖추었다. 1935년 4월 7일 제막되었다. 325년기忌 기념사업으로 '호국의 신'으로서 위령을 천추에 빛내기 위해 만든 것이다.[17]

〈그림 7〉 엽서에는 "도요토미豊太閤 동상. 아이치현 이치노미야—宮중학교"라고 적혀 있다. 현재 이치노미야고교에는 1964년 11월 7일 제막식을 한 다른 '도요토미豊太閤 동상'이 있다. 새 동상의 설명에 따르면 그 전신이 엽서 동상이다. 이 동상은 1936년 당시 교사 고이데 유조小出有三(아이치학원 대학장 역임)가 향토교육 자료용으로 사비를 들여 만들어 기증한 것이다. 1936년 6월 29일 제막식을 하였다.

두 동상을 만든 시기는 1931년 만주사변과 1937년 중일전쟁 사이이다. 1931년 만주사변 이후 일본의 대륙 침략이 확대되는 시기다. 3장에서 언급한, 히데요시의 삼국지도 부채를 1935년 1월 1일 연하엽서로 만든 쓰쓰미 야스지로의 인사말을 다시 떠올리게 한다. 기요마사의 동상은 1944년 4월 공출·철거되었다가, 1960년 4월 재건되었다. 히데요시의 동상도 금속류 회수령에 따라 공출·철거되었다가, 1964년 11월 재건되었다.

'금속류 회수령'에 따라 태평양전쟁의 군수물자로 공출하기 위한 대대적인 '동상철거작전'이 실시되었다. 이 작전 명령에 히데요시·기요마사의 동상도 예외는 아니었다. 위의 세 동상도 철거되었다. 일본이 현창한 1592년 '임진왜란의 영웅'은 1941년 '태평양전쟁의 승리'를 위해 사라졌다. 동상세우기 운동은 동상죽이기 운동으로 바뀌었지만, 그것은 어디까지나 전쟁을 위한 작전이었다.

1945년 8월 15일 일제 식민지에서 광복되었다. 1948년 8월 15일 제1공화국이 탄생되었다. 제1공화국도 임진왜란 영웅의 표상인 동상 세우기에 열심이었

---

17) 鹽出孝潤, 『肥後本妙寺沿革概要』, 7~8쪽 「대동상 건설」.

다. 가장 먼저 부각된 사람은 당연 충무공 이순신이었다. 식민지로 전락한 조선의 후예들이 가진 자존심의 표상이자, 일제시기 민족의 우상이었기 때문이다. 이순신 동상 세우기 붐은 '최초 동상' 타이틀을 차지하기 위한 과열 경쟁까지 일으켰다.[18] 1952년 4월 13일 진해 북원로터리에서 동상 제막식, 1953년 6월 1일 충무 남망산공원에 동상 건립, 1955년 12월 22일 부산 용두산공원에서 동상 제막식이 있었다.[19]

진해 동상에는 '충무공 이순신상'이라 새겨져 있다. 대한민국에서 최초로 세워진 이순신 동상이다. 1952년은 임진왜란이 일어난 지 360년, 즉 6주갑(60×6=360) 되는 해다. 4월 13일은 임진왜란 첫 침략이 있었던 날이다. 이날에 맞추어 제막되었다.[20] 부산의 경우 1955년 12월 22일은 이승만의 호(우남)를 딴 우남공원 명명식과 우남공원비를 제막한 날이다.[21] 이승만은 동상, 기념비, 기념탑, 초상화, 건물, 공원 등 다양한 형태의 기념물로 우상화 작업을 하였다. 그것은 이승만을 대통령으로 하는 자유당의 장기집권 계획·작업이었다.[22]

기념 조형물 가운데 동상은 시민의 일상생활 공간이나 공공 공간, 상징 공간에 배치되어, 부가된 서사를 굳이 독해하지 않아도 의미 전달이 용이하였다. 동상건립운동은 박정희 정권이 애국주의 담론을 설파하기 위한 여러 방법 중의 하나였다. 임진왜란과 관련된 인물로는 이순신과 사명당이 선정되었다. 1968년 4월 27일 이순신 동상이 광화문에서 제막되었다. 동상에 투사된 이들의 담론은 자주국방이었다. 이순신에게는 민족중흥과 경제건설도 투사되었다.

---

18) 조은정, 『권력과 미술』, 아카넷, 2009, 201~210쪽.
19) 조은정, 『권력과 미술』, 212쪽, 「표 5 제1공화국 시대에 제작된 충무공 기념물」; 박계리, 「충무공동상과 국가이데올로기」『한국근현대미술사학』 12, 한국근현대미술사학회, 2004, 148~150쪽.
20) 디지털창원문화대전, 「이순신 동상」(집필자, 남재우).
21) 양흥숙, 「부산의 임진왜란 기념물 조성과 도시경관화」『지역과 역사』 40, 부경역사연구소, 2017.
22) 조은정, 『권력과 미술』, 259~271쪽.

근대화 정책의 성공을 위해선 국민 개개인의 정신 개조가 필수적이었다. 이를 위해 1960년대에 민족영웅으로 다시 부활하였다.[23] 이순신은 임진왜란의 영웅, 민족의 영웅, 민족의 햇불로서 곳곳에 동상이 섰다. 특히 초등학교에서 동상은 학교 공간의 필수 구성 요소였다. 세종, 이순신, 이승복이 각각 민족중흥, 자주국방, 반공의 상징 아이콘이었다.[24]

일본의 근대 국민국가든, 한국의 현대 민주공화국이든 국가이데올로기 강화를 위해 자국의 임진왜란 영웅을 소환·부활시켰다. 근대 제국 일본이나 식민지 조선에서 임진왜란을 소환하여 생산·유통·소비시키는 데 동원된 중요한 매체의 하나가 근대 엽서였다. 값싸고 손쉬운 통신매체, 유통매체인 엽서를 통해 국가 이데올로기는 광범위하게 유통되었다.

약 1년 전인 2021년 7월의 일이다. 코로나 사태로 1년 연기되어 2021년 7월 23일~8월 8일 개최된 '2020 도쿄 올림픽' 때다. 도쿄 올림픽 선수촌 한국선수단 거주동에 'Team Korea', 태극기와 함께 '신에게는 아직 5천만 국민들의 응원과 지지가 남아 있사옵니다'란 현수막이 걸렸다. 이순신의 '신에게는 아직도 12척의 배가 남아 있습니다'를 소환시켰다고 하여, 우익보수 일본인은 '욱일기'를 앞세우고 철거 시위를 하였다. 국제올림픽위원회(IOC)가 모든 올림픽 베뉴에서 '욱일기' 전시를 금지한다는 전제 하에, IOC의 권고에 따라 현수막은 철거되었다. 임진왜란이 일어난 지 430년이 된 오늘날의 현장이다. 임진왜란은 한·일 양국에게는 식민지시대와 함께 풀기 어려운 숙제로 남아 있는 듯하다.

임진왜란과 관련된 많은 연구서, 사료집, 도록, 답사집 등 관련 책들이 쏟아지고 있다. 박물관을 비롯한 관련 기관에서 나오는 도록에는 다양한 사진들이

---

23) 정호기, 「박정희시대의 '동상건립운동'과 애국주의-'애국선열조상건립위원회'의 활동을 중심으로-」『정신문화연구』30-1(106), 한국학중앙연구원, 2007, 336~352쪽; 신은제, 「박정희의 기억 만들기와 이순신」『현대 기억 속에서 민족을 상상하다』, 세종출판사, 2006, 111~117쪽; 박계리, 「충무공동상과 국가이데올로기」, 169쪽.
24) 정호기, 「박정희시대의 '동상건립운동'과 애국주의」, 354쪽.

수록되어 있다. 하지만 엽서는 아직 주목받지 못하는 것이 현실이다. 이 책의 간행이 새로운 엽서 발굴의 촉매제가 되기를 기대한다.

기억과 기록의 역사에서 엽서라는 근대 통신매체가 가지는 역할은 중요하다고 생각한다. 엽서에 담긴 사실이 역사적으로 타당한가 아닌가는 중요하지 않은 것 같다. 14×9㎝ 작은 종이가 담는 역사적 정보는 매우 단편적이다. 사진과 그림의 이미지와 제목의 메시지가 먼저고, 엽서 설명 내용은 그 다음이었다. 사진·그림과 엽서는 원래는 별개의 개체다. 하지만 근대에 들어 사진·그림이 엽서를 만나면서 사진엽서·그림엽서라는 새로운 근대 통신매체가 되었다. 이 근대 엽서에 투사된 제국주의의 침략 이데올로기는 근대 통신매체를 통해 광범하게 전파되었다. 그것은 근대가 기획하고, 제국이 만든 훌륭한 '신종 선전물'이었다. 의도적이든 아니든 '임진왜란이 된 엽서', '엽서가 된 임진왜란'은 '시視의 정치'의 한 단면이다.

/ 참고문헌 /

강대민 외, 『부산금석문』, 부산광역시·경성대 한국학연구소, 2002.

강명관, 『조선시대 책과 지식의 역사』, 천년의상상, 2014(초판 2쇄).

강응천 외, 『16세기 성리학 유토피아』(민음 한국사 조선02), 민음사, 2014.

강재언, 「의병전쟁의 발전」『한국사』 43(국권회복운동), 국사편찬위원회, 1999.

경기도 박물관·연세대 건축과학기술연구소, 『고양 벽제관 건축유적지 발굴조사보고
　　서』, 고양시, 2000.

고노이 다카시 지음, 이원순 옮김, 『일본 그리스도교사』, 한국교회사연구소, 2008.

고운기 『도쿠가와가 사랑한 책』, 현암사, 2011(2쇄).

곽동해 글·안장헌 사진, 『범종』, 한길아트, 2006.

구태훈, 『일본 근세·근현대사』, 재팬리서치21, 2008.

구태훈, 『일본근세사』, 재팬리서치21, 2016.

구태훈, 『오다 노부나가 중세적 권위를 차갑게 베다』, 히스토리메이커, 2018.

국립진주박물관, 『임진왜란』, 국립진주박물관, 1997.

국립진주박물관 엮음, 오만·장원철 옮김, 『프로이스의 『일본사』를 통해 다시 보는 임진
　　왜란과 도요토미 히데요시』, 부키, 2003.

국립진주박물관, 『동아시아 7년 전쟁, 임진왜란』, 국립진주박물관, 2019.

국성하, 「일제 강점기 박물관의 사회교육적 성격 연구―「은사기념과학관」을 중심으로」
　　『한국교육사학』 23-2, 한국교육사학회, 2001.

권혁희 지음, 『조선에서 온 사진엽서』, 민음사, 2005.

기시 도시히코 지음, 전경선 옮김, 『비주얼 미디어로 보는 만주국 포스터·그림엽서·우
　　표』, 소명출판, 2019.

기타지마 만지 지음, 김유성·이민웅 옮김, 『도요토미 히데요시의 조선 침략』, 해군사관
　　학교(경인문화사), 2008.

기타지마 만지(北島万次) 지음, 김문자·손승철 엮음, 『北島万次, 임진왜란연구의 재조명』, 경인문화사, 2019.

김강식, 「임진왜란 당시 함경도 백성들은 왜 조선 왕자를 일본군에 넘겼나?」『내일을 여는 역사』 29, 서해문집, 2007.

김강식, 『문화교섭으로 본 임진왜란』, 선인, 2014.

김경태, 『허세와 타협-임진왜란을 둘러싼 삼국의 협상』, 동북아역사재단, 2019.

김광옥, 『변혁기의 일본과 조선』, 인문사, 2011.

김낙원, 『여수향토사』, 향토문화사, 1962.

김동철, 「임진왜란시기 벽제관전투 관련 자료와 전적현창에 대한 검토」『한국민족문화』 27, 부산대 한국민족문화연구소, 2006.

김동철, 『기억과 표상으로서의 왜관, 津江兵庫 추모비의 건립과 고관공원의 조성」『한국민족문화』 31, 부산대 한국민족문화연구소, 2008.

김동철, 「'동래부사접왜사도'의 기초적 연구」『역사와 세계』 37, 효원사학회, 2010.

김동철, 「통신사와 부산」『조선시대 통신사와 부산』, 부산박물관, 2015.

김동철, 「부산, 조선시대 국방·외교·무역의 중심지가 되다」『시대별로 한눈에 보는 부산역사산책』, 부산광역시, 2020.

김동철, 「동래읍성과 관아 건물 관련 엽서 자료」『항도부산』 42, 부산시사편찬위원회, 2021.

김문길, 『임진왜란은 문화전쟁이다』, 혜안, 1995.

김문길, 『일본속의 가야문화』, 가락국사적개발연구원, 2003.

김문자, 「임진왜란 이후 조·일간의 국내사정과 통신사 파견-회답겸쇄환사파견을 중심으로-」『항도부산』 38, 부산시사편찬위원회, 2019.

김문자, 「임진왜란 연구의 제 문제-임진·정유재란 발발 원인에 대한 재검토」『한일관계사연구』 67, 한일관계사학회, 2020.

김문자, 『임진전쟁과 도요토미 정권』, 경인문화사, 2021.

김석희, 「학봉 김성일론(1)-특히 그의 통신사 보고를 중심으로-」『우헌 정중환박사 환력기념논문집』, 우헌 정중환박사 환력기념논문집간행위원회, 1974.

김수진, 「사각형 종이 속에 담긴 욕망의 이미지 100년 전 사진엽서로 읽는 조선이란 나라」『세상 사람의 조선여행』(규장각한국학연구원 엮음), 글항아리, 2012.

김수현·정창현, 『제국의 억압과 저항의 사회사 사진과 엽서로 본 근대 풍경』, 민속원, 2011.

김수희, 『근대 일본어민의 한국진출과 어업경영』, 경인문화사, 2010.

김승, 「개항 이후 1910년대 용두산 신사와 용미산 신사의 조성과 변화 과정」『지역과 역사』20, 부경역사연구소, 2007.

김시덕, 『그림이 된 임진왜란』, 학고재, 2014.

김영진, 『임진왜란 2년 전쟁 12년 논쟁』, 성균관대학교 출판부, 2021.

김용주 외 번역, 『성재 고상증의 「용사일기」에 나타난 문경의 임진왜란사』, 문경시, 2015.

김자현 지음, 주채영 옮김, 『임진전쟁과 민족의 탄생』, 너머북스, 2019.

김재승, 「절영도왜관의 존속기간과 그 위치」『동서사학』6·7, 한국동서사학회, 2000.

김정기, 『미의 나라 조선』, 한울, 2011.

김준, 『섬문화답사기(통영편)』, 보누스, 2020.

김진수, 「임진왜란기 박진의 군사 활동과 평가」『한국사학보』60, 고려사학회, 2015.

김충식, 「와카야마 유학의 비조 이진영 부자」『신동아』10월호, 2005.

김태준, 『임진란과 조선문화의 동점』, 한국연구원, 1977.

김혁, 「『동국신속삼강행실도』의 구성과 편찬 과정」『서지학보』25, 한국서지학회, 2001.

김현우, 『임진왜란의 흔적』1(부산·경남), 한국학술정보(주), 2012.

김혜경, 「왜란 시기 예수회 선교사들의 일본과 조선 인식」『교회사연구』49, 한국교회 사연구소, 2016.

나카오 히로시(仲尾宏) 지음, 유종현 옮김, 『조선통신사 이야기』, 한울, 2017(초판 2쇄).

남권희, 「『삼국유사』 제판본의 서지적 분석」『한국고대사연구』79, 한국고대사학회, 2015.

남옥 지음·김보경 옮김, 『붓끝으로 부사산 바람을 가르다(日觀記)』, 소명출판, 2006.

남해충렬사, 『남해충렬사지』, 문성출판사, 2006.

노성환, 『일본에 남은 임진왜란』, 제이앤씨, 2012(2쇄).

노성환, 『임란포로, 일본의 신이 되다』, 민속원, 2014.

노성환, 『임란포로, 끌려간 사람들의 이야기』, 박문사, 2016(2쇄).

다시로 가즈이 지음, 정성일 옮김, 『왜관』, 논형, 2005.

도미타 쇼지 지음, 유재연 옮김, 『그림엽서로 본 일본 근대』, 논형, 2008.

동래구지편찬위원회, 『동래부지』(부록), 부산광역시 동래구, 1995.

동아대학교 역사인문이미지연구소 편, 『일제침략기 사진그림엽서繪葉書로 본 제국주의
　　　의 프로파간다와 식민지 표상』, 민속원, 2019.

류성룡 지음, 신태영 외 교감역주, 『징비록』, 논형, 2016.

문혜진, 『경성신사를 거닐다』, 민속원, 2019.

미야 노리코 지음, 김유영 옮김, 『조선이 그린 세계지도 : 몽골 제국의 유산과 동아시
　　　아』, 소와당, 2010.

미야지마 히로시, 『일본의 역사관을 비판한다』, 창비, 2013.

민덕기, 「임진왜란에 납치된 조선인과 정보의 교류」, 『사학연구』 74, 한국사학회, 2004.

민덕기, 「경인통신사의 활동과 일본의 대응」, 『1590년 통신사행과 귀국보고 재조명』(한
　　　일관계사학회 편), 경인문화사, 2013.

바바 히사유키(馬場久幸), 「일본 근세의 대장경간행과 슈존(宗存)」, 『원불교사상과종교
　　　문화』 63, 원광대 원불교사상연구원, 2015.

박경리, 『토지』 17(5부 1권), 나남, 2011(25쇄).

박계리, 「충무공동상과 국가이데올로기」, 『한국근현대미술사학』 12, 한국근현대미술사
　　　학회, 2004.

박상국, 「대장도감과 고려판대장경」, 『한국사』 21(고려 후기의 사상과 문화), 국사편찬
　　　위원회, 1996.

박상영, 안상우, 「『치종지남』의 여러판본을 통해 살펴본 전존 경위 연구」, 『한국의사학회
　　　지』 21-1, 한국의사학회, 2008.

박수철, 『오다·도요토미 정권의 사사 지배와 천황』, 서울대학교출판문화원, 2012.

박영민, 「한국고문헌의 유통과 지식의 전파-일본 교토대학 소재 한국고문헌을 중심으
　　　로」, 『한문학논집』 58, 근역한문학회, 2021.

박은경, 「조선전기의 기념비적인 사방사불화-일본 寶壽院 소장 〈약사삼존도〉를 중심

으로」『미술사논단』 7, 한국미술연구소, 1998.

박은경, 「일본소재 한국불화 유례(遺例) : 安國寺藏 천장보살도」『고고역사학지』 16, 동아대 박물관, 2000.

박은경, 『조선 전기 불화 연구』, 시공아트, 2008.

박종인, 『땅의 역사』 3, 4, 상상출판, 2021.

박현규, 「정유재란 시기 남원성 전투 고찰-명 양원을 중심으로」, 『충무공 이순신과 한국 해양』 5, 해군사관학교 해양연구소, 2018.

박현규, 「정유재란 남원성 전투 순절자의 무덤과 제향 연구」『일본연구』 32, 고려대 글로벌일본연구원, 2019.

박현규, 「명장 남방위의 조선 활동과 현존 문물 고찰」『중국학논총』 72, 한국중국문화학회, 2021.

박형무, 『임진왜란과 조선 그리스도교 전사』, 경인문화사, 2021.

박희성, 「변화와 변용으로 본 근대기 서울 남산의 공원」『한국조경학회지』 43-4, 한국조경학회, 2015.

부경근대사료연구소, 『부산 근대지도 모음집』, 부산광역시립중앙도서관, 2012.

富士川游 著, 박경·이상권 공역, 『일본의학사』, 법인문화사, 2006.

부산광역시 동래구, 『동래 변천 150년사』, 부산광역시 동래구, 2016.

부산근대역사관, 『사진엽서로 떠나는 근대기행』, 부산근대역사관, 2003.

부산박물관 학예연구실, 『사진엽서, 부산의 근대를 이야기하다』, 부산박물관, 2007.

부산박물관, 『사진엽서로 보는 근대풍경』(전8권), 민속원, 2009.

부산박물관, 『임진왜란』(임진왜란 7주갑 특별기획전), 부산박물관, 2012.

부산부 내무과, 『부산』(개항 50년 특집호), 부산부, 1926.

서거정 편찬, 박성규 역주, 『동인시화』, 집문당, 1998.

서치상, 「전라좌수영성에 대한 복원적 고찰」『전라좌수영의 역사와 문화』, 순천대 박물관·여수시, 1993.

설천면지 편찬위원회, 『설천면지』, 2017.

성해준, 「일본 속의 한국문화-미야기현(宮城縣)을 중심으로-」『일본어문학』 32, 일본어문학회, 2006.

손보기, 「임진왜란과 일본의 활자 인쇄술」『애산학보』 5, 애산학회, 1987.

손승철, 『조선시대 한일관계사 연구』, 경인문화사, 2006.

손종성, 「임진왜란시 대명외교-청병외교를 중심으로-」『국사관논총』 14, 국사편찬위원회, 1990.

송은일, 「조선시대 전라좌수영의 장군도성 축조과정 및 배경과 이량장군」『역사학연구』 54, 호남사학회, 2014.

신동규, 「일제침략기 한국 사진그림엽서의 탄생과 엽서의 분류 및 시대구분법에 대한 소고」『일본문화연구』 71, 동아시아일본학회, 2019.

신동규, 「근대 사진그림엽서의 개념 정의와 종류에 대한 특성 고찰」『일본문화연구』 79, 동아시아일본학회, 2021.

신은제, 「박정희의 기억 만들기와 이순신」『현대 기억 속에서 민족을 상상하다』, 세종출판사, 2006.

안성현, 「동래읍성 해자출토유물을 통해 본 무기와 무구연구」『임진왜란』(특별기획전 도록), 부산박물관, 2012.

양흥숙, 「17세기 전반 회답겸쇄환사의 파견과 경제적 의미」『항도부산』 21, 부산시사편찬위원회, 2005.

양흥숙, 『조선후기 동래 지역과 지역민 동향-왜관 교류를 중심으로-』, 부산대 사학과 박사학위논문, 2009.

양흥숙, 「조선후기 항왜의 존재 양상과 정착-대구시 우록리 김충선의 후손 사례를 중심으로-」『대구사학』 122, 대구사학회, 2016.

양흥숙, 「부산의 임진왜란 기념물 조성과 도시경관화」『지역과 역사』 40, 부경역사연구소, 2017.

양흥숙·김동철 외, 「대마도 역지통신과 역관, 그 '의례적' 관계와 '은밀한' 교류의 간극」『한일관계사연구』 50, 한일관계사학회, 2015.

엔도 키미오 지음, 이은옥 옮김, 『한국 호랑이는 왜 사라졌는가』, 이담, 2019(3쇄).

염영하, 『한국의 종』, 서울대학교출판부, 1994(초판 3쇄).

영남대학교 민족문화연구소, 『남한의병투쟁사진첩』, 영남대학교 민족문화연구소, 1988.

오상학, 「줄기에 매달린 오이 형상에서 근대의 정교한 지도까지 이웃 나라가 그려낸 조선의 이미지」 『세상 사람의 조선여행』(규장각한국학연구원 엮음), 글항아리, 2012.

오타 히데하루(太田秀春), 「사천왜성을 통해 본 한일관계: 왜성에서 선진공원으로」 『처음 읽는 정유재란 1597』(국립진주박물관 엮음), 푸른역사, 2019.

오희문 지음, 이주형·유형봉 옮김, 『쇄미록 4 을미일록·병신일록』, 국립진주박물관, 2018.

와다 하루키 지음, 남상구·조윤수 옮김, 『한국병합 110년만의 진실』, 지식산업사, 2020.

우경섭, 「17~18세기 임진왜란 참전 명군에 대한 기억」 『한국학연구』 46, 인하대 한국학연구소, 2017.

우라카와 가즈야 엮음, 박호원 외 옮김, 『그림엽서로 보는 근대조선』(전7권), 민속원, 2017.

유성룡 지음, 이재호 옮김, 『징비록』, 위즈덤하우스, 2007.

유승훈, 「부산박물관 소장 사진엽서의 현황과 특징」 『사진엽서로 보는 근대풍경』(전8권, 부산박물관), 민속원, 2009.

유재건 지음, 실시학사 고전문학연구회 역주, 『이향견문록』, 민음사, 1987.

유홍준, 『나의 북한문화유산답사기』(상), 중앙M&B, 1998.

유홍준, 『나의 문화유산답사기』(일본편1 규슈), 창비, 2014(초판 11쇄).

윤용출, 「17세기 중엽 두모포 왜관의 이전 교섭」 『한국민족문화』 13, 부산대 한국민족문화연구소, 1999.

이가연, 「영도, 근대 조선업의 발상지」 『원도심 역사의 발자취를 찾아서』, 부산광역시 문화유산과, 2020.

이근우 외, 『전근대한일관계사』, 한국방송통신대학교출판원, 2013(개정판).

이민웅, 『임진왜란 해전사』, 청어람미디어, 2013(7쇄).

이세연, 「고려진공양비의 유전-〈피아전사자공양'=원친평등〉설에 대한 비판적 검토」 『동양사학연구』 120, 동양사학회, 2012.

이수경, 「문화재로 본 임진왜란 참전 명군 비 고찰」 『이순신연구논총』 35, 순천향대 이순신연구소, 2021.

이순신 지음, 최두환 역주, 『충무공 이순신 전집』 3(완역·원문 임진장초), 우석, 1999.

이순신 지음, 노승식 옮김, 『이순신의 난중일기』, 동아일보사, 2005.

이원호 편, 『함북회령팔의사 현충비명록』, 미도문화사, 1982.

이장희·성대경·신해순, 「임진왜란기 사천전투와 그 전적지 조사」『군사』 19, 국방부 군
　　　사편찬연구소, 1989.

이재범, 「왜 조선인의 코를 잘라갔는가」『한일관계 2천년 보이는 역사, 보이지 않는 역
　　　사(근세)』(한일관계사학회 편), 경인문화사, 2006.

이재정, 「조선 활자 인쇄술이 일본 고활자본 인쇄에 미친 영향」『동북아역사논총』 46,
　　　동북아역사재단, 2014.

이종묵, 「버클리대학본 남방위의 『조선시선전집』에 대하여」『문헌과 해석』 39, 문헌과
　　　해석사, 2007.

이준걸, 『조선시대 일본과 서적교류 연구』, 홍익재, 1986.

이진이, 『이순신을 찾아 떠난 여행』, 책과함께, 2008.

이찬, 「세계지도의 제작」『한국사』 26(조선 초기의 문화 1), 국사편찬위원회, 1995.

이형석, 『임진전란사』, 임진전란사간행위원회, 1976.

이희환, 「정유재란시의 남원성전투에 대하여」『전북사학』 7, 전북사학회, 1983.

임석윤, 『일본 그리스도교회사』, 대한예수교장로회 총회출판국, 2011.

임우기 외, 『소설 토지 용어·인물사전』, 솔출판사, 1997.

장순순, 『조선시대 왜관변천사 연구』, 전북대 사학과 박사학위논문, 2001.

장순순, 「초량왜관의 폐쇄와 일본 조계화 과정」『일본사상』 7, 한국일본사상사학회,
　　　2004.

장학근, 「조령의 관방과 충주인 신충원」『이순신연구논총』 15, 순천향대 이순신연구소,
　　　2011.

전경목, 「임진왜란으로 말미암은 문화재 피해 상황」『임진왜란과 한일관계』(한일관계사
　　　연구논집 편찬위원회 편), 경인문화사, 2005.

정경주, 「한자로 읽는 부산의 역사」『한자로 읽는 부산과 역사』(정경주 외), 도서출판3,
　　　2016.

정두희·이경순 엮음, 『임진왜란, 동아시아 삼국전쟁』, 휴머니스트, 2007.

정성일, 「또칠이와 이삼평(이참평)」『한일관계 2천년 보이는 역사, 보이지 않는 역사(근세)』(한일관계사학회 편), 경인문화사, 2006.

정인경, 「은사기념과학관과 식민지 과학기술」『과학기술학연구』5-2, 한국과학기술학회, 2005.

정재정, 『교토에서 본 한일통사』, 효형출판, 2007.

정중환·김석희 역, 『충렬사지』(충렬사 안락서원 편), 민학사, 1978.

정하미, 「17세기 활자인쇄의 일본적 변용에 대하여」『일본역사연구』10, 일본사학회, 1999.

정해은, 『조선의 여성 역사가 다시 말하다』, 너머북스, 2011.

정호기, 「박정희시대의 '동상건립운동'과 애국주의-'애국선열조상건립위원회'의 활동을 중심으로-」『정신문화연구』30-1(106), 한국학중앙연구원, 2007.

제장명, 『정유재란 시기 해전과 조선 수군 운용』, 부산대 사학과 박사학위논문, 2014.

제장명, 『충무공 이순신의 흔적을 찾아서』, 해군사관학교 해양연구소, 2018.

제장명, 「정유재란 시기 사천성 전투의 경과와 의미」『이순신연구논총』33, 순천향대 이순신연구소, 2020.

조계영, 「조선시대 『역대군감』·『역대신감』의 수용 양상과 특징」『규장각』38, 서울대 규장각한국학연구원, 2011.

조원래, 「정유재란기 순천왜성론 재검토」『문화사학』27, 한국문화사학회, 2007.

조은정, 『권력과 미술』, 아카넷, 2009.

조중화, 『다시 쓰는 임진왜란사』, 학민사, 1996.

조형진, 「일본 칙판 고활자의 인쇄기술 연구」『서지학연구』54, 한국서지학회, 2013.

조형진, 「일본 駿河版 및 紀州版 고활자의 인쇄기술 연구」『서지학연구』60, 한국서지학회, 2014.

조형진, 「일본 宗存版 고활자의 인쇄기술 연구」『서지학연구』70, 한국서지학회, 2017.

존 카터 코벨 지음, 김유경 편역, 『일본에 남은 한국미술』, 글을읽다, 2008.

지미령, 「일본 혼묘지소장 사명당 유정 관련 유물에 관한 일고찰」『문화와 융합』40-3, 한국문화융합학회, 2018.

차문섭, 「진관체제의 확립과 지방군제」『한국사』23(조선 초기의 정치구조), 국사편찬위원회, 1994.

채상식, 「사명대사의 일본행과 이에 대한 양국의 태도」『한국민족문화』 27, 부산대학교 한국민족문화연구소, 2006.

천혜봉, 『일본 봉좌문고 한국전적』, 지식산업사, 2003.

村井章介, 「島津史料로 본 사천전투」『남명학연구』 8, 경상대 남명학연구소, 1998.

최경국, 「우타가와 구니요시의 무사그림과 호랑이 사냥」『일본연구』 40, 한국외국어대 일본연구소, 2009.

최경국, 「에도시대 말 대중문화 속의 호랑이 사냥-가토 기요마사를 중심으로-」『일본연구』 48, 한국외국어대 일본연구소, 2011.

최경국, 「일본 무사의 조선 호랑이 사냥-이미지 표현을 중심으로」『인문과학연구논총』 36-1, 명지대학교 인문과학연구소, 2015.

최관, 『일본과 임진왜란』, 고려대학교 출판부, 2004(초판 2쇄).

최소자, 『명청시대 중·한 관계사 연구』, 이화여자대학교 출판부, 1997.

최영희, 「일본의 침구」『한국사』 12, 국사편찬위원회, 1978.

최영희, 「왜란 전의 정세」『한국사』 29(조선 중기의 외침과 그 대응), 국사편찬위원회, 1995.

최인선 외, 『순천 왜성의 외성 유적』, 순천대 박물관·순천시, 2001.

최호균, 「임진·정유왜란기 인명 피해에 대한 계량적 연구」『국사관논총』 89, 국사편찬위원회, 2000.

케이넨(慶念) 지음, 신용태 옮김, 『임진왜란 종군기』, 경서원, 1997.

하우봉, 「16세기말 동아시아 국제전쟁」『동아시아의 역사』Ⅱ, 동북아역사재단, 2011.

하태규, 「정유재란기 왜교성전투의 실상과 성격」『전북사학』 60, 전북사학회, 2020.

한명기, 『임진왜란과 한중관계』, 역사비평사, 1999.

한성민, 「일본정부의 '한국병합' 실행계획 수립 과정-「구라치 안」과 「아키야마 안」의 비교를 중심으로-」『일본역사연구』 47, 일본사학회, 2018.

한인섭, 「임진왜란은 활자전쟁이었나」『프린팅코리아』 75, 대한인쇄문화협회, 2008.

함태영, 「이인직의 현실 인식과 그 모순-관비유학 이전 행적과 『都新聞』 소재 글들을 중심으로-」『현대소설연구』 30, 한국현대소설학회, 2006.

현명철, 『19세기 후반의 대마주와 한일관계』, 국학자료원, 2015(초판 3쇄).

홍경해 지음, 하우봉·이선아 옮김, 『수사일록』, 보고사, 2018.

홍순권, 『한말 호남지역 의병운동사 연구』, 서울대학교출판부, 1994.

홍양호 지음, 이승현·이규필 옮김, 『이계집』 3, 성균관대학교 출판부, 2020.

황현 지음, 임형택 외 옮김, 『역주 매천야록』(하), 문학과 지성사, 2011년(3판).

효천·김무조 편, 『화방사지』, 화방사, 2006.

岡田正人, 「豐臣秀吉年譜」 『豐臣秀吉のすべて』(桑田忠親 편), 新人物往來社, 1991(3쇄).

江戸東京博物館·東洋文庫 편, 『世界のなかの江戸·日本』, 江戸東京博物館·東洋文庫,
    1994.

京口元吉, 『秀吉の朝鮮經略』, 白揚社, 1939.

高橋刀川, 『在韓成功之九州人』, 虎與號書店, 1908.

高瀬弘一郎, 『キリシタン時代の貿易と外交』, 八木書店, 2002.

高田徹 외, 「金海竹島倭城の遺構と遺物」 『倭城の研究』 3, 城郭談話會, 1999.

高田徹 외, 「西生浦倭城の遺構と遺物」 『倭城の研究』 3, 城郭談話會, 1999.

古川元也, 「日輪をあらわす長鳥帽子形兜について」 『神奈川縣立博物館研究報告−人文科
    學−』 29, 神奈川縣立歷史博物館, 2003.

谷信一, 「豊太閤畫像論」 『美術研究』 8−8, 美術研究所, 1939.

貫井正之, 「朝鮮役と黑田父子」 『黑田如水のすべて』(安藤英男 편), 新人物往來社, 1992.

貫井正之, 「会寧「顕忠祠碑銘」について」 『歴史評論』 682, 校倉書房, 2007.

貫井正之, 『豊臣·德川時代と朝鮮』, 明石書房, 2010.

橋爪伸子, 『地域名菓の誕生』, 思文閣出版, 2018.

久世奈歐, 「近世期京都における豊國大明神の展開」 『比較都市史研究』 34−2. 比較都市
    史研究會, 2015.

堀新·井上泰至, 『秀吉の虛像と實像』, 笠間書院, 2016.

宮野宣康, 「小早川隆景史跡事典」 『小早川隆景のすべて』(新人物往來社 편), 新人物往來
    社, 1997.

琴秉洞, 「秀吉の耳塚構造の意圖とその思想的系譜−「耳塚」造營とその役割−」 『秀吉·耳

塚・四百年』(金洪圭 편저), 雄山閣出版, 1998.

今西龍,「正德刊本三國遺事に就て」『高麗及李朝史研究』, 國書刊行會, 1974.

金山正好,「信松院軍船雛型」『多摩のあゆみ』15호, 多摩中央信用金庫, 1979.

金正明 편, 『조선독립운동』 I (민족주의운동편), 原書房, 1967.

楠戸義昭,「略奪していった人, 物と朝鮮文化について」『秀吉・耳塚・四百年』(金洪圭 편저), 雄山閣出版, 1998.

楠戸義昭, 『聖書武將の生々流轉－豊臣秀吉の朝鮮出兵と内藤如安』, 講談社, 2000.

内藤雋輔, 『文祿慶長役における被擄人の研究』, 東京大學出版會, 1976.

内田嘉一, 『小學中等科讀本』(권3), 金港堂(발매소), 1884.

内田匠,「近代日本における豊臣秀吉觀の變遷」『政治學研究』59, 慶應義塾大學 法學部 政治學科ゼミナール委員会, 2018.

大橋杏泰, 『潛伏キリシタン』(학술문고), 講談社, 2019.

大内市郎, 『記念繪葉書類鑑』, 淡路繪葉書俱樂部, 1925.

大阪城天守閣 편, 『秀吉と桃山文化－大阪城天守閣名品展－』, 大阪城天守閣特別事業委員會, 1997.

大阪城天守閣 편, 『秀吉の貌－變遷するイメージ』, 大阪城天守閣特別事業委員會, 2005.

大阪市立博物館, 『明國と日本－外交・貿易・文化交流－』, 大阪市立博物館, 1976.

德富猪一郎, 『烟霞勝遊記』(하), 民友社, 1924.

德富猪一郎, 『修史餘課』, 民友社, 1931.

德富猪一郎, 『豊臣氏時代戊篇 朝鮮役』(上, 中卷)(근세일본국민사), 明治書院, 1935.

東鄉吉太郎, 『泗川新寨戰捷之偉蹟』, 薩藩史料調査會, 1918.

藤田亮策, 『朝鮮學論考』, 藤田先生記念事業會, 1963.

藤井巨石, 『豊公偉蹟』, 太閤會出版部, 1931.

藤井讓治, 『天下人の時代』(日本近世の歷史 1), 吉川弘文館, 2011.

藤井讓治, 『戰國亂世から太平の世へ』(シリーズ日本近世史 ①, 岩波新書 1522), 岩波書店, 2015.

馬場久幸,「日本近代佛教と大藏會－大藏會が佛教研究に果した役割－」『불교학보』59, 동국대 불교문화연구원, 2011.

武谷和彦,「寫眞繪葉書に見る名護屋城跡－「文祿·慶長の役」における國內據點「名護屋」の歴史資料」『研究紀要』15, 佐賀縣立名護屋博物館, 2009.

朴美貞,『帝國支配と朝鮮表象 朝鮮寫眞繪葉書と帝展入選作にみる植民地イメージの傳播』(日文研叢書 52), 國際日本文化研究センター, 2014.

朴美貞·長谷川怜 편,『日本帝國の表象 生成·記憶·繼承』, えにし書房, 2017.

服部英雄,「鎮西名護屋城と倭城」『史跡で讀む日本の歴史8 アジアの中の日本』(服部英雄 편), 吉川弘文館, 2010.

富士川游,『日本醫學史』, 日新書院, 1941.

富田昭次,『絵はがきで見る日本近代』, 靑弓社, 2005.

北島万次,『朝鮮日々記·高麗日記』, そしえて, 1985(2쇄).

北島万次,『豊臣秀吉の朝鮮侵略』, 吉川弘文館, 2001(3쇄).

北島万次 편,『豊臣秀吉 朝鮮侵略關係史料集成』(1~3), 平凡社, 2017.

濱田耕策,「新羅鐘銘の再檢討(1)-敦賀市·常宮神社所藏の「鐘の記」と菁州蓮池寺鐘」『史淵』129, 九州大學 文學部, 1992.

山內讓,『豊臣水軍興亡史』, 吉川弘文館, 2016.

山本博文 외 편,『豊臣秀吉の古文書』, 柏書房, 2015.

山室恭子,『黃金太閤』(中公新書 1105), 中央公論社, 1992.

三鬼清一郎,「豊國社の造營に關する一考察」『名古屋大學文學部研究論集(史學)』33, 名古屋大學 文學部, 1992.

三鬼清一郎,『鐵砲とその時代』(역사신서 108), 敎育社, 1981(2쇄).

三鬼清一郎,「豊臣秀吉の對外政策」『한국사론』22, 국사편찬위원회, 1992.

三木榮,「養安院藏書中の朝鮮医書」『조선학보』1, 朝鮮學會, 1951.

森田恭二,『豊臣秀賴』, 和泉書院, 2005.

石井謙治,『和船』II, 法政大學出版局, 2004(4쇄).

石井清,『朝鮮鐘寫眞集』, 考古學會, 1910.

細馬宏通,『絵はがきの時代』, 靑土社, 2020(증보신판).

小松綠,『明治外交秘話』, 千倉書房, 1936.

小和田哲男·宮上茂隆 편,『圖說 織田信長』, 河出書房新社, 1991.

松雲大師顯彰會 편,『四溟堂 松雲大師』, 海鳥社, 2012.

松田甲,『日鮮史話』1, 2, 原書房, 1976(복각, 원본 1927).

須藤利一 편,『船』, 法政大學出版局, 1972(5쇄).

矢代和夫,「日吉丸の誕生」『豊臣秀吉 天下人への道』(歴史と文學の會 편), 勉盛社, 1996.

市立長浜城歷史博物館,『神になった秀吉』, 市立長浜城歷史博物館, 2004.

神宮徵古館農業館 편,『神宮徵古館陳列品圖錄』, 神宮徵古館農業館, 1941.

신숙주 저, 田中健夫 역주,『海東諸國紀』, 岩波書店, 1992(2쇄).

辻善之助,『增訂 海外交通史話』, 內外書籍株式會社, 1942(5판).

阿部猛,『菅原道眞』(역사신서 15), 敎育社, 1979.

安藤英男 편,『黑田如水のすべて』, 新人物往來社, 1992.

岩本稅·水野公壽 편,『トピッタスで讀む 熊本の歷史』, 葦書房, 1997(3쇄).

余信鎬,「壬亂被虜, 日遙上人」『四溟堂 松雲大師』(송운대사현창회 편), 海鳥社, 2012.

鹽出孝潤,『靈寶物目錄』, 肥後本妙寺寶物館, 1935.

鹽出孝潤,『肥後本妙寺沿革概要』, 肥後本妙寺事務所, 1940.

五味文彦 외 편,『詳說日本史研究』, 山川出版社, 1998.

五味文彦·鳥海靖 편,『新 もういちど山川日本史』, 山川出版社, 2017(1판 2쇄).

五野井隆史,「キリシタン大名とキリシタン武將」『キリシタン大名』, 宮帶出版社, 2017.

奧村徹也,「小早川隆景關係年譜」『小早川隆景のすべて』(新人物往來社 편), 新人物往來社, 1997.

宇野功一,「近代博多における個別町の社會構造と祇園山笠經營」『국립역사민속박물관 연구보고』125, 國立歷史民俗博物館, 2006.

宇田川武久,『鐵砲傳來』(中公新書 962), 中央公論社, 1990.

宇田川武久,『戰國水軍の興亡』(平凡社新書 158), 平凡社, 2002.

蔚山城址保存會,『蔚山城址考』, 蔚山城址保存會, 1930.

越智唯七,『新舊對照 朝鮮全道府郡面里洞 名稱一覽』, 中央市場, 1917.

有馬成甫,『朝鮮役水軍史』, 海と空社, 1942.

柳田知怒夫,「政宗と臥龍梅」『韓來文化の後榮(중)』(金正柱 편), 한국자료연구소, 1962.

二木謙一,「三成と淀殿−太閤傘下の閨闘」『石田三成のすべて』(安藤英男 편), 新人物往來社, 1999(4쇄).

李恩和,「廣島縣所在の高麗鐘について」『예술연구』16, 廣島藝術學會, 2003.

笠谷和比古,『關ケ原合戰』, 講談社, 1994.

笠谷和比古·黑田慶一,『秀吉の野望と誤算』, 文英堂, 2000.

入口敦志,「江戸の出版文化について−近世初期を中心に」(일본고전적강습회 자료, 2019년 1월 23일).

紫桃正隆,「伊達政宗年譜」『伊達政宗のすべて』(高橋富雄 편), 新人物往來社, 1984.

張玉祥,『織豊政權と東アジア』, 六興出版, 1989.

齋藤夏來,「秀吉の畫像贊」『禪學研究』86, 禪學研究會, 2008.

田中健夫,『對外關係と文化交流』, 思文閣出版, 1982.

田中健夫·田代和生 校訂,『朝鮮通交大紀』, 名著出版, 1976.

朝日新聞社 편,『朝日 日本歷史人物事典』, 朝日新聞社, 1994.

朝日新聞社,『信長と秀吉 天下一統』『日本の歷史』555호(주간 조일백과), 朝日新聞社, 1986.

佐藤和夫,『水軍の日本史』(하), 原書房, 2012.

佐伯弘次,『壹岐·對馬と松浦半島』, 吉川弘文館, 2006.

佐賀縣立名護屋城博物館,『秀吉と文祿·慶長の役』, 2008(2판).

佐脇精,『碧蹄館』(京電ハイキングコース案内 第六輯), 경성전기주식회사, 1938.

中野等,『文祿·慶長の役』(戰爭の日本史 16), 吉川弘文館, 2021(5쇄).

中村久四郎,「韓國會寧府の「顯忠祠碑銘」について」『歷史地理』9−5, 日本歷史地理學會, 1907.

中村榮孝,「慕夏堂金忠善に關する史料に就いて」『청구학총』12, 청구학회, 1933.

中村榮孝,『日鮮關係史の研究』(상), 吉川弘文館, 1965.

中村榮孝,『日鮮關係史の研究』(중), 吉川弘文館, 1970(재판).

池內宏,『文祿慶長の役』(別編第一), 東洋文庫, 1936(吉川弘文館, 1987 復刊).

池內宏,『文祿慶長の役〈付編·解說〉』, 東洋文庫, 1936(吉川弘文館, 1987 復刊).

池內昭一,「關ケ原合戰と如水」『黑田如水のすべて』(安藤英男 편), 新人物往來社, 1992.

池享, 『天下統一と朝鮮侵略』, 吉川弘文館, 2003.

津野倫明, 「壬辰倭亂の原因·目的に關する日本の諸學說」 『일본학』 28, 동국대 일본학연구소, 2009.

津田三郎, 「秀吉の死 豊國大明神となる」 『神になった秀吉』, 市立長浜城歴史博物館, 2004.

參謀本部 편, 『日本戰史 朝鮮役』, 村田書店, 1978(복각, 초판 1924).

川瀬一馬, 『入門講話 日本出版文化史』, 日本エディタースクール出版部, 1983.

川瀬一馬, 『日本における書籍蒐藏の歴史』, 吉川弘文館, 2019.

村井章介, 『東アジアのなかの日本文化』, 放送大學教育振興會, 2005.

村井章介, 「朝鮮史料から見た倭城」 『東洋史研究』 66-2, 東洋史研究會, 2007.

太田秀春, 『朝鮮の役と日朝城郭史の研究』, 清文堂, 2005.

太田秀春, 『近代の古蹟空間と日朝關係』, 清文堂, 2008.

太田浩司, 「湖北·長浜での秀吉信仰」 『神になった秀吉』, 市立長浜城歴史博物館, 2004.

坪井良平, 『朝鮮鐘』, 角川書店, 1974.

浦川和也, 「佐賀縣立名護屋城博物館所藏の「朝鮮半島寫眞繪葉書」について」 『研究紀要』 7, 佐賀縣立名護屋博物館, 2001.

河上繁樹, 「豊臣秀吉の日本國王册封に關する冠服について-妙法院傳來の明代官服」 『京都國立博物館學叢』 20, 京都國立博物館, 1998.

花岡興史, 「加藤清正信仰と土木工事」 『菊陽町文化財調査報告』 6, 菊陽町教育委員會, 2016.

荒野泰典 편, 『江戸幕府と東アジア』(日本の時代史 14), 吉川弘文館, 2003.

黑田慶一, 「順天城と『征倭紀功圖卷』」 『倭城の研究』 2, 城郭談話會, 1998.

黑田慶一, 「西生浦倭城調査報告」 『倭城の研究』 5, 城郭談話會, 2002.

李光濤, 『朝鮮「壬辰倭禍」研究』, 中央研究院歷史言語研究所, 1972.

朱爾旦, 『萬曆朝鮮戰爭全史』, 民主與建設出版社, 2020.

김동철

부산대 사학과 졸업. 현재 부산대 사학과 명예교수.
『조선후기 공인연구』(1993), 『근세 서울 도시사회 연구』(역서, 2019), 「임진왜란 시기 벽제관전투 관련 자료와 전적현창에 대한 검토」(2006), 「동래읍성과 관아 건물 관련 엽서 자료」(2021) 등 책과 논문이 있다.